涿州历史文献辑要

刘桂郁　编著

河北大学出版社
·保定·

涿州历史文献辑要

ZHUOZHOU LISHI WENXIAN JIYAO

出 版 人：朱文富
责任编辑：张 磊
装帧设计：杨艳霞
责任校对：牟 霖
责任印制：常 凯

图书在版编目（CIP）数据

涿州历史文献辑要 / 刘桂郁编著 . -- 保定 ：河北大学出版社，2021.10
ISBN 978-7-5666-1896-2

Ⅰ．①涿… Ⅱ．①刘… Ⅲ．①地方文献－汇编－涿州 Ⅳ．①K292.23

中国版本图书馆 CIP 数据核字（2021）第 147413 号

出版发行：河北大学出版社
地址：河北省保定市七一东路 2666 号 邮编：071000
电话：0312-5073019 0312-5073029
邮箱：hbdxcbs818@163.com 网址：www.hbdxcbs.com
经 销：全国新华书店
印 刷：保定市北方胶印有限公司
幅面尺寸：185 mm × 260 mm
印 张：17
字 数：260 千字
版 次：2021 年 10 月第 1 版
印 次：2021 年 10 月第 1 次印刷
书 号：ISBN 978-7-5666-1896-2
定 价：109.00 元

编 委 会

古今涿州建制沿革（代序）

今涿州市，历史上曾名涿邑、涿县、范阳县、涿州。两千余年来，涿县、范阳县县城是其上一级行政建置（涿郡、范阳郡、范阳国、涿州）的公署所在地。

涿，是上古时期的自然地名，本义是有野猪出没的浅水区域。距今4700余年前，轩辕黄帝与蚩尤“战于涿鹿之野”（“鹿”即麓，指“涿”地之山林原野），“邑于涿鹿之阿”（“阿”指山前平地），即在此设立了中心聚落——涿邑。

春秋战国时期（前770—前221），今涿州市境属于燕国之涿邑区域。战国时，涿邑又名“涿都”。

秦于公元前226年统一幽燕地区，于涿邑设立涿县。涿县初属广阳郡，后隶上谷郡。

西汉时期（前206—公元25），汉高帝六年（前201），设置涿郡，治所在涿县。辖涿、道、良乡、故安、范阳、蠡吾、容城、易、广望、莫、高阳、谷丘、武垣等29个县或侯国。

东汉时期（25—220），涿郡治所在涿县，辖涿、良乡、遒、方城、故安、范阳、北新城等7个县或侯国。

东汉原为郡、县二级建制，灵帝中平五年（188），把全国13个监察刺史部变成地方一级政权，形成州、郡、县三级建置，涿郡属幽州。

三国时期（220—280），魏黄初七年（226），改涿郡名为范阳郡，范阳郡治所仍在涿县，涿县、范阳郡属幽州。

西晋时期（265—317），武帝泰始元年（265），封司马绥为范阳王，改范阳郡为范阳国，原范阳郡治所涿县城作为范阳国国都。咸宁四年（278），司马绥病卒，其子司马虓继王位。咸宁五年（279），全国设立了10个都督监军，其中都督幽州诸军事的治所在涿城，涿城为幽州、范阳国、涿县三级治所。

北魏（386—534）政权是东晋十六国时期几十年战乱形成的，此时范阳郡与涿县同城而治，辖9县。北魏泰常五年（420）进入南北朝时期。

北魏永熙三年（534）起，分化为东魏、西魏，后又历北齐、北周。涿县、范阳郡先后属东魏、北齐，577年归属北周。

隋朝时期（581—618），开皇三年（583），改州、郡、县三级建制为州、县两级行政建制，撤范阳郡，涿县隶属幽州。大业三年（607），隋炀帝改州为郡，幽州改为涿郡，治所在蓟城，涿县隶属涿郡。

唐朝时期（618—907），武德元年（618），改隋朝之涿郡为幽州，涿县属幽州。武德七年（624），改涿县为范阳县。

大历四年（769），分幽州南部范阳、归义、固安三县设立涿州，治所在范阳县。大和六年（832），析范阳县故督亢地置新城县。

辽朝（907—1125）与北宋（960—1127）并立。石敬瑭于后唐清泰三年（936），把幽、涿、檀、蓟、蔚、朔、云、应等十六州割让给契丹（辽）。后晋天福三年（938），涿州、范阳县属契丹南京幽都府（原幽州）。开泰元年（1012），涿州、范阳县属辽南京道析津府。辽之涿州与宋之雄州是辽宋双方边境并峙而立的中心城市。

金朝时期（1115—1234），实行路（府）、州、县三级建置。涿州属于中都路（治大兴府），辖范阳、固安、新城等县。大定六年（1166），在范阳县黄村设立定兴县，割涞水、易县近民属之。大定二十九年（1189），析范阳县北部设万宁县，两年后改名奉先县（1290年改名房山县），由此涿州辖5县。

元朝时期（1206—1368），元太祖十年（1215），占据金中都燕京。至元九年（1272），以燕京为大都。元朝中央的中书省总理全国行政事务，中书省派员往地方执政，称为行中书省事。行中书省设丞相一人，总领地方军政事务。于是行中书省（简称行省）便成为固定的官府名称，后来成为地方行政区划名称。元朝地方分行省、路、州、县四级建置。元太宗八年（1236），设立涿州路。中统四年（1263），复为涿州。涿州属中书省、大都路，治所在范阳县城，辖范阳、房山二县。

明朝时期（1368—1644），洪武元年（1368），改元大都为北平府。洪武九年（1376），撤销范阳县，涿州隶属北平府，下辖房山县。永乐元年（1403），改北平为北京，北平府改名顺天府。永乐十八年（1420），以北京为京师，涿州隶属京师顺天府。

清朝时期（1616—1911），地方行政为省、府（州）、州县三级建置。顺天府因京师所在，视同省，涿州属顺天府。雍正六年（1728），房山县直属顺天府，涿州自此不领县。

中华民国时期（1912—1949），1912年元旦，孙中山在南京就任临时大总统，建立中华民国，改用阳历，以1912年为民国元年。2月12日（清宣统三年十二月二十五日），清隆裕太后率宣统帝下退位诏书，清朝终结。2月13日，孙中山向南京临时参议院辞职，举荐袁世凯。2月15日，临时参议院会议选举袁世凯为临时大总统。4月，临时政府由南京迁到北京，自此南北统一，政权被北洋军阀所篡夺。

民国二年（1913），废州改县，涿州改名涿县，仍属顺天府。

民国三年（1914）10月，顺天府改为京兆特别区域，涿县属京兆特别区域。

民国十七年（1928）6月，国民政府发令：直隶省改名河北省；撤销京兆区，京兆区各县并入河北省；北京改名北平；北平、天津为特别市。涿县自此属河北省。

民国二十六年（1937）3月，河北省政府将全省划分为17个行政督察区，其中第二行政督察区专署驻涿县，辖9县。

抗日战争时期，民国涿县政府于1937年9月18日逃离辖区，成为流亡政府。随后，涿县境内形成两种政权：一种是占据县城的日伪涿县公署；一种是共产党八路军在农村建立的抗日民主政府。

涿县抗日民主政府先后有：（铁路西）房涞涿县（1938.3—1938.11）；涞涿县（山区）（1938.11—1940.9）；涞涿县（山前）（1939.6—1941.6）；房涞涿县（1941.6—1944.10）；涿县（1944.10—1945.9）；（铁路东）涿县（1939.10—1941.5）；第一联合县（1942.5—1944.10）；第二联合县（1941.10—1943.10）；平南县（1944.10—1945.3）；新涿县（1944.10—1945.9）；涿良宛县（1945.3—1945.9）。

1945年8月15日，日本天皇宣布无条件投降。随之，涿县城、松林店、永乐及铁路沿线转为国民党军队控制。11月，涿县城内恢复民国涿县政府，设置河北省第六行政督察区专员公署（辖10县）。除铁路沿线外，90%的乡镇村庄为抗日民主政府辖区。

解放战争时期，1947年1月，路西涿县改为涞涿县。

1948年12月5日，为配合平津战役，中国人民解放军华北军区第七纵队第二十旅抵达涿州城南松林店、包子铺一带，前哨部队向涿县城南关开炮示警。12月6日夜，城内的国民党军政人员北逃，民国涿县政府终结。

12月7日上午，涿县全境解放。涞涿县民主政府进入涿县城。

取消战时行政区划和名称，原涿良宛县和涞涿县机构合并，建立涿县人民政府。

1949年1月15日，恢复设置察哈尔省，涿县隶属察哈尔省平西专区。

1949年8月1日，河北省人民政府在保定市成立，涿县隶属河北省保定专区。

中华人民共和国于1949年10月1日成立，涿县仍隶属河北省保定专区。

1958年10月，新城县、雄县、涞水县（山前）合并于涿县，涿县领导机关迁驻高碑店。1962年3月，恢复原各县区划与建制。

1986年9月24日，国务院批复河北省人民政府：同意撤销涿县，设立涿州市，以原涿县的行政区域作为涿州市的行政区域。

目 录

第一章　轩辕黄帝始设涿邑

《河北省志·建置志》记载：春秋时期，燕国在今河北省所辖置的城邑，可考见的有临易（今雄安新区雄县西北）、虢（今沧州市沧县）、唐（今保定市唐县东）、鄚（今任丘市）、涿（今涿州市）等6座。战国时期，燕国在今河北省所辖置的城邑，可考见的有桑丘（今保定市徐水区安肃镇西南）、涿（今涿州市）、中人（今保定市唐县仁厚镇西南）、权（今保定市顺平县蒲阳镇西北）、鄚（今任丘市北）、易（今雄安新区雄县雄州镇西北）、中阳（今保定市唐县仁厚镇）、龙邑（今保定市曲阳县曲阳镇西南）、龙兑（今保定市满城区满城镇东北）、龙门（今保定市徐水区安肃镇西北）、临乐（今廊坊市固安县固安镇西南）等27座。

春秋战国时期的涿邑，是距今约5000年前，轩辕黄帝“邑于涿鹿之阿”的延续。

西汉司马迁《史记》第一卷《五帝本纪》开篇记述：

黄帝者，少典之子，姓公孙，名曰轩辕。……蚩尤作乱，不用帝命。于是黄帝乃征师诸侯，与蚩尤战于涿鹿之野，遂禽杀蚩尤。而诸侯咸尊轩辕为天子，代神农氏，是为黄帝。天下有不顺者，黄帝从而征之，平者去之，披山通道，未尝宁居。东至于海，登丸山，及岱宗。西至于空桐，登鸡头。南至于江，登熊、湘。北逐荤粥，合符釜山，而邑于涿鹿之阿……

轩辕黄帝“与蚩尤战于涿鹿之野”，是在涿鹿山一带的原野进行了一场战争。“邑于涿鹿之阿”，则是在涿鹿山前设立了“涿邑”。从此，“涿鹿”“涿邑”两个地名开始流传。

轩辕黄帝时期的“涿鹿”不是汉朝设立的涿鹿县。“涿鹿之野”的“涿鹿”是自然地名，而涿鹿县是行政区划名。轩辕黄帝时期距今近5000年，而西汉初期设立涿鹿县时至今约2200年，故“涿鹿”要早于“涿鹿县”至少2500多年。

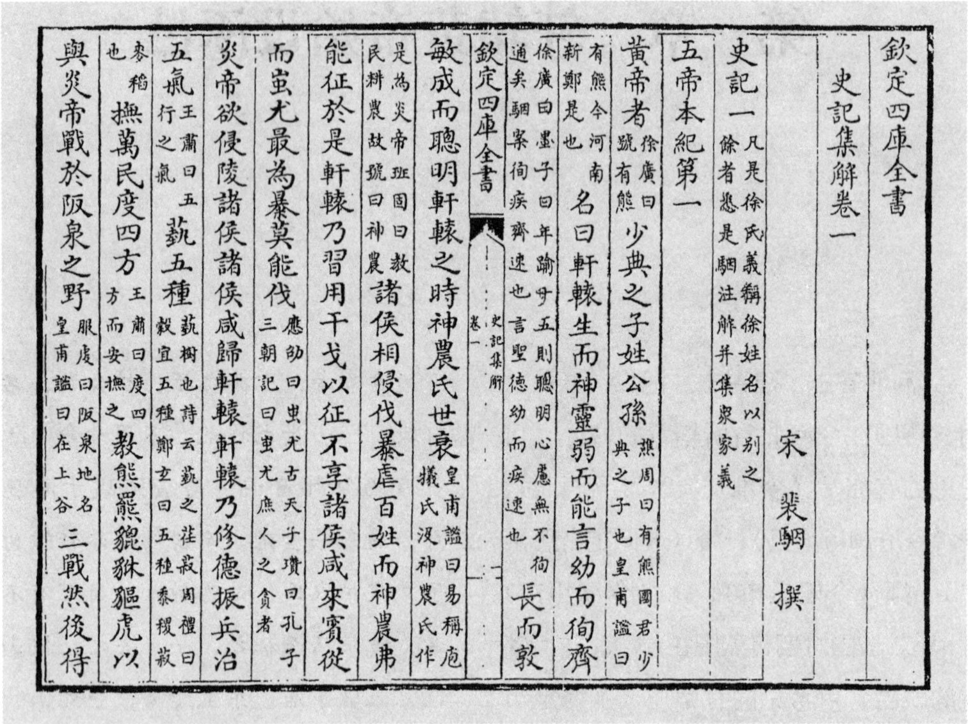

欽定四庫全書
史記集解卷一
宋 裴駰 撰
史記一 凡是徐氏義稱徐姓名以別之餘者悉是駰注解并集衆家義
五帝本紀第一
黃帝者 徐廣曰號有熊 少典之子姓公孫 譙周曰有熊國君少典之子也皇甫謐曰有熊今河南新鄭是也 名曰軒轅生而神靈弱而能言幼而徇齊 徐廣曰墨子曰年踰五十則聰明心慮無不徇通矣駰案徇疾齊速也言聖德幼而疾速也 長而敦
欽定四庫全書 史記集解 卷一 一
敏成而聰明軒轅之時神農氏世衰 皇甫謐曰易稱庖犧氏沒神農氏作是為炎帝班固曰教民耕農故號曰神農 諸侯相侵伐暴虐百姓而神農弗能征於是軒轅乃習用干戈以征不享諸侯咸來賓從而蚩尤最為暴莫能伐 應劭曰蚩尤古天子瓚曰孔子三朝記曰蚩尤庶人之貪者 炎帝欲侵陵諸侯諸侯咸歸軒轅軒轅乃修德振兵治五氣 王肅曰五行之氣 蓺五種 蓺樹也詩云蓺之荏菽周禮曰穀宜五種鄭玄曰五種黍稷菽麥稻也 撫萬民度四方 王肅曰度四方而安撫之 教熊羆貔貅貙虎以與炎帝戰於阪泉之野 服虔曰阪泉地名皇甫謐曰在上谷 三戰然後得

《史记集解·五帝本纪第一》

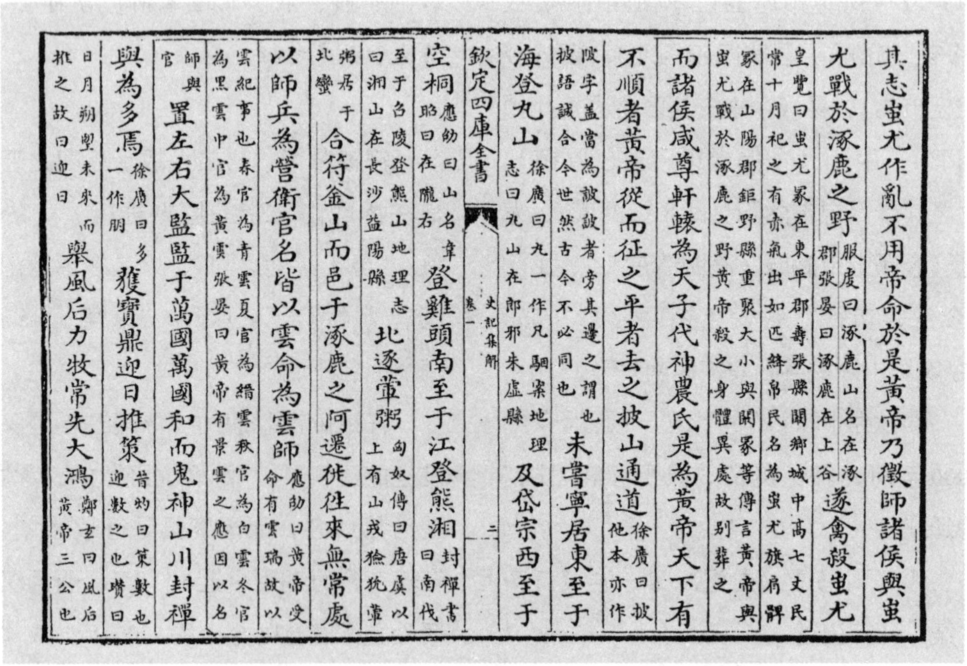

其志蚩尤作亂不用帝命於是黃帝乃徵師諸侯與蚩尤戰於涿鹿之野 服虔曰涿鹿山名在涿郡張晏曰涿鹿在上谷 遂禽殺蚩尤 皇覽曰蚩尤冢在東平郡壽張縣闞鄉城中高七丈民常十月祀之有赤氣出如匹絳帛民名為蚩尤旗肩髀冢在山陽郡鉅野縣重聚大小與闞冢等傳言黃帝與蚩尤戰於涿鹿之野黃帝殺之身體異處故別葬之 而諸侯咸尊軒轅為天子代神農氏是為黃帝天下有不順者黃帝從而征之平者去之披山通道 徐廣曰披他本亦作陂字蓋當為詖詖者旁其邊之謂也披語誠合今世然古今不必同也 未嘗寧居東至于海登丸山 徐廣曰丸一作凡駰案地理志曰丸山在郎邪朱虛縣 及岱宗西至于
欽定四庫全書 史記集解 卷一 二
空桐 應劭曰山名韋昭曰在隴右 登雞頭南至于江登熊湘 封禪書曰南伐至于召陵登熊山地理志曰湘山在長沙益陽縣 北逐葷粥 匈奴傳曰唐虞以上有山戎獫狁葷粥居于北蠻 合符釜山而邑于涿鹿之阿遷徙往來無常處以師兵為營衛官名皆以雲命為雲師 應劭曰黃帝受命有雲瑞故以雲紀事也春官為青雲夏官為縉雲秋官為白雲冬官為黑雲中官為黃雲張晏曰黃帝有景雲之應因以名師與官 置左右大監監于萬國萬國和而鬼神山川封禪與為多焉 徐廣曰多一作朋 獲寶鼎迎日推策 晉灼曰策數也迎數之也瓚曰日月朔望未來而推之故曰迎日 舉風后力牧常先大鴻 鄭玄曰風后黃帝三公也

《史记集解·五帝本纪第一》

而且涿鹿县地在西汉初设县之前，属于上谷郡地，并没有以“涿”为名。

所谓“邑于涿鹿之阿”，“阿”是山前平地的意思，就是在涿鹿山前设立了城邑。尽管对黄帝时期所建的这座城池目前尚无考古发现，但涿鹿地区的中心聚落是涿邑，涿邑周围的山林原野就是涿鹿，应是不争的史实。这个“涿邑”一直延续到春秋战国时期。当然，上古时期地广人稀，那时的涿鹿比今天涿州市所辖区域要大得多。

秦统一六国后推行郡、县制，涿邑变成涿县。西汉高帝六年（前201），在秦朝涿县的基础上，设立涿郡，辖涿县等20多个县或侯国，但不包括今涿鹿县地。涿郡设立后，在涿郡北侧的上谷郡地设置了涿鹿县。西汉时的涿郡、涿县与上谷郡、涿鹿县，和今天涿州市隶属保定、涿鹿县隶属张家口相似。涿郡与上谷郡的分界线约是今保定市涞水县与张家口市涿鹿县的分界线。

东汉经学家服虔解释“涿鹿”是“山名，在涿郡”。史学家吕思勉注释：

涿鹿，山名。服虔说在涿郡，就是现在河北的涿县。别一说在上谷，则是汉朝的涿鹿县，今为县，属察哈尔。此说恐因汉朝的县名而附会，不如服虔说的可信。

吕思勉认为：上古时期所谓的山，一般不是指一峰一岭，而是群山，和现在地理学上所谓的“山脉”“山系”相当。现在有人把涿鹿山指定为某一座山，其实是一己之见，不懂古人。按照吕思勉的说法，涿州西部的群山都应属于古涿鹿范围。根据秦汉时期涿县的辖区可以推断，上古时期涿鹿的范围应是今保定到北京一带，这一带西部的太行山及燕山，统称涿鹿山。

从《史记》《汉书》的记载来看，司马迁随汉武帝巡视各地时，并不曾到上谷郡，但是有在西汉元封五年（前106）春来到涿郡，视察鸣泽、采风涿鹿的记载。司马迁自称“北过涿鹿”，他认为涿郡就是古涿鹿。

两千多年来，许多史地名家都认为涿县、涿州就是上古时期的涿鹿之地。西汉的司马迁、东汉的服虔之后，还有北朝的史学家魏收、唐朝的史学家李延寿、北宋的历史地理学家乐史、南宋的文天祥、明朝大学士李东阳、清初的历史地理学家顾祖禹等，他们都认为“涿州，古为涿鹿之野”，“《史记》黄帝与蚩尤战于涿鹿之野即此地”。明朝在涿州设立涿鹿卫、涿鹿驿。清乾隆皇帝赋诗吟咏刘备故里等涿州风物名人，题目为《过涿鹿》《涿鹿行》，竟然先后作了10余篇。民国十六年（1927），社会著名人士樊增祥赋诗赞美困守涿州的傅作义将军，仍把涿州称作涿鹿。

为何如此？因为从轩辕黄帝设立涿邑起，这个区域就一直以“涿”为名。从秦朝到今天，涿县、涿郡、涿州与上古时期的涿鹿、涿邑是一脉相承的。

第二章　战国涿邑　曾名涿都

北京大学考古文博学院葛英会教授著文说：

> 传世战国燕国古印玺“涿都司徒”……其为古燕遗物已为学界所公认。此印文著录于清代吴式芬《双虞壶斋印存》、陈介祺《万印楼藏印》等多种印谱，现今通行的罗福颐《古玺汇编》也收录了这方玺印。印文四字“涿都司徒”……是涿都执掌土地、户籍与教化民众官员的印玺。见于古燕官玺，“都司徒”之外，还有“都司马”“都司工”玺，学界认为，燕官玺之“都”等同于县。

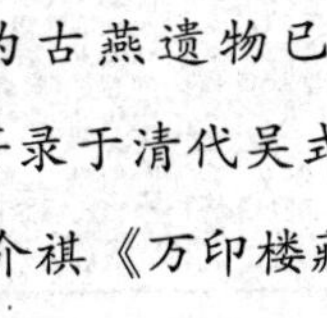

“涿都司徒”印玺

由此可见，燕之涿邑在战国时期曾名为“涿都”。鲍彪注《战国策》言：“都，邑有闻于时者。”即经济文化发达、名声远扬的城邑称为“都”。

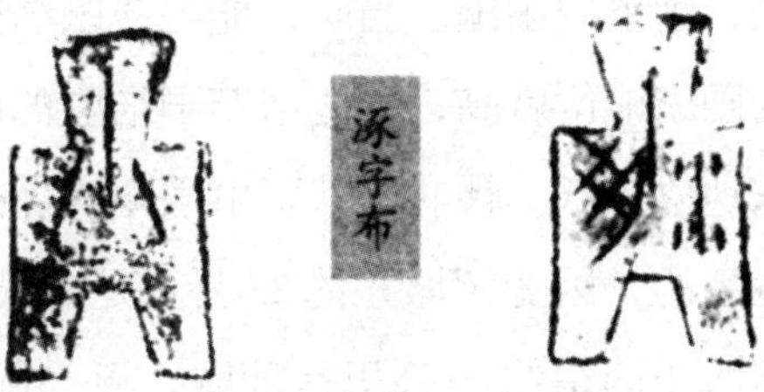

涿字布币

涿字布币，平首方足，青铜铸造，币面有一“涿”字，民国二十四年（1935）版《涿县志》录有拓片。

第三章　涿蓟方城　掎角之势

涿州在春秋战国时期作为燕国的涿邑、涿都，在燕国有着举足轻重的地位。韩非在《韩非子·有度》中曾说：燕昭襄王以黄河作为国界，以蓟城作为国都，以涿城和方城作为屏障，攻破齐国，削平中山国。当时，能与燕国结盟的国家地位就高，不能与燕国结盟的国家地位就低。韩非是从军事学角度说这番话的，因为涿城东约25公里是方城，涿城北偏东约60公里是蓟城，涿、蓟、方三地连线呈三角形，正是军事上所谓的掎角之势。

《韩非子·有度》载：

国无常强，无常弱，奉法者强，则国强；奉法者弱，则国弱。荆庄王并国二十六，开地三千里。庄王之氓社稷也，而荆以亡。齐桓公并国三十，启地三千里。桓公之氓社稷也，而齐以亡。燕襄王以河为境，以蓟为国，袭涿方城，残齐平中山。有燕者重，无燕者轻。襄王之氓社稷也，而燕以亡……

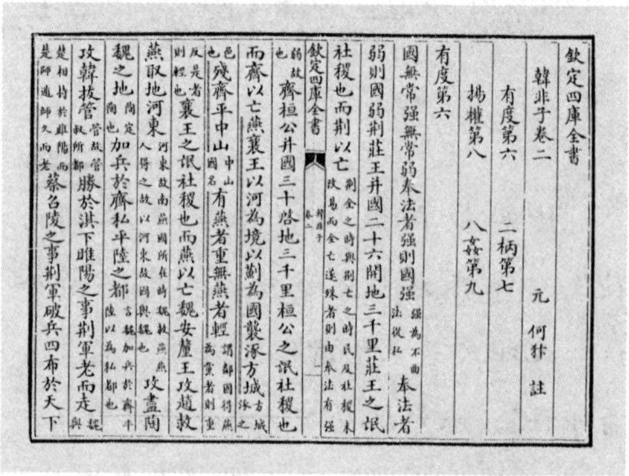
欽定四庫全書
韓非子卷二　元 何犿 註
有度第六　二柄第七
揚搉第八　八姦第九
有度第六
國無常强無常弱奉法者强則國强 奉法者
弱則國弱荊莊王并國二十六開地三千里莊王之氓
社稷也而荊以亡
齊桓公并國三十啓地三千里桓公之氓社稷也
而齊以亡燕襄王以河為境以薊為國襲涿方城
殘齊平中山 有燕者重無燕者輕
襄王之氓社稷也而燕以亡魏安釐王攻趙救
燕取地河東 攻盡陶
魏之地 加兵於齊私平陸之都
攻韓拔管 勝於淇下睢陽之事荊軍老而走
蔡召陵之事荊軍破兵四布於天下

《韩非子·有度》

韩非（约前280—前233），战国末期著名思想家，法家主要代表人物。曾数次上书韩王建议变法图强，不被采纳。后其著作传入秦国，受到秦王政的重视，被邀出使秦国。不久因遭李斯、姚贾谗害，自杀于狱中。其学说兼采商鞅、申不害、慎到的观点，提出法、术、势三者结合的法治思想。主张中央集权，君主专制。重耕战，倡言武力统一，反对是古非今。重视物质因素在社会生活中的作用，宣称“人民众而货财寡，事力劳而供养薄，故民争”。著有《韩非子》传世。

第四章 幽燕沃壤 督亢膏腴

上古涿邑辖区有督亢之地，被誉为“幽燕沃壤、督亢膏腴”，是燕国最富饶的地区。公元前227年，燕太子丹遣荆轲行刺秦王政，以献督亢地图为名，把匕首藏在地图中拜见秦王，可最终谋刺失败。《战国策》《史记》《资治通鉴》等史籍对此均有记载。此举不但为后人留下了一个以弱抗强的悲壮故事，而且由此产生了一个成语——图穷匕首见。

《史记·燕召公世家》载：

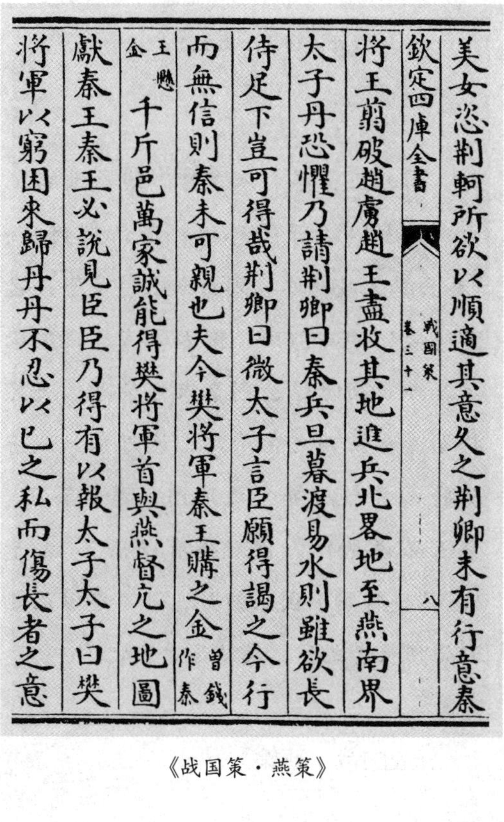

美女恣荆軻所欲以順適其意久之荆卿未有行意秦

欽定四庫全書 戰國策 卷三十一 八

將王翦破趙虜趙王盡收其地進兵北畧地至燕南界
太子丹恐懼乃請荆卿曰秦兵旦暮渡易水則雖欲長
侍足下豈可得哉荆卿曰微太子言臣願得謁之今行
而無信則秦未可親也夫今樊將軍秦王購之金曾錢作秦
王懸金千斤邑萬家誠能得樊將軍首與燕督亢之地圖
獻秦王秦王必説見臣臣乃得有以報太子太子曰樊
將軍以窮困來歸丹丹不忍以巳之私而傷長者之意

《战国策·燕策》

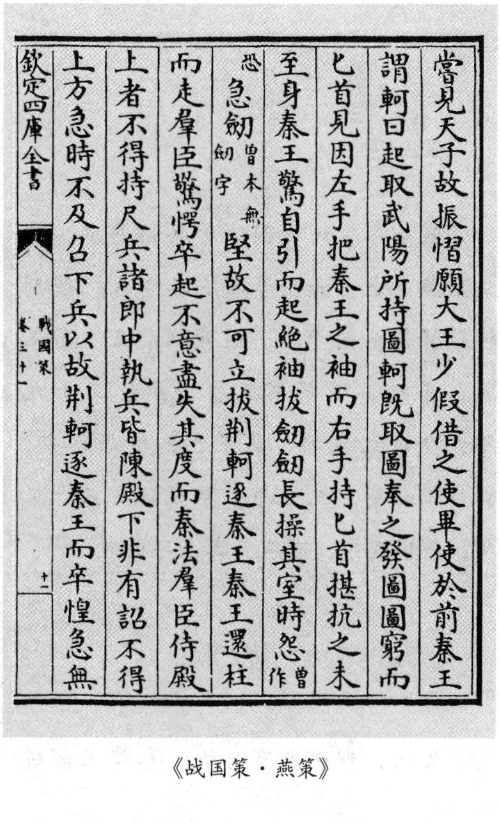

嘗見天子故振慴願大王少假借之使畢使於前秦王
謂軻曰起取武陽所持圖軻既取圖奉之發圖圖窮而
匕首見因左手把秦王之袖而右手持匕首揕抗之未
至身秦王驚自引而起絶袖拔劒劒長操其室時怨曾作
恐急劒曾本無劒字堅故不可立拔荆軻逐秦王秦王還柱
而走羣臣驚愕卒起不意盡失其度而秦法羣臣侍殿
上者不得持尺兵諸郎中執兵皆陳殿下非有詔不得
上方急時不及召下兵以故荆軻逐秦王而卒惶急無

欽定四庫全書 戰國策 卷三十一 十二

《战国策·燕策》

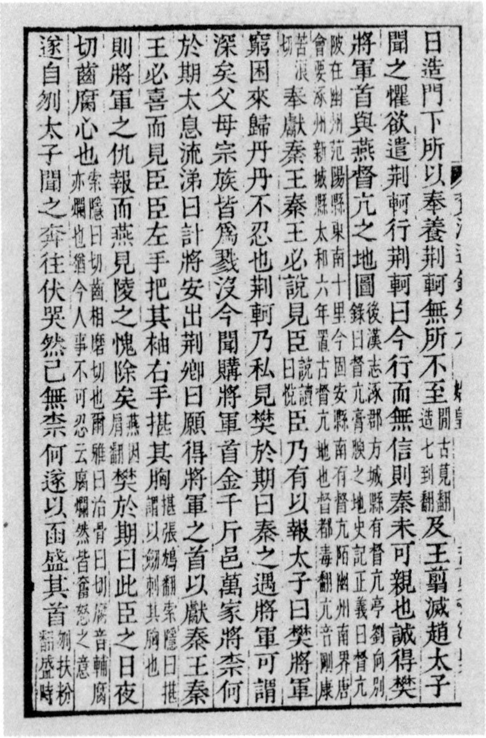
日造門下所以奉養荆軻無所不至閒古莧翻造七到翻及王翦滅趙太子
聞之懼欲遣荆軻行荆軻曰今行而無信則秦未可親也誠得樊
將軍首與燕督亢之地圖後漢志涿郡方城縣有督亢亭劉向別錄曰督亢膏腴之地史記正義曰督亢
陂在幽州范陽縣東南十里今固安縣南有督亢陌幽州南界唐會要涿州新城縣太和六年置古督亢地也督都毒翻亢音剛康
苦浪切奉獻秦王秦王必說見臣說讀曰悅臣乃有以報太子曰樊將軍
窮困來歸丹丹不忍也荆軻乃私見樊於期曰秦之遇將軍可謂
深矣父母宗族皆爲戮沒今聞購將軍首金千斤邑萬家將柰何
於期太息流涕曰計將安出荆卿曰願得將軍之首以獻秦王秦
王必喜而見臣臣左手把其袖右手揕其胸揕張鴆翻索隱曰揕謂以劒刺其胸也
則將軍之仇報而燕見陵之愧除矣燕因肩翻樊於期曰此臣之日夜
切齒腐心也索隱曰切齒相磨切也爾雅曰治骨曰切腐音輔腐亦爛也猶今人事不可忍云腐爛然皆奮怒之意
遂自刎太子聞之奔往伏哭然已無柰何遂以函盛其首刎扶粉翻盛時征翻

《资治通鉴·秦纪一》

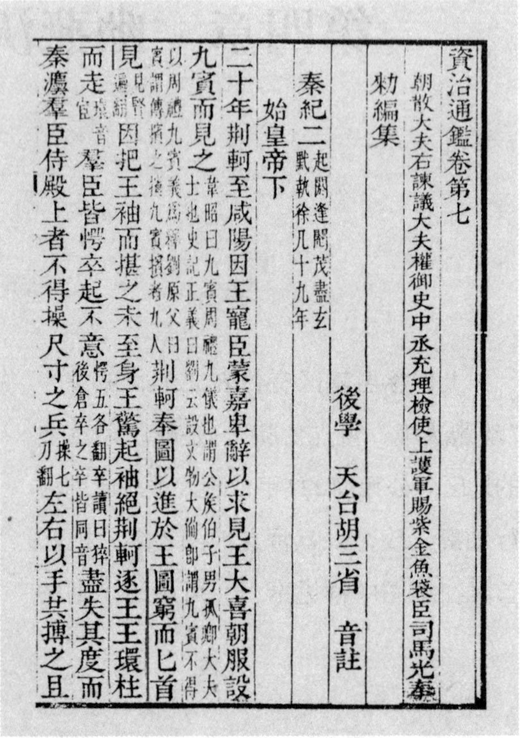
資治通鑑卷第七
朝散大夫右諫議大夫權御史中丞充理檢使上護軍賜紫金魚袋臣司馬光奉
勑編集
後學 天台胡三省 音註
秦紀二起閼逢閹茂盡玄黓執徐凡十九年
始皇帝下
二十年荆軻至咸陽因王寵臣蒙嘉卑辭以求見王大喜朝服設
九賓而見之韋昭曰九賓周禮九儀也謂公侯伯子男孤卿大夫士也史記正義曰劉云設文物大備卽謂九賓不得
以周禮九賓義爲釋劉原父曰九賓謂傳擯之擯九賓擯者九人荆軻奉圖以進於王圖窮而匕首
見見賢遍翻因把王袖而揕之未至身王驚起袖絕荆軻逐王王環柱
而走環音宦羣臣皆愕卒起不意愕五各翻卒讀曰猝後倉卒之卒皆同音盡失其度而
秦灋羣臣侍殿上者不得操尺寸之兵操七刀翻左右以手共搏之且

《资治通鉴·秦纪二》

燕见秦且灭六国，秦兵临易水，祸且至燕。太子丹阴养壮士二十人，使荆轲献督亢地图于秦，因袭刺秦王。秦王觉，杀轲，使将军王翦击燕。二十九年，秦攻拔我蓟，燕王亡，徙居辽东，斩丹以献秦。三十年，秦灭魏。三十三年，秦拔辽东，虏燕王喜，卒灭燕。

《史记·刺客列传》载：

久之，荆轲未有行意。秦将王翦破赵，虏赵王，尽收入其地，进兵北略地至燕南界。太子丹恐惧，乃请荆轲曰："秦兵旦暮渡易水，则虽欲长侍足下，岂可得哉！"荆轲曰："微太子言，臣愿谒之。今行而毋信，则秦未可亲也。夫樊将军，秦王购之金千斤，邑万家。诚得樊将军首与燕督亢之地图，奉献秦王，秦王必说见臣，臣乃得有以报。"太子曰："樊将军穷困来归丹，丹不忍以己之私而伤长者之意，愿足下更虑之！"

《战国策·燕策》载：

臨易水【集解】徐廣曰出涿郡故安也禍且至燕太子丹陰養壯士二
十人使荊軻獻督亢地圖於秦【索隱】徐廣云涿有督亢亭地理志屬廣陽然督亢之田在燕東甚良沃欲獻秦故畫其圖而獻焉因襲刺秦王秦王覺殺軻使
將軍王翦擊燕二十九年秦攻拔我薊燕王亡徙居遼
東斬丹以獻秦三十年秦滅魏三十三年秦拔遼東虜
燕王喜卒滅燕是歲秦將王賁【正義】賁音奔王翦子亦虜代王嘉
太史公曰召公奭可謂仁矣甘棠且思之況其人乎燕
北迫蠻貉內措齊晉【索隱】措交雜也又作錯劉氏云爭錯也崎嶇彊國之
間最爲弱小幾滅者數矣然社稷血食者八九百歲於
姬姓獨後亡豈非召公之烈耶

《史记·燕召公世家》

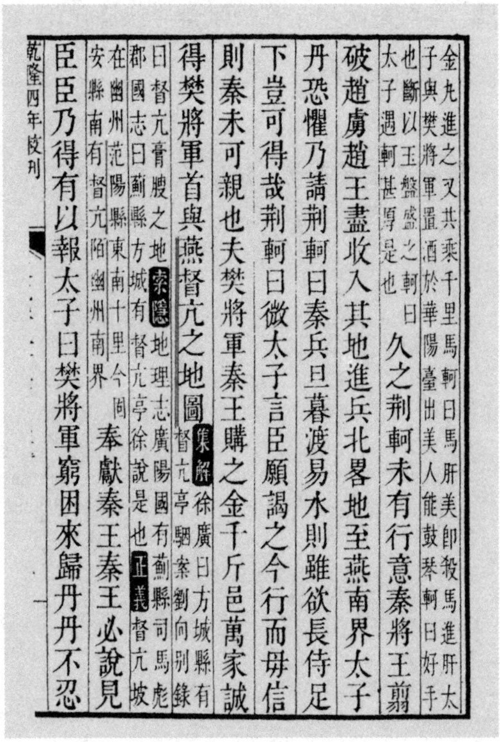
金丸進之又共乘千里馬軻曰馬肝美即殺馬進肝太子與樊將軍置酒於華陽臺出美人能鼓琴軻曰好手也斷以玉盤盛之軻曰太子遇軻甚厚是也久之荊軻未有行意秦將王翦
破趙虜趙王盡收入其地進兵北畧地至燕南界太子
丹恐懼乃請荊軻曰秦兵旦暮渡易水則雖欲長侍足
下豈可得哉荊軻曰微太子言臣願謁之今行而毋信
則秦未可親也夫樊將軍秦王購之金千斤邑萬家誠
得樊將軍首與燕督亢之地圖【集解】徐廣曰方城縣有督亢亭駰案劉向別錄曰督亢膏腴之地【索隱】地理志廣陽國有薊縣司馬彪郡國志曰薊縣方城有督亢亭徐說是也【正義】督亢坡在幽州范陽縣東南十里今固安縣南有督亢陌幽州南界奉獻秦王秦王必說見
臣臣乃得有以報太子曰樊將軍窮困來歸丹丹不忍
乾隆四年校刊

《史记·刺客列传》

既至秦，持千金之资币物，厚遗秦王宠臣中庶子蒙嘉。嘉为先言于秦王曰：“燕王诚振怖大王之威，不敢举兵以逆军吏，愿举国为内臣，比诸侯之列，给贡职如郡县，而得奉守先王之宗庙。恐惧不敢自陈，谨斩樊於期之头，及献燕督亢之地图，函封，燕王拜送于庭，使使以闻大王，唯大王命之。”秦王闻之，大喜，乃朝服，设九宾，见燕使者咸阳宫。

所有这些无不表明，涿邑在北燕称雄战国的过程中，在幽燕地区的历史发展中，都具有不可低估的作用。明清时期，涿州及接壤县把“督亢”作为本县的八景之一，称为“督亢春晓”“督亢秋成”等。其实，督亢决不仅是一县之景，客观地说，它应是整个幽燕地区的一大景观。

南北朝北魏孝明帝时，幽州刺史裴延儁，委任本州北府长流参军卢文伟，疏浚督亢陂，溉田万余顷，民赖其利。北齐时曾岁收稻粟数十万石。明朝董其昌、清朝乾隆皇帝都曾赋诗吟咏督亢。

董其昌慨叹：

谁知燕地有西湖，沃壤长堤督亢图。
为问黄金台上客，得寻说剑酒人无。

乾隆皇帝赋诗：

督亢广衍旧膏腴，计使荆轲献地图。
持短入长奚济事，害成延祸竟亡躯。
马迁作史失辞驳，刘向传经具政模。
引水开田言则易，推行得当是谁乎。

第五章　秦汉县郡　天下名都

秦始皇统一六国，废除封邦建国，推行郡县体制治理天下，一般说是从公元前221年开始的。其实，秦国境内此前早就推行郡县制了。而且，秦国每兼并一个国家，就在其地设置郡、县，实施管理。比如，秦王政二十一年（前226），秦兵破燕入蓟。为了接管燕地政权，于是在原燕都蓟设置广阳郡，燕国原有上谷、渔阳等郡保留，各郡由郡守执政，其他城邑则设置县，万户以上县置令，不及万户县置长，郡守、县令（长）均由中央任命。因此可以说，涿县是在秦统一前的公元前226年设立的。

西汉高帝六年（前201），设置涿郡，治所在涿县（郡县同城而治）。督亢沃野使涿县、涿郡的经济水平颇高，工商业较为发达。昭帝始元六年（前81），在盐铁会议上，御史大夫桑弘羊把“燕之涿、蓟”与齐之临淄、赵之邯郸等并称“富冠海内，为天下名都”。

西汉桓宽所著《盐铁论·通有第三》载：

大夫曰：“燕之涿、蓟，赵之邯郸，魏之温、轵，韩之荥阳，齐之临淄，楚之宛丘，郑之阳翟，二周之三川，富冠海内，皆为天下名都。”

《盐铁论》虽然成书于西汉时期，但是这段文字却是对从战国到秦汉数百年

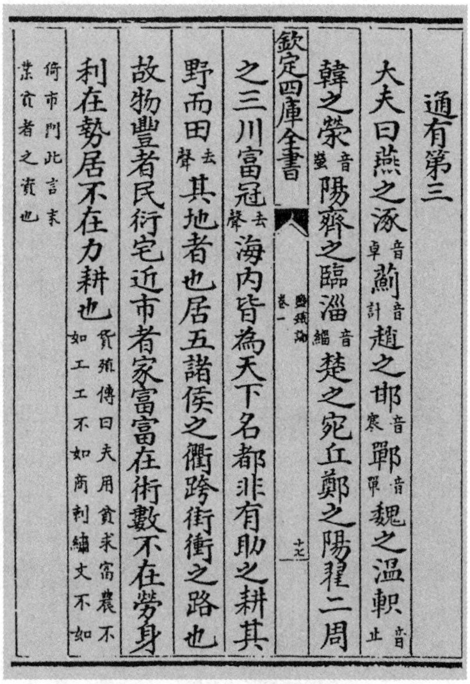
通有第三
大夫曰燕之涿音卓薊音計趙之邯音寒鄲音單魏之溫軹音止
韓之滎音螢陽齊之臨淄音緇楚之宛丘鄭之陽翟二周
欽定四庫全書　鹽鐵論　卷一　十七
之三川富冠去聲海內皆為天下名都非有助之耕其
野而田去聲其地者也居五諸侯之衢跨街衝之路也
故物豐者民衍宅近市者家富富在術數不在勞身
利在勢居不在力耕也貨殖傳曰夫用貧求富農不如工工不如商刺繡文不如倚市門此言末業貧者之資也

《盐铁论·通有第三》

间“天下”重要城邑的高度概述。

西汉桓宽撰《盐铁论》60篇，是汉昭帝时以御史大夫桑弘羊、丞相田千秋为一方，以各地贤良文学为另一方，就盐铁官营、酒类专卖、平准运输等问题举行辩论的会议记述。桓宽，西汉汝南（今河南上蔡西南）人，字次公，生卒年不详。汉宣帝时被任为郎，官庐江太守丞。盐铁会议后的约十几年间，桓宽根据会议资料，结合当年与会者的追述，推演整理而成此书。《盐铁论》以对话形式，生动地记载了这场辩论的情况。全书体例统一，资料翔实，结构严密，通晓畅达，在经济思想史上具有重要价值。

《汉书·地理志》记载，涿郡辖16个县、13个侯国，共29个县级单位。

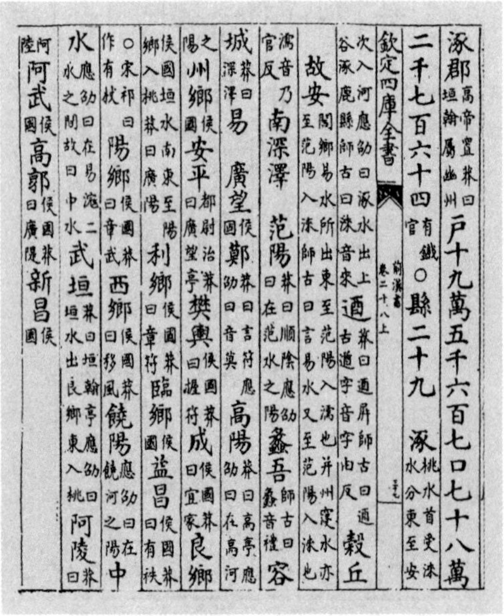
涿郡高帝置莽曰垣翰屬幽州戶十九萬五千六百七口七十八萬
二千七百六十四有鐵官○縣二十九涿桃水首受淶水分東至安
欽定四庫全書 前漢書 卷二十八上
次入河應劭曰涿水出上谷涿鹿縣師古曰涿音來遒莽曰遒屏師古曰遒古遒字音字由反穀丘
故安閻鄉易水所出東至范陽入濡也并州虁水亦至范陽入淶師古曰言易水又至范陽入淶也
濡音乃官反南深澤范陽莽曰順陰應劭曰在范水之陽蠡吾師古曰蠡音禮容
城莽曰深澤易廣望侯國鄚莽曰言符應劭曰音莫高陽莽曰高亭應劭曰在高河
之陽州鄉侯國安平都尉治莽曰廣望亭樊輿侯國莽曰握符成侯國莽曰宜家良鄉
侯國垣水南東至陽鄉入桃莽曰廣陽利鄉侯國莽曰章符臨鄉侯國益昌侯國莽曰有秩
○宋祁曰作有秩陽鄉侯國莽曰章武西鄉侯國莽曰移風饒陽應劭曰在饒河之陽中
水應劭曰在易滱二水之間故曰中水武垣莽曰垣翰亭應劭曰垣水出良鄉東入桃阿陵莽曰
阿陸阿武侯國高郭侯國莽曰廣隄新昌侯國

《汉书·地理志》

《汉书·地理志》载：

涿郡（高帝置，莽曰垣翰，属幽州），户十九万五千六百七，口七十八万二千七百六十四（有铁官）。县二十九：涿（桃水首受涞水，分东至安次入河）。遒（莽曰遒屏）。榖丘。故安（阎乡，易水所出，东至范阳入濡也。并州浸。水亦至范阳入涞）。南深泽。范阳（莽曰顺阴）。蠡吾。容城（莽曰深泽）。易。广望（侯国）。鄚（莽曰言符）。高阳（莽曰高亭）。州乡（侯国）。安平（都尉治，莽曰广望亭）。樊舆（侯国，莽曰握符）。成（侯国，莽曰宜家）。良乡（侯国，垣水南东至阳乡入桃，莽曰广阳）。利乡（侯国，莽曰章符）。临乡（侯国）。益昌（侯国，莽曰有秩）。阳乡（侯国，莽曰章武）。西乡（侯国，莽曰移风）。饶阳。中水。武垣（莽曰垣翰亭）。阿陵（莽曰阿陆）。阿武（侯国）。高郭（侯国，莽曰广堤）。新昌（侯国）。

《史记·货殖列传》载：

然邯郸亦漳、河之间一都会也。北通燕、涿，南有郑、卫。郑、卫俗与赵相类，然近梁、鲁，微重而矜节。濮上之邑徙野王，野王好气任侠，卫之风也。

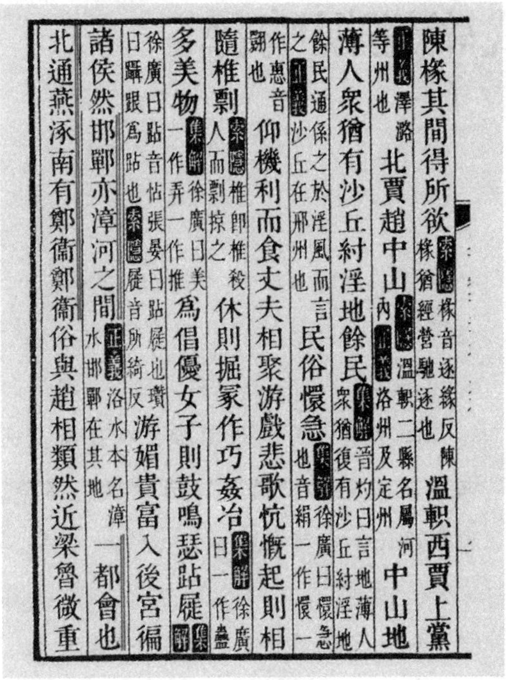

《史记·货殖列传》

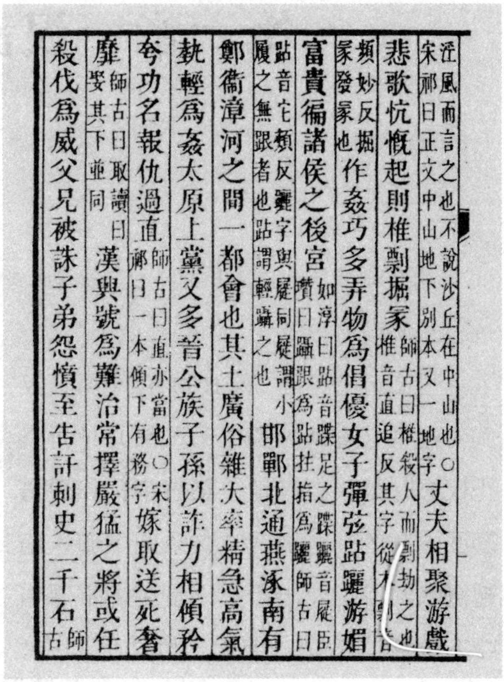

《汉书·地理志》

《汉书·地理志》载：

邯郸北通燕、涿，南有郑、卫，漳、河之间一都会也。其土广俗杂，大率精急，高气势，轻为奸。

《汉书·地理志》载：

燕地，尾、箕分野也。武王定殷，封召公于燕，其后三十六世与六国俱称王。东有渔阳、右北平、辽西、辽东，西有上谷、代郡、雁门，南得涿郡之易、容城、范阳、北新城、故安、涿县、良乡、新昌，及勃海之安次，皆燕分也。乐浪、玄菟，亦宜属焉。

第六章　汉武帝巡视鸣泽

西汉元封四年（前107）冬十月，汉武帝在雍（春秋时期秦国国都）举行祭祀仪式，祭天、祭地、祭五帝，然后踏勘回中道的开通情况。这条回中道，南起汧水河谷，北出萧关，是关中平原与陇东高原间的交通要道。因途经回中，故名回中道。接着，汉武帝向北、向东一路巡行。次年春，汉武帝来到涿郡，视察鸣泽。

关于汉武帝的这次巡视，《史记》《汉书》中都有记载。

《史记》中的记述有两条，一条是《史记·孝武本纪》载：

其明年，上郊雍，通回中道，巡之。春，至鸣泽，从西河归。

另一条是《史记·封禅书》中有完全相同的一段话。

《汉书》中关于汉武帝巡视鸣泽的记述也是两条。

一条是《汉书·武帝纪》载：

四年冬十月，行幸雍，祠五畤。通回中道，遂北出萧关，历独鹿、鸣泽，自代而还，幸河东。

另一条是《汉书·郊祀志》载：

明年，上郊雍五畤，通回中道，遂北出萧关，历独鹿、鸣泽，自西河归，幸河东祠后土。

《史记集解》引服虔注释：“鸣泽，泽名也，在涿郡遒县北界。”

《汉书》注释引服虔曰：

独鹿，山名也。鸣泽，泽名也。皆在涿郡遒县北界也。

遒县是汉朝在涿县西侧设立的县，辖境大约是今保定市涞水县平原。今涞水县北部山区，古代为涿郡（或涿州）辖区，辽、金、元历朝都属范阳县（涿

黄帝時封則天旱乾封【正義】乾音干顏師古云三歲不雨暴所封之土令乾三
年上乃下詔曰天旱意乾封乎【集解】蘇林曰天旱欲使封土乾燥如淳曰
但祭不立尸爲乾封其令天下尊祠靈星焉【正義】靈星即龍星也張晏云龍星左
角曰天田則農祥也見而祭之其明年上郊雍通回中道巡之【集解】徐廣
曰在扶風汧縣春至鳴澤【集解】服虔曰鳴澤澤名也在涿郡遒縣北界從西河歸
其明年冬上巡南郡【集解】徐廣曰元封五年也至江陵而東登禮
潛之天柱山號曰南嶽【集解】應劭曰潛縣屬廬江南嶽霍山也文穎曰天柱山在
潛縣南有祠浮江自尋陽出樅陽【集解】瓚案地理志廬江有樅陽縣過彭
蠡祀其名山川北至琅邪並海上四月中至奉高脩
封焉初天子封泰山泰山東北阯古時有明堂處處

《史记·孝武本纪》

也且僊人好樓居於是上令長安則作蜚廉桂觀甘泉
則作益延壽觀【索隱】小顏以爲作益壽延壽二館漢武故事云作延壽觀高二十丈使卿
持節設具而候神人乃作通天莖臺【集解】徐廣曰在甘泉【索隱】漢書並無
莖字疑衍也置祠具其下將招來僊神人之屬於是甘泉更
置前殿始廣諸宮室夏有芝生殿房內中【集解】徐廣曰元封二年
天子爲塞河興通天臺若見有光云乃下詔甘泉房中
生芝九莖赦天下毋有復作其明年伐朝鮮夏旱公孫
卿曰黄帝時封則天旱乾封三年上乃下詔曰天旱意
乾封乎其令天下尊祠靈星焉其明年上郊雍通回中
道巡之春至鳴澤從西河歸其明年冬上巡南郡至江

乾隆四年校刊

《史记·封禅书》

角力角技藝射御故名角抵蓋雜技樂也巴俞戲魚龍蔓延之屬也漢後更名平樂觀師古曰抵者當也非謂
抵觸文說是也三百里內皆來觀夏朝鮮斬其王右渠降師古曰右
渠朝鮮王名㠯其地爲樂浪臨屯玄菟眞番郡臣瓚曰茂陵書臨屯郡治
東暆縣去長安六千一百三十八里十五縣眞番郡治霅縣去長安七千六百四十里十五縣師古曰樂音洛
浪音郎番音普安反暆音弋支反霅音丈甲反樓船將軍楊僕坐失亡多免爲
庶民左將軍荀彘坐爭功棄市師古曰棄市殺之於市也解在景紀秋七
月膠西王端薨武都氐人反分徙酒泉郡師古曰不盡徙
四年冬十月行幸雍祠五畤通回中道應劭曰回中在安定高平有險
阻蕭關在其北通治至長安也孟康曰回中在北地有山險武帝故宮如淳曰三輔黃圖云回中宮在汧也師
古曰回中在安定北通蕭關應說是也而云治道至長安非也蓋自回中通道以出蕭關孟如二家皆失之矣
回中宮在汧者或取安定回中爲名耳非今所通道遂北出蕭關如淳曰匈奴傳入朝那蕭關蕭
關在安定朝那縣也歷獨鹿鳴澤服虔曰獨鹿山名也鳴澤澤名也皆在涿郡遒縣北界也自
代而還幸河東春三月祠后土詔曰朕躬祭后土地祇
見光集于靈壇一夜三燭服虔曰燭音注師古曰燭謂照也讀如本字幸中
都宮殿上見光師古曰中都在太原其赦汾陰夏陽中都死罪㠯
下賜三縣及楊氏皆無出今年租賦師古曰楊氏河東聚邑名夏大
旱民多暍死如淳曰暍音謁師古曰中熱而死也秋㠯匈奴弱可遂臣服
迺遣使說之單于使來死京師匈奴寇邊遣拔胡將軍
郭昌屯朔方
五年冬行南巡狩至于盛唐文穎曰案地理志不得疑當在廬江左右縣名也韋

《汉书·武帝纪》

县）地。今北京市房山区在金朝以前也是涿县区域。所以说，汉代鸣泽应位于遒县北界、涿县西侧。

汉武帝为何视察鸣泽呢？司马迁在《史记·封禅书》中回答了这个问题。

《史记·封禅书》载：

汧、洛二渊，鸣泽、蒲山、岳壻山之属，为小山川，亦皆岁祷赛泮涸祠，礼不必同。

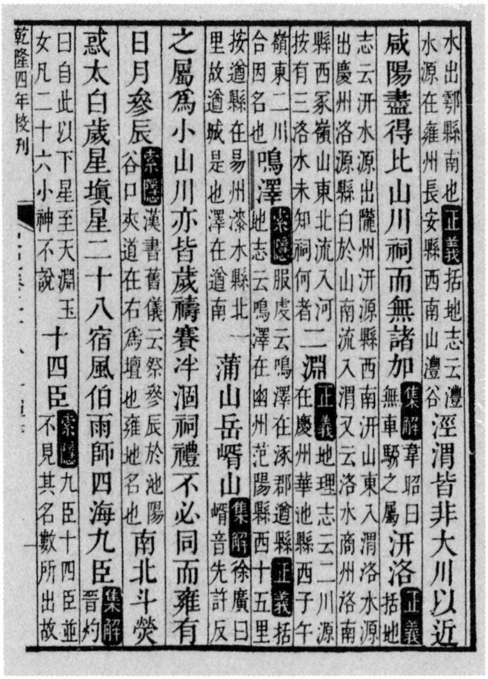
水出鄠縣南也【正義】括地志云灃水源在雍州長安縣西南山灃谷涇渭皆非大川以近
咸陽盡得比山川祠而無諸加【集解】韋昭曰無車駕之屬汧洛【正義】括地志云汧水源出隴州汧源縣西南汧山東入渭洛水源出慶州洛源縣白於山南流入渭又云洛水商州洛南縣西冢嶺山東北流入河按有三洛水未知祠何者二淵【正義】地理志云二川源在慶州華池縣西子午嶺東二川合因名也鳴澤【索隱】服虔云鳴澤在涿郡遒縣【正義】括地志云鳴澤在幽州范陽縣西十五里按遒縣在易州淶水縣北一里故遒城是也澤在遒南蒲山岳壻山【集解】徐廣曰壻音先許反
之屬爲小山川亦皆歲禱賽泮涸祠禮不必同而雍有
日月參辰【索隱】漢書舊儀云祭參辰於池陽谷口夾道在右爲壇也雍地名也南北斗熒
惑太白歲星填星二十八宿風伯雨師四海九臣【集解】晉灼曰自此以下星至天淵玉女凡二十六小神不說十四臣【索隱】九臣十四臣並不見其名數所出故
乾隆四年校刊

《史记·封禅书》

《史记·封禅书》记述了从虞舜到汉武帝祭祀天地、山川、神祇的概况。远古时的祭祀详情已不可知，但是世世代代传下来，天子祭祀五岳四渎，诸侯祭祀本国境内的名山名川。《封禅书》记载：鸣泽与汧、洛二渊，与蒲山、岳壻山一起，被列为小山川，同样每年要举行酬报神功、祈祷求福的祭祀活动，当然与五岳四渎相比，礼数方面有所差异。大概燕国一直在鸣泽举行祭祀，所以在秦统一后，涿郡的鸣泽，从秦皇汉武的角度看，虽然远在东北幽州，但那也是天下不可分割的组成部分。

《史记》中记载，汉武帝离开鸣泽“从西河归”，而《汉书》中则用了两个说法，一个是“自西河归，幸河东祠后土”，一个是“自代而还，幸河东”。这里的“西河”是郡名，在今山西省西北部。“河东”也是郡名，在今山西省西南部。“代”指代郡，位于西河郡东，与涿郡接壤。今保定市涞源县就是当时代郡的广昌县，从汉朝到唐朝，从今山西北部到河北平原，有一条交通要道，在今保定市涞源县、张家口蔚县间，称为“飞狐道”。所谓“自代而还”，是说从涿郡境内的鸣泽西行，进入代郡的广昌县，然后南下河东郡。

第七章　司马迁采风涿郡

司马迁，西汉史学家、文学家、思想家，字子长，夏阳（今陕西韩城南）人。元封三年（前108）继父职，任太史令。太初元年（前104）与唐都、落下闳等共订《太初历》。天汉三年（前98），因对李陵军败降匈奴事有所辩解，得罪下狱，受腐刑。3年后，出狱任中书令，继续发愤撰述，终于完成了中国第一部纪传体通史《史记》（原名《太史公书》），其体例为以后著史者所遵循。书中不少传记语言生动、形象鲜明，是优秀的文学作品，对后世史学与文学都有深远的影响，鲁迅称其是“史家之绝唱，无韵之离骚”。

司马迁在《史记・五帝本纪》中说：学者们大多称赞五帝，五帝已经很久远了。……我曾经向西到过空桐山，向北经过涿鹿，向东到达大海，往南在长江、淮河驾舟。到了那些长老们常常叙说是黄帝、尧、舜遗迹的地方，那里的风俗教化各自有所不同，但总的来说没有违背古籍的记载。

司马迁这里所说的“北过涿鹿”，不是说曾到过“涿鹿县”，而是说曾到过轩辕黄帝“战于涿鹿之野”的“涿鹿”。

汉武帝时上谷郡有涿鹿县，而为什么司马迁所说“北过涿鹿”的这个“涿鹿”不是“涿鹿县”呢？主要有两个原

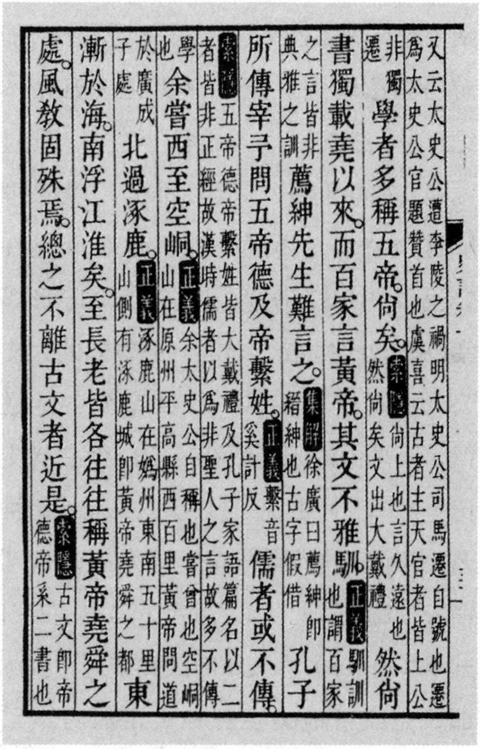

又云太史公遭李陵之禍明太史公司馬遷自號也遷爲太史公官題贊首也虞喜云古者主天官者皆上公非遷

獨學者多稱五帝尚矣。索隱尚上也言久遠也然尚矣文出大戴禮然尚

書獨載堯以來。而百家言黃帝。其文不雅馴。正義馴訓也謂百家之言皆非典雅之訓

薦紳先生難言之。集解徐廣曰薦紳卽縉紳也古字假借孔子

所傳宰予問五帝德及帝繫姓。正義繫音奚計反儒者或不傳。

索隱五帝德帝繫姓皆大戴禮及孔子家語篇名以二者皆非正經故漢時儒者以爲非聖人之言故多不傳學也

余嘗西至空峒。正義余太史公自稱也嘗曾也空峒山在原州平高縣西百里黃帝問道於廣成子處

北過涿鹿。正義涿鹿山在嬀州東南五十里山側有涿鹿城卽黃帝堯舜之都東

漸於海。南浮江淮矣。至長老皆各往往稱黃帝堯舜之

處。風教固殊焉。總之不離古文者近是。索隱古文卽帝德帝系二書也

《史记・五帝本纪》

因。一个是司马迁在这里讲到的地名（空桐山、大海、长江、淮河）都是自然区域名，范围比较大。而“涿鹿县”与那3个自然区域中的任何一个相比，都太小了，与它们不是同类概念；另一个是司马迁在《史记·太史公自序》中，记述了自己的履历：“二十而南游江、淮，上会稽，探禹穴，窥九嶷，浮于沅、湘；北涉汶、泗，讲业齐鲁之都，观孔子之遗风，乡射邹、峄，厄困鄱、薛、彭城，过梁、楚以归。”不久，“奉使西征巴蜀以南，南略邛、笮、昆明，还报命。”除此以外，没有第三次的记录。这两次远行，第一次到了江浙、山东、河南等地，第二次去了大西南，是不可能游历到涿鹿的。但在《史记·五帝本纪》中，他却说：“余尝西至空桐，北过涿鹿，东渐于海，南浮江淮矣。”怎么理解这个“北过涿鹿”呢？这个问题在《史记》中没有明确记载，但有隐形答案。作为给皇帝“记言、记事”的太史公，司马迁“侍从”汉武帝到各地巡行，正是他的职责所在。所以他在《史记·封禅书》中说：“余从巡祭天地诸神名山川而封禅焉。”正是这个“余从巡祭”，点出了他“北过涿鹿”其实是元封五年（前106）春天跟随汉武帝巡行到涿郡，完成了他关于轩辕黄帝的考察采风。当年汉武帝没有巡行到上谷郡（请参阅本书第六章），司马迁自然也就没有到过上谷郡的涿鹿县。司马迁说曾“北过涿鹿”，其实就是北到涿郡，他之所以要用“涿鹿”而不说“涿郡”，除了与《史记·五帝本纪·黄帝纪》中的用词保持一致外，主要是因为当时涿郡、遒县、涿县一带本就是古“涿鹿之野”。

《史记》中记述汉武帝“春，至鸣泽，从西河归”，同是这一件事，《汉书》中的记述则是“历独鹿、鸣泽，自代而还”，后者比前者多了“独鹿”。其实，“独鹿”即“涿鹿”，是数千年间不同地区对同一地名的读音衍化的结果。

汉朝许慎的《说文解字》中，关于“涿”解释为：“流下滴也。从水，豖声。上谷有涿县。”而到了清朝段玉裁的《说文解字注》中，关于“涿”解释为：“流下滴也。今俗谓一滴曰一涿，音如笃。”对于“上谷有涿县”一说，段玉裁认为应该是“上谷有涿鹿县”，并说各种版本中都缺失“鹿”字，他还解释说：“涿县在涿郡，不在上谷也。”之后，段玉裁列举“《地理志》上谷郡涿鹿，今涿鹿，故城在直隶宣化府保安州南。明志谓之轩辕城。涿郡，涿，今涿县，故城在顺天府涿州州治”。

段玉裁的《说文解字注》用汉朝以来的郡州县建置，解释古代的涿鹿、涿县。但是他不知道，汉朝以前，秦统一六国

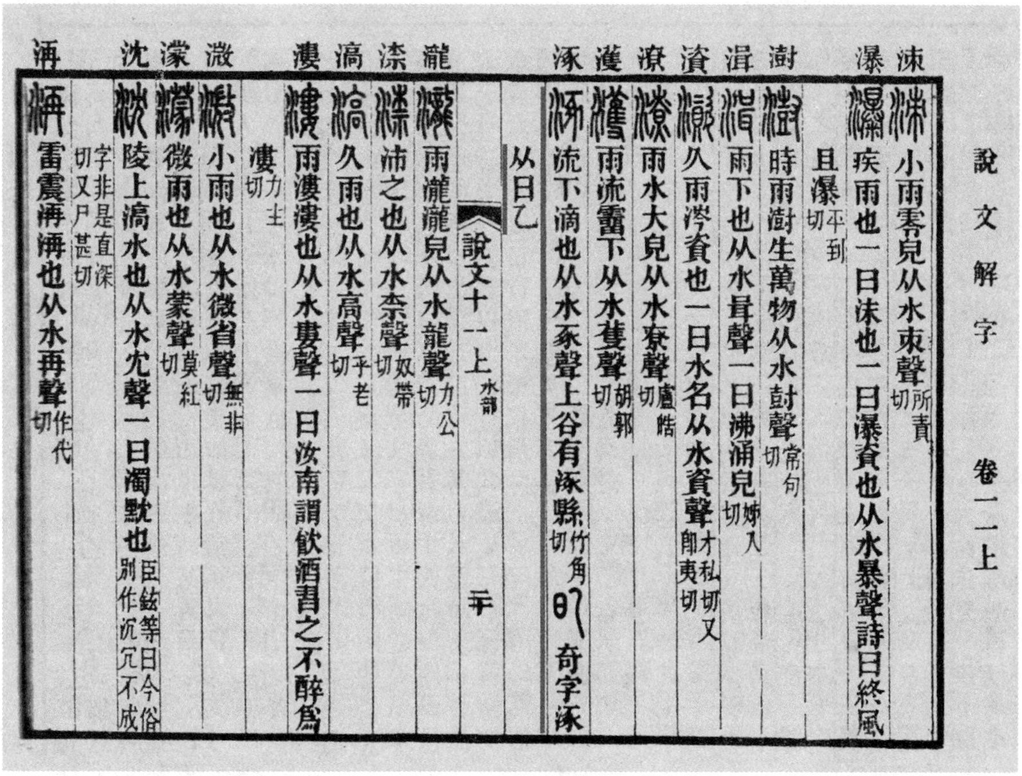
說文解字 卷一一上

涑 小雨零皃从水束聲 所責切
瀑 疾雨也一曰沫也一曰瀑賨也从水暴聲詩曰終風且瀑 平到切
澍 時雨澍生萬物从水尌聲 常句切
湒 雨下也从水咠聲一曰沸涌皃 姊入切
澬 久雨涔資也一曰水名从水資聲 才私切又即夷切
潦 雨水大皃从水尞聲 盧皓切
濩 雨流霤下从水蒦聲 胡郭切
涿 流下滴也从水豖聲上谷有涿縣 竹角切 奇字涿从日乙

說文十一上 水部 手

瀧 雨瀧瀧皃从水龍聲 力公切
渿 沛之也从水柰聲 奴帶切
滈 久雨也从水高聲 乎老切
漊 雨漊漊也从水婁聲一曰汝南謂飲酒習之不醉爲漊 力主切
溦 小雨也从水微省聲 無非切
濛 微雨也从水蒙聲 莫紅切
沈 陵上滈水也从水冘聲一曰濁黕也 臣鉉等曰今俗別作沉冗不成字非是直深切又尸甚切
洅 雷震洅洅也从水再聲 作代切

《说文解字》

时，涿县一开始属广阳郡，后来广阳郡曾撤销，涿县曾划归上谷郡。所以说，许慎在《说文解字》中的注释“上谷有涿县”并没有错。其实，秦朝时还没有涿鹿县。到西汉初，设置涿郡，治所在涿县，在上谷郡设置涿鹿县。段玉裁的《说文解字注》只看到汉朝的郡县设置，而没有注意到更早的秦朝，没有考察秦朝时上谷与广阳二郡的设撤变更。

涿鹿县始设于西汉初，到北魏初期撤销，一直到民国三年（1914）才把保安县改名涿鹿县。从北魏到清末的约1500年间，没有涿鹿县建置。民国二年（1913），废州改县，清朝时的涿州改名涿县。段玉裁在世时，既没有涿鹿县，也没有涿县，故“今涿鹿”“今涿县”均不成立（这两个衍文是怎么出现的，不得而知）。

许慎注“涿，豖声”，段玉裁注“涿，音如笃”，而今天我们读“涿”字是“zhuo”平声。由此可见，不同时代、不同地区，汉语字词的读音是有差异的。

《中国历史大辞典》注释“独鹿山：

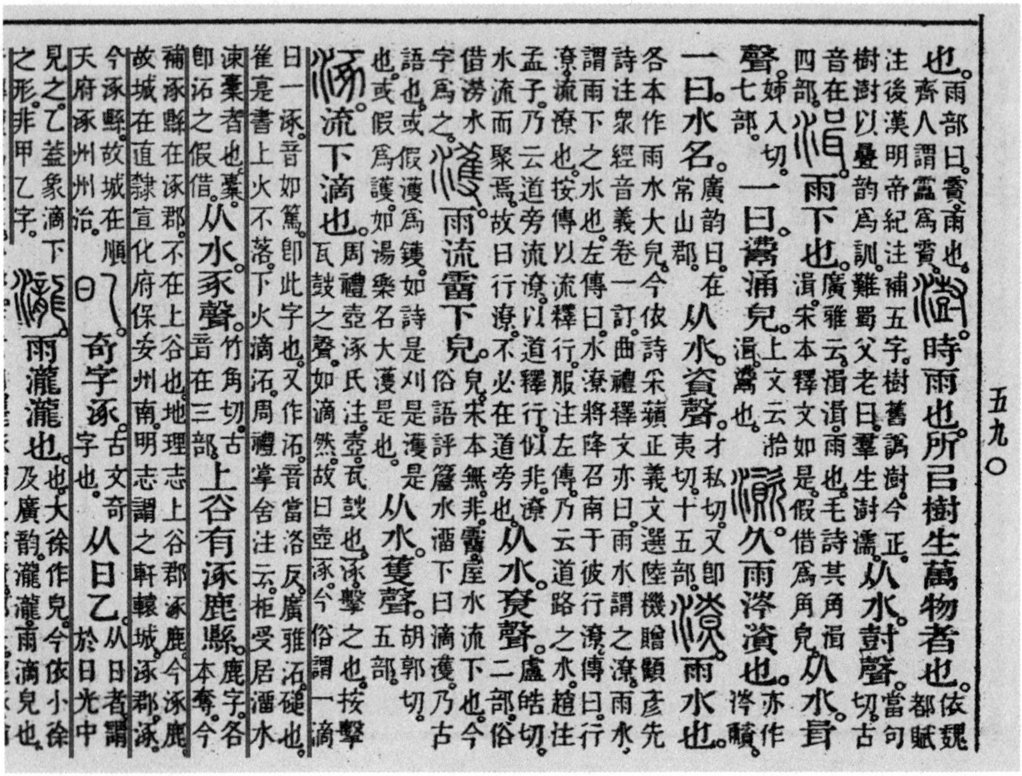
也。雨部曰。霣雨也。齊人謂靁爲霣。澍時雨也。所㠯樹生萬物者也。依魏都賦注後漢明帝紀注補五字。樹舊譌澍。今正。樹澍以疊韵爲訓。難蜀父老曰。羣生澍濡。从水。尌聲。當句切。古音在四部。
湑雨下也。廣雅云。湑湑雨也。毛詩其湑湑。宋本釋文如是。假借爲角皃。从水。咠聲。姊入切。七部。一曰。𣸣涌皃。上文云。湁湑𣸣也。
澬久雨涔澬也。亦作涔𩅦。一曰。水名。廣韵曰。在常山郡。从水。資聲。才私切。又即夷切。十五部。
潦雨水也。各本作雨水大皃。今依詩采蘋正義文選陸機贈顧彥先詩注衆經音義卷一訂。曲禮釋文亦曰。雨水謂之潦。雨水謂雨下之水也。左傳曰。水潦將降。召南于彼行潦。傳曰行潦。流潦也。按傳以流釋行。服注左傳乃云道路之水。趙注孟子。乃云道旁流潦。以道釋行。似非。潦水流而聚焉。故曰行潦。不必在道旁也。从水。尞聲。盧皓切。二部。俗借澇水字爲之。
濩雨流霤下皃。皃宋本無。非。霤屋水流下也。今俗語評霤水霤下曰滴濩。乃古語也。或假濩爲鑊。如詩是刈是濩是也。或假爲護。如湯樂名大濩是也。从水。蒦聲。胡郭切。五部。
涿流下滴也。周禮壺涿氏注。壺瓦鼓也。涿擊之也。按瓦鼓之聲。如滴然。故曰壺涿。今俗謂一滴曰一涿。音如篤。卽此字也。又作沰。音當洛反。廣雅。沰磓也。雀是書上火不落。下火滴沰。周禮掌舍注云。柜受居溜水涑橐者也。橐卽沰之假借。从水。豖聲。竹角切。古音在三部。上谷有涿鹿縣。鹿字各本奪。今補。涿縣在涿郡。不在上谷也。地理志上谷郡涿鹿。今涿鹿故城在直隸宣化府保安州南。明志謂之軒轅城。涿郡涿。今涿縣故城在順天府涿州州治。
𣅿奇字涿。古文奇字也。从日乙。从日者謂於日光中見之。乙蓋象滴下之形。非甲乙字。
瀧雨瀧瀧也。也大徐作皃。今依小徐及廣韵。瀧瀧雨滴皃也。
五九〇

《说文解字注》

在今北京市房山区西南。《汉书·武帝纪》：元封四年（前107），‘北出萧关，历独鹿、鸣泽，自代而还’，即此。”《中国历史大辞典》注释“涿鹿山：在今河北涿鹿县东南。”其实，也是指今北京西部的群山。

房山云居寺原有《涿鹿山石经堂记》碑，作者是唐朝幽州节度使刘济。作为唐朝幽燕地区的最高官员，刘济把幽州（今北京市）西南部群山称为“涿鹿山”。显然，“涿鹿山”与“独鹿山”是同一带群山，只是方言口语读音略有差异而已。

刘济时的涿鹿山，属于涿州范阳县辖区，而唐朝的范阳县，是汉朝的涿县。由此说来，司马迁“北过涿鹿”，与西汉元封五年（前106）春天汉武帝巡视涿郡独鹿、鸣泽是同一次活动。这次巡行，司马迁对轩辕黄帝遗迹进行了考察采风，为撰著《史记》开篇的《五帝本纪》做了准备。

第八章　涿郡辖域　隶属变更

中国历史上的大汉朝，分为前后两段。前段是从公元前206年到公元25年，称为西汉；后段是从25年到220年，称为东汉。二十四史中，记述两汉的史书，名为《汉书》《后汉书》。

据《汉书·地理志》所载，西汉涿郡与涿县同城而治，辖16个县和13个侯国。

《汉书·王子侯表》中记载有县侯的分封，涉及涿郡的有：广望节侯忠、将梁侯朝平、薪馆侯未央、陆城侯贞、薪处侯嘉，以上5位是西汉元朔二年（前127）封；樊舆节侯修、曲成侯万岁、安郭于侯传，以上3位是元朔五年（前124）封。上述8位侯均为中山靖王之子，其表下都注有“涿”字。

成献侯喜，中山康王之子，元凤五年（前76）封，其表下注有“涿郡”。

利乡孝侯安，中山顷王之子，甘露元年（前53）封，其表下注“常山”。

阿武戴侯豫、州乡节侯禁，这两位均为河间献王之子，元朔三年（前126）封，其表下未注属郡。

阳兴侯昌，河间孝王之子，五凤元年（前57）封，其表下注有“涿郡”。

新昌节侯庆，燕刺王之子，本始四年（前70）封，其表下注有“涿”字。

临乡顷侯云、西乡顷侯容、阳乡思侯发，初元五年（前44）封，益昌顷侯婴，永光三年（前41）封，这4位侯均为广阳顷王之子，其表下都注有“涿”字。

以上共18位王子侯，其中有两位封地在或跨今涿州市境。一个是阳乡侯国。初元五年（前44），封广阳顷王刘建的儿子刘发为阳乡思侯，封地在今涿州义和庄镇长安城一带；另一个是西乡侯国。西乡侯名刘容，也是广阳顷王刘建的儿子，与阳乡思侯同时受封。西乡侯国的都城，在今涿州东仙坡镇上坡村西北。

广阳顷王刘建，是汉武帝的孙子，是燕王刘旦的儿子。刘旦是汉武帝的6个儿子之一，公元前117年被封为燕王。公元前80年，因谋夺帝位失败而赐死，谥曰刺王。作为燕王太子的刘建被赦免死罪，废为庶人。汉宣帝即位后，封刘旦的另外两个儿子——刘庆为新昌侯、刘贤为安定侯，又立刘建为广阳顷王。

2005年夏秋，文物部门对西乡故城遗址进行了重点发掘，涿州博物馆有相关的展示与介绍。

西汉末年，外戚、安汉公王莽执政。公元8年，王莽建立新朝，把汉朝的藩王一律废为庶民百姓。

东汉的历史共196年，其郡县制的行政建置推行了164年。东汉时设有13个监察刺史部，名司隶及豫、冀、兖、徐、青、荆、扬、益、凉、并、幽、交等12个州，但并不是一级政权。东汉中平五年（188），汉灵帝把13个监察刺史部变成一级政权，因此，东汉的后32年变成了州、郡、县三级体制。涿郡属幽州，治所在涿县。

西汉时涿郡辖29个县或侯国，王莽新朝废掉了一批侯国（有的变成县）。到东汉，先后扩展或设置的中山国、安平国、河间国等，分割了涿郡的大部分辖县。东汉后期，涿郡辖县仅剩7个。

《后汉书·郡国志》载：

涿郡（高帝置，洛阳东北千八百里），七城，户十万二千二百一十八，口六十三万三千七百二十四。涿、遒侯国。故安易水出，雹水出。范阳侯国，良乡，北新城有汾水门。方城故属广阳，有临乡，有督亭。

《后汉书·和帝纪》载：

夏五月庚戌，分太山为济北国，分乐成、涿郡、勃海为河间国。丙辰，封皇弟寿为济北王，开为河间王，淑为城阳王，绍封故淮阳王昞子侧为常山王。赐公卿以下至佐史钱布各有差。

《后汉书·孝明八王列传》载：

乐成靖王党，永平九年赐号重熹王，十五年封乐成王。党聪慧，善史书，喜正文字。与肃宗同年，尤相亲爱。建初四年，以清河之游、观津，勃海之东光、成平，涿郡之中水、饶阳、安平、南深泽八县益乐成国。

《后汉书·章帝八王传》载：

河间孝王开，以永元二年封，分乐成、勃海、涿郡为国。延平元年就国。开奉遵法度，吏人敬之。永宁元年，邓太后封开子翼为平原王，奉怀王胜祀；子德为安平王，奉乐成王党祀。

蠡吾侯翼，元初六年，邓太后征济北、河间王诸子诣京师，奇翼美仪容，

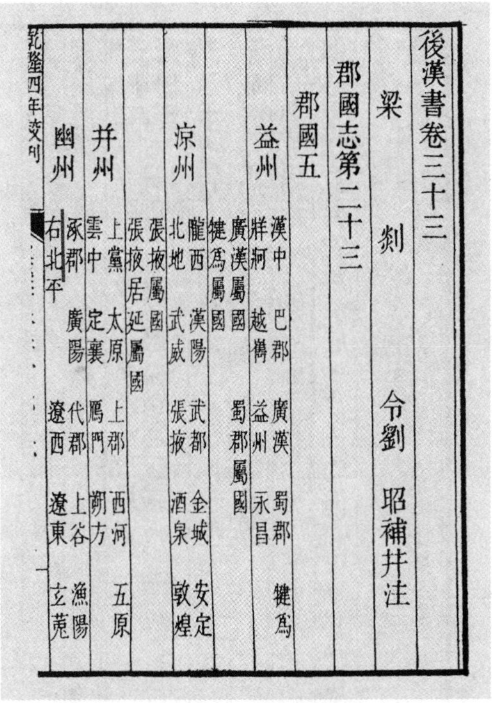
乾隆四年校刊

後漢書卷三十三

梁　剡　令劉昭補井注

郡國志第二十三

郡國五

益州　漢中　巴郡　廣漢　蜀郡　犍爲　牂柯　越巂　益州　永昌　廣漢屬國　蜀郡屬國　犍爲屬國

涼州　隴西　漢陽　武都　金城　安定　北地　武威　張掖　酒泉　敦煌　張掖屬國　張掖居延屬國

并州　上黨　太原　上郡　西河　五原　雲中　定襄　鴈門　朔方

幽州　涿郡　廣陽　代郡　上谷　漁陽　右北平　遼西　遼東　玄菟

《后汉书·郡国志》

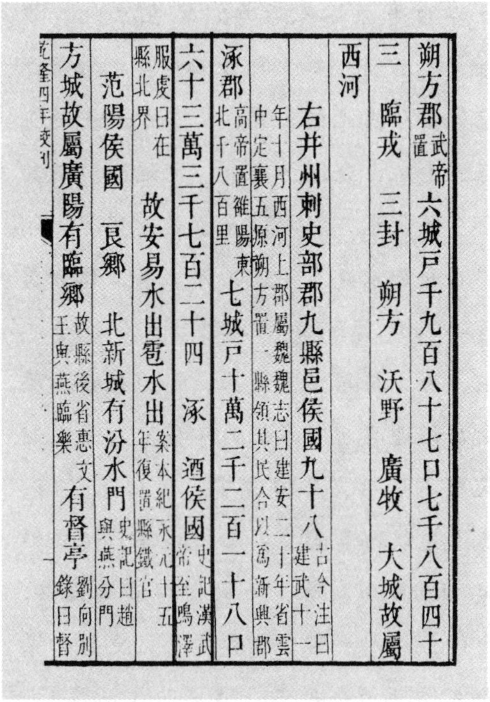
乾隆四年校刊

朔方郡武帝置六城戶千九百八十七口七千八百四十三　臨戎　三封　朔方　沃野　廣牧　大城故屬西河

右并州刺史部郡九縣邑侯國九十八古今注曰建武十一年十月西河上郡屬魏志曰建安二十年省雲中定襄五原朔方置一縣領其民合以爲新興郡

涿郡高帝置雒陽東北千八百里七城戶十萬二千二百一十八口六十三萬三千七百二十四　涿　迺侯國史記漢武帝至鳴澤服虔曰在縣北界　故安易水出雹水出案本紀永元十五年復置鹽鐵官　范陽侯國　良鄉　北新城有汾水門史記曰趙與燕汾門　方城故屬廣陽有臨鄉故縣後省惠文王與燕臨樂有督亭劉向別錄曰督

《后汉书·郡国志》

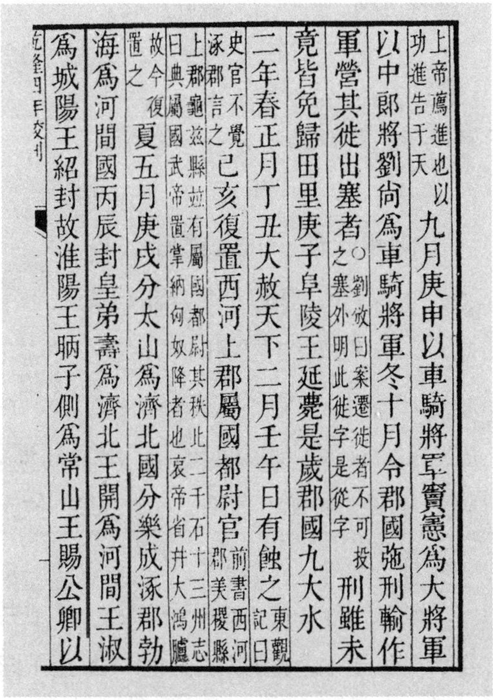
乾隆四年校刊

上帝鷹進也以功進告于天九月庚申以車騎將軍竇憲爲大將軍以中郎將劉尚爲車騎將軍冬十月令郡國弛刑輸作軍營其徒出塞者劉攽曰案還徒者不可投之塞外明此徙字是從字刑雖未竟皆免歸田里庚子阜陵王延薨是歲郡國九大水

二年春正月丁丑大赦天下二月壬午日有蝕之東觀記曰史官不覺涿郡言之己亥復置西河上郡屬國都尉官前書西河郡美稷縣上郡龜茲縣並有屬國都尉其秩比二千石十三州志曰典屬國武帝置掌納匈奴降者也哀帝省并大鴻臚故今復置之夏五月庚戌分太山爲濟北國分樂成涿郡勃海爲河間國丙辰封皇弟壽爲濟北王開爲河間王淑爲城陽王紹封故淮陽王昞子側爲常山王賜公卿以

《后汉书·和帝纪》

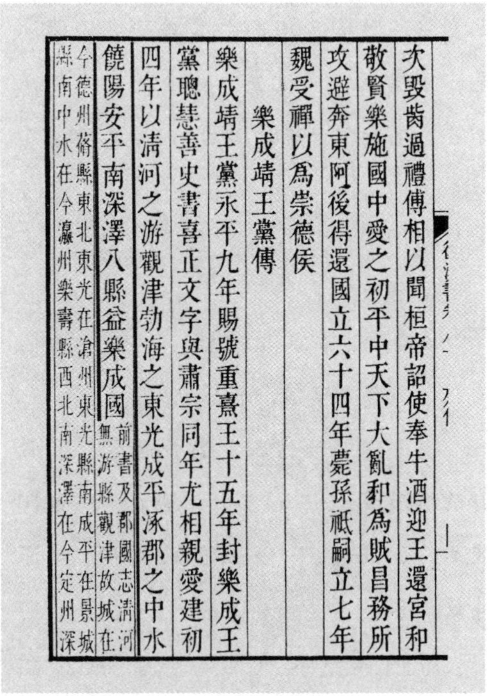
次毀齒過禮傅相以聞桓帝詔使奉牛酒迎王還宮和敬賢樂施國中愛之初平中天下大亂和爲賊昌務所攻避奔東阿後得還國立六十四年薨孫祗嗣立七年魏受禪以爲崇德侯

樂成靖王黨傳

樂成靖王黨永平九年賜號重熹王十五年封樂成王黨聰慧善史書喜正文字與肅宗同年尤相親愛建初四年以清河之游觀津勃海之東光成平涿郡之中水饒陽安平南深澤八縣益樂成國前書及郡國志清河無游縣觀津故城在今德州蓨縣東北東光在滄州東光縣南成平在景城縣南中水在今瀛州樂壽縣西北南深澤在今定州深

《后汉书·孝明八王列传》

故以为平原怀王后焉。留在京师。岁余，太后崩。安帝乳母王圣与中常侍江京等谮邓骘兄弟及翼，云与中大夫赵王谋图不轨，窥觎神器，怀大逆心。贬为都乡侯，遣归河间。翼于是谢宾客，闭门自处。永建五年，父开上书，愿分蠡吾县以封翼，顺帝从之。翼卒，子志嗣，为大将军梁冀所立，是为桓帝。梁太后诏追尊河间孝王为孝穆皇，夫人赵氏曰孝穆后，庙曰清庙，陵曰乐成陵；蠡吾先侯曰孝崇皇，庙曰烈庙，陵曰博陵。皆置令、丞，使司徒持节奉策书、玺绶，祠以太牢。建和二年，更封帝弟都乡侯硕为平原王，留博陵，奉翼后。尊翼夫人马氏为孝崇博园贵人，以涿郡之良乡、故安，河间之蠡吾三县为汤沐邑。硕嗜酒，多过失，帝令马贵人领王家事。建安十一年，国除。

《后汉书·郡国二》载：

中山国（高祖置。……），十三城。……蠡吾侯国，故属涿。

安平国（故信都，高帝时置，明帝时改名乐成。……），十三城。……饶阳故名饶，属涿，……安平故属涿。南深泽故属涿。

河间国（文帝置，……），十一城。……易故属涿。武垣故属涿。中水

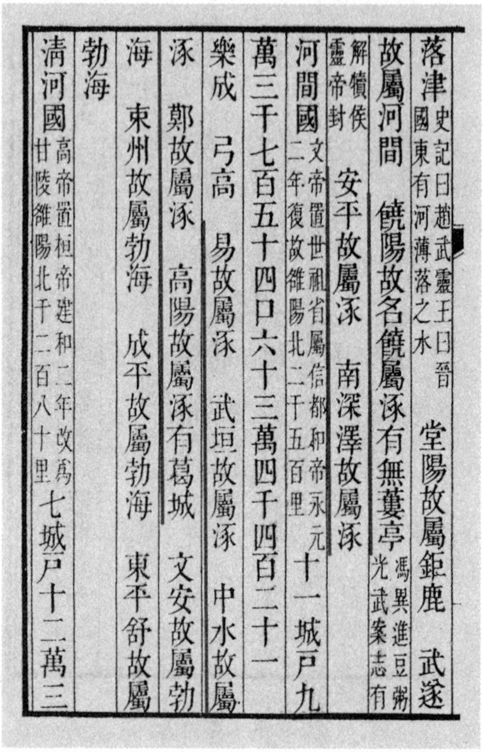
落津史記曰趙武靈王曰晉國東有河薄落之水 堂陽故屬鉅鹿 武遂故屬河間 饒陽故名饒屬涿有無蔞亭馮異進豆粥光武案志有解犢侯靈帝封 安平故屬涿 南深澤故屬涿
河間國文帝置世祖省屬信都和帝永元二年復故雒陽北二千五百里 十一城戶九萬三千七百五十四口六十三萬四千四百二十一
樂成 弓高 易故屬涿 武垣故屬涿 中水故屬涿 鄚故屬涿 高陽故屬涿有葛城 文安故屬勃海 東州故屬勃海 成平故屬勃海 東平舒故屬勃海
清河國高帝置桓帝建和二年改爲甘陵雒陽北千二百八十里 七城戶十二萬三

《后汉书·郡国二》

故属涿。鄚故属涿。高阳故属涿。

幽州涿郡　并入冀州

东汉终结前的8年，即建安十七年（212），“割河内之荡阴、朝歌、林虑，东郡之卫国、顿丘、东武阳、发干，钜鹿之婴陶、曲周、南和，广平之任城，赵之襄国、邯郸、易阳以益魏郡”，扩大了魏郡的辖区。

建安十八年（213）三月，省州并郡，“复禹贡之九州”。当时，撤销了幽州、并州，所辖郡国划归冀州。“冀州得

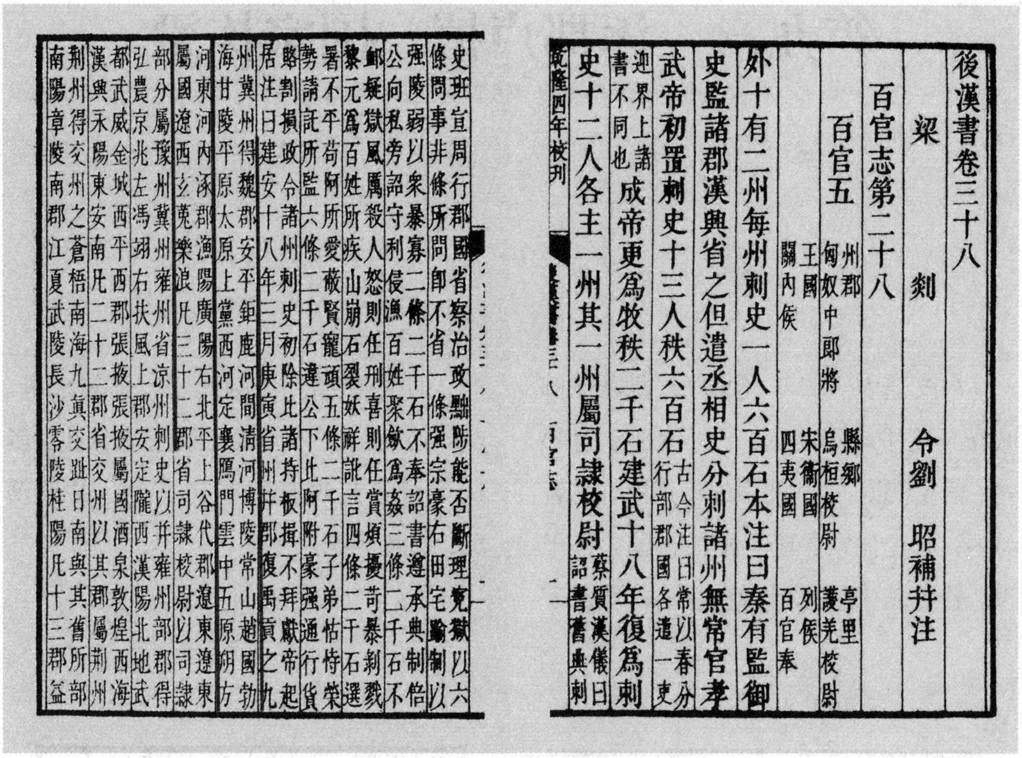
後漢書卷三十八
梁　剡　令劉　昭補幷注
百官志第二十八
百官五
州郡　縣鄉　亭里
匈奴中郎將　烏桓校尉　護羌校尉
王國　宋衛國　列侯
關內侯　四夷國　百官奉
外十有二州每州刺史一人六百石本注曰秦有監御
史監諸郡漢興省之但遣丞相史分刺諸州無常官孝
武帝初置刺史十三人秩六百石古今注曰常以春分行部郡國各遣一吏
迎界上諸書不同也成帝更爲牧秩二千石建武十八年復爲刺
史十二人各主一州其一州屬司隸校尉蔡質漢儀曰詔書舊典刺
乾隆四年校刊
史班宣周行郡國省察治政黜陟能否斷理冤獄以六
條問事非條所問卽不省一條强宗豪右田宅踰制以
强陵弱以衆暴寡二條二千石不奉詔書遵承典制倍
公向私旁詔守利侵漁百姓聚斂爲姦三條二千石不
卹疑獄風厲殺人怒則任刑喜則任賞煩擾苛暴剝戮
黎元爲百姓所疾山崩石裂妖祥訛言四條二千石選
署不平苟阿所愛蔽賢寵頑五條二千石子弟怙恃榮
勢請託所監六條二千石違公下比阿附豪强通行貨
賂割損政令諸州刺史初除比諸持板揖不拜獻帝起
居注曰建安十八年三月庚寅省州幷郡復禹貢之九
州冀州得魏郡安平鉅鹿河間清河博陵常山趙國勃
海甘陵平原太原上黨西河定襄鴈門雲中五原朔方
河東河內涿郡漁陽廣陽右北平上谷代郡遼東遼東
屬國遼西玄菟樂浪凡三十二郡省司隸校尉以司隸
部分屬豫州冀州雍州省凉州刺史以幷雍州部郡得
弘農京兆左馮翊右扶風上郡安定隴西漢陽北地武
都武威金城西平西郡張掖張掖屬國酒泉敦煌西海
漢興永陽東安南凡二十二郡省交州以其郡屬荊州
荊州得交州之蒼梧南海九眞交趾日南與其舊所部
南陽章陵南郡江夏武陵長沙零陵桂陽凡十三郡益

《后汉书·百官志》

魏郡、安平、钜鹿、河间、清河、博陵、常山、赵国、勃海、甘陵、平原、太原、上党、西河、定襄、雁门、云中、五原、朔方、河东、河内、涿郡、渔阳、广阳、右北平、上谷、代郡、辽东、辽东属国、辽西、玄菟、乐浪凡三十二郡”。同年五月，“以冀州之河东、河内、魏郡、赵国、中山、常山、钜鹿、安平、甘陵、平原凡十郡”，分封给曹操（当时虽尊为魏公，但实际上曹操已经建立了魏国）。曹操还“以丞相领冀州牧如故”（曹操不仅有冀州32个郡的行政管辖权，还拥有其中10个郡的所有权）。

第九章 涿郡卢植 国家栋梁

东汉建安十二年（207），曹操征柳城（今辽宁朝阳西南），过涿郡，对郡守、县令们说：“故北中郎将卢植，名著海内，学为儒宗，士之楷模，国之桢干也。昔武王入殷，封商容之闾；郑丧子产，仲尼陨涕。孤到此州，嘉其余风。《春秋》之义，贤者之后，宜有殊礼。亟遣丞掾除其坟墓，存其子孙，并致薄醊，以彰厥德。”

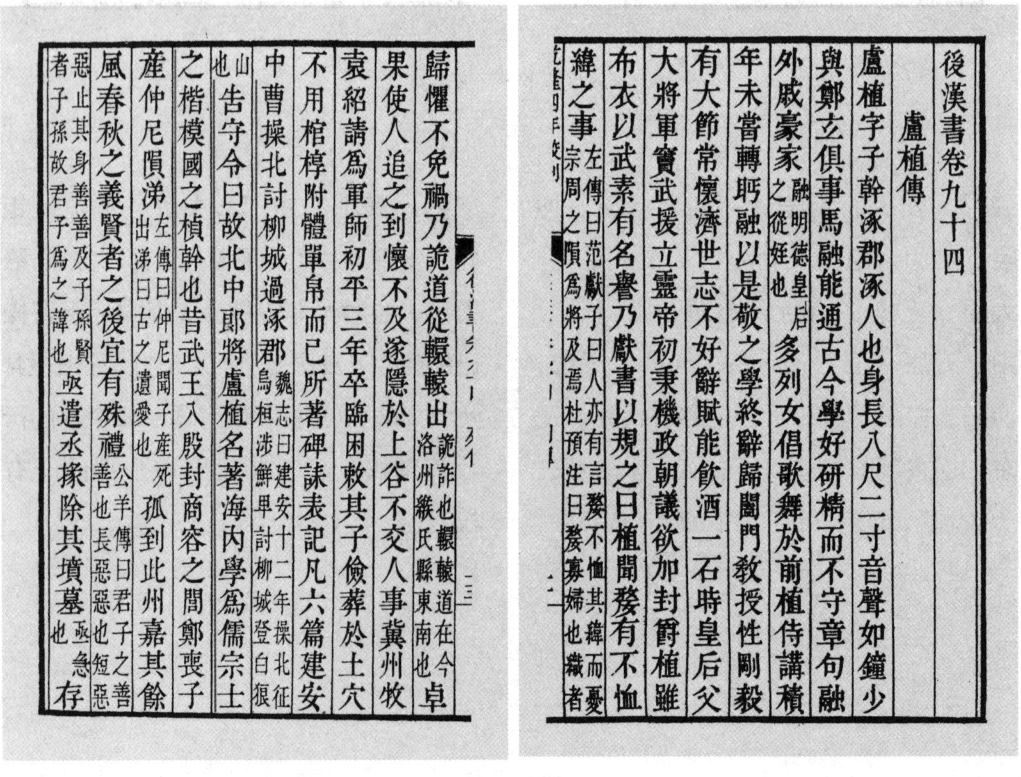
後漢書卷九十四
盧植傳
盧植字子幹涿郡涿人也身長八尺二寸音聲如鐘少
與鄭玄俱事馬融能通古今學好研精而不守章句融
外戚豪家融明德皇后之從姪也多列女倡歌舞於前植侍講積
年未嘗轉眄融以是敬之學終辭歸闔門教授性剛毅
有大節常懷濟世志不好辭賦能飲酒一石時皇后父
大將軍竇武援立靈帝初秉機政朝議欲加封爵植雖
布衣以武素有名譽乃獻書以規之曰植聞嫠有不恤
緯之事左傳曰范獻子曰人亦有言嫠不恤其緯而憂宗周之隕爲將及焉杜預注曰嫠寡婦也織者

歸懼不免禍乃詭道從轘轅出詭詐也轘轅道在今洛州緱氏縣東南也卓
果使人追之到懷不及遂隱於上谷不交人事冀州牧
袁紹請爲軍師初平三年卒臨困敕其子儉葬於土穴
不用棺槨附體單帛而已所著碑誄表記凡六篇建安
中曹操北討柳城過涿郡魏志曰建安十二年操北征烏桓涉鮮卑討柳城登白狼
山也告守令曰故北中郎將盧植名著海內學爲儒宗士
之楷模國之楨幹也昔武王入殷封商容之閭鄭喪子
產仲尼隕涕左傳曰仲尼聞子產死出涕曰古之遺愛也孤到此州嘉其餘
風春秋之義賢者之後宜有殊禮公羊傳曰君子之善善也長惡惡也短惡惡止其身善善及子孫賢者子孫故君子爲之諱也亟遣丞掾除其墳墓也亟急存

《后汉书·卢植传》

绛帐研经，不受诱惑的马门冠首

卢植在青少年时期就表现得与众不同。他不远数千里拜经学大家扶风人马融为师。马融有400多名学生，只让三四十人登堂入室亲聆讲学，其余均由其高足弟子传授。卢植好研精义，学业名列前茅，被称为马融的“门人冠首”，后来成为经学大师的郑康成当时就曾得到卢植的帮助。虽然颇受马融的青睐和学友们的羡慕，但卢植并不忘乎所以，仍处处严格要求自己。马融是明德皇后的从侄，属于外戚豪门，他的厅堂上设有绛纱帐，帐前讲学授徒，帐后美姬歌舞。卢植胸怀大志，专心求学，对于身旁的声色诱惑置若罔闻，毫不在意。为此，学友们对他无不敬重，马融对他更为器重。

布衣上书，迥异流俗的政治才干

卢植秉承“经世致用”的治学理念，他钻研精义，撰有《礼记注》20卷，历经隋唐，传至明清。但他不愿做“纸上谈兵”的书生，总想在济世安民上有所作为。在进入官场以前，他就表现出了与众不同的政治才干。卢植从马融处学成归乡，在涿郡收徒讲学。当时，皇太后的父亲窦武扶立灵帝，把持朝政，“朝廷”议论要给窦武加封爵位。卢植以在野之身上书朝廷，规谏窦武。卢

之在周室建立聖主四海有繫論者以爲吾子之功於
斯爲重天下聚目而視攢耳而聽前書賈山曰使天下戴目而視傾耳而聽
也謂準之前事將有景風之祚景風解見和帝紀尋春秋之義
王后無嗣擇立親長年均以德德均則決之卜筮左傳王子
朝曰先王之命王后無嫡則擇立長年鈞以德德鈞以卜古之制也今同宗相後披圖案
牒以次建之何勳之有豈橫叨天功以爲己力乎叨貪也左
傳曰貪天之功以爲己力也宜辭大賞以全身名又比世祚不競競彊
也仍外求嗣可謂危矣而四方未寧盜賊伺隙恒岳勃
碣勃勃海也碣碣石山也特多姦盜將有楚人脅比尹氏立朝之
變左傳曰楚公子比恭王之子也靈王立子比奔晉靈王卒子比自晉歸楚立爲君比弟公子弃疾欲篡其

《后汉书·卢植传》

植说：依据《春秋》之义，“王后无嗣，择立亲长，年均以德，德均则决之卜筮。今同宗相后，披图案牒，以次建之，何勋之有？”按老规矩“扶立”新皇帝即位这是很正常的事，不要贪天之功以为己力。他劝窦武“宜辞大赏，以全身名”，同时还提出了几条加强朝政、“强干弱枝”的建议。

卢植的献书进谏虽然没有被窦武采纳，然而他的政治才干因此得到人们的重视，县郡官府几次请他出来做官，可都被他拒绝了。后来，卢植才接受朝廷的征聘，当了博士。

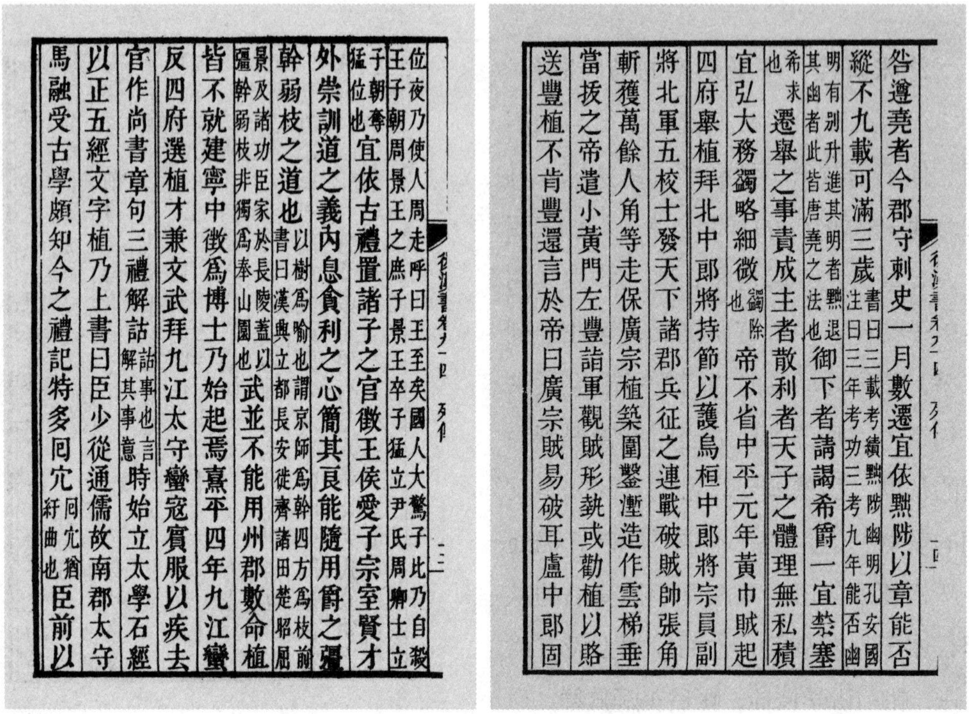

位夜乃使人周走呼曰王至矣國人大驚子比乃自殺王子朝周景王之庶子景王卒子猛立尹氏周卿士立子朝奪猛位也宜依古禮置諸子之官徵王侯愛子宗室賢才外崇訓道之義內息貪利之心簡其良能隨用爵之彊幹弱枝之道也以樹爲喻也謂京師爲幹四方爲枝前書曰漢興立都長安徙齊諸田楚昭屈景及諸功臣家於長陵蓋以彊幹弱枝非獨爲奉山園也武並不能用州郡數命植皆不就建寧中徵爲博士乃始起焉熹平四年九江蠻反四府選植才兼文武拜九江太守蠻寇賓服以疾去官作尚書章句三禮解詁詁事也言解其事意時始立太學石經以正五經文字植乃上書曰臣少從通儒故南郡太守馬融受古學頗知今之禮記特多回穴回穴猶紆曲也臣前以

咎遵堯者今郡守刺史一月數遷宜依黜陟以章能否縱不九載可滿三歲書曰三載考績黜陟幽明孔安國注曰三年考功三考九年能否幽明有别升進其明者黜退其幽者此皆唐堯之法也御下者請謁希爵一宜禁塞希求也遷舉之事責成主者散利者天子之體理無私積宜弘大務蠲略細微蠲除也帝不省中平元年黃巾賊起四府舉植拜北中郎將持節以護烏桓中郎將宗員副將北軍五校士發天下諸郡兵征之連戰破賊帥張角斬獲萬餘人角等走保廣宗植築圍鑿塹造作雲梯垂當拔之帝遣小黃門左豐詣軍觀賊形埶或勸植以賂送豐植不肯豐還言於帝曰廣宗賊易破耳盧中郎固

《后汉书·卢植传》

九江施政，以人为本的行政理念

熹平四年（175），九江一带遭受天灾，社会动乱，朝廷的太尉府、司徒府、司空府、大将军府一致认为卢植“才兼文武”，推荐让他出任九江太守。卢植不负众望，到任后宽政恤民，很快稳定了社会秩序，得到了当地人士的宾服。不久，卢植因病辞官。后来南方社会形势不稳，因卢植任九江太守时政绩卓著，朝廷又派他去庐江做太守。

一年后，卢植被从庐江调回朝廷，先任议郎，又任侍中，后任尚书。在此期间，卢植对朝政的利弊得失有了清醒的认识。光和元年（178），卢植借日食这一自然现象，针对当时朝廷政治上的弊端，上书陈述八事，建议皇帝举用贤良，量才委任；防治疾病，保民健康；减免赋税，安定民心；修礼、尊尧，御下、散利等。在当时积重难返的腐败环境下，卢植的施政实践和主张虽得到了人们的赞赏，却难以推行开来。

得罪宦竖，功败垂成的军事生涯

东汉后期政治腐败，贪贿之风盛行，阶级矛盾激化，最终导致了黄巾起义。此时又是朝廷“四府”一致推举卢植担任北中郎将，与皇甫嵩等人前去镇压黄巾起义军。经过几番战斗，卢植率官军把张角率领的一支义军围困在广宗（今邢台威县）。官军在城外筑围凿堑，造做云梯，很快就要攻破广宗。这时，汉灵帝派遣小黄门左丰前来观战。有人说左丰贪婪，应送些财宝给他，免得他回到皇帝身边无事生非，可卢植一向清廉，坚决不肯送礼行贿。果然左丰回朝就诬告卢植，激怒了皇帝，汉灵帝下令把卢植押进槛车，定了个“减死罪一等”。黄巾起义被镇压后，皇甫嵩等人为卢植辩冤，朝廷这才恢复了卢植的尚书官职。

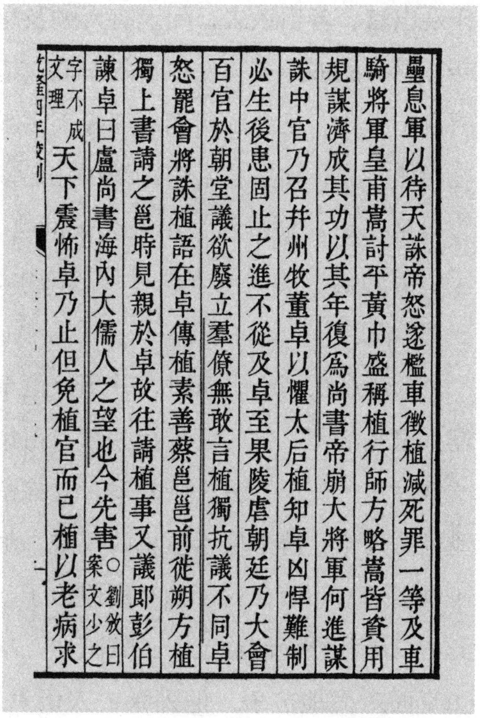
壘息軍以待天誅帝怒遂檻車徵植減死罪一等及車騎將軍皇甫嵩討平黃巾盛稱植行師方略嵩皆資用規謀濟成其功以其年復爲尚書帝崩大將軍何進謀誅中官乃召并州牧董卓以懼太后植知卓凶悍難制必生後患固止之進不從及卓至果陵虐朝廷乃大會百官於朝堂議欲廢立羣僚無敢言植獨抗議不同卓怒罷會將誅植語在卓傳植素善蔡邕邕前徙朔方植獨上書請之邕時見親於卓故往請植事又議郎彭伯諫卓曰盧尚書海內大儒人之望也今先害○劉攽曰案文少之字不成文理天下震怖卓乃止但免植官而已植以老病求

《后汉书·卢植传》

朝堂抗董，不畏强暴的正直气概

中平六年（189）四月，汉灵帝驾崩，其皇后的哥哥、大将军何进扶立刘辩即位，是为少帝，何进则专断朝政。由来已久的外戚与宦官的矛盾激化，司隶校尉袁绍与何进密谋诛杀宦官。八月，宦官中常侍张让、段珪等人杀了何进，何进的部将领兵要入宫杀宦官。此时宫门紧闭，部将们便砍门进攻，赶上天黑，部将们就放火烧了南宫九龙门及东西宫，以此逼迫张让等人。张让等人入内禀告太后，说何进的部将造反，不仅焚烧宫殿，还进攻尚书门。之后宦官们劫持太后、少帝及陈留王，还有宫内官员，从楼阁间架空的阁道逃入北宫。尚书卢植执戈站在阁道的窗下，仰面数说段珪的罪状。段珪等人害怕，便放了太后。

司隶校尉袁绍关闭了北宫门，部署军队搜捕宦官，无论老少一概杀死。此时有的人因为没有胡须而被误杀，有的人只得脱掉裤子来证明自己不是宦官，袁绍的军队共杀害了两千多人。袁绍等人率兵冲进皇宫，张让、段珪等人坚守不住，于是带上皇帝和陈留王数十人步行出穀门，逃奔小平津。公卿们都从平乐观出宫，各自散去，而没有人顾及皇帝，只有尚书卢植关注少帝的安危，追寻到小平津，王允派河南中部掾闵贡跟在卢植身后，闵贡亲手用剑杀了几名宦官。第二天，公卿百官奉迎天子回宫，闵贡因为这次的突出表现，拜为郎中，封都亭侯。

少帝逃亡到小平津时，并州牧董卓率兵来到洛阳。他为了把持朝政，召集文武百官“商议”废少帝刘辩，立陈留王刘协为帝。群臣慑于董卓的淫威，都唯唯诺诺，不敢反对。独有卢植为了朝廷的权威和社会的稳定，正气凛然，与董卓面对面地抗争。他列举古人伊尹、霍光废立帝王之事，并质问董卓：“你只是外郡刺史，素未参与国政，又无伊、霍之大才，怎能强行废立?”董卓恼羞成怒，拔剑就要杀死卢植，而卢植面无惧色。此时议郎彭伯劝慰董卓说，卢植是海内大儒，威望很高，把他杀了，恐怕天下人不服，又有蔡邕也为卢植讲情，这才平息了这场风波。卢植不屑与董卓共事，便辞官回乡隐居。

垂范后世，开创英彦如林范阳卢

初平三年（192），卢植临终前嘱咐儿子们，他死后只用布单裹体，土穴埋葬，不用棺椁，一切从简。家人遵其遗嘱将他葬在涿城东卢家泺附近。

才兼文武的卢植曾校定《五经》、补续《汉记》，著有《尚书章句》《礼记解诂》《冀州风土记》等。史家称赞卢植“子幹兼姿，逢掖临师”，说他既是大儒，又是名将。卢植既有济时救世、安顿天下的家国情怀，也有天下兴亡匹夫有责的使命意识，他那恪守正义、坚持真理、不畏强权、刚正不屈的性格特征，不仅在当时受人推崇，也为后人树立了榜样。所以到了唐朝初期，当朝廷和州县普遍设立孔子庙时，卢植被唐太宗尊为从祀孔庙的先贤。

以卢植为开基祖的范阳卢氏家族，秉承了卢植的人生理念和性格特征，从三国到隋唐形成了“代代出名士”的特异现象，被誉为“英彦如林范阳卢”。

第十章　汉末英才　刘备张飞

刘备（161—223），字玄德，东汉涿郡涿县（今涿州市）人，三国时期蜀汉政权创建者，谥号昭烈皇帝。刘备一生重德重义、以人为本，保国安民、奋斗不懈，是中国历史上少有的仁义帝王。

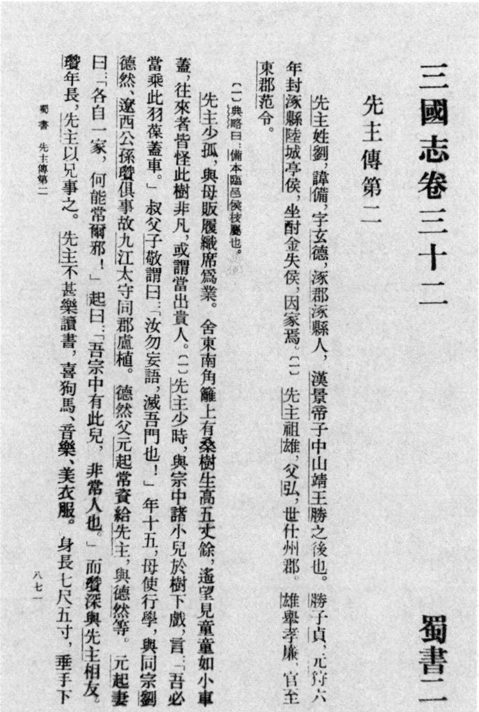
三國志卷三十二　蜀書二

先主傳第二

先主姓劉，諱備，字玄德，涿郡涿縣人，漢景帝子中山靖王勝之後也。勝子貞，元狩六年封涿縣陸城亭侯，坐酎金失侯，因家焉。〔一〕先主祖雄，父弘，世仕州郡。雄舉孝廉，官至東郡范令。

〔一〕典略曰：備本臨邑侯枝屬也。

先主少孤，與母販履織席爲業。舍東南角籬上有桑樹生高五丈餘，遥望見童童如小車蓋，往來者皆怪此樹非凡，或謂當出貴人。〔二〕先主少時，與宗中諸小兒於樹下戲，言：「吾必當乘此羽葆蓋車。」叔父子敬謂曰：「汝勿妄語，滅吾門也！」年十五，母使行學，與同宗劉德然、遼西公孫瓚俱事故九江太守同郡盧植。德然父元起常資給先主，與德然等。元起妻曰：「各自一家，何能常爾邪！」起曰：「吾宗中有此兒，非常人也。」而瓚深與先主相友。瓚年長，先主以兄事之。先主不甚樂讀書，喜狗馬、音樂、美衣服。身長七尺五寸，垂手下

蜀書　先主傳第二　八七一

《三国志·先主传》

古人怎么说刘备

东汉初平四年（193），刘备在平原相任上，政绩突出。当时，广陵太守陈登说：“雄姿杰出，有王霸之略，吾敬刘玄德。”

兴平元年（194），根据徐州牧陶谦遗嘱，徐州官吏拥戴刘备主政。州郡盟主袁绍知道后说：“刘玄德弘雅有信义，今徐州乐戴之，诚副所望也。”

建安元年（196），程昱建议曹操：“观刘备有雄才而甚得众心，终不为人下，不如早图之。”曹操说：“方今收英雄时也，杀一人而失天下之心，不可。”

建安四年（199），刘备随曹操回到许都，曹操对刘备很敬重，“出则同舆，坐则同席”，并向汉献帝上表，封刘备为左将军。曹操对刘备说：“今天下英雄，唯使君与操耳。本初之徒，不足数也。”

董昭曾提醒曹操：“备勇而志大，关羽、张飞为之羽翼，恐备之心未可得论也！”曹操曰：“吾已许之矣。”

建安五年（200）正月，董承因汉献帝密诏之事被杀。曹操为此要东征刘备，诸将都建议先打袁绍。曹操说：“夫刘备，人杰也，今不击，必为后患。袁绍虽有大志，而见事迟，必不动也。”郭嘉也同意曹操的分析。

建安十三年（208），鲁肃对孙权说，刘备是“天下枭雄”，与曹操不和，托身于刘表处，刘表又不能用他，“宜别图之，以济大事”。

曹操征荆州，程昱分析说：曹公无敌于天下，初举荆州，威震江表，孙权虽有谋略，不能独当。“刘备有英名，关羽、张飞皆万人敌”，孙权必然要借助刘备的力量。

诸葛亮对刘巴说，刘备“雄才盖世”，据有荆土，莫不归德，天心民意，已可知矣。

建安十五年（210），周瑜上疏孙权：“刘备以枭雄之姿，而有关羽、张飞熊虎之将，必非久屈为人用者。愚谓大计宜徙备置吴，盛为筑宫室，多其美女玩好，以娱其耳目。分此二人，各置一方，使如瑜者得挟与攻战，大事可定也。今猥割土地以资业之，聚此三人，俱在疆场，恐蛟龙得云雨，终非池中物也。”孙权对此没有全部采纳。

建安十九年（214），傅幹说：“刘备宽仁有度，能得人死力。诸葛亮达治知变，正而有谋，而为之相；张飞、关羽勇而有义，皆万人之敌，而为之将；此三人者，皆人杰也。以备之略，三杰佐之，何为不济也？”

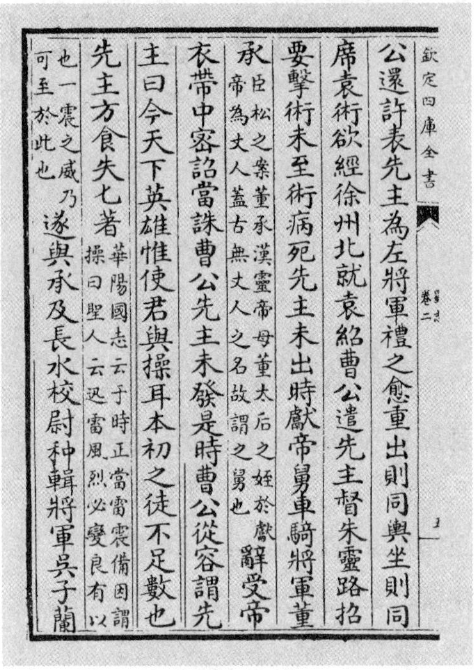
欽定四庫全書 蜀志 卷二

公還許表先主為左將軍禮之愈重出則同輿坐則同席袁術欲經徐州北就袁紹曹公遣先主督朱靈路招要擊術未至術病死先主未出時獻帝舅車騎將軍董承臣松之案董承漢靈帝母董太后之姪於獻帝為丈人蓋古無丈人之名故謂之舅也辭受帝衣帶中密詔當誅曹公先主未發是時曹公從容謂先主曰今天下英雄惟使君與操耳本初之徒不足數也先主方食失匕著華陽國志云于時正當雷震備因謂操曰聖人云迅雷風烈必變良有以也一震之威乃可至於此也遂與承及長水校尉种輯將軍吴子蘭

《蜀志》

建安二十年（215），曹操平汉中，刘晔建议：“刘备，人杰也，有度而迟，得蜀日浅，蜀人未恃也。今破汉中，蜀人震恐，其势自倾。以公之神明，因其倾而压之，无不克也。若小缓之，诸葛亮明于治而为相，关羽、张飞勇冠三军而为将，蜀民既定，据险守要，则不可犯矣。今不取，必为后忧。”曹操不从，大军遂还。

魏黄初元年（220），曹丕称帝后欲

征伐孙权和刘备，问诸臣该先打谁，贾诩说："吴蜀虽蕞尔小国，依阻山水，刘备有雄才，诸葛亮善治国，孙权识虚实，陆议见兵势，据险守要，泛舟江湖，皆难卒谋也。用兵之道，先胜后战，量敌论将，故举无遗策。"他还说：我看群臣，没有刘备、孙权的对手，即使皇帝亲征，也没有万全之策。

蜀汉章武二年（222），孙权遣陆逊迎战刘备。陆逊年轻，先给部下立规矩，说："刘备天下知名，曹操所惮，今在境界，此强对也。……军令有常，不可犯矣。"

炎兴元年（263），魏命邓艾、钟会攻蜀。曹魏发布檄文称："益州先主以命世英才，兴兵朔野，困踬冀徐之郊，制命绍布之手，太祖拯而济之，与隆大好。中更背违，弃同即异……"

《三国志》作者陈寿评刘备："先主之弘毅宽厚，知人待士，盖有高祖之风，英雄之器焉。及其举国托孤于诸葛亮，而心神无二，诚君臣之至公，古今之盛轨也。机权干略，不逮魏武，是以基宇亦狭。然折而不挠，终不为下者，

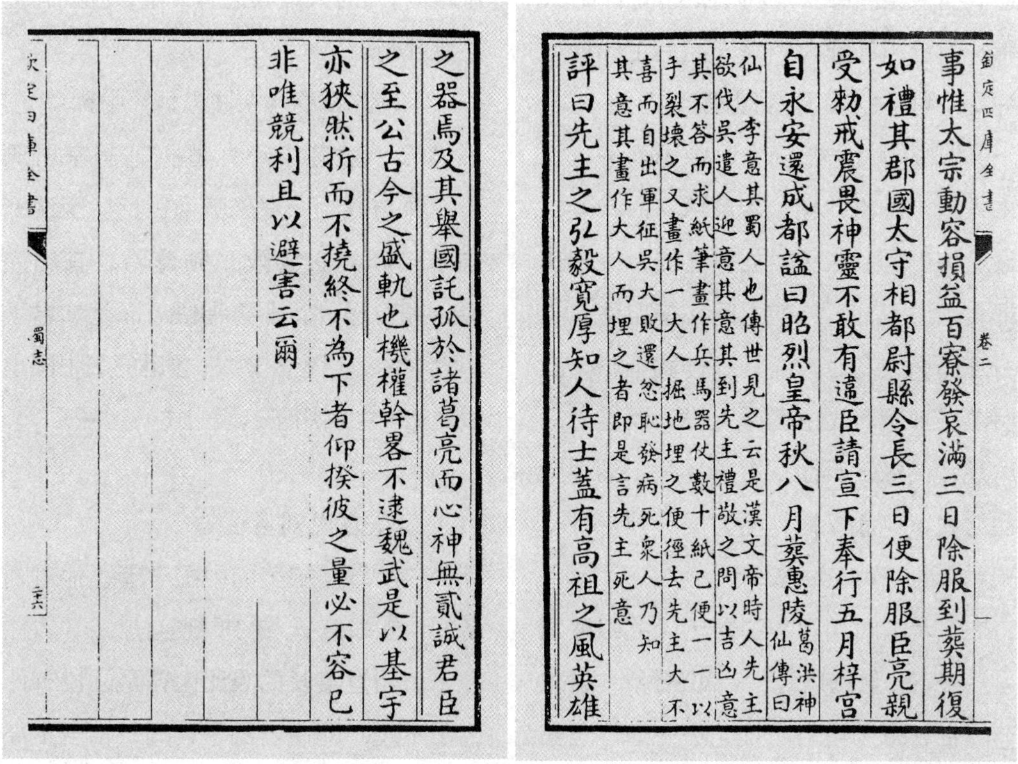
欽定四庫全書　卷二
事惟太宗動容損益百寮發哀滿三日除服到葬期復
如禮其郡國太守相都尉縣令長三日便除服臣亮親
受勅戒震畏神靈不敢有違臣請宣下奉行五月梓宮
自永安還成都謚曰昭烈皇帝秋八月葬惠陵葛洪神仙傳曰仙人李意其蜀人也傳世見之云是漢文帝時人先主欲伐吳遣人迎意其意其到先主禮敬之問以吉凶意其不答而求紙筆畫作兵馬器仗數十紙已便一一以手裂壞之又畫作一大人掘地埋之便徑去先主大不喜而自出軍征吳大敗還忿恥發病死衆人乃知其意其畫作大人而埋之者即是言先主死意
評曰先主之弘毅寬厚知人待士蓋有高祖之風英雄
之器焉及其舉國託孤於諸葛亮而心神無貳誠君臣
之至公古今之盛軌也機權幹畧不逮魏武是以基宇
亦狹然折而不撓終不為下者仰揆彼之量必不容已
非唯競利且以避害云爾
欽定四庫全書　蜀志　二六

《蜀志》

抑揆彼之量必不容己，非唯竞利，且以避害云耳。”

东晋习凿齿说：“自汉末鼎沸五六十年，吴魏犯顺而强，蜀人杖正而弱，三家不能相一，万姓旷而无主。”“先主虽颠沛险难而信义愈明，势偪事危而言不失道。追景升之顾，则情感三军；恋赴义之士，则甘与同败。观其所以结物情者，岂徒投醪抚寒含蓼问疾而已哉！其终济大业，不亦宜乎！”

习凿齿所著《汉晋春秋》中载：“起汉光武，终于晋愍帝。于三国之时，蜀以宗室为正，魏武虽受汉禅晋，尚为篡逆，至文帝平蜀，乃为汉亡而晋始兴焉。引世祖讳炎为炎兴，而后主讳禅为禅受，明天心不可以势力强也。”

常璩的《华阳国志》中论刘备：汉末大乱，雄杰并起。若董卓、吕布、二袁、韩、马、张杨、刘表之徒，兼州连郡，众逾万计，叱咤之间，皆自谓汉祖可踵、桓文易迈；而魏武神武干略，戡屠荡尽。于时先主名微人鲜，而能龙兴凤举，伯豫、君徐，假翼荆楚，翻飞梁益之地，克胤汉祚，而与吴魏鼎峙。非英才命世，孰克如之。

十六国时期西秦国君乞伏乾归被姚兴打败，分散逃避时，对部将说：“吾才非命世，谬为诸君所推，……卿等宜安土降秦，保全妻子。”部下都说：“昔古公杖策，豳人归怀；玄德南奔，荆楚襁负。分歧之感，古人所悲，况臣等义深父子，而有心离背！请死生与陛下俱。”

刘毅对郗僧施说：“昔刘备之有孔明，犹鱼之有水。今吾与足下虽才非古贤，而事同斯言。”“众咸恶其陵傲不逊。”

南朝宋裴松之认为：“荆人服刘主之雄姿，惮孙权之武略，为日既久，诚非曹氏诸将所能抗御。”

北朝名臣王肃与北魏孝文帝元宏，君臣关系十分融洽，他“自谓君臣之际，犹孔明之遇玄德也”。

南朝后梁宣帝萧詧与谋士蔡大宝关系融洽，“时人以詧之有大宝，犹刘先主之有孔明焉”。

宋朝苏轼的《东坡志林》中称：“王彭尝云，涂巷中小儿薄劣，其家所厌苦，辄与钱，令聚坐听说古话。至说三国事，闻刘玄德败，频蹙眉，有出涕者；闻曹操败，即喜唱快。以是知君子小人之泽，百世不斩。”鲁迅的《中国小说史略》中引用了这段记述。

黎东方说刘备

黎东方是旅美的中国学者，他对刘备的认知很值得人们重视。他说：“古往今来，当过县长的人比比皆是，没有什么了不起。即使当到了九卿，相当于今日的部长的，也十分多。只有做出很大的成绩来的，才会留名青史，为后世所钦佩。刘备的特殊可爱处，便是不把区区县尉、县丞、县长看成一生事业的极峰，而心满意足、不求上进。他志在澄清宇内，解救人民，所以得官不喜，丢官不忧，做了小官而随时可走。”

“建安五年（200），刘备被曹操打败，走投无路，只得硬着头皮去投奔青州刺史袁谭。袁谭听说刘备想来青州，就立刻带了步兵与马队迎接，同时向父亲袁绍报告。袁绍派了大将带领人马，请刘备到大本营邺县去相见。袁绍自己亲自出城郊迎，比普通的所谓郊迎更加恭敬，出城出了二百里……为什么袁绍要对他如此地礼遇呢？原因是刘备的物质力量虽小，可精神力量很大。谁有了刘备，就很足以升高自己的地位，可以增加自己的号召力。”

“刘备有什么精神力量呢？并不是靠了《三国演义》所艳称的‘皇叔’二字的金字招牌。他和献帝的血缘极其疏远，只不过是分炊了三百年的远房本家而已。刘备的精神力量在于深得人心，他之所以深得人心，一是对朋友有信义，二是对老百姓极仁慈。他无论到了哪里，关羽与张飞总是跟着他，或是虽然暂时分开了，而迟早总会不避千辛万苦，跑来与他相聚。不仅关羽、张飞如此，赵云、麋竺、徐庶、诸葛亮也是如此。其后，庞统、黄忠、张松、法正、严颜、马超、刘巴、李平、马良等文武人才，只要是和他见面了，纳交了，都愿意永远和他在一起。刘备对朋友，不仅是‘出则同舆，坐则同席’，像曹操对他那样；也不仅是‘寝则同床，恩若兄弟’，像他自己对关羽、张飞一样；或是‘同席而坐，同簋而食’，像他自己对平原郡的知识分子一样。他之所以获得这么多人才的爱戴，是由于他秉性真诚，习惯于对朋友推心置腹、无话不谈，先向朋友表露了无保留的信任，于是就换得了朋友们对他的信任。”

“刘备对泛泛之交也很愿意帮忙、出力，而从不考虑自己的能力够不够，他救过孔融，也救了陶谦。刘备也收容过吕布，这是他知人之明不太到家，不是他不够意思（刘备似乎对不起曹操，那曹操也确是一个不必太对得起的人。后来，刘备也很对不起刘璋，那却是必须留待以后再谈的“政治问题”了）。”

“刘备对老百姓好，真是有口皆碑。《三国演义》的作者有时候把刘备描写得婆婆妈妈，常常一把鼻涕、一把眼泪，未免捧得过分，帮了倒忙。刘备对老百姓的好，不在于常常哭，而在于把老百姓的困难放在心里，并努力予以解决。当年刘备在平原当县令与国相之时，便已做到了‘外御寇难，内丰财施’。青州的人民，不仅平原国的，其他各郡各国的也都很爱戴他。不仅是青州人民，不仅是汉人，连幽州的乌桓人与杂胡也都愿意跟这位‘刘使君’去到海角天涯，愿意加入几千名饥民的行列，奔向徐州，援救陶谦，抵抗曹操。当时刘备自己的兵力仅有一千左右，可加上几千的饥民以及乌桓、杂胡，声势也就不小了。但这声势也只是表面而已，如何对抗得了曹操？陶谦把屯在徐州的，以及从家乡丹阳招来的四千名子弟兵都拨给了刘备。有了这四千人，再加上饥民的队伍，好一个刘备，居然胆敢与曹操在郯城对垒！这种气概，果然不凡，赢得了曹操于事后以‘英雄’相许。”

“我想，这一种不计成败，唯义是视的勇气，是刘备之所以名满四海，叫人民向往，叫读书人归心，叫割据群雄人人愿得与其结盟的一大原因，至于他会不会打仗，倒没有多大关系了。”

刘备年表

东汉延熹四年（161），刘备出生于涿郡涿县，其祖父刘雄曾是范县县令。

延熹六年至建宁元年（163—168），刘备的父亲刘弘去世，建宁年间刘备或读过私塾。

建宁二年至熹平三年（169—174），刘备随母亲在家乡以编织贩卖草鞋、草席为生。

熹平四年（175），受母亲之命，刘备赴京师洛阳附近的缑氏山中，拜卢植为师，研习儒学，并结识师兄公孙瓒（辽西令支人）。

熹平六年（177），卢植受命出任庐江太守，刘备与公孙瓒辍学各自回乡。

熹平七年至光和五年（178—182），刘备活动于家乡涿郡，在此期间结识了同郡的张飞、河东的关羽等人。

中平元年（184）三月，冀州钜鹿人张角率太平道教众起义，史称黄巾起义，刘备与关羽、张飞等人组织武装力量配合政府军作战。刘备曾于野战中受伤，他假死，敌人撤走后，被救回。

中平二年至初平元年（185—190），因平定黄巾起义有功，刘备担任中山国安喜县县尉。后因鞭打督邮，弃官出逃。又因功任高唐县县尉，不久升任高唐县县令。大概在中平六年（189）九月董卓乱政前后，高唐县被起义军攻破，刘备回到洛阳，与曹操一起去沛国招募军士，参加讨伐董卓之战。

初平二年至初平四年（191—193），刘备投奔已是奋武将军的公孙瓒。公孙瓒表举刘备为别部司马，参与与冀州牧袁绍的对抗，常山人赵云协同作战。任刘备为平原县令，转任平原国相。郡民刘平雇刺客谋杀刘备，刺客被刘备感化

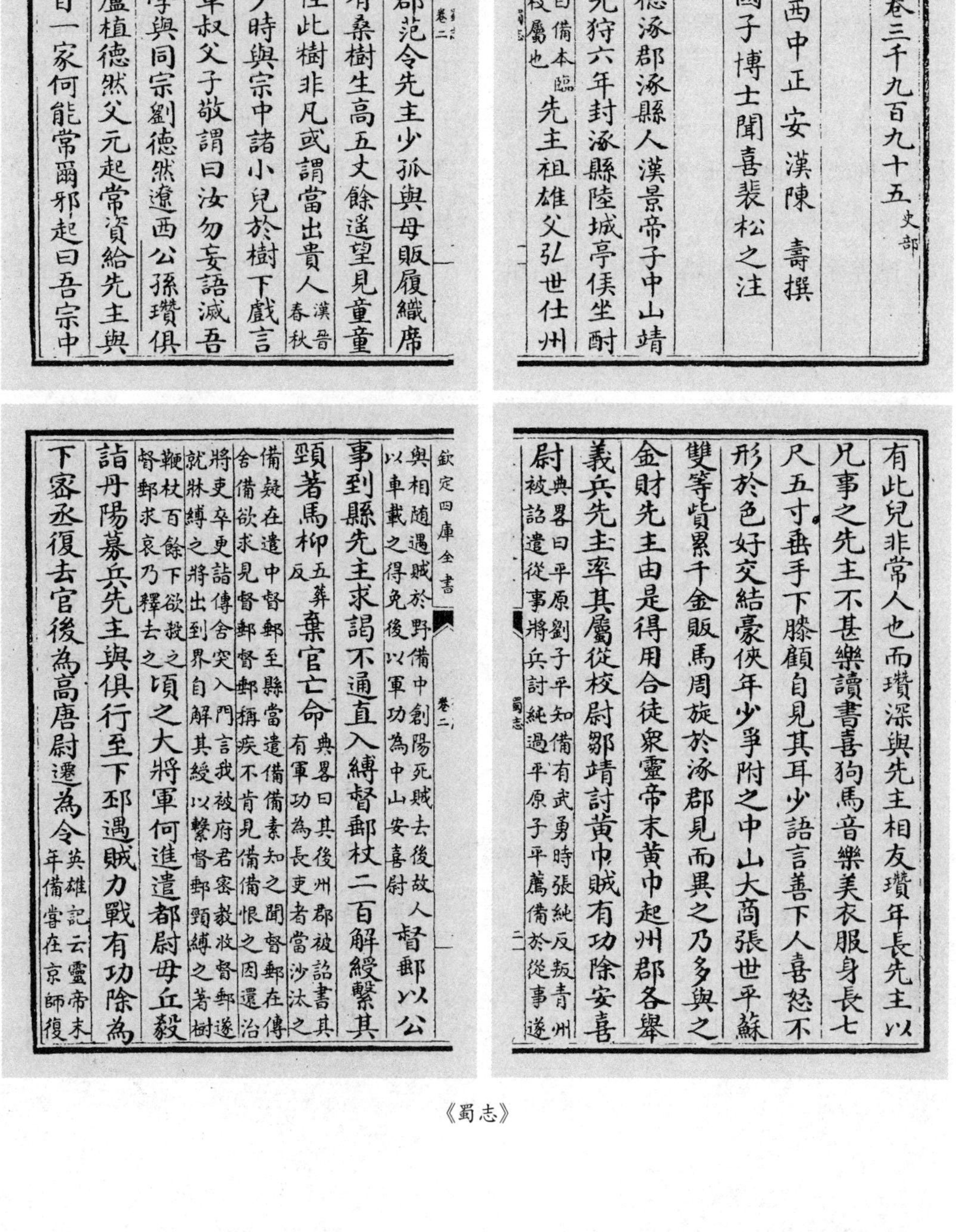

欽定四庫全書薈要卷三千九百九十五　史部

蜀志卷二

晉著作郎巴西中正安漢陳　壽撰

宋太中大夫國子博士聞喜裴松之注

先主　劉備

先主姓劉諱備字玄德涿郡涿縣人漢景帝子中山靖王勝之後也勝子貞元狩六年封涿縣陸城亭侯坐酎金失侯因家焉典畧曰備本臨邑侯枝屬也先主祖雄父弘世仕州

欽定四庫全書　蜀志　卷二

郡雄舉孝廉官至東郡范令先主少孤與母販履織席為業舍東南角籬上有桑樹生高五丈餘遥望見童童如小車蓋往來者皆怪此樹非凡或謂當出貴人漢晉春秋曰涿人李定云此家必出貴人先主少時與宗中諸小兒於樹下戲言吾必當乘此羽葆蓋車叔父子敬謂曰汝勿妄語滅吾門也年十五母使行學與同宗劉德然遼西公孫瓚俱事故九江太守同郡盧植德然父元起常資給先主與德然等元起妻曰各自一家何能常爾邪起曰吾宗中有此兒非常人也而瓚深與先主相友瓚年長先主以兄事之先主不甚樂讀書喜狗馬音樂美衣服身長七尺五寸垂手下膝顧自見其耳少語言善下人喜怒不形於色好交結豪俠年少爭附之中山大商張世平蘇雙等貲累千金販馬周旋於涿郡見而異之乃多與之金財先主由是得用合徒衆靈帝末黃巾起州郡各舉義兵先主率其屬從校尉鄒靖討黃巾賊有功除安喜尉典畧曰平原劉子平知備有武勇時張純反叛青州被詔遣從事將兵討純過平原子平薦備於從事遂

欽定四庫全書　蜀志　卷二

與相隨遇賊於野備中創陽死賊去後故人以車載之得免後以軍功為中山安喜尉督郵以公事到縣先主求謁不通直入縛督郵杖二百解綬繫其頸著馬柳五葬反棄官亡命典畧曰其後州郡被詔書其有軍功為長吏者當沙汰之備疑在遣中督郵至縣當遣備備素知之聞督郵在傳舍備欲求見督郵督郵稱疾不肯見備備恨之因還治將吏卒更詣傳舍突入門言我被府君密教收督郵遂就牀縛之將出到界自解其綬以繫督郵頸縛之著樹鞭杖百餘下欲殺之督郵求哀乃釋去之頃之大將軍何進遣都尉毋丘毅詣丹陽募兵先主與俱行至下邳遇賊力戰有功除為下密丞復去官後為高唐尉遷為令英雄記云靈帝末年備嘗在京師復

《蜀志》

而自首。

兴平元年（194），青州北海相孔融被黄巾军围攻于都昌，求救于刘备。刘备率军三千前往救援，成功解围。兖州牧曹操为报父仇，攻屠徐州，徐州牧陶谦求救，刘备与青州刺史田楷前往救援。陶谦举荐刘备为豫州刺史，驻军小沛。年底，陶谦病逝，遗命刘备接任徐州牧。徐州别驾麋竺、典农校尉陈登等人极力拥戴，刘备出任徐州牧，治下邳。

兴平二年（195），吕布被曹操打败，投奔徐州，刘备收留吕布，让吕布屯驻小沛。

建安元年（196）九月，曹操迎汉献帝到许县，开始挟天子以令诸侯。

此前，淮南袁术妄想称帝，起兵北攻徐州。刘备与关羽统兵，战袁术于淮阴、盱眙。曹操表荐刘备为镇东将军，封宜城亭侯。吕布乘机袭取了刘备的下邳，守将张飞败逃。刘备回军先后与吕布、袁术交手，俱败，被困于广陵海西，麋竺散家财以助。冬，刘备与吕布讲和，复领豫州刺史，驻军小沛。

建安二年（197）春，袁术在寿春自

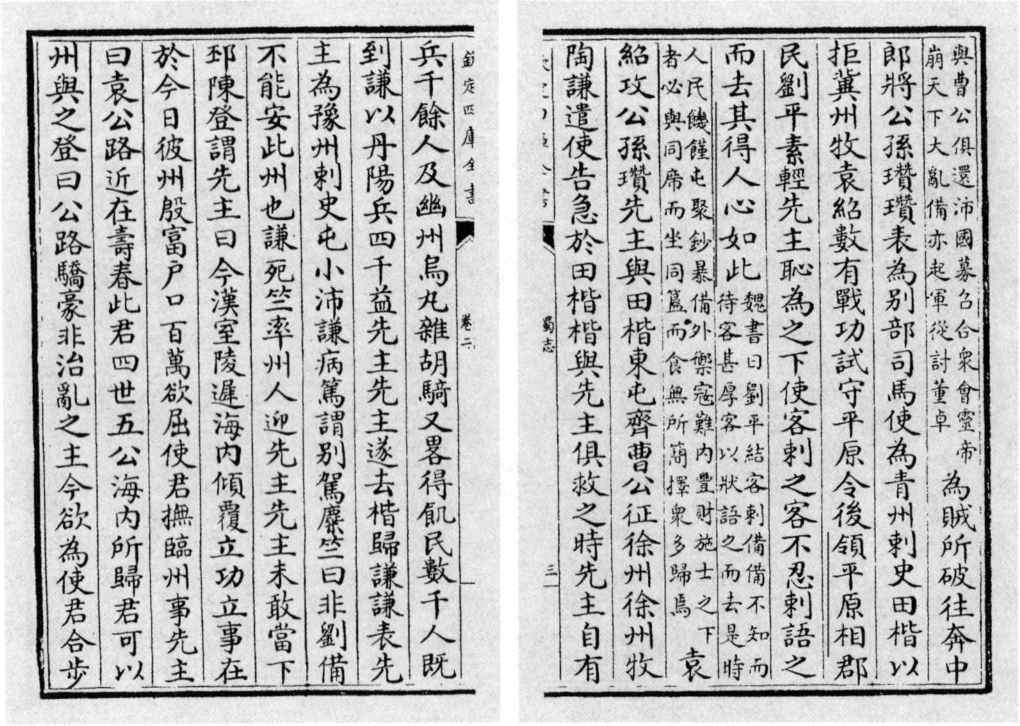
與曹公俱還沛國募合衆會靈帝崩天下大亂備亦起軍從討董卓為賊所破往奔中
郎將公孫瓚瓚表為別部司馬使為青州刺史田楷以
拒冀州牧袁紹數有戰功試守平原令後領平原相郡
民劉平素輕先主恥為之下使客刺之客不忍刺語之
而去其得人心如此魏書曰劉平結客刺備備不知而待客甚厚客以狀語之而去是時人民饑饉屯聚鈔暴備外禦寇難內豐財施士之下者必與同席而坐同簋而食無所簡擇衆多歸焉袁
紹攻公孫瓚先主與田楷東屯齊曹公征徐州徐州牧
陶謙遣使告急於田楷楷與先主俱救之時先主自有
兵千餘人及幽州烏丸雜胡騎又畧得飢民數千人既
到謙以丹陽兵四千益先主先主遂去楷歸謙謙表先
主為豫州刺史屯小沛謙病篤謂別駕麋竺曰非劉備
不能安此州也謙死竺率州人迎先主先主未敢當下
邳陳登謂先主曰今漢室陵遲海內傾覆立功立事在
於今日彼州殷富戶口百萬欲屈使君撫臨州事先主
曰袁公路近在壽春此君四世五公海內所歸君可以
州與之登曰公路驕豪非治亂之主今欲為使君合步

《蜀志》

称皇帝，吕布表示拥护，并同意把女儿嫁给袁术之子，不久后悔，吕布将女儿追回，并尊奉献帝，曹操表吕布为左将军。袁术遣张勋、桥蕤、韩暹、杨奉等分七路攻下邳，吕布大胜张勋，生擒桥蕤，说服韩暹与杨奉。

建安三年（198），刘备擒杀杨奉。吕布与袁术和好，派高顺攻小沛。曹操派夏侯惇援救刘备，不胜，刘备败逃，投奔曹操，曹操表刘备为豫州牧。九月，刘备随曹操攻吕布。十二月，攻破下邳，斩吕布于下邳白门楼。

建安四年（199）春，刘备随曹操还许都，受封左将军。不久，车骑将军董承联络刘备，说受献帝密诏，欲诛曹操。曹操与刘备“煮酒论英雄”。刘备率军截击袁术于徐州。董承等人衣带诏密谋败露，被杀。刘备杀徐州刺史车胄，占据徐州，关羽守下邳，刘备驻小沛，公开反曹。

建安五年（200）春，曹操急攻小沛、下邳，俘关羽，刘备败走青州，青州刺史袁谭迎接刘备，并报告袁绍。袁绍从邺县出城二百里迎接刘备。夏，袁绍派刘备赴汝南先后联合刘辟、龚都等人。关羽辞曹归刘。冬，曹操大破袁绍于官渡。

建安六年（201）九月，曹操南攻刘备于汝南。刘备南撤，遣糜竺、孙乾与荆州牧刘表联络。刘表亲自出襄阳城迎接刘备，指定新野县为刘备驻军之地。

建安七年至建安十二年（202—207），刘备在荆州期间只有一次军事行动，即在博望坡击败曹操部将夏侯惇、于禁。其间，刘备曾应邀与刘表、许汜聊天叙旧，表明鄙视“求田问舍”，崇尚“忧国忘家”，他“抚髀兴叹”，因不能建功立业而伤心。有史家对所谓刘备“马跃檀溪”存疑。

建安十二年（207），曹操北征乌桓，刘备劝说刘表袭取许都，刘表不听。同年，刘备三次拜访诸葛亮于隆中，二人从

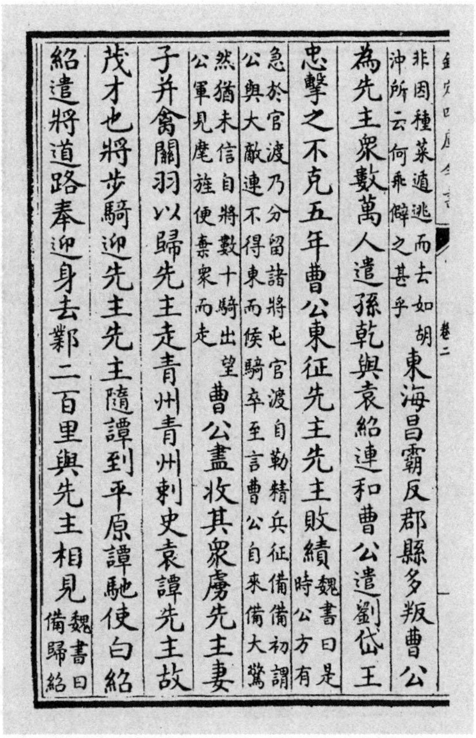
非困種菜遁逃而去如胡沖所云何乖僻之甚乎 東海昌霸反郡縣多叛曹公
為先主衆數萬人遣孫乾與袁紹連和曹公遣劉岱王
忠擊之不克五年曹公東征先主先主敗績 魏書曰是時公方有
急於官渡乃分留諸將屯官渡自勒精兵征備備初謂公與大敵連不得東而候騎卒至言曹公自來備大驚
然猶未信自將數十騎出望公軍見麾旌便棄衆而走 曹公盡收其衆虜先主妻
子并禽關羽以歸先主走青州青州刺史袁譚先主故
茂才也將步騎迎先主先主隨譚到平原譚馳使白紹
紹遣將道路奉迎身去鄴二百里與先主相見 魏書曰備歸紹

《蜀志》

此精诚合作。同年，刘禅出生。

建安十三年（208）七月，曹操挥师南下征刘表。八月，刘表病死，其子刘琮继为荆州牧。曹操到新野，刘琮投降。荆州官吏与百姓多投归刘备。刘备撤退到当阳，已有十余万百姓追随，以至日行十余里。遣关羽去江陵用船接应。有人建议刘备快速转移去江陵，刘备说：“夫济大事必以人为本，今人归吾，吾何忍弃去！”后被曹操追击于当阳长坂。刘备与诸葛亮、张飞、赵云等数十骑逃生，会合关羽的船队于汉津。后刘备南撤至夏口，遣诸葛亮前往柴桑联合孙权，联手抗曹。冬十二月，孙刘联军大破曹军于赤壁。

建安十四年（209），刘备夺取荆州江南四郡（武陵、长沙、桂阳、零陵），并配合周瑜攻取江陵。十二月，刘备受部下拥戴为荆州牧，驻公安。

建安十五年（210），刘备赴京口见孙权，孙权将妹妹嫁于刘备。

建安十六年（211）十二月，刘备率庞统、法正、黄忠、魏延等人西入益州。

建安十七年（212）春，刘备与刘璋会于涪城。刘璋推举刘备行大司马，领司隶校尉。年底，刘备的内应张松败

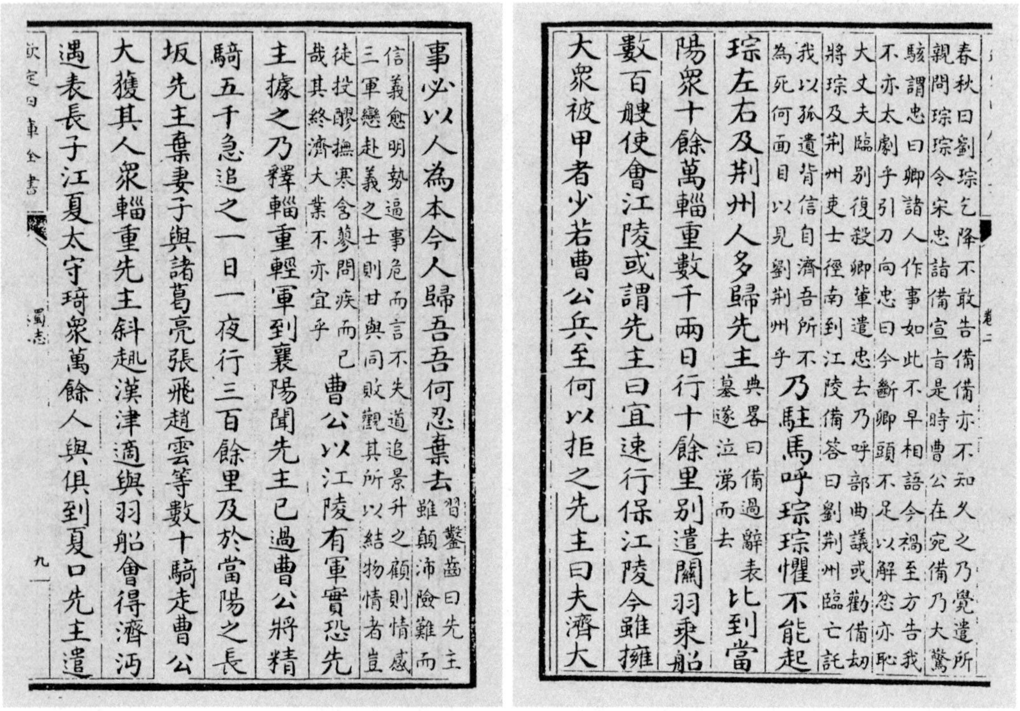
卷二

春秋曰劉琮乞降不敢告備備亦不知久之乃覺遣所親問琮琮令宋忠詣備宣旨是時曹公在宛備乃大驚駭謂忠曰卿諸人作事如此不早相語今禍至方告我不亦太劇乎引刀向忠曰今斷卿頭不足以解忿亦恥大丈夫臨別復殺卿輩遣忠去乃呼部曲議或勸備刼將琮及荊州吏士徑南到江陵備答曰劉荊州臨亡託我以孤遺背信自濟吾所不為死何面目以見劉荊州乎乃駐馬呼琮琮懼不能起琮左右及荊州人多歸先主典畧曰備過辭表墓遂泣涕而去比到當陽衆十餘萬輜重數千兩日行十餘里別遣關羽乘船數百艘使會江陵或謂先主曰宜速行保江陵今雖擁大衆被甲者少若曹公兵至何以拒之先主曰夫濟大事必以人為本今人歸吾吾何忍棄去習鑿齒曰先主雖顛沛險難而信義愈明勢逼事危而言不失道追景升之顧則情感三軍戀赴義之士則甘與同敗觀其所以結物情者豈徒投醪撫寒含蓼問疾而已哉其終濟大業不亦宜乎曹公以江陵有軍實恐先主據之乃釋輜重輕軍到襄陽聞先主已過曹公將精騎五千急追之一日一夜行三百餘里及於當陽之長坂先主棄妻子與諸葛亮張飛趙雲等數十騎走曹公大獲其人衆輜重先主斜趨漢津適與羽船會得濟沔遇表長子江夏太守琦衆萬餘人與俱到夏口先主遣

欽定四庫全書 蜀志 九一

《蜀志》

露，被刘璋斩于成都。刘备自葭萌关南下进攻刘璋。

建安十八年（213），刘备一路进展顺利，抵达雒城。夏，刘备命诸葛亮、张飞、赵云率军入蜀，关羽镇守荆州。庞统中流矢死，年三十六。

建安十九年（214），刘备攻克雒城，进围成都，收降马超。夏，刘璋投降。刘备兼领益州牧。

建安二十年（215），刘备挥师五万下荆州，欲与孙权争荆州地。七月，曹操攻克汉中。刘备急与孙权以湘水为界分荆州，旋即回师益州。张飞破曹将张郃于宕渠。

建安二十三年（218），刘备统兵大举进攻汉中。

建安二十四年（219）春，刘备的大将黄忠阵斩曹将夏侯渊。三月，曹操率兵救援汉中。五月，曹操率军撤退，刘备夺取汉中。七月，刘备设坛场于汉中沔阳，即位汉中王，拜大司马，立刘禅为王太子。八月，前将军关羽北攻襄阳、樊城，水淹于禁七军，斩庞德。冬，孙权遣吕蒙袭取公安、江陵，迅速夺取荆州。十二月，关羽撤军南下，军溃，被孙权部将擒杀。

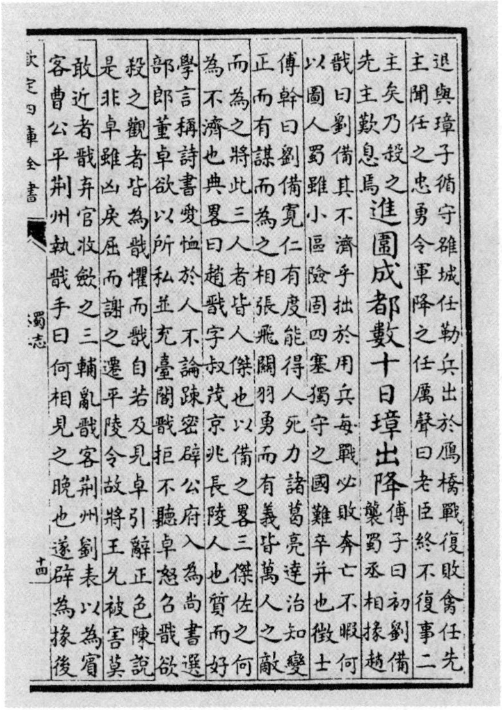
退與璋子循守雒城任勒兵出於鴈橋戰復敗禽任先主聞任之忠勇令軍降之任厲聲曰老臣終不復事二主矣乃殺之先主歎息焉進圍成都數十日璋出降傅子曰初劉備襲蜀丞相掾趙戩曰劉備其不濟乎拙於用兵每戰必敗奔亡不暇何以圖人蜀雖小區險固四塞獨守之國難卒并也徵士傅幹曰劉備寬仁有度能得人死力諸葛亮達治知變正而有謀而為之相張飛關羽勇而有義皆萬人之敵而為之將此三人者皆人傑也以備之略三傑佐之何為不濟也典略曰趙戩字叔茂京兆長陵人也質而好學言稱詩書愛恤於人不論疏密辟公府入為尚書選部郎董卓欲以所私並充臺閣戩拒不聽卓怒召戩欲殺之觀者皆為戩懼而戩自若及見卓引辭正色陳說是非卓雖凶戾屈而謝之遷平陵令故將王允被害莫敢近者戩弃官收斂之三輔亂戩客荊州劉表以為賓客曹公平荊州執戩手曰何相見之晚也遂辟為掾後

欽定四庫全書　蜀志　十四

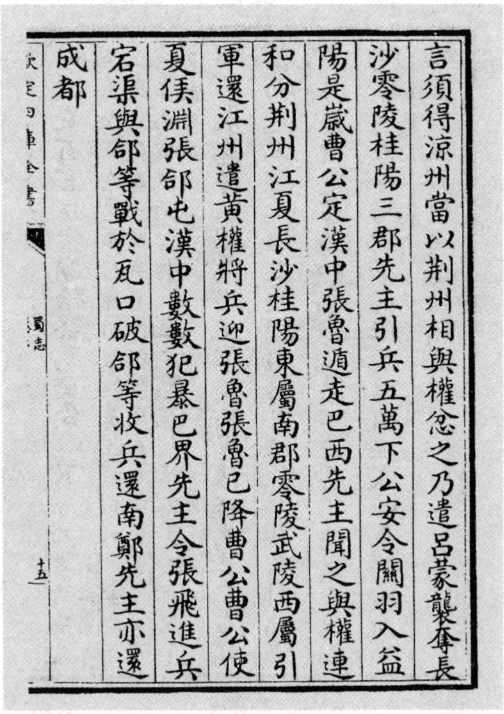
言須得涼州當以荊州相與權忿之乃遣呂蒙襲奪長沙零陵桂陽三郡先主引兵五萬下公安令關羽入益陽是歲曹公定漢中張魯遁走巴西先主聞之與權連和分荊州江夏長沙桂陽東屬南郡零陵武陵西屬引軍還江州遣黃權將兵迎張魯張魯已降曹公曹公使夏侯淵張郃屯漢中數數犯暴巴界先主令張飛進兵宕渠與郃等戰於瓦口破郃等收兵還南鄭先主亦還成都

欽定四庫全書　蜀志　十五

《蜀志》

建安二十五年（220）正月，孙权送关羽首级于曹操，曹操以诸侯礼安葬关羽尸骸。曹操死于洛阳，谥为武王。其子曹丕嗣位为丞相、魏王。十月，汉献帝被迫禅让皇位，曹丕称帝，改元黄初，曹魏取代了汉朝。

蜀汉章武元年（221）四月初六，刘备即皇帝位于成都武担之南，立刘禅为太子。国号汉，史称蜀汉，年号章武。七月，刘备决定伐吴，集结大军于江州。车骑将军、司隶校尉张飞被帐下将杀于阆中。

章武二年（222）正月，刘备率军进驻秭归。二月，驻营于夷道猇亭。夏，孙权将陆逊用火攻，刘备败绩，退守白帝城。

章武三年（223）春，刘备在白帝城托孤于丞相诸葛亮。刘备遗嘱儿子们：“勿以恶小而为之，勿以善小而不为。惟贤惟德，能服于人。”四月二十四日，病逝于白帝城永安宫。五月，棺椁还成都，谥曰昭烈皇帝。八月，葬成都惠陵。

汉桓侯张飞

张飞（？—221），字益德，（《三国演义》作翼德），东汉涿郡（今涿州市）

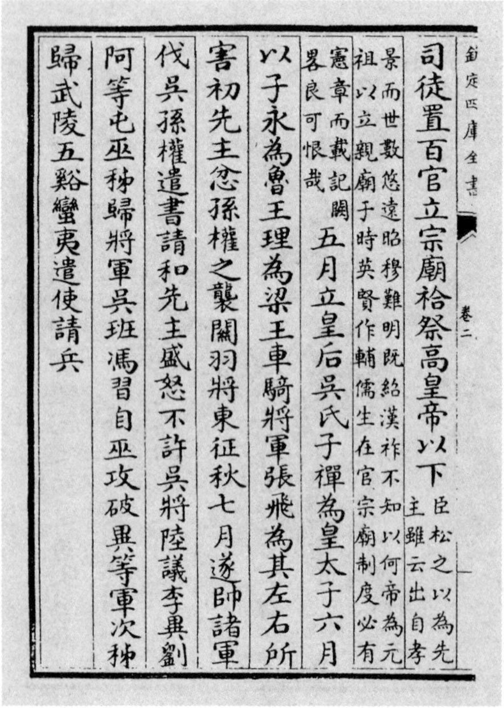
欽定四庫全書　卷二
司徒置百官立宗廟祫祭高皇帝以下臣松之以為先主雖云出自孝景而世數悠遠昭穆難明既紹漢祚不知以何帝為元祖以立親廟于時英賢作輔儒生在官宗廟制度必有憲章而載記闕畧良可恨哉五月立皇后吳氏子禪為皇太子六月以子永為魯王理為梁王車騎將軍張飛為其左右所害初先主忿孫權之襲關羽將東征秋七月遂帥諸軍伐吳孫權遣書請和先主盛怒不許吳將陸議李異劉阿等屯巫秭歸將軍吳班馮習自巫攻破異等軍次秭歸武陵五谿蠻夷遣使請兵

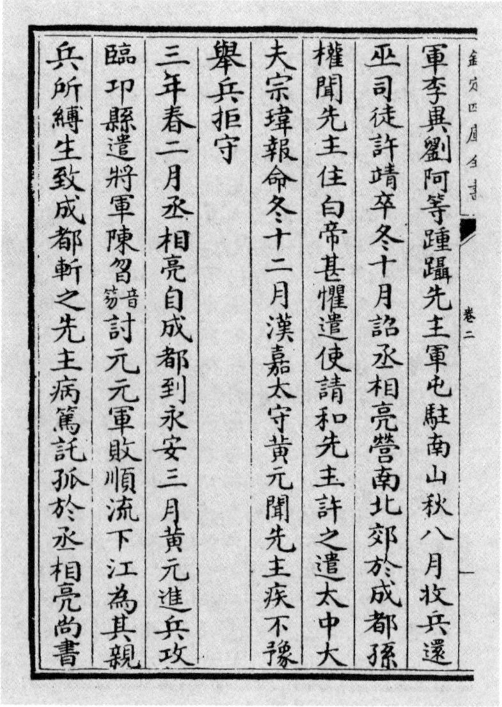
欽定四庫全書　卷二
軍李異劉阿等踵躡先主軍屯駐南山秋八月收兵還巫司徒許靖卒冬十月詔丞相亮營南北郊於成都孫權聞先主住白帝甚懼遣使請和先主許之遣太中大夫宗瑋報命冬十二月漢嘉太守黃元聞先主疾不豫舉兵拒守
三年春二月丞相亮自成都到永安三月黃元進兵攻臨卭縣遣將軍陳曶笏音討元元軍敗順流下江為其親兵所縛生致成都斬之先主病篤託孤於丞相亮尚書

《蜀志》

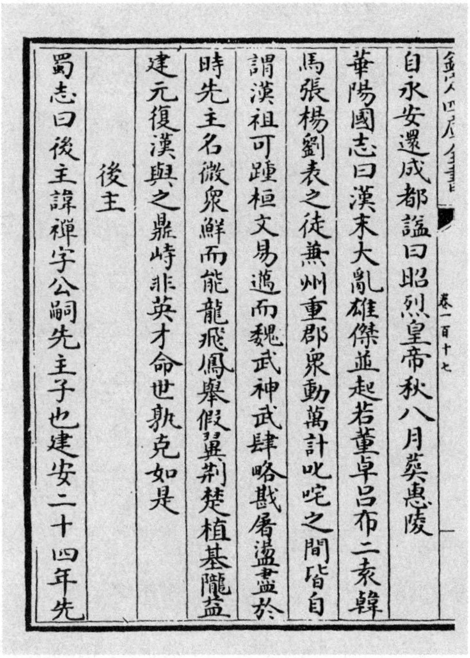
欽定四庫全書　卷一百十七

自永安還成都謚曰昭烈皇帝秋八月葬惠陵

華陽國志曰漢末大亂雄傑並起若董卓呂布二袁韓馬張楊劉表之徒兼州重郡衆動萬計叱咤之間皆自謂漢祖可踵桓文易邁而魏武神武肆略戡屠盪盡於時先主名微衆鮮而能龍飛鳳舉假翼荆楚植基隴益建元復漢與之鼎峙非英才命世孰克如是

後主

蜀志曰後主諱禪字公嗣先主子也建安二十四年先

《华阳国志》

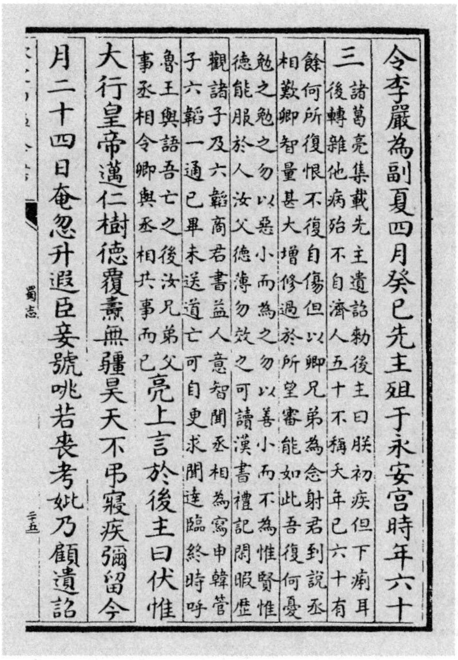
令李嚴為副夏四月癸巳先主殂于永安宮時年六十三諸葛亮集載先主遺詔勑後主曰朕初疾但下痢耳後轉雜他病殆不自濟人五十不稱夭年已六十有餘何所復恨不復自傷但以卿兄弟為念射君到說丞相歎卿智量甚大增修過於所望審能如此吾復何憂勉之勉之勿以惡小而為之勿以善小而不為惟賢惟德能服於人汝父德薄勿效之可讀漢書禮記閒暇歷觀諸子及六韜商君書益人意智聞丞相為寫申韓管子六韜一通已畢未送道亡可自更求聞達臨終時呼魯王與語吾亡之後汝兄弟父事丞相令卿與丞相共事而已亮上言於後主曰伏惟大行皇帝邁仁樹德覆燾無疆昊天不弔寢疾彌留今月二十四日奄忽升遐臣妾號咷若喪考妣乃顧遺詔

蜀志　二五

《蜀志》

人。早年与刘备、关羽意气相投，三人结成生死之盟，世称“桃园结义”。刘、关年长，张飞以对待兄长那样对待他们。在大庭广众之下，总与关羽侍立刘备身旁。三人同食同住，亲密友好，感情胜过亲兄弟。

东汉后期，张飞与关羽随刘备率一旅乡师，投身于镇压黄巾起义和军阀争雄之中，为创建蜀汉政权立下了重要功勋。

初平二年（191），经中郎将公孙瓒推荐，刘备任平原县令，张飞与关羽为别部司马，分别统领军队。兄弟三人率三千之众，曾救援徐州牧陶谦，尔后屯军于小沛。

建安元年（196），刘备被封为镇东将军、宜城亭侯，命张飞督守下邳（徐州治所）。曹操上表举荐刘备为豫州牧，刘、关、张三人随曹操打败吕布，同到许都，张飞被任为中郎将。

建安五年（200），曹操引兵数万进攻据守徐州的刘备。刘备命关羽留驻下邳，他与张飞出屯小沛，以拒曹兵。因与曹军兵力相差悬殊，虽张飞骁勇善战，终因寡不敌众，兵败失散，刘备投青州，张飞奔往芒砀山。次年，张飞与刘备、关羽、赵云等重聚于汝南，依附于荆州牧刘表，刘表遣刘、关、张等屯驻新野，以拒曹操。

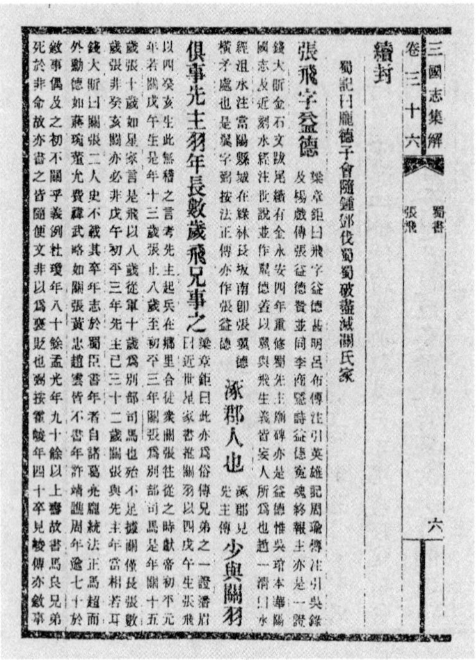

三國志集解 卷三十六 蜀書 張飛 六

續封

蜀記曰龐德子會隨鍾鄧伐蜀蜀破盡滅關氏家

張飛字益德（梁章鉅曰飛字益德甚明呂布傳注引英雄記周瑜傳注引吳錄及楊戲傳張益德贊並同李商隱詩益德寃魂終報主亦是一證錢大昕金石文跋尾續有金永安四年重修蜀先主廟碑亦是益德惟吳珵本華陽國志及近刻水經注俗說並作翼德蓋以翼與飛生義皆妄人所爲也趙一淸曰水經沮水注當陽縣城在綠林長坂南即張翼德橫矛處也是翼字漢按法正傳亦作張益德）涿郡人也（涿郡見先主傳）少與關羽俱事先主羽年長數歲飛兄事之（梁章鉅曰此亦爲俗傳兄弟之一證潘眉曰近世星家書推關羽以四戊午生張飛以四癸亥生此無稽之言考先主起兵在鄉里合徒衆關張往從之時獻帝初平元年若關戊午生是年十三歲張止八歲至初平三年關張爲別部司馬是年關十五歲張十歲如星家言是飛以八歲從軍十歲爲別部司馬也殆不足據關僅長張數歲張非癸亥關亦必非戊午初平三年先主已三十二歲關張與先主年當相若耳錢大昕曰關張二人史不載其卒年志於蜀臣書年者自諸葛亮龐統法正馬超而外動德如蔣琬董允費禕武略如關張黃忠趙雲皆不書年許靖譙周年逾七十於斂事偶及之初不關乎義例杜瓊年八十餘孟光年九十餘以上壽故書馬良兄弟死於非命故亦書之皆隨便文非以爲褒貶也弼按霍峻年四十卒見峻傳亦斂事）

《三国志集解·蜀书》

建安十三年（208），曹操统一北方后，南下攻取荆州。当时刘表病亡，其次子刘琮继任州牧。刘琮懦弱，听说曹军来攻，没有告知前方的刘备就上表投降曹操。刘备不得不率众南撤，打算退守江陵。至当阳长坂，被曹兵追及。刘备率诸葛亮、张飞、赵云等突围而走。张飞带领二十余名骑兵断后，他立马横矛，扼守当阳桥头，怒目注视追兵，厉声喝道："我乃张益德，谁来与我决一死战!"声若巨雷，吓得曹军不敢冒进，使刘备等人得以脱险。同年冬，赤壁鏖兵大败曹军后，张飞与关羽、赵云分别略定江南的武陵、长沙、桂阳、零陵四

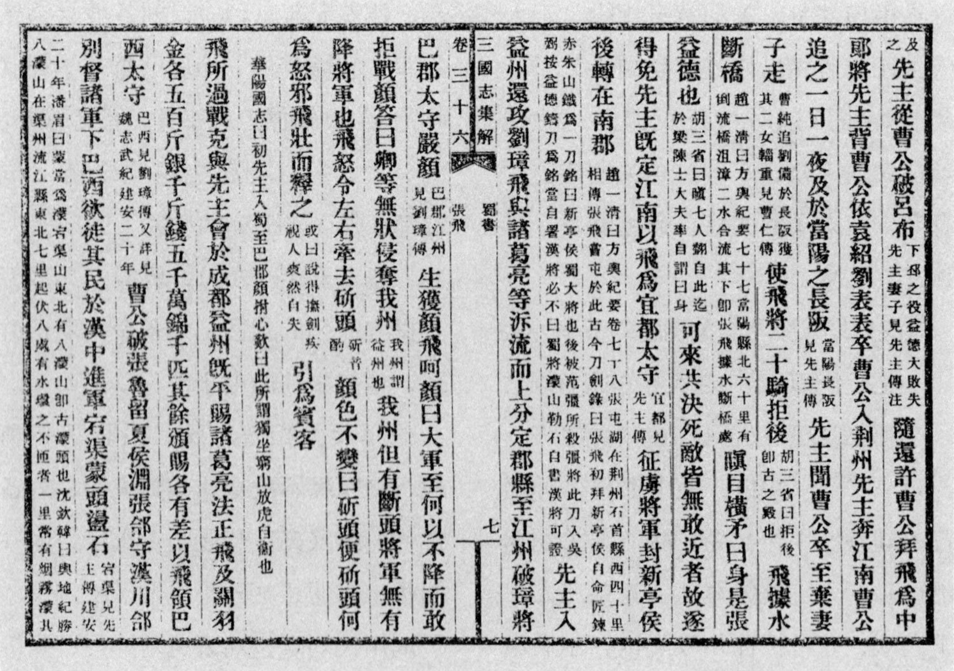

及先主從曹公破呂布（下邳之役益德大敗失先主妻子見先主傳注）隨還許曹公拜飛爲中郎將先主背曹公依袁紹劉表表卒曹公入荊州先主奔江南曹公追之一日一夜及於當陽之長阪（當陽長阪見先主傳）先主聞曹公卒至棄妻子走（曹純追劉備於長阪獲其二女輜重見曹仁傳）使飛將二十騎拒後（胡三省曰拒後卽古之殿也）飛據水斷橋（趙一淸曰方輿紀要七十七當陽縣北六十里有倒流橋沮漳二水合流其下卽張飛據水斷橋處）瞋目橫矛曰身是張益德也（胡三省曰瞋七人翻自此迄於梁陳士大夫率自謂曰身）可來共決死敵皆無敢近者故遂得免先主既定江南以飛爲宜都太守（宜都見先主傳）征虜將軍封新亭侯後轉在南郡（趙一淸曰方輿紀要卷七十八張屯湖在荊州石首縣西四十里相傳張飛嘗屯於此古今刀劍錄曰張飛初拜新亭侯自命匠鍊赤朱山鐵爲一刀銘曰新亭侯蜀大將也後被范彊所殺彊將此刀入吳弼按益德鑄刀爲銘當自署漢將必不曰蜀將濛山勒石自書漢將可證）先主入益州還攻劉璋飛與諸葛亮等泝流而上分定郡縣至江州破璋將

三國志集解 卷三十六 蜀書 張飛 七

巴郡太守嚴顏（巴郡江州見劉璋傳）生獲顏飛呵顏曰大軍至何以不降而敢拒戰顏答曰卿等無狀侵奪我州（我州謂益州也）我州但有斷頭將軍無有降將軍也飛怒令左右牽去斫頭（斫音酌）顏色不變曰斫頭便斫頭何爲怒邪飛壯而釋之（或曰說得擔劍疾視人爽然自失）引爲賓客（華陽國志曰初先主入蜀至巴郡顏拊心歎曰此所謂獨坐窮山放虎自衛也）飛所過戰克與先主會於成都益州既平賜諸葛亮法正飛及關羽金各五百斤銀千斤錢五千萬錦千匹其餘頒賜各有差以飛領巴西太守（巴西見劉璋傳又詳見魏志武紀建安二十年）曹公破張魯留夏侯淵張郃守漢川郃別督諸軍下巴西欲徙其民於漢中進軍宕渠蒙頭盪石（宕渠見先主傳建安二十年潘眉曰蒙當爲濛宕渠山東北有八濛山卽古濛頭也沈欽韓曰輿地紀勝八濛山在渠州流江縣東北七里起伏八處有水盪之不匝者一里常有烟霧濛其）

《三国志集解·蜀书》

郡。刘备占有荆州，实现了“隆中对策”的第一步。张飞被任命为宜都太守、征虏将军，封新亭侯。不久，张飞奉调镇守南郡（荆州腹地）。

建安十六年（211），刘备入川，张飞与诸葛亮、关羽、赵云驻守荆州。刘备从葭萌转袭涪城，张飞受命进川平定沿途郡县。兵至江州（今重庆，当时巴郡治所），被太守严颜所阻。张飞用诱敌之计，生擒严颜。后被严颜视死如归的气概所感动，上前为其松绑，“义释严颜”，施以宾客之礼。严颜见张飞有大将风度，便做了张飞的宾客。张飞顺利攻克所经郡县，直抵成都与刘备会师。益州平定后，张飞兼领巴西（治所在阆中）太守。

建安二十年（215），曹操攻破汉中，留夏侯渊、张郃镇守，并命张郃率军深入巴西。张郃军在宕渠、蒙头、荡石与张飞相持五十余日。张飞巧使计谋，一面广竖旌旗以张对峙声势，一面亲率精骑万人，绕道至张郃军后，两面夹攻，使张郃腹背受敌。因山路狭窄，首尾不能相救，张郃惨败。张郃弃马丢枪，狼狈而逃。此战对于刚刚占据益州的刘备集团意义甚大，也为刘备后来攻取汉中打下了基础。

建安二十四年（219），刘备平定汉

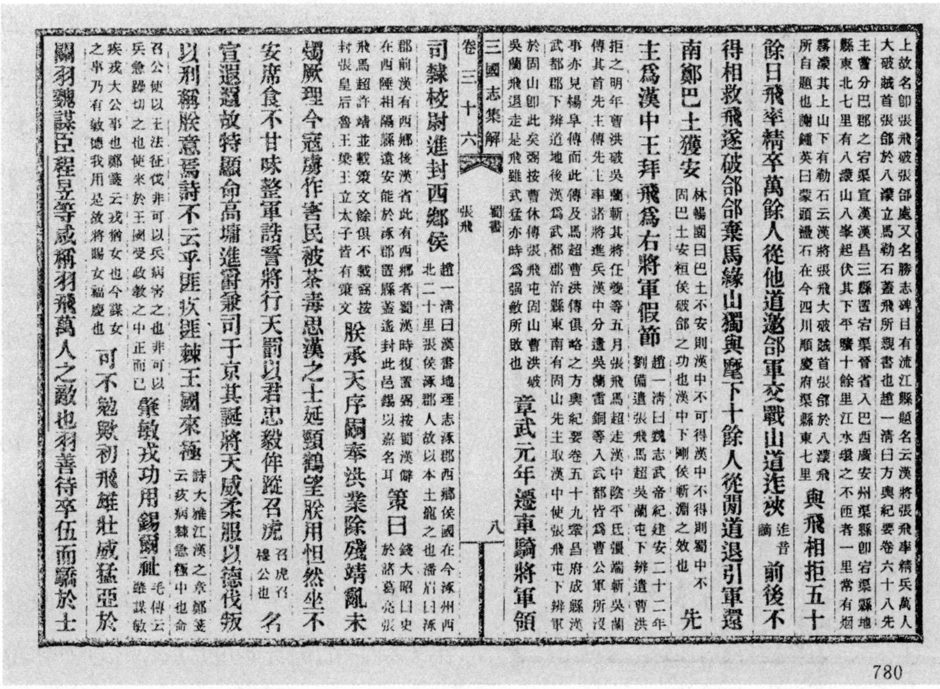
上故名卽張飛破張郃處又名勝志碑目有流江縣題名云漢將張飛率精兵萬人大破賊首張郃於八濛立馬勒石蓋飛所親書也趙一清曰方輿紀要卷六十八先主嘗分巴郡之宕渠宣漢漢昌三縣置宕渠郡省入巴西廣安州渠縣卽宕渠縣地縣東北七里有八濛山八峯起伏其下平曠十餘里江水繞之不匝者一里常有煙霧濛其上山下有勒石云漢將張飛大破賊首張郃於八濛飛所自題也謝鍾英曰蒙頭盪石在今四川順慶府渠縣東七里與飛相拒五十餘日飛率精卒萬餘人從他道邀郃軍交戰山道迮狹迮音讁前後不得相救飛遂破郃郃棄馬緣山獨與麾下十餘人從閒道退引軍還南鄭巴土獲安林暢園曰巴土不安則漢中不可得漢中不得則蜀中不固巴土安桓侯破郃之功也漢中下剛侯斬淵之效也先主爲漢中王拜飛爲右將軍假節趙一清曰魏志武帝紀建安二十二年劉備遣張飛馬超吳蘭屯下辨遣曹洪拒之明年曹洪破吳蘭斬其將任夔等五月張飛馬超走漢中陰平氐强端斬吳蘭傳其首先主傳先主率諸將進兵漢中分遣吳蘭雷銅等入武都皆爲曹公軍所沒事亦見楊阜傳而此傳及馬超曹洪傳俱略之方輿紀要卷五十九寧昌府成縣漢武都郡下辨道地後漢爲武都郡治縣東南有固山先主取漢中使張飛屯下辨軍於固山卽此矣弼按曹休傳張飛屯固山曹洪破吳蘭飛退走是飛雖武猛亦時爲强敵所敗也章武元年遷車騎將軍領

三國志集解　蜀書
卷三十六　張飛　八

司隸校尉進封西鄉侯趙一清曰漢書地理志涿郡西鄉侯國在今涿州西北二十里張侯涿郡人故以本土寵之也潘眉曰涿郡前漢有西鄉後漢省此有西鄉者蜀漢時復置弼按蜀漢僻在西陲相隔遼遠安能於涿郡置縣蓋遙封此邑錫以嘉名耳策曰錢大昭曰史於諸葛亮張飛馬超許靖並載策文餘俱不載弼按封張皇后魯王梁王立太子皆有策文朕承天序嗣奉洪業除殘靖亂未燭厥理今寇虜作害民被荼毒思漢之士延頸鶴望朕用怛然坐不安席食不甘味整軍誥誓將行天罰以君忠毅侔蹤召虎召虎召穆公也名宣遐邇故特顯命高墉進爵兼司于京其誕將天威柔服以德伐叛以刑稱朕意焉詩不云乎匪疚匪棘王國來極詩大雅江漢之章鄭箋云疚病棘急極中也命召公使以王法征伐非可以兵病害之也非可以兵急躁切之也使來於王國受政教之中正而已肇敏戎功用錫爾祉毛傳云肇謀敏疾戎大公事也鄭箋云戎猶女也今謀女之事乃有敏德我用是故將賜女福慶也可不勉歟初飛雄壯威猛亞於關羽魏謀臣程昱等咸稱羽飛萬人之敵也羽善待卒伍而驕於士

780

《三国志集解·蜀书》

中，称汉中王，任张飞为右将军，并授符节（军队指挥权）。

蜀汉章武元年（221），刘备即皇帝位，升任张飞为车骑将军（高级武官，位次大将军），兼司隶校尉（督察京师），进封西乡侯。同年，为报关羽被害之仇，张飞拟率兵万人从阆中到江州与刘备会师伐吴。出发前，张飞因心中悲痛，情绪激愤，言行粗暴，苛责部下，导致部将张达、范彊叛变，将其暗杀。刘备闻知，深为痛惜。后来追谥张飞为桓侯。

张飞雄壮威猛，勇敌万夫，为人粗犷，赋性刚烈，敬士人而不知恤士卒。

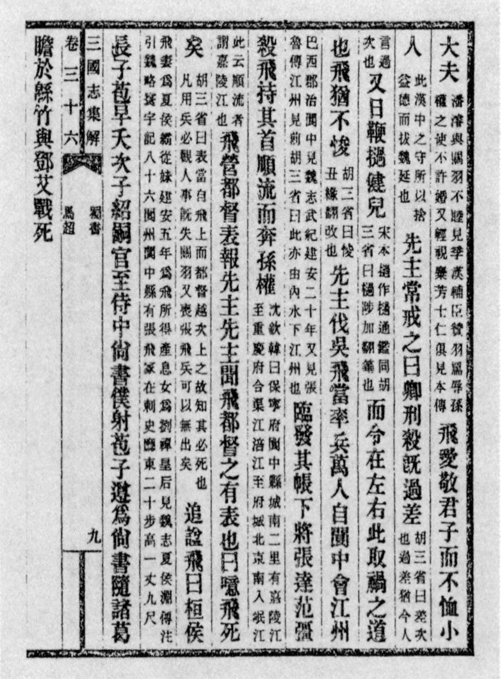
大夫潘濬與關羽不睦見季漢輔臣贊羽辱孫權之使不許婚又輕視麋芳士仁俱見本傳飛愛敬君子而不恤小
人此漢中之守所以捨益德而拔魏延也先主常戒之曰卿刑殺既過差胡三省曰差次也過差猶今人
言過次也又日鞭撾健兒宋本撾作檛通鑑同胡三省曰檛涉加翻箠也而令在左右此取禍之道
也飛猶不悛胡三省曰悛丑緣翻改也先主伐吳飛當率兵萬人自閬中會江州
巴西郡治閬中見魏志武紀建安二十年又見張魯傳江州見前胡三省曰此亦由內水下江州也臨發其帳下將張達范彊
殺飛持其首順流而奔孫權沈欽韓曰保寧府閬中縣城南二里有嘉陵江至重慶府合渠江涪江至府城北東南入岷江
此云順流者謂嘉陵江也飛營都督表報先主先主聞飛都督之有表也曰噫飛死
矣胡三省曰表當自飛上而都督越次上之故知其必死也凡用兵必觀人事既失關羽又喪張飛兵可以無出矣追諡飛曰桓侯
飛妻為夏侯霸從妹建安五年為飛所得產息女為劉禪皇后見魏志夏侯淵傳注引魏略寰宇記八十六閬州閬中縣有張飛冢在刺史廳東二十步高一丈九尺
長子苞早夭次子紹嗣官至侍中尚書僕射苞子遵為尚書隨諸葛
三國志集解 蜀書 卷三十六 馬超 九
瞻於緜竹與鄧艾戰死

《三国志集解·蜀书》

刘备曾告诫他：待下过严，而又令其随侍左右，“此取祸之道”。张飞未能改过，以致死于部下之手，殊为可惜。

张飞不仅骁勇善战，而且工书能文。南朝陶弘景所撰的《刀剑录》记载，张飞初拜新亭侯时，曾命匠人铸一刀，自撰《新亭侯刀铭》。明朝杨慎的《丹铅总录》记载：“涪陵有张飞刁斗铭，其文字甚工，飞所书也。”该铭文既是张飞所撰，也是张飞所书，且字迹工整。刁斗是古代军中用具，白天用其烧饭，夜晚用来打更，用铜制成，所以上面可以刻铸铭文。元朝画家吴镇的《张翼德祠》诗称：“关侯讽左氏，车骑更工书。文武趣虽别，古人尝有余。横矛思腕力，繇象恐难如。”“繇”指魏国的钟繇，“象”是吴国的皇象，都是当时的书法名家，这是吴镇在称赞张飞的书法很有功力。明朝文学家、书画家陈继儒曾撰文介绍“张飞立马铭”，说张飞大破张郃后，骑着战马挥动丈八蛇矛在岩壁上刻下“汉将军飞，率精卒万人，大破贼首张郃于八蒙，立马勒铭”。历史上“张飞立马铭”拓本曾在书画界流传。1985年，四川阆中县发现了“张飞立马铭”刻石，与历史上流传的拓本字迹相同，经文物、古建专家鉴定，认为是原立马铭无疑。清朝纪昀的《涿州道中咏范阳旧事》诗称：“慷慨横戈百战余，桓侯笔札定然疏。哪知拓本摩崖字，车骑将军手自书。”说的也是这件事。由此可以想见，张飞不仅骁勇善战，且能笔走龙蛇，故世称其才兼文武，实非过誉。

历史上由于档案资料的缺乏，张飞一生的许多事迹甚至连其生年都没能记载下来。《三国志》中的《张飞传》虽仅900字，但是从这简略的小传中，仍能看到张飞为后人树立了“忠不顾死、义不负心”的典范。张飞正直豪爽，疾恶如仇，一生以“攘除奸雄、兴复汉室”为己任，可见其忠；他追随刘备，屡受挫折，恪遵誓言，终生不渝，足明其义。“当阳巨吼”展示了他的虎胆雄威，“计败张郃”表现了他的用兵韬略，“义释严颜”展现出了他的大将胸襟和政治才干。史学家、《三国志》作者陈寿称张飞“有国士之风”，这是颇有见地的。

第十一章　西晋范阳国　幽州中心城

《中国历史地图集》中的“西晋幽州图”标示：幽州、范阳国、涿县（三级治所）皆在涿城。

三国曹魏时，辅政重臣司马懿于嘉平元年（249）杀辅政大将军曹爽，实际掌控了魏国的政权。司马懿死后，其子司马师、司马昭相继掌控魏国政权，魏国皇帝成了司马氏的傀儡。司马懿之孙、司马昭之子司马炎于咸熙二年（265）八月，继任相国、晋王。十二月，代魏称帝，建立晋朝，年号泰始，都洛阳，追尊司马懿、司马师、司马昭分别为宣帝、景帝、文帝。

西晋泰始元年（265），晋武帝封宗室司马绥为范阳王，相应地把曹魏的范阳郡改为范阳国。范阳郡治所在地涿城，成为范阳国国都。咸宁五年（279），西晋朝廷在全国设立了10个都督监军，其中都督幽州诸军事治所在涿城。也就是说，西晋19个州之中的幽州、172个郡国中的范阳国及涿县，这三级政权都在涿城，所以说当时的涿城是幽州区域的中心城。

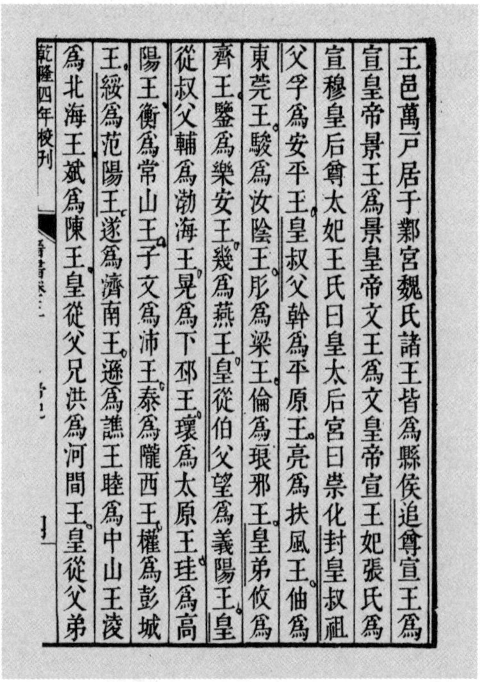
王邑萬戸居于鄴宮魏氏諸王皆爲縣侯追尊宣王爲
宣皇帝景王爲景皇帝文王爲文皇帝宣王妃張氏爲
宣穆皇后尊太妃王氏曰皇太后宮曰崇化封皇叔祖
父孚爲安平王皇叔父幹爲平原王亮爲扶風王伷爲
東莞王駿爲汝陰王肜爲梁王倫爲琅邪王皇弟攸爲
齊王鑒爲樂安王幾爲燕王皇從伯父望爲義陽王皇
從叔父輔爲渤海王晃爲下邳王瓌爲太原王珪爲高
陽王衡爲常山王子文爲沛王泰爲隴西王權爲彭城
王綏爲范陽王遂爲濟南王遜爲譙王睦爲中山王陵
爲北海王斌爲陳王皇從父兄洪爲河間王皇從父弟
乾隆四年校刊

《晋书》

涿城内曾有范阳王司马绥及司马虓的庙碑。郦道元的《水经注·圣水》中记载：“桃水又东径涿县故城北，王莽更名垣翰，晋太始元年，改曰范阳郡。今郡理涿县故城，城内东北角，有晋康王碑，城东有范阳王司马虓庙碑。”

其中的“晋康王碑”就是范阳王司马绥碑，“康”是司马绥的谥号。可惜这两碑早已无存，连碑文或是拓片都没有留存下来。应该注意《水经注》中的这段文字有两点错误：一是“太始”的规范写法应是“泰始”；二是西晋泰始元年不是把涿郡改为“范阳郡”，而是把曹魏的范阳郡改为“范阳国”。王国维的《水经注校》，杨守敬的《水经注疏》，还有陈桥驿注释的《水经注》等都把“范阳国”错写为“范阳郡”。实际名称的变革是王莽把西汉涿郡改为垣翰，东汉把垣翰恢复为涿郡。三国曹魏把涿郡改称范阳郡，西晋又把范阳郡改为范阳国。

魏黄初五年（224），曾封曹敏为范阳王。近年见到有人据此宣称：黄初五年“涿郡改为范阳国”。其实这个说法并不成立。

《三国志·魏书》中的《武文世王公传》记载：

范阳闵王矩，早薨，无子。建安二十二年，以樊安公均子敏奉矩后，封临晋侯。黄初三年追封谥矩为范阳闵公。五年，改封敏范阳王。七年，徙封句阳，太和六年，追进矩号曰范阳闵王，改封敏琅琊王。景初、正元、景元中，累增邑，并前三千四百户。敏薨，谥曰原王。

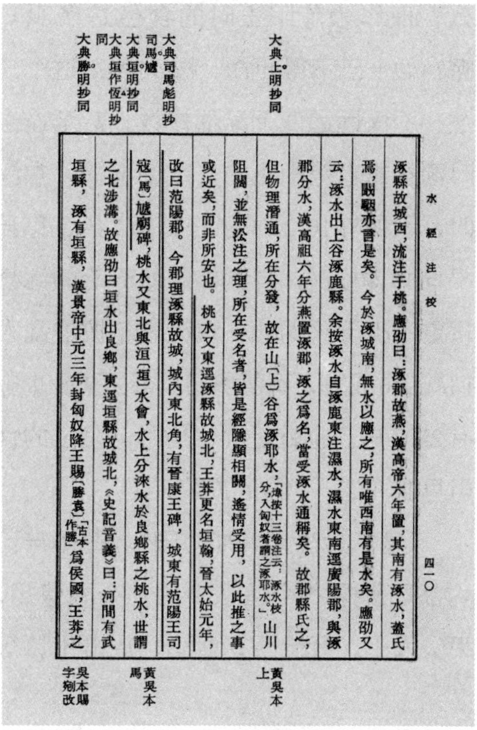

水經注校　四一〇

大典上。明抄同
大典司馬彪明抄司馬。虓
大典垣。明抄同
大典垣作恆明抄同
大典勝。明抄同

涿縣故城西，流注于桃。應劭曰：涿郡故燕，漢高帝六年置，其南有涿水，蓋氏焉，闞駰亦言是矣。今於涿城南，無水以應之，所有唯西南有是水矣。應劭又云：涿水出上谷涿鹿縣。余按涿水自涿鹿東注㶟水，㶟水東南逕廣陽郡，與涿郡分水，漢高祖六年分燕置涿郡，涿之爲名，當受涿水通稱矣。故郡縣氏之，但物理潛通，所在分發，故在山〔上〕谷爲涿耶水，「熊按十三卷注云：涿水枝分，入匈奴者謂之涿耶水。」山川阻闊，並無沿注之理，所在受名者，皆是經隱顯相關，遙情受用，以此推之事或近矣，而非所安也。桃水又東逕涿縣故城北，王莽更名垣翰，晉太始元年，改曰范陽郡。今郡理涿縣故城，城內東北角，有晉康王碑，城東有范陽王司寇〔馬〕虓廟碑，桃水又東北與洹〔垣〕水會，水上分淶水於良鄉縣之桃水，世謂之北涉溝。故應劭曰垣水出良鄉，東逕垣縣故城北，《史記音義》曰：河間有武垣縣，涿有垣縣，漢景帝中元三年封匈奴降王賜〔勝袞〕「古本作勝」爲侯國，王莽之

黃吳本上
黃吳本馬
吳本賜字剜改

《水经注·圣水》

东汉建安二十二年（217），曹均之子曹敏被过继给死去多年的曹矩，封为临晋侯。魏黄初三年（222），追封曹矩为范阳闵公，或许曹敏因此食邑于曹矩封地涿郡范阳县（县治所在今保定市定兴县固城镇）。黄初五年（224），改封曹敏为范阳王。黄初七年（226），曹敏的封地迁徙到句阳。因此，曹敏被封为范阳王仅两年。“景初、正元、景元中，累增邑，并前三千四百户”，景元年是260年至264年。从这句话可以看出，曹敏的食邑经过40年，累计达到了3400户。那

么，他作为范阳王时的食邑是多少户呢？如今已不得而知。按40年后这个户数，不仅远远低于涿郡户数，甚至连当时涿县或者范阳县的户数都不够。东汉时，涿郡有10 2000多户，辖7县，每县平均14 600户，与涿郡同城而治的涿县肯定不少于平均数。东汉末年按战乱人口减少8成算，到曹魏初年每县至少也应有2900户。也就是说，当时范阳王的食邑可能不足一个县的户数。

“皇子封王，其郡为国”。曹矩与曹均都是曹操25个儿子中的一个。曹矩，尹夫人生，行十四；曹均，周姬生，行二十二。他们生母的地位都很低，而且曹均封樊安公，低于王爵。作为曹均的儿子曹敏，是当时皇帝曹丕的侄子，与真正的皇子有很大差异。

《武文世王公传》卷末史家评论及注说：魏国王公“皆使寄地空名，而无其实”，皇帝对他们设置禁律严加防范，使他们与外界隔绝，和处在监牢里没有两样。而且，他们的爵位名号不固定，或大或小，年年都要更换。皇帝与王侯的关系冷淡，“王侯皆思为布衣而不能得”。

综上所述，便可知曹敏是怎样的一个“范阳王”。

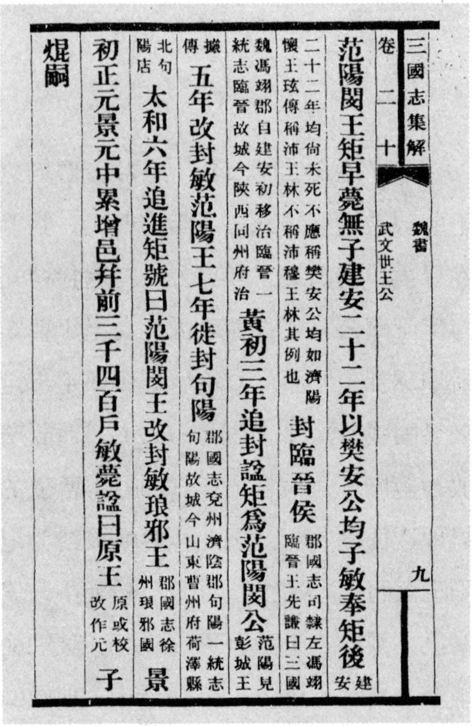
三國志集解 卷二十 魏書 武文世王公 九

范陽閔王矩早薨無子建安二十二年以樊安公均子敏奉矩後 建安二十二年均尚未死不應稱樊安公均如濟陽懷王玹傳稱沛王林不稱沛穆王林其例也 封臨晉侯 郡國志司隸左馮翊臨晉王先謙曰三國魏馮翊郡自建安初移治臨晉一統志臨晉故城今陝西同州府治 黃初三年追封謚矩爲范陽閔公 范陽見彭城王據傳 五年改封敏范陽王七年徙封句陽 郡國志兗州濟陰郡句陽一統志句陽故城今山東曹州府荷澤縣北句陽店 太和六年追進矩號曰范陽閔王改封敏琅邪王 郡國志徐州琅邪國 景初正元景元中累增邑并前三千四百戶敏薨謚曰原王 原或校改作元 子焜嗣

《三国志集解·魏书》

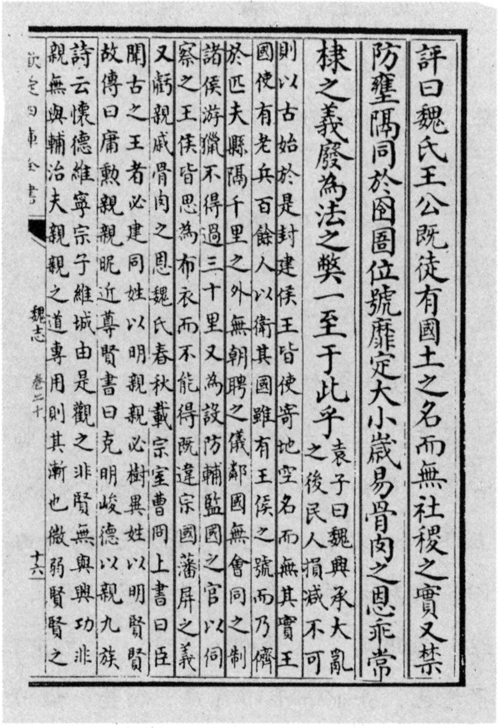
評曰魏氏王公既徒有國土之名而無社稷之實又禁防壅隔同於囹圄位號靡定大小歲易骨肉之恩乖常棣之義廢為法之弊一至于此乎 袁子曰魏興承大亂之後民人損減不可則以古始於是封建侯王皆使寄地空名而無其實王國使有老兵百餘人以衛其國雖有王侯之號而乃儕於匹夫縣隔千里之外無朝聘之儀鄰國無會同之制諸侯遊獵不得過三十里又為設防輔監國之官以伺察之王侯皆思為布衣而不能得既違宗國藩屏之義又虧親戚骨肉之恩魏氏春秋載宗室曹冏上書曰臣聞古之王者必建同姓以明親親必樹異姓以明賢賢故傳曰庸勳親親昵近尊賢書曰克明峻德以親九族詩云懷德維寧宗子維城由是觀之非賢無與興功非親無與輔治夫親親之道專用則其漸也微弱賢賢之

欽定四庫全書 魏志 卷二十 十六

《魏志》

《三国志》中没有地理志，所以无从查考“范阳国”是否曾经存在。曹魏承袭东汉，亡于西晋，其前其后的《后汉书》和《晋书》中的地理志是三国时期郡国设置的重要参考。《晋书·地理志》记载：范阳国，汉置涿郡，魏文帝改名范阳郡，武帝设置范阳国。

此后的《旧唐书》《辽史》及胡三省所注《资治通鉴》等都记述魏文帝改涿郡名为范阳郡，这个记载已经成为史学常识。因此，《辞源》《中国历史大辞典》等工具书中均有：汉置涿郡，三国魏黄初七年改涿郡名范阳郡，西晋泰始元年改为范阳国。

黄初七年（226），曹敏由范阳王改为句阳王。恰恰就在这一年，曹丕把涿郡改成范阳郡。那么此前两年，即曹敏为范阳王时，涿郡有没有改成范阳国呢？答案是否定的。因为曹魏初期的“王”无权无势，“寄地空名，而无其实”，所谓范阳王，不过是寄居在范阳县而已。更为关键的是，《魏书·武文世王公传》之《彭城王据传》记载，黄初五年（224），曹丕曾下诏：“改封诸王，皆为县王。”即不给他们郡国级的名号与待遇。如果当时确曾有过“范阳国”，那也是改范阳县名而已，它与涿县都隶属涿郡，而并不是把涿郡改称范阳国。

第十二章　世界地理学先导郦道元

郦道元（约470—527），字善长，范阳郡涿县（今涿州市）人，南北朝时期北魏的一位军政要员。北魏太和十八年（494），郦道元以尚书主客郎身份随孝文帝北巡，考察了怀朔、武川、抚冥、柔玄、阴山等地（均属今内蒙古）的地理情况。后为治书侍御史，又历任冀州镇东府长史、鲁阳郡太守、东荆州刺史和御史中尉、河南尹。郦道元为政以严，执法不阿。孝昌三年（527），为关右大使，至阴盘驿（今陕西西安东北），被雍州刺史萧宝寅杀害。

郦道元好学博览，留心考索水道变迁和城邑兴废等历史地理现象，为《水经》作注，约正光三年（522）撰成兼具文学价值的地理巨著《水经注》40卷。《水经注》不仅是中国重要的历史典籍，而且为世界地理学开辟了源头活水。郦道元因撰著《水经注》成为著名地理学家、散文家，并被国际地理学会会长李希霍芬奉为“世界地理学的先导”。

作为北魏朝廷的军政要员，郦道元有安定边地、兴学重教的政绩，也有秉公执法、惩治豪强的壮举。他在代行冀州刺史职务期间，从严执政，州县官吏都十分敬畏他，犯有奸盗罪行的人怕被治罪而逃匿。永平元年（508），大阳蛮归附北魏，郦道元奉命前往建郡置县。次年，他担任鲁阳太守。鲁阳的山民很野蛮，经常聚众滋事。郦道元打破边远地区不设学校的陈规，兴办塾学，倡导读书，提高人们的文化水平，同时整肃民风，教育人们遵纪守法，对违法者严加惩处，使社会风气显著好转，被朝廷称赞为“良守文翁之化”。

孝昌元年（525），郦道元任安南将军御史中尉。这时，南梁遣将北扰，北魏徐州刺史元法僧在彭城反叛。在这危难之际，郦道元受命指挥了这次平叛的军事行动。

郦道元为官清正，秉公执法，不畏权豪。当时北魏的权贵、司州牧汝南王元悦，亲男色，他的嬖幸丘念招权纳贿，为非作歹，郦道元设计将丘念捕获。元悦找到其母、临朝听政的灵太后，为丘念求情，太后下令赦免丘念。郦道元却在接赦令前先把丘念杀了，还弹劾元悦玩忽职守、袒护罪犯。郦道元抗太后之旨，治丘念之罪，本应充分肯定，甚至表彰，但是正气凛然的郦道元却因此招致了元悦等王公贵戚的忌恨。

孝昌三年（527），雍州刺史萧宝寅谋叛，元悦一伙想借刀杀人，便怂恿朝廷派遣郦道元以关右大使的身份巡视雍州。萧宝寅害怕被郦道元执法治罪，于是将郦道元一行围困在没有水源的阴盘驿中。郦道元一行虽寡不敌众，但坚强不屈，被饥渴折磨得精疲力竭，仍瞋目斥贼，厉声而死，郦道元的一弟、二子同时遇难。为此，史学家赞叹他凛然正气，“有衔须之风”。

郦道元作为散文家，他是山水游记文学的鼻祖。他虽立身于北朝半壁江山，却心怀统一强盛的神州大国之志。在几十年的戎马倥偬之中，他做了一件前无古人的大事业，凭着对祖国大自然的无比热爱，他察川问谷、访渎搜渠，广集资料、历览奇书，用精妙隽永的文

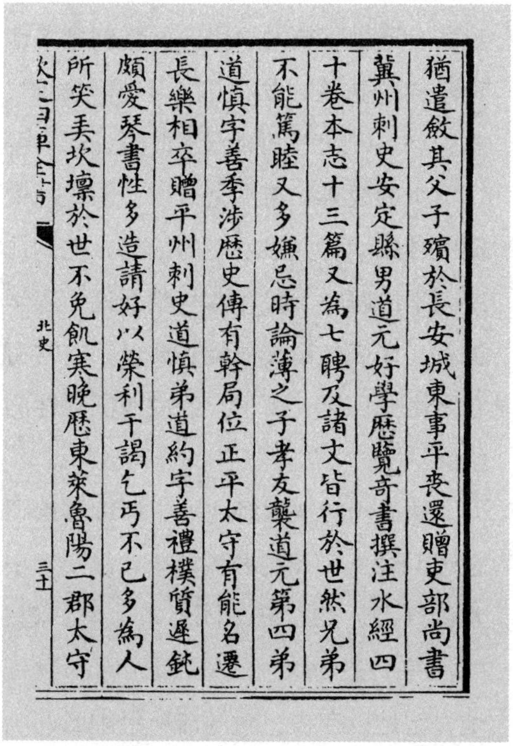
猶遣斂其父子殯於長安城東事平喪還贈吏部尚書
冀州刺史安定縣男道元好學歷覽奇書撰注水經四
十卷本志十三篇又為七聘及諸文皆行於世然兄弟
不能篤睦又多嫌忌時論薄之子孝友襲道元第四弟
道慎字善季涉歷史傳有幹局位正平太守有能名遷
長樂相卒贈平州刺史道慎弟道約字善禮樸質遲鈍
頗愛琴書性多造請好以榮利干謁乞丐不已多為人
所笑弄坎壈於世不免飢寒晚歷東萊魯陽二郡太守
欽定四庫全書　北史　三十

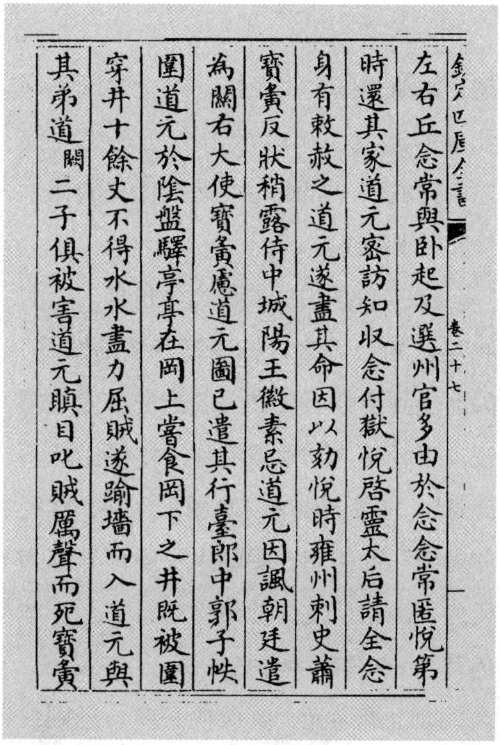
欽定四庫全書　卷二十七
左右丘念常與臥起及選州官多由於念念常匿悅第
時還其家道元密訪知收念付獄悅啓靈太后請全念
身有敕赦之道元遂盡其命因以劾悅時雍州刺史蕭
寶夤反狀稍露侍中城陽王徽素忌道元因諷朝廷遣
為關右大使寶夤慮道元圖已遣其行臺郎中郭子帙
圍道元於陰盤驛亭亭在岡上常食岡下之井既被圍
穿井十餘丈不得水水盡力屈賊遂踰墻而入道元與
其弟道闕二子俱被害道元瞋目叱賊厲聲而死寶夤

《北史》

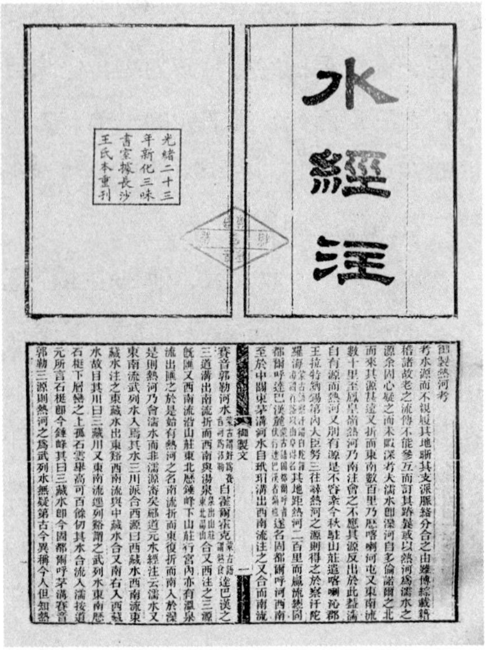

光绪版《水经注》

笔，饱蘸爱国主义激情，对全中国美好壮丽的河流山川进行了全面系统的描述，完成了一部既写实又很优美的伟大作品《水经注》。

《水经注》有很高的文学价值。全书40卷，30余万字，锦绣篇章俯拾即是，因而受到历朝历代文人名士的喜爱与重视。唐朝诗人陆龟蒙自称“水经山疏不离身”，宋朝苏轼有“嗟我乐何深，水经亦屡读”的诗句，明朝朱子臣评介郦道元为“山水朋友，性命文章，是名士本色”。明末清初学者张岱说：“古人记山水，太上郦道元，其次柳子厚，近则袁中郎。”可见郦道元为山水游记文学巨璧，是世人所公认的。

郦道元作为地理学家，他留下了一笔具有独特价值的文化财富。他的《水经注》以华夏大地的河流为纲，以河流沿线的自然和社会各方面的事物为目，是全中国河流山川历史面貌的最早的完整记录，被后人誉为“圣经贤传”“宇宙未有之奇书”（清人丁谦、刘献廷语）。该书问世后，对其研究代不乏人，到明清时期形成了专门学科名为“郦学”，并出现了全祖望、赵一清、戴震等一批著名郦学家。到了近现代，无论是自然科学家还是人文科学家，大都把《水经注》作为必备参考书，郦学研究因而在我国发展到了新的阶段，并受到世界地理学界的重视，如法国、英国、德国、意大利、印度等国对郦学的研究都取得了不少的成果。特别是日本，它是除中国以外郦学研究最发达的国家，他们几所大学的研究生院和本科都开设了郦学课程，发表的论文数量、质量都非常可观。由此可见，郦学已经成为国际性的学问。

郦道元在《水经注》中详细描绘了全国1252条河流的源流始末，涉及大小水体（湖、淀、陂、泽、泉、渠、池、故渎等）近2600个。郦道元因水以证地，记地以存古，对河流所经地区的山陵、原隰、城邑、关津等地理情况、建置沿革和历史事件及人物做了准确生动地描述。加之他广征博引，甚至还搜集采用了不少有关的民俗谣谚、神话传说。因此，郦道元为后来的人文地理学、自然地理学和水利学都提供了重要而珍贵的历史资料，并且为历史学、考古学、民族学、民俗学、语言文学等多种学科保存了丰富的研究内容。

《水经注》在隋唐时期就引起了学者们的关注。进入明朝，研究者日多，逐渐形成一个专门学科——郦学，并先后出现了3个学派，即考据学派、词章学派和地理学派。

明朝的朱谋玮及谢兆申、孙汝澄、李克家等人，经过长期的商榷校雠，于明万历年间刊印《水经注笺》，这是郦学研究中考据学派正式形成的标志，奠定了郦学繁荣发展的基础。清朝初年，郦学的考据学派出现了诸如孙潜、刘献廷、沈炳巽、何焯等一批知名学者。到了清乾隆年间，考据学派可谓登峰造极，出现了3位郦学大师，即全祖望、赵一清、戴震，他们以卓著的成果，把郦学研究提升到了一个新的阶段。为此，乾隆皇帝表彰戴震是“中尉继功人”。

郦学的词章学派是从文学的角度研究《水经注》，着重于总结此书在文学上的成就。清朝刘献廷非常推崇《水经注》的写作技巧，他说郦道元“更有余力铺写景物，片言只字，妙绝古今”，这也许是郦学词章学派的共同感受。郦道元在《水经注》中表现出的高度文学素养和卓越写作技巧，早在唐宋时期就引起了诸如陆龟蒙、苏轼等大文人的重视。明朝中期的学者杨慎，把郦注中的出色描写摘录成编，以供学习和欣赏；明朝末期的著名文学家和诗人钟惺、谭元春，把《水经注》中的优美词句从文学的角度加以品评，对郦注词章上的成就给予文艺理论的阐释，他们的评点本《水经注》的刊行，是郦学词章学派成熟的标志。

《水经注》一书的地理学性质是人所共见的，但是清朝以前对郦注地理资料引用虽多，可研究不足，故没能形成学派。直到晚清，才由杨守敬与他的学生熊会贞树起了郦学研究中地理学派的大旗。杨守敬是著名地理学家，他的地理学与王念孙、段玉裁的小学，以及李壬叔的算学，曾被誉为清朝的“千古绝业”。杨守敬于清光绪十九年（1893）起开始对《水经注》进行研究，在熊会贞的襄助下，到光绪三十年（1904）完成了《水经注疏》初稿80卷，还编绘了《水经注图》一套8册，并于次年刊行。这一“疏”、一“图”两项重要成果，是郦学研究中地理学派成熟的标志。

好事多磨，《水经注疏》初稿正在修

订时，不料杨守敬于民国四年（1915）去世。熊会贞继续修订此书，“又二十二年，书凡六七校，稿经六次写定”。熊会贞于民国二十五年（1936）去世，此书的最后定稿不幸被人私卖而下落不明。多亏有几个抄本，其中一部最后为中国科学院所得，1957年由科学出版社影印出版。最接近定稿的一部抄本，由台北中华书局于1971年影印出版。这部书是郦学史上注疏最详尽的版本，它代表了郦学地理学派的主要成果。

郦学家是郦学存在的根据，有郦学家才会有郦学。郦学家自然都喜爱、欣赏郦注，但所有欣赏郦注的人未必都可称得上是郦学家，郦学家应是对郦注确有研究的学者。当代世界知名的郦学家、国际历史地理专业委员会咨询委员、浙江大学终身教授陈桥驿于1987年撰成《历代郦学家治郦传略》，著录历代郦学家110多位。其中唐朝2人、金朝和南宋各1人、明朝22人、清朝64人、民国及以后20余人。然而上文提到的陆龟蒙、苏轼都没有入选，可见陈教授并不以名气而是以“有无研究”作为取舍标准。从这100多位郦学家中可以发现，自明朝后期郦学形成时起，它逐渐变成了一门显学，许多著名学者同时又是郦学家，如黄宗羲、顾炎武、顾祖禹、阎若璩、全祖望、赵一清、戴震、孙星衍、段玉裁、魏源、孙诒让、杨守敬、王国维、岑仲勉、范文澜、胡适、段熙仲、顾廷龙等，郦注给了他们充足的营养，他们为郦学锦上添花。

郦道元的《水经注》牵涉的领域颇广，资料异常丰富，是挖掘不尽的文化宝藏，因而也是一个讲不完的话题。当代的郦学研究，除了对《水经注》版本和内容的探讨外，还展开了对郦道元的研究，成果最多的当数陈桥驿，他已经出版《郦学新论》等专著六七部以上。

郦学研究在我国的香港、台湾地区也有较大发展。香港郦学界代表人物郑德坤、吴天任两位教授，已经出版了多部专著。台湾地区也影印出版了《杨熊合撰水经注疏》。

作为中国地理学之父的郦道元，赢得了世界地理学界的崇高赞誉。外国学者在致中国郦学家陈桥驿的信中称：“郦道元和他的杰出名著《水经注》，不仅是你们中国人的光荣，也是国际地理学史上的光荣。”“郦道元是中世纪时代世界上最伟大的地理学家。”

伟大的地理学家、散文家郦道元，因其不朽名著《水经注》而享誉国内外。但是就在他遇害27年之后，北齐的史官魏收竟然把他当作“酷吏”写进了北魏朝的“国史”里。

何谓酷吏？残酷不近人情之官吏

也。世人皆知，历史上的酷吏把残杀当游戏，施暴虐寻乐趣，是贪婪的猛虎、嗜血的恶魔。而人们心目中的文化伟人郦道元，因何也被称之为“酷吏”呢？

对历史人物的评价应以历史事实为依据。1400多年前的郦道元，在北魏是集军政要员与学者于一身的人物。他一生除撰有《水经注》40卷，另著《本志》13篇及《七聘》等文以外，在国家“正史”二十四史之《魏书》和《北史》中，记有其生平事迹7件：

1. 做冀州镇东府长史代行州刺史职务三年，严格执政，颇受敬畏，“奸盗逃于他境”。

2. “试守鲁阳郡。道元表立黉序，崇劝学教。诏曰：‘鲁阳本以蛮人，不立大学。今可听之，以成良守文翁之化。’道元在郡，山蛮伏其威名，不敢为寇。”

3. 为东荆州刺史，“蛮人诣阙讼其刻峻，请前刺史寇祖礼。及以遣戍兵七十人送道元还京，二人并坐免官”，蛮人不接受他的依法行政。

4. “后为河南尹。明帝以沃野、怀朔……诸镇并改为州，其郡、县、戍

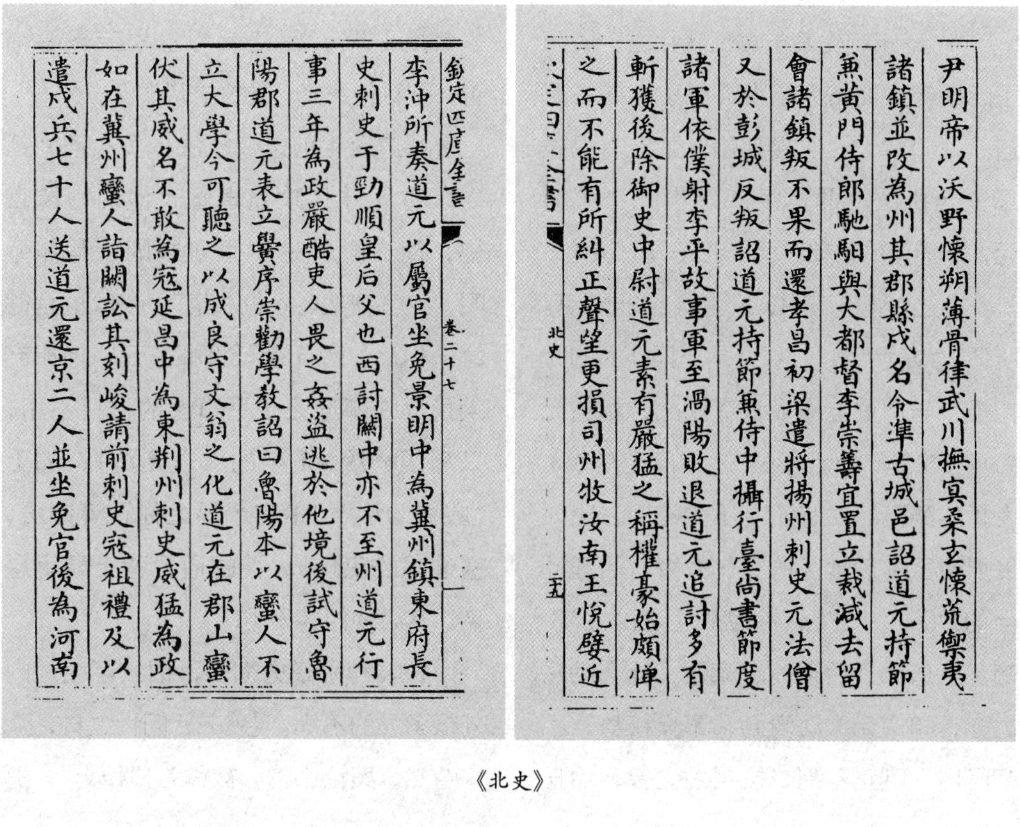
欽定四庫全書　卷二十七
李沖所奏道元以屬官坐免景明中為冀州鎮東府長史刺史于勁順皇后父也西討關中亦不至州道元行事三年為政嚴酷吏人畏之姦盗逃於他境後試守魯陽郡道元表立黌序崇勸學教詔曰魯陽本以蠻人不立大學今可聽之以成良守文翁之化道元在郡山蠻伏其威名不敢為寇延昌中為東荆州刺史威猛為政如在冀州蠻人詣闕訟其刻峻請前刺史寇祖禮及以遣戍兵七十人送道元還京二人並坐免官後為河南尹明帝以沃野懷朔薄骨律武川撫冥柔玄懷荒禦夷諸鎮並改為州其郡縣戍名令準古城邑詔道元持節兼黄門侍郎馳驛與大都督李崇籌宜置立裁減去留會諸鎮叛不果而還孝昌初梁遣將揚州刺史元法僧又於彭城反叛詔道元持節兼侍中攝行臺尚書節度諸軍依僕射李平故事軍至渦陽敗退道元追討多有斬獲後除御史中尉道元素有嚴猛之稱權豪始頗憚之而不能有所糾正聲望更損司州牧汝南王悅嬖近
北史

《北史》

名，令准古城邑。诏道元持节兼黄门侍郎，驰驿与大都督李崇筹宜置立，裁减去留。会诸镇叛，不果而还。”

5. 刺史元法僧反叛，皇帝下诏让“道元持节兼侍中、摄行台尚书，节度诸军，依仆射李平故事。……道元追讨，多有斩获”。这个官职颇高，权力颇大。

6. 做御史中尉。司州牧、汝南王元悦宠爱丘念，丘念利用元悦卖官谋私。郦道元将丘念捕获治罪。元悦找到其母，临朝听政的灵太后，请求宽恕丘念，太后下旨宽恕。郦道元在接太后旨意前，先把丘念杀了，还弹劾元悦玩忽职守、袒护罪犯，此举得罪了皇亲国戚。

7. 雍州刺史萧宝寅反状稍露，城阳王元徽等人要借刀杀人，怂恿朝廷派郦道元做关右大使巡视雍州。萧宝寅惧被郦道元执法治罪，派部下害死了郦道元，郦道元的弟弟、两个儿子同时被害。

上述7件事表明，郦道元绝非酷吏。所谓“为政严酷”，不过是一顶吓人的大帽子，与历史上许多官吏相比，郦道元为政其实是“严而不酷”，不仅没有令人发指的酷行，并且还有不少建树，比如发展贫困落后地区的文化教育、治理社会的动乱，以及惩治腐败丑恶的权贵等。正值北魏后期朝政腐败、社会动荡之际，郦道元秉法清勤，不畏权势，不媚时俗，刚正不阿，抗灵后之旨，治丘念之罪，正气凛然，这是难能可贵的。他临危不惧，保全大节，尽瘁忘身，壮烈殉职，更加值得称颂。给郦道元戴上酷吏的帽子，何其荒谬，何其冤枉!

郦道元的“酷吏”冤案是魏收编撰《魏书》时一手制造的。这个魏收是一名缺少史德的史官，他公然宣称：“何物小子，敢共魏收作色，举之则使上天，按之当使入地。”他不是客观公正地记述和评价历史人物，而是从“自己能否得到好处”的角度出发，决定对立传人物的褒贬取舍。比如尔朱荣是魏朝的逆贼，但大小尔朱氏姑侄俩是北齐皇帝高欢的妃子，所生三子皆封王，魏收还得到尔朱家的贿赂，因此就为尔朱荣减恶增善，称颂他大修“德义之风”。

郦道元生前秉公执法，多次被朝廷委以重任并且政绩卓著，他的官风官德，简言之就是“坚守原则、是非分明，正气凛然、不徇私情”。魏收的官德恰恰相反，因而就贬抑郦道元，他摒弃大量反映郦道元生平事迹的材料不用，只写了一篇300字的《道元传》，加上“威猛为治”“素有严猛之称”等评语，塞进《酷吏传》，让郦道元背上酷吏恶名，其心地何其卑劣!

魏收利用修史徇私，招致了朝廷内外很多人的不满。《魏书》问世之日，众口喧然，舆论沸腾，被称为“秽史”，引起一场不小的风波，为此有人被监禁，有人被“鞭死在狱中”。在皇帝的过问下，《魏书》虽经两次修改，但仍是没有洗净污秽，郦道元“酷吏”的帽子还是被稀里糊涂地保留了下来。

过了大约100年，唐朝李延寿撰修《北史》，补充了郦传资料，并把它移出《酷吏传》，纠正了这桩历史冤案。但是文中残留了魏收的“原味”，如“为政严酷”。文末照搬了魏收的原文：“然兄弟不能笃睦，又多嫌忌，时论薄之。”这最后一句话，是刻意贬低郦道元。古人早已指出：从阴盘驿事件可以看出，郦道元的弟弟郦道峻和他一起英勇赴死，如果“不能笃睦”，怎能同归于尽！两篇郦传，魏收的贬抑之词近于诬陷，李延寿虽功不可没，但也留下瑕疵。

历史不是任人打扮的小姑娘，嘲弄历史终会被历史所嘲弄。1400多年前的魏收不讲史德，虽得逞于一时，但死后被掘墓抛尸，其人品至今仍受人谴责。郦道元虽曾被诬为“酷吏”，但千百年来得到越来越多人的景仰，这大概就是历史的辩证法。

郦道元在《水经注·巨马水》中对自己的家乡范阳郡涿县一带的描述，给后人留下了丰富的历史信息，他写道：

巨马水又东，郦亭沟水注之。水上承督亢沟水于遒县东，东南流历紫渊东。余六世祖乐浪府君，自涿之先贤乡爰宅其阴，西带巨川，东翼兹水，枝流津通，缠络墟圃，匪直田渔之赡可怀，信为游神之胜处也。其水东南流，又名之为郦亭沟。其水又西南转历大利亭，南入巨马水。又东迳容城县故城北。

又东，督亢沟水注之，水上承涞水于涞谷，引之则长津委注，遏之则微川辍流，水德含和，变通在我。东南流迳遒县北，又东迳涿县郦亭楼桑里南，即刘备之旧里也。又东迳督亢泽，泽苞方城县，故属广阳，后隶于涿。《郡国志》曰：县有督亢亭。孙畅之《述画》有督亢地图，言燕太子丹使荆轲赍入秦，秦王杀轲，图亦绝灭。地理书《上古圣贤冢地记》曰：督亢地在涿郡，今故安县南有督亢陌，幽州南界也。《风俗通》曰：沆，漭也。言乎淫淫漭漭无崖际也。沆，泽之无水，斥卤之谓也。其水自泽枝分，东迳涿县故城南，又东迳汉侍中卢植墓南，又东散为泽渚，督亢泽也。

第十三章　英彦如林范阳卢

东汉政治家卢植，以刚毅正直的品格、出类拔萃的才学、天下为公的理念和实践，赢得了生前的名望和死后的不朽，开创了卢氏家族“代代出名士”的基业。

以卢植为始祖的涿州卢氏家族，德才并重、诗礼传家、有功于国、世代簪缨，从汉末到隋唐人才辈出、声名远播，进入国家正史记载的卢姓族人就达上百位，其中有宰相、尚书、刺史、郡守等，堪称英彦如林。因为三国至隋初的数百年间，涿州名为“范阳郡”，在此门第观念鼎盛时期，言姓氏必称“郡望”，故而涿州卢氏被称为“范阳卢氏”，并且成为当时社会最公认、最流行的四大家族（崔卢李郑）之一。斯时，家族的郡望是政治地位的标志和文化传承的徽章，因此，播迁于海内外的卢姓族人，大都把自家祠堂奉为“范阳堂”，表示不忘祖先，并且以身为范阳卢氏后裔为荣。

从曹魏到唐朝，历代范阳卢氏的代表人物如下。

卢毓（183—257），字子家，卢植之子。东汉末年被推举为冀州主簿，因批评“士亡法”量刑过重，受到曹操赏识，提拔为吏部郎。曹丕称帝后，历任黄门侍郎、济阴相，梁、谯二郡太守。卢毓心在利民，勤勉履职，政绩卓著。后来皇帝大量徙民至谯郡屯田，卢毓提

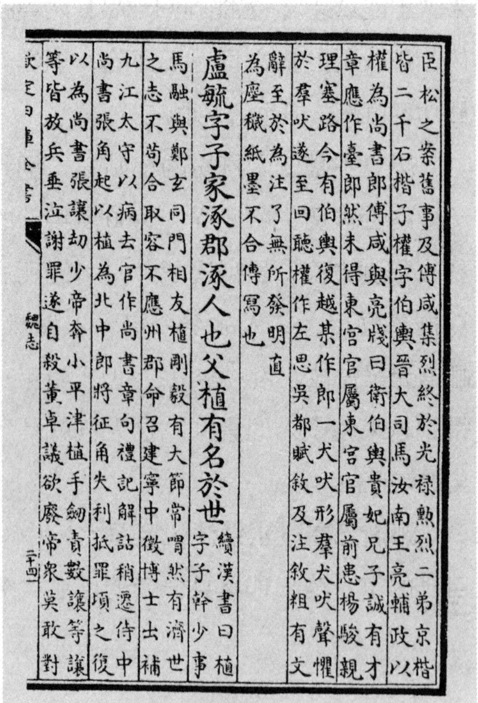
臣松之案舊事及傳咸集烈終於光禄勲烈二弟京楷
皆二千石楷子權字伯輿晉大司馬汝南王亮輔政以
權為尚書郎傳咸與亮牋曰衛伯輿貴妃兄子誠有才
章應作臺郎然未得東宫官屬東宫官屬前患楊駿親
理塞路今有伯輿復越某作郎一犬吠形羣犬吠聲懼
於羣吠遂至回聽權作左思吳都賦敘及注敘粗有文
辭至於為注了無所發明直
為塵穢紙墨不合傳寫也
盧毓字子家涿郡涿人也父植有名於世續漢書曰植字子幹少事
馬融與鄭玄同門相友植剛毅有大節常喟然有濟世
之志不苟合取容不應州郡命召建寧中徵博士出補
九江太守以病去官作尚書章句禮記解詁稍遷侍中
尚書張角起以植為北中郎將征角失利抵罪頃之復
以為尚書張讓劫少帝奔小平津植手劒責數讓等讓
等皆放兵垂泣謝罪遂自殺董卓議欲廢帝衆莫敢對
魏志
二十四

《魏志》

出反对意见，被降职。魏明帝时被起用为吏部尚书。卢毓甄选人才坚持德才勤绩并重，颇得好评，并受到明帝称赞。齐王时，一度被诬陷免官，因舆论支持，又被起用。司马氏掌控朝政时，亦被重用。后升任司空，成为朝中最高官员“三公”之一。

卢钦（？—278），字子若，卢毓之子。曹魏时，被大将军曹爽任为属吏。因建议曹爽不徇私情、秉公处置亲属的违法乱纪，升任尚书郎。后任侍御史，历任琅邪、阳平太守，因政绩不俗，升迁吏部尚书，封大梁侯。西晋初期，卢钦为都督沔北诸军事、平南将军，他“在镇宽猛得中，疆场无虞”。后升任尚书仆射、加侍中，兼领吏部。卢钦以清廉著名，皇帝特赐绢百匹。卢钦著有诗赋论难数十篇，集名《小道》，史家称其“博雅”。

卢珽，字子笏，卢钦之弟。魏咸熙年间为泰山太守。司马炎称帝建晋后，任卫尉卿，累迁至尚书。其子卢皓，字子素，后亦累迁至尚书。

卢志（？—315），字子道，卢钦之侄。卢志任邺县县令时，受到成都王司马颖赏识，成为司马颖的谋士。西晋末年八王之乱时期，卢志为成都王谋划，

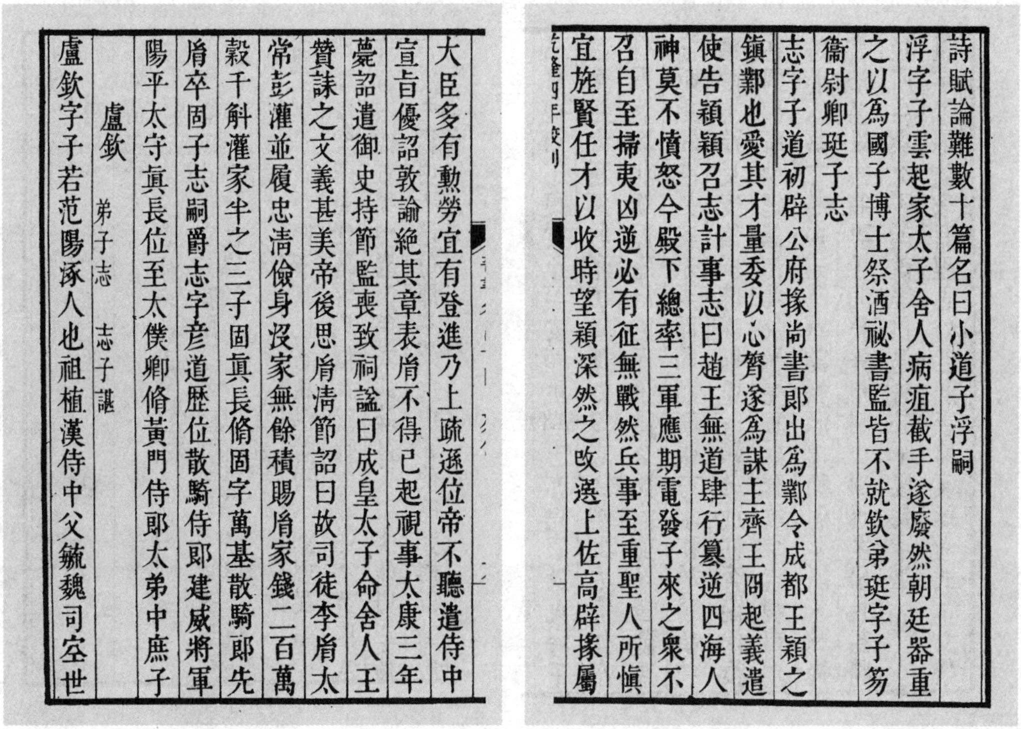
大臣多有勳勞宜有登進乃上疏遜位帝不聽遣侍中
宣旨優詔敦諭絕其章表胤不得已起視事太康三年
薨詔遣御史持節監喪致祠諡曰成皇太子命舍人王
贊誄之文義甚美帝後思胤清節詔曰故司徒李胤太
常彭灌並履忠清儉身沒家無餘積賜胤家錢二百萬
穀千斛灌家半之三子固眞長脩固字萬基散騎郎先
胤卒固子志嗣爵志字彥道歷位散騎侍郎建威將軍
陽平太守眞長位至太僕卿脩黃門侍郎太弟中庶子
盧欽　弟子志　志子諶
盧欽字子若范陽涿人也祖植漢侍中父毓魏司空世

詩賦論難數十篇名曰小道子浮嗣
浮字子雲起家太子舍人病疽截手遂廢然朝廷器重
之以爲國子博士祭酒祕書監皆不就欽弟珽字子笏
衛尉卿珽子志
志字子道初辟公府掾尚書郎出爲鄴令成都王穎之
鎮鄴也愛其才量委以心膂遂爲謀主齊王冏起義遣
使告穎穎召志計事志曰趙王無道肆行篡逆四海人
神莫不憤怒今殿下總率三軍應期電發子來之衆不
召自至掃夷凶逆必有征無戰然兵事至重聖人所慎
宜旋賢任才以收時望穎深然之改選上佐高辟掾屬

《晋书》

多次获胜。东海王司马越掌权时，卢志任军咨祭酒，迁卫尉，转尚书。西晋永嘉末年，洛阳被刘曜攻陷，卢志携妻子和儿子卢谌北投并州刺史刘琨（卢志的连衿），途中遇害。

卢谌（285—351），字子谅，卢志之子。年轻时被选为晋武帝之女荥阳公主的驸马，未婚而公主亡。永嘉之乱后，随父卢志北投并州刺史刘琨。刘琨升任司空，卢谌成为司空从事中郎。当时进入十六国时期，地方割据势力相互攻伐，刘琨被幽州段匹磾杀害，因南路阻绝，卢谌投奔辽西段末波。东晋初年，段末波派人与东晋朝廷联络，卢谌借机把刘琨被害的情况报告朝廷，东晋元帝下诏吊祭刘琨，任命卢谌为散骑中书侍郎。卢谌被段末波控制，难以脱身南下。20年后，后赵石虎破辽西，卢谌被石虎收编，任为中书侍郎、国子祭酒、侍中、中书监等，这些都被卢谌视作耻辱。冉魏国国君冉闵诛杀石氏，卢谌随冉闵部众迁往襄国（今邢台市），后遇害。卢谌是当时著名的文人，撰有《祭法》，注《庄子》，有诗文集。卢谌在诗中通过对李牧、赵奢、蔺相如等古代著名将相的歌颂，抒发了自己的抱负和期望。

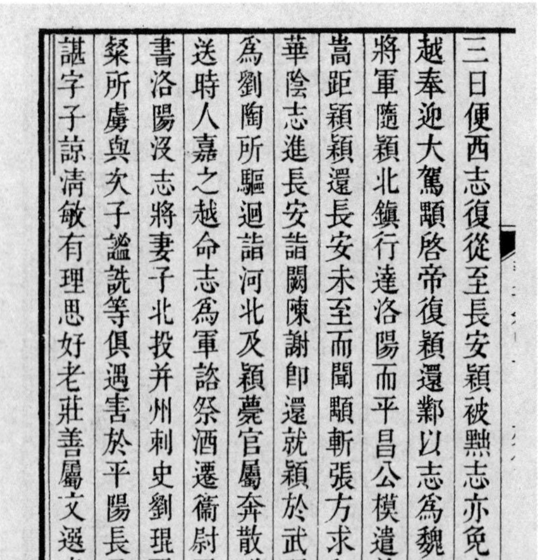
三日便西志復從至長安穎被黜志亦免官及東海王
越奉迎大駕顒啓帝復穎還鄴以志爲魏郡太守加左
將軍隨穎北鎮行達洛陽而平昌公模遣前鋒督護馮
嵩距穎穎還長安未至而聞顒斬張方求和於越穎住
華陰志進長安詣闕陳謝卽還就穎於武關奔南陽復
爲劉陶所驅迴詣河北及穎薨官屬奔散唯志親自殯
送時人嘉之越命志爲軍諮祭酒遷衞尉永嘉末轉尚
書洛陽沒志將妻子北投并州刺史劉琨至陽邑爲劉
粲所虜與次子謐詵等俱遇害於平陽長子諶
諶字子諒清敏有理思好老莊善屬文選尚武帝女滎

《晋书》

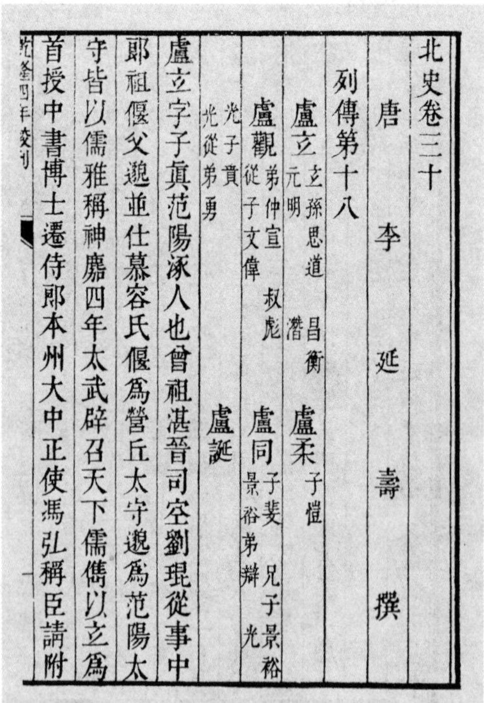
北史卷三十
唐　李延壽　撰
列傳第十八
盧玄 玄孫思道 昌衡 元明 潛　盧柔 子愷
盧觀 弟仲宣 叔彪 從子文偉　盧同 子斐 兄子景裕 景裕弟辯 光
光子貴 光從弟勇　盧誕
盧玄字子真范陽涿人也曾祖諶晉司空劉琨從事中
郞祖偃父邈並仕慕容氏偃爲營丘太守邈爲范陽太
守皆以儒雅稱神䴥四年太武辟召天下儒儁以玄爲
首授中書博士遷侍郞本州大中正使馮弘稱臣請附

《北史》

卢玄（？—434），字子真，卢谌之曾孙。卢玄的祖父卢偃、父亲卢邈分别曾是营丘太守、范阳太守，都是著名的儒雅之士。北魏太武帝初年，皇帝征召天下儒士俊彦，卢玄被视作领军人物，授予中书博士，迁侍郎、本州大中正。后转宁朔将军，兼散骑常侍。曾出使南朝宋，宋文帝赞叹他家学深厚、一表人才。卢玄死后，朝廷赠他平东将军、幽州刺史、固安侯名誉。

卢家是书法世家。卢玄高祖卢志，研习钟繇体，子传父业，代代皆擅书法，到卢邈时兼善草书。卢玄之孙卢伯源，承袭家学，名望颇高，代京宫殿匾联，多由卢伯源题写。

卢循（？—411），东晋后期，租调徭役繁重，农民的生活异常艰难，山东琅琊人孙恩利用五斗米道组织起义。东晋元兴元年（402）孙恩死后，卢循被推举为主，并占领了广州。朝廷欲安抚东南郡县，于义熙元年（405）任命卢循为征虏将军、广州刺史、平越中郎将。义熙六年（410），卢循与掌控东晋军政大权的刘裕等抗衡，最后转战交州，被刺史杜慧度战败，投水而死。

卢文伟（482—541），字休族。38岁

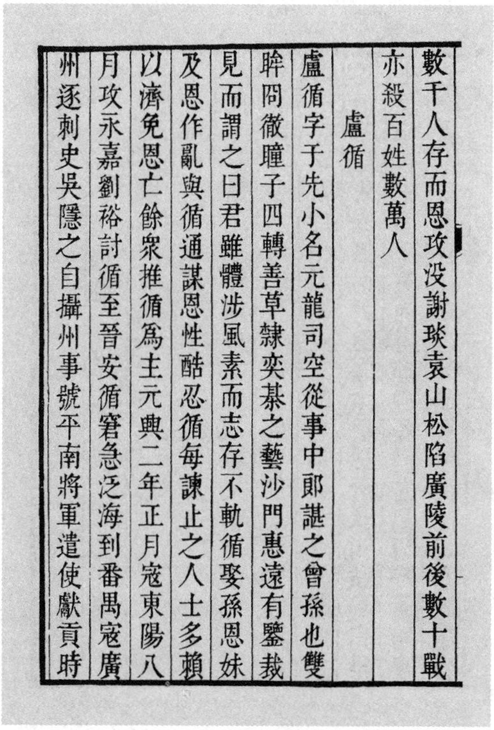
數千人存而恩攻没謝琰袁山松陷廣陵前後數十戰
亦殺百姓數萬人
盧循
盧循字于先小名元龍司空從事中郎諶之曾孫也雙
眸冏徹瞳子四轉善草隸奕棊之藝沙門惠遠有鑒裁
見而謂之曰君雖體涉風素而志存不軌循娶孫恩妹
及恩作亂與循通謀恩性酷忍循每諫止之人士多賴
以濟免恩亡餘衆推循爲主元興二年正月寇東陽八
月攻永嘉劉裕討循至晉安循窘急泛海到番禺寇廣
州逐刺史吳隱之自攝州事號平南將軍遣使獻貢時

《晋书》

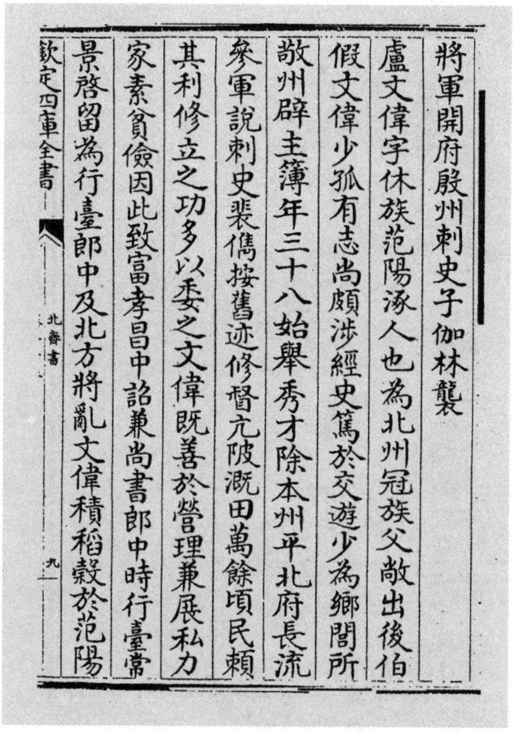
將軍開府殷州刺史子伽林襲
盧文偉字休族范陽涿人也為北州冠族父敞出後伯
假文偉少孤有志尚頗涉經史篤於交遊少為鄉閭所
敬州辟主簿年三十八始舉秀才除本州平北府長流
參軍說刺史裴儁按舊迹修督亢陂溉田萬餘頃民賴
其利修立之功多以委之文偉既善於營理兼展私力
家素貧儉因此致富孝昌中詔兼尚書郎中時行臺常
景啓留為行臺郎中及北方將亂文偉積稻穀於范陽
欽定四庫全書　北齊書　九

《北齐书》

担任北魏幽州平北府长流参军，建议幽州刺史裴延俊修复督亢陂，并被委任负责实施。卢文伟组织并指挥疏通河道，修复灌渠，解决了百万亩农田的灌溉和排涝问题，使自古便有名的督亢沃野恢复了幽燕粮仓的地位。卢文伟善于经营，他在范阳郡积蓄了大批稻谷，值荒年战乱，既养乡勇守土，又赈济灾民，深得民心。卢文伟因功被封为大夏县男，担任范阳郡太守。后升任幽州刺史、青州刺史。

卢辩，字景宣，卢景裕之弟。卢辩博通经史典籍，被北魏孝武帝聘为皇家子弟老师。后随孝武帝离开洛阳西迁长安，封为范阳县公，任黄门侍郎，领著作。丞相宇文泰执政，尊崇卢辩的学问，朝中大事，经常征询卢辩的意见。后升为太子少保、领国子祭酒。西魏初建，朝仪混乱，朝廷宪章、乘舆法服、金石律吕、晷刻浑仪等均由卢辩整理制定，皆合轨度。后晋升为太子少傅，转少师。太子及诸王皆尊奉卢辩为师。

卢同（？—532），北魏孝文帝时为北海王国常侍，转任河南尹丞。孝明帝时任尚书左丞。曾纠察相州刺史奚康生度外征调案，及检校刊定勋簿。时京兆

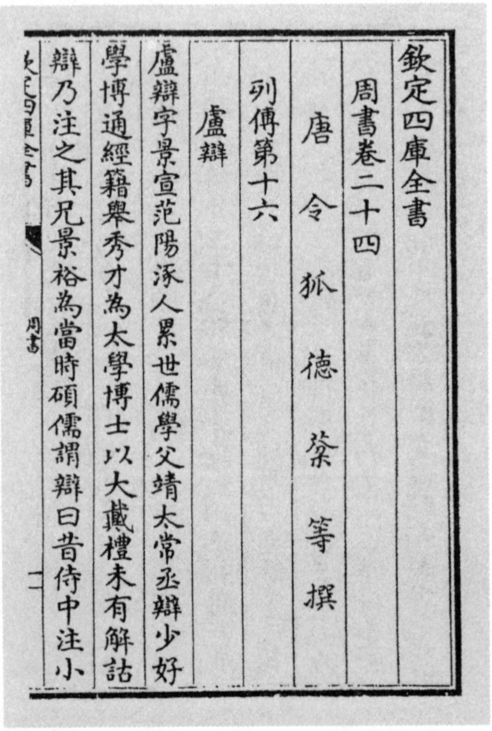
欽定四庫全書
周書卷二十四
唐 令狐德棻等撰
列傳第十六
盧辯
盧辯字景宣范陽涿人累世儒學父靖太常丞辯少好
學博通經籍舉秀才為太學博士以大戴禮未有解詁
辯乃注之其兄景裕為當時碩儒謂辯曰昔侍中注小

《周书》

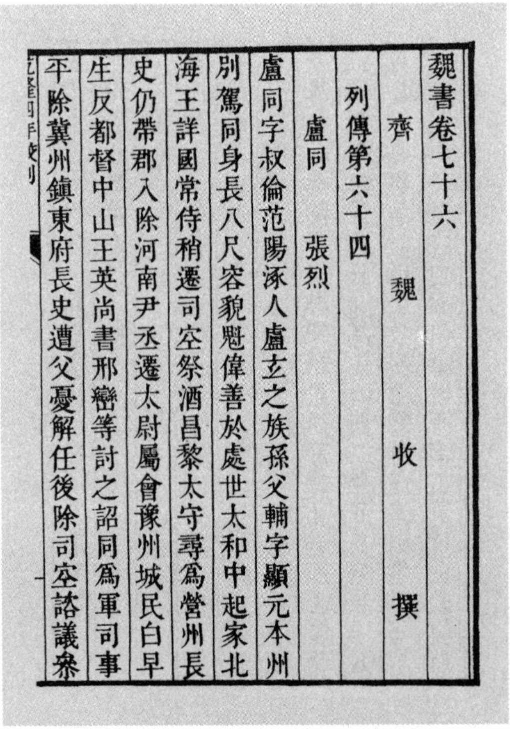
魏書卷七十六
齊 魏收 撰
列傳第六十四
盧同 張烈
盧同字叔倫范陽涿人盧玄之族孫父輔字顯元本州
別駕同身長八尺容貌魁偉善於處世太和中起家北
海王詳國常侍稍遷司空祭酒昌黎太守尋為營州長
史仍帶郡入除河南尹丞遷太尉屬會豫州城民白早
生反都督中山王英尚書邢巒等討之詔同為軍司事
平除冀州鎮東府長史遭父憂解任後除司空諮議祭

《魏书》

王元叉废胡太后，中山王元熙起兵于邺，乃奉元叉之命以持节就州杀元熙。北魏孝昌元年（525），胡太后再临朝，以其为元叉的同党，除名。孝庄帝时，官复原阶，担任都官尚书。北魏普泰初年，升迁为侍中，仪同三司（享受“三公”的礼仪待遇）。

卢广，卢谌的后裔。南朝梁天监年间，任员外散骑侍郎，出为始安郡太守。后担任折冲将军，又任步兵校尉兼国子博士，遍讲《五经》。当时，从北方来的儒生学者爱好聚徒讲说，但是语音粗鄙，只有卢广口齿清晰、声音清雅，与北方人迥异，颇得众赏。尚书仆射徐勉兼通经术，与卢广交谊很深。卢广的国子博士职衔一直保留，又出任寻阳太守等职。

卢思道（535—586），字子行。北齐时历任散骑侍郎、给事黄门侍郎，待诏文林馆。天保末年文宣帝崩，令当朝文士各作挽歌10首，择优而用。著名文人魏收、阳休之等都被选中一二首，唯有尚不著名的卢思道被选中8篇，为此人称卢思道“八米卢郎”。卢思道回乡探母时，卷入地方的“举兵作乱”，被官军宇文神举抓捕，罪当斩首。宇文神举久闻卢思道大名，把他从死囚中引出，命令他作露布（军队布告），他援笔立成，宇文神举非常满意，于是免了他的死罪。

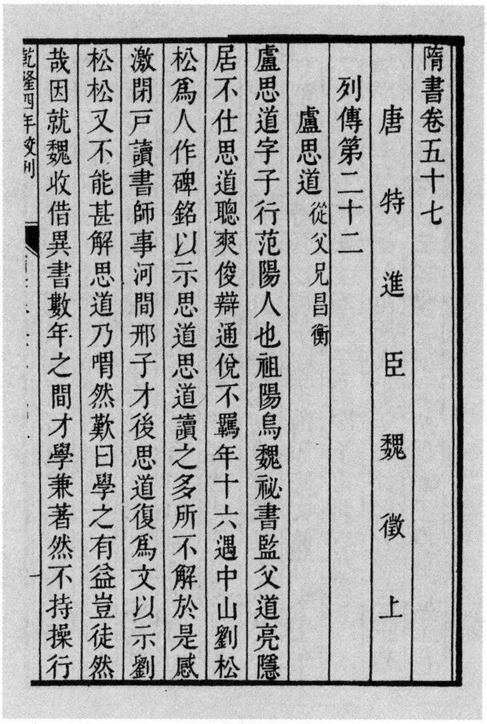
隋書卷五十七
唐特進臣魏徵上
列傳第二十二
盧思道 從父兄昌衡
盧思道字子行范陽人也祖陽烏魏祕書監父道亮隱居不仕思道聰爽俊辯通侻不羈年十六遇中山劉松松爲人作碑銘以示思道思道讀之多所不解於是感激閉戶讀書師事河間邢子才後思道復爲文以示劉松松又不能甚解思道乃喟然歎曰學之有益豈徒然哉因就魏收借異書數年之間才學兼著然不持操行

《隋书》

北周时任武阳太守。隋开皇六年（586）卒于长安，返葬故里。卢思道一生仕历齐、周、隋三朝，官职升降反复，得失坦然，处变不惊，临难无慑，在黜无愠，危不去主，仕不违亲，被称为大雅之士，他博学多才，是北朝俊彦。因曾为武阳太守，故诗文集名《卢武阳集》。

卢照邻（约630—680后），字昇之。因文学造诣和诗歌成就，与王勃、杨炯、骆宾王并称为“初唐四杰”。年轻时深受邓王李元裕器重，曾任新都县尉。后因患风痹病，久治不愈，瘫痪了10余年。卢照邻是中国诗歌史上的开创性人

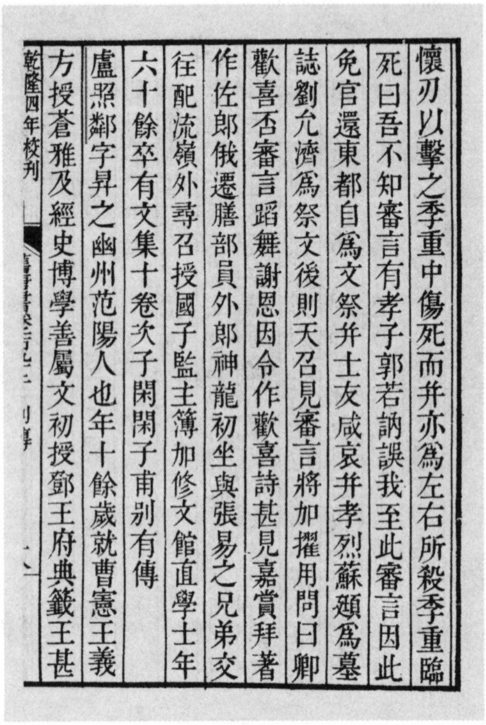

乾隆四年校刊

懷刃以擊之季重中傷死而并亦爲左右所殺季重臨死曰吾不知審言有孝子郭若訥誤我至此審言因此免官還東都自爲文祭并士友咸哀并孝烈蘇頲爲墓誌劉允濟爲祭文後則天召見審言將加擢用問曰卿歡喜否審言蹈舞謝恩因令作歡喜詩甚見嘉賞拜著作佐郎俄遷膳部員外郎神龍初坐與張易之兄弟交往配流嶺外尋召授國子監主簿加修文館直學士年六十餘卒有文集十卷次子閑閑子甫別有傳

盧照鄰字昇之幽州范陽人也年十餘歲就曹憲王義方授蒼雅及經史博學善屬文初授鄧王府典籤王甚

《旧唐书》

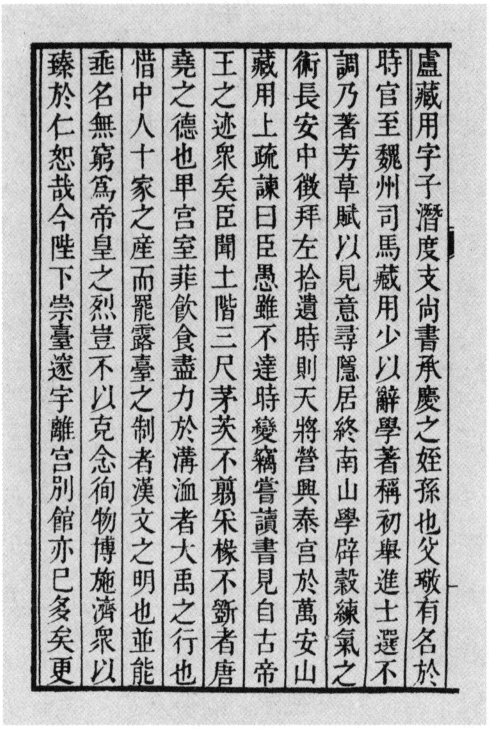

盧藏用字子潛度支尚書承慶之姪孫也父璥有名於時官至魏州司馬藏用少以辭學著稱初舉進士選不調乃著芳草賦以見意尋隱居終南山學辟穀練氣之術長安中徵拜左拾遺時則天將營興泰宮於萬安山藏用上疏諫曰臣愚雖不達時變竊嘗讀書見自古帝王之迹衆矣臣聞土階三尺茅茨不翦采椽不斲者唐堯之德也卑宮室菲飲食盡力於溝洫者大禹之行也惜中人十家之産而罷露臺之制者漢文之明也並能垂名無窮爲帝皇之烈豈不以克念徇物博施濟衆以臻於仁恕哉今陛下崇臺邃宇離宮別館亦已多矣更

《旧唐书》

物，前期作品才气横溢、奔放有力，代表作《长安古意》被闻一多赞为“宫体诗中一个破天荒的突破”。大诗人杜甫很佩服卢照邻等“四杰”，认为“四杰”能以纵横的才气，驾驭龙文虎脊般瑰丽的文辞，他们的作品是经得起时间考验的。卢照邻的作品今存《幽忧子集》。

卢藏用，字子潜。以辞学著称，善卜占，工草、隶、八分、大小篆，好琴棋。初举进士，不得调，隐居终南山。武则天年间，征为左拾遗。曾谏武后造兴泰宫，未被采纳。唐中宗、唐睿宗时期，历任吏部、黄门、工部侍郎，尚书右丞。先天二年（713），因阿附太平公主，流放岭表。尝以世人拘忌于阴阳时日之说，著《析滞论》，强调得失兴亡在于人事。开元初年卒，年五十余。有文集20卷，已佚，《全唐文》存文13篇，《全唐诗》存诗8首，书法遗迹有《汉纪信墓碑》《苏瓌碑》等。

卢鸿，又名卢鸿一，字浩然。博学多才，擅书法，籀、篆、隶、楷皆工。能诗，《全唐诗》存诗10首。最著名的是画，卢鸿擅长山水树石，得平远之趣。绘有《草堂十志图》，是他在嵩山隐居之处的胜景，有摹本留传，被收录于《故

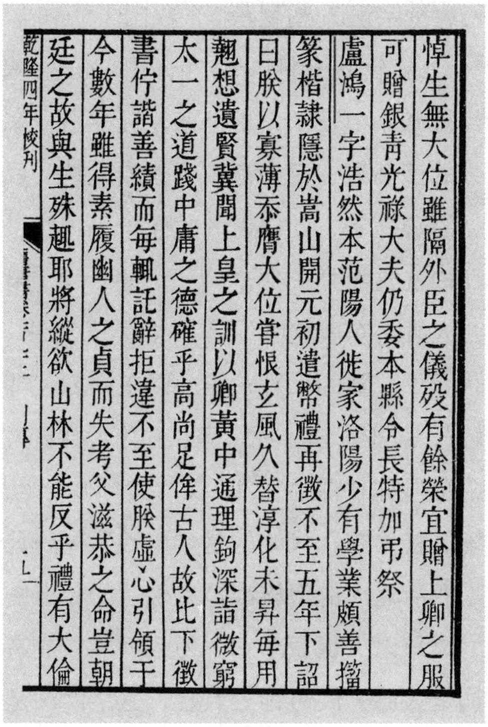
悼生無大位雖隔外臣之儀歿有餘榮宜贈上卿之服
可贈銀青光祿大夫仍委本縣令長特加弔祭
盧鴻一字浩然本范陽人徙家洛陽少有學業頗善籀
篆楷隸隱於嵩山開元初遣幣禮再徵不至五年下詔
曰朕以寡薄忝膺大位嘗恨玄風久替淳化未昇每用
翹想遺賢冀聞上皇之訓以卿黃中通理鉤深詣微窮
太一之道踐中庸之德確乎高尚足侔古人故比下徵
書佇諧善績而每輒託辭拒違不至使朕虛心引領于
今數年雖得素履幽人之貞而失考父滋恭之命豈朝
廷之故與生殊趣耶將縱欲山林不能反乎禮有大倫
乾隆四年校刊

《旧唐书》

宫名画三百种》。卢鸿几次拒绝朝廷征召，开元六年（718），唐玄宗下诏备礼派员再请，卢鸿只得面见唐玄宗，但仍婉言谢绝，固辞还山。唐玄宗只好放他还山归隐，“赐隐居之服，并其草堂之所”，每年供给卢鸿米百石、绢五十匹及药物，卢鸿以此收徒讲学。

卢纶（约742—约799），字允言，卢植十九世孙，家居于蒲州（今山西永济西南）。唐天宝末年考进士不中，为避战乱，择居鄱阳湖，与吉中孚结为“林泉之友”。安史之乱时，卢纶羁旅漂泊的诗歌，颇为出色，其边塞诗亦颇受推崇。大历六年（771），任阌乡尉。后被推荐为集贤殿学士、秘书省校书郎。与吉中孚、钱起等文咏唱和，驰名都下。贞元十三年（797），受唐德宗召见入内殿，和御制诗，拜户部郎中。卢纶为“大历十才子”之一，《全唐诗》收录其诗5卷，共300多首，明人辑有《卢纶集》。

卢商（789—859），字为臣。少年时丧父，家境较贫困，卢商发愤读书，学业优秀，于元和四年（809）考中进士，历任从事、记室，礼部员外郎，京兆少尹等。唐开成初年，任苏州刺史。当时苏州的贪官污吏利用盐业官营，从中渔利，中饱私囊，百姓叫苦不迭。卢商到任后，首先清查户籍人口，理顺盐业产销渠道，满足百姓的生活需求，受到普遍欢迎，同时税收也增加了数倍。宰相把卢商的政绩报告给皇帝，卢商被升任刑部侍郎、京兆尹等职。卢商擅理财，朝廷用兵上党，他负责后勤供应。后来卢商当了宰相。

卢仝（约775—835），自号玉川子。年轻时隐居少室山，家境贫困，刻苦读书，不愿仕进。后居洛阳，破屋数间而已。韩愈为河南令，爱其诗，对他多有关照。其诗风格险怪自成一家，颇受韩愈、孟郊等人赞许。后被南宋严羽《沧浪诗话》列为“卢仝体”。曾作《月蚀诗》讽刺当时宦官专权。卢仝的诗作对民生疾苦深表同情，代表作《走笔谢孟谏议寄新茶》，俗称“玉川茶歌”，全诗19行约270字，通过对制茶、饮茶的描写，以及产生的联想，表达了他愿为苍生请命的思想感情。其中的“七碗茶歌”一段，对饮茶的感受与审美愉悦的描述，超凡脱俗，与茶圣陆羽的《茶经》齐名，千百年来被广泛传诵，卢仝因此被誉为“茶仙”。甘露之变时，他因留宿宰相王涯家，与王涯同时遇害。著有《玉川子诗集》等。

范阳卢氏是魏晋北朝时的高门世族，王仲荦《魏晋南北朝史》记载：

北魏孝文帝雅重门族，以范阳卢氏、清河崔氏、荥阳郑氏、太原王氏是世族高门，咸纳其女，以充后宫。又为五个弟弟聘汉族高门的女儿为妻。公主也嫁给汉族名门，如范阳卢氏“一门三主”，卢道裕尚献文帝女乐浪长公主，卢道虔尚孝文帝女济南长公主，卢元聿尚孝文帝女义阳长公主，尤为时人所称道。

唐开成年间，文宗皇帝打算把真源、临真两位公主下嫁士族，他对宰相说：民间谈婚论嫁，不计较官位品秩，而崇尚世家门第。我李家做了二百年天子，反而比不上崔、卢两家！于是下诏，令宗正卿选择世家子弟上报。

《新唐书·柳冲传》记载：三国曹魏实行九品中正制，重世家，轻视出身寒微的读书人，权力都归于豪族大姓。晋朝沿袭魏制，同样崇尚姓氏……南渡过江的就成为“侨姓”，以王、谢、袁、萧为大姓；东南地区的是“吴姓”，以朱、张、顾、陆为大姓；崤山以东则为“郡姓”，以王、崔、卢、李、郑为大姓；关中也号称“郡姓”，以韦、裴、柳、薛、杨、杜为首；代北的是“虏姓”……凡是四海之内的望族都是大姓。如今世俗之流只以“崔卢李郑”为四大姓，或者加上太原王氏号称五大姓，这个说法是不确切的。

卢氏所属的范阳郡，进入隋朝就被撤销了，但是“范阳卢氏”这一词语由于卢氏家族的长盛不衰而被一直保存流传下来。北周左大丞相杨坚于581年废周帝而建立隋朝，年号开皇。隋开皇三年（583），改州、郡、县三级为州、县二级行政建制，撤销了范阳郡，涿县隶属幽州。大业三年（607），隋炀帝改州为郡，幽州改名涿郡（治所在蓟县，即今北京市），涿县隶属涿郡。隋朝时涿郡统辖蓟县、涿县、良乡、固安、安次、昌平等9个县。

《隋书·地理志》记载：

涿郡、上谷、渔阳、北平、安乐、辽西，皆连接边郡，习尚与太原同俗。故自古言勇侠者，皆推幽并云。然涿郡、太原自前代以来皆多文雅之士，虽俱曰边郡，然风教不为比也。

隋朝时期撤销了范阳郡，设置了涿郡，这个涿郡虽然已不是汉末卢植时的涿郡，但是它“多文雅之士”的名声，很大程度上是靠“代代出名士”的卢植后裔而博得的。

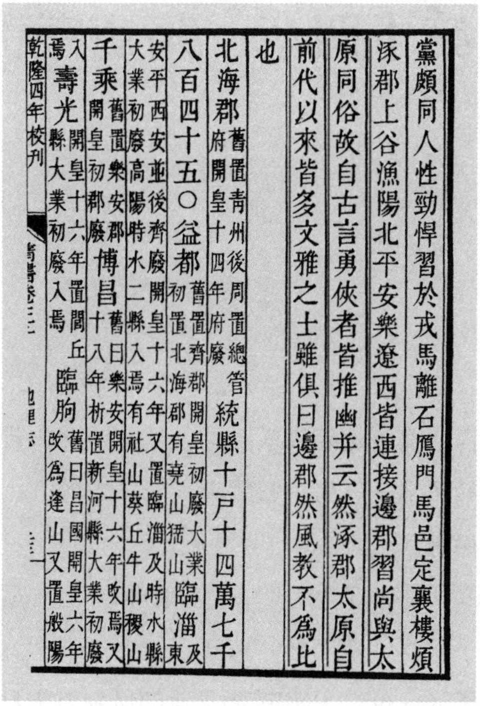
黨頗同人性勁悍習於戎馬離石鴈門馬邑定襄樓煩涿郡上谷漁陽北平安樂遼西皆連接邊郡習尚與太原同俗故自古言勇俠者皆推幽并云然涿郡太原自前代以來皆多文雅之士雖俱曰邊郡然風教不為比也

北海郡舊置青州後周置總管府開皇十四年府廢統縣十戶十四萬七千八百四十五

○益都舊置齊郡開皇初廢大業初置北海郡有堯山猏山　臨淄及東安平西安並後齊廢開皇十六年又置臨淄及時水縣大業初廢高陽時水二縣入焉有社山葵丘牛山稷山　千乘舊置樂安郡開皇初郡廢　博昌舊曰樂安開皇十六年改焉又十八年析置新河縣大業初廢入焉　壽光開皇十六年置閭丘縣大業初廢入焉　臨朐舊曰昌國開皇六年改為逢山又置般陽

乾隆四年校刊

《隋书·地理志》

第十四章　隋唐三大高僧　静琬义净惠能

静琬（？—639），生年与祖籍均不详，隋唐之际佛教高僧，是中国北方佛教圣地——房山石经山、云居寺的开山鼻祖。

隋唐辽金时期，石经山和云居寺属于涿县（范阳县）辖区。金大定二十九年（1189），涿州范阳县北部设立万宁县（两年后改名奉先县，到元朝改名房山县），石经山、云居寺划入涿州房山县境。到了清雍正六年（1728），房山县划为顺天府直辖，不再隶属涿州。从隋大业年间到清雍正六年，这1100多年间，前570年，云居寺属于涿县，后539年属于涿州。正是这个地缘关系，千余年来涿县、范阳县的官吏及百姓，与云居寺有着广泛而密切的联系。

佛教自西汉末年传入中国，由于历代统治者的提倡，逐渐兴盛起来。但是北朝时期发生过两次毁佛法难，令佛教徒刻骨铭心。他们担心法难再起，于是开始考虑如何保护佛经，使其遇法难而不绝。北齐时期，慧思大师曾立志欲将他看到的佛经刻于石上，因客观条件奇缺而未能付诸实践。其弟子静琬秉承师训，发下宏愿，要把《华严经》等12部佛经刻于石上，藏于深山，如果他日再度发生“法灭”，世间佛典被一扫而空，那么，藏在深山的石经就是佛教再兴的根本。他选中幽州城西南75公里处的白带山作为基地，于隋大业年间开始了凿岩刻经之举。此后僧人世代相承，历经隋、唐、辽、金、元、明等6个朝代，共刻石经1122部、3572卷、3500万字、14 278块，建成了世界上最大最古老的石刻图书馆，创造出了中华民族乃至人类文明史上的一大文化奇迹。历史上，石经山和云居寺对涿州有着深远的影响。

唐朝中后期，云居寺寺主律大德，俗姓史，名真性，涿州范阳县人。生于唐天宝十一载（752），唐大和九年（835）圆寂，俗岁84，法岁65。律大德少年聪慧，性自天钟，对佛学有特殊觉悟。经数年研习，广博精深，在僧众中出类拔萃，被推举为寺主。律大德的名

白帶山志　七四

涿鹿山石經堂記 元和四年

劉濟

我大唐十有一葉，皇帝繼明，昭宣□□，光被四海，神人以和。逮今已丑歲，凡五祀矣。方隅守臣，樂其休明，天地大德，罔知攸報。濟封内山川，有涿鹿山石經者，始自北齊，至隋沙門靜琬，睹層封雲跡，因發願造十二部石經。至國朝貞觀五年，涅槃經成。其夜山吼三聲，生香樹三十餘本。其年六月，瀑水浮大木數千株于山下，遂搆成雲居寺焉。既而玄宗開元聖文神武皇帝第八妹金仙長公主特加崇飾，遐邇之人增之如蟻術焉。有爲之功，莫此而大。濟遂以俸錢爲聖上刻造大般若經，以今年四月功就，親與道俗齋會石經峯下。飴等香積，而法雲靄空；會同華嚴，而花雨滿地。金篆玉版，燦如龍宫；神光曜日，宇宙金色。于是一口作念，萬人齊力，岩壑動，鸞鳳翔，或推之，或挽之，以躋于上方，緘于石室。必使刧火燒而彌固，桑田變而不易。或資聖壽，壽願比于崇山；緘于石經，經願延于沙界。鴻祚景福，聖壽無疆。幕府衆君子同稱讚之。時元和四年四月八日記。

唐雲居寺故寺主律大德神道碑銘 並序 咸通八年

何籌

昔者金人教演四方，化流東土，神功莫測，妙用難窮，日月不能擬其明，聖賢無以究其奥，歷河沙之世界，論億劫之修行，既立三乘，又開不二，執之則纖毫有别，契之則絲髮無差，共證菩提，俱登解脱，巍巍蕩蕩，無得而稱，末代宗徒随性而入。大德諱真性，俗姓史氏，涿郡范陽人也。爰祖及父晦跡夷名，嘉遁林泉，勤業臯壠。大德逸步孤立，介然而貞，性自天鍾，議非師得，覩色身之假立，潛趣真宗；知至道之可求，精修梵行。既端清而秉志，乃受具以依年。藁然律風，輝振前古，萬行由兹浸起，六事於是齊修。堅剛逈持，清浄靡雜，狂風雖振，甯摇赤箭之莖；欲浪徒翻，不著青蓮之色。割煩惱之繁，利藴劃鐘；斷貪愛之緣，鋋含切玉。而乃聽讀忘倦，慈忍兼習，操持勇猛，佩服精進。非唯二百五十浄戒洞達玄關，抑以八万四千法門游詠真際。則知鴻鵠飛翔，必造雲霄之上；龍象騰躍，甯留沼沚之間。繇是四遠嚮從，一方瞻敬，高行苦節，時爲美談。頃者合寺耆年至于初學，同誠壹志，請□寺綱，大德固執撝謙，抑而不許。乃曰："雲山異境，禪、律雜居，若非通明，何以悦衆？"大德曰："顧無揵連統衆之術，且乏末田乞地之功，凡鍊紀綱，必資德業，非安於己，不利于人。"寺衆愈堅，其辭志不可奪。乃唱言曰："佛刹戒嚴，固難條貫，考詳視履，非上德而誰？師之不從，吾將安附？"三請而後許之。四衆欣然，合寺相賀。大德至性平等，慧用圓明，規繩既陳，高卑自

白帶山志　卷六　藝文一　七五

白帶山志　七六

序，奉精勤以敬，策墮慢以嚴，共樂推誠，咸稱悦服。遂使施財者松門繼踵，賫供者溪路相望。佛宇益崇，常住滋贍，是知道行高而歸依雲赴，福德具而感應響從。又以巾錫之餘，牀榻之外，曾於本院别起道場，請高行數人轉藏經七徧。大德宿植精進，專至饒益，禱寒飴餒，每損節其衣盂，拯溺持顛，甯顧蹈其水火，殊蹤異行，難可思量。寒暑屢移，始終一貫。元和中，廉察使、相國彭城劉公慕其高節，亟請臨壇，手字疊飛，使車交織。大德以情田不産，鑒用忘機，久處山林，已遂平生之志，那能師證更登名利之場？徒覩馬勝之威儀，誰識羅侯之密行。懇寫牢讓，持堅不廻。暨大和有九祀，方伯司徒史公之領戎也，常目重山，聆風仰德，乃曰："昔三藏傳經於天竺，六祖弘化於曹溪，方知涿鹿名區，時有異人間出。佛法漸遠，吾宗繼明，益傾南望之誠，兼陳北巷之敬。奇香異藥，上服名衣，使命往來，難可稱計。"以其年季秋下旬有三日，示疾歸寂於本寺東院，俗年八十四，法歲六十五。猿鳥悲鳴，松筠改色，淒涼士庶，嗗悼元戎。於戲！火宅方然，羊車脱輻，師之已矣，人何將依！大德學行該通，咸德端肅，所依上足，皆是名人，難具昇堂，聊書入室，曰仲説、恒智、鑒直、惠增、志千、文展、實定等七人焉。惟增也，早歲辭鄉，游京就學，曾於薦福寺講大花嚴經，聲振洪都，藝交清級，衆稱開士，時謂入流，細行密用，難具詳紀。直與千，業擅小乘，學游多地，盡得南山之要，皆揚東塔之能。彼四人者，精通祕奥，博達多聞，虎步蓮宫，鸞翔梵苑，感師之教，報師之恩，焚棺於碧岫之陽，起塔於清流之左，雖朝昏展敬，未盡所誠，更議刊乎貞珉，紀其盛德。良工方購，朴而未形，俄屬先朝，大興沙汰，寺皆毁廢，僧遁林巖。洎佛日重明，屢更星歲，七人之内，唯實定存焉。其誠則深，其力不置。有説公門人、前寺主僧弘信，即釋門之孫也，戒律清肅，義心堅勇。悲本師之早殁，宿志未陳，與定公之相扶，再議崇立，訪余以至，感而亶書，冀巡禮往來，披文知行。銘曰："圓覺真乘，多不能造。吾師正性，盡入其奥。操持浄行，契叶深教。意馬忘奔，心猿不踔。戒月圓滿，律風清涼。白璧無點，明珠有光。利根精進，密行包藏。破暗燈炬，濟難舟航。宰寺開經，施財供食。促益勤勵，曾無退息。時遵其義，衆悦其德。不可思議，多所饒益。法性無滅，色身有移。悲纏上足，追慕先師。既崇靈塔，又立豐碑。遺風餘烈，千古長垂。"

大唐易州新安府折衝李公石浮圖銘

夫至道潛運，不言而化成；大象孕靈，丕宰之功遂。斯則神元妙頤，雖日用而莫知，况耳目不該，豈視聽之能識？由是給園多士並赴緇林，方丈比丘咸歸柰苑。有想非想，住法非常

白帶山志　卷六　藝文一　七七

《白带山志》

声远播，“四远向从，一方瞻敬；高行苦节，时为美谈”。因此，寺院信徒日众，香火旺盛，同时也引起了幽州高官的关注。唐元和年间，幽州节度使刘济（或其子刘总），仰慕其高风亮节，派车马持信函，请律大德到幽州城内开坛讲法，被婉拒。大和九年（835），幽州卢龙节度使史元忠多次到山寺聆听讲法，对律大德满怀敬意。史元忠说：“昔三藏传经于天竺，六祖弘化于曹溪，方知涿鹿名区，时有异人间出。”他认为律大德是三藏、六祖之后的又一位高僧，而正是因为三藏、六祖、律大德这3位高僧的出现更证实了涿州的地灵人杰。这里提到了“三藏”，一般会使人想到小说《西游记》里唐僧的原型陈玄奘，其实这样的认识是个误会。所谓三藏，本指佛教经典的总集。佛教以经、律、论为三藏，经为佛所自说，律记戒规，论是经义的解释。后来把通晓三藏的僧人称为三藏法师，简称三藏。所以，史元忠所说“昔三藏传经于天竺”中的“三藏”，其实是指稍晚于陈玄奘的义净法师。

义净（635—713），俗姓张，字文明，祖籍幽州范阳县。他的祖父当过东齐郡守，因为兵荒马乱，举家移居齐州首府历城（今山东济南）。义净的父母都笃信佛法，平日以耕读度日，广做善事，教子读书，诵经礼佛。义净7岁时，

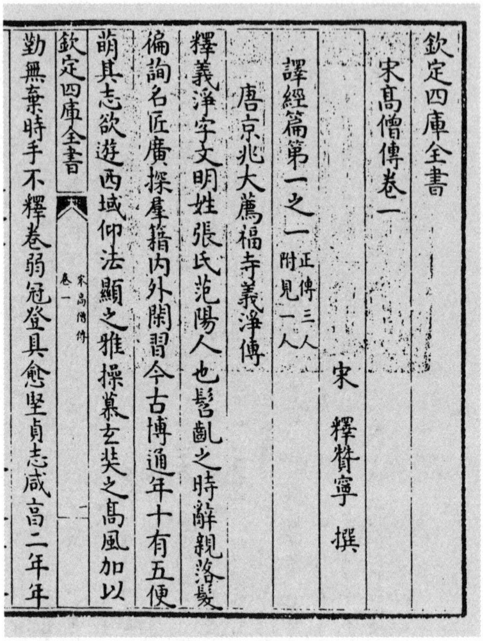
欽定四庫全書
宋高僧傳卷一
宋 釋贊寧 撰
譯經篇第一之一 正傳三人 附見一人
唐京兆大薦福寺義淨傳
釋義淨字文明姓張氏范陽人也髫齓之時辭親落髮
徧詢名匠廣探羣籍内外閑習今古博通年十有五便
萌其志欲遊西域仰法顯之雅操慕玄奘之高風加以
欽定四庫全書 宋高僧傳 卷一
勤無棄時手不釋卷弱冠登具愈堅貞志咸亨二年年

《宋高僧传》

被送到齐州西南处的土窟寺，跟随善遇和慧智两位法师学习，掌握了丰富的文化知识，在佛学方面也打下坚实的基础。贞观二十二年（648），义净受具足戒，正式成为僧人。慧智法师见他天资聪颖，劝他出外求学。义净辞别土窟寺，来到当时的佛教中心东都洛阳，修习《摄论》等佛经。但那时佛教各派纷争不断，观点歧异，典籍的记载和解释也不统一，因此义净在学习中产生了很多疑问。于是他又到长安，学习了《俱舍》《唯识》等佛经，但心里的疑问并没有减少。为了弄清楚佛教各派观点的分歧，义净认为必须到印度去取经求法。

咸亨元年（670），义净在长安结识

了并州的处一法师、莱州的弘祎法师，相约共同到印度取经。在去广州的途中，处一和弘祎两位法师先后离去，义净只好独自前往。咸亨二年（671）秋，对义净来说是一个重大转折，他遇到了要去龚州（今广西平南）上任的州官冯孝诠，并邀他一起去广州。冯孝诠和家人都信奉佛教，并且家资雄厚，他们敬佩义净西行取经的志向，答应帮助负担义净西行的费用。冯孝诠还找到自己熟识的波斯船主，要求他们允许义净一行人搭船去印度。

咸亨二年（671）十一月，义净带着徒弟善行登上了波斯商船。经过20多天的海上航行，终于到达了岛国室利佛逝的都城宽林邦。到了这里义净才知道，语言不通是他西行求法的第一个障碍。因此，他决定先在室利佛逝住下来，向当地的慧寂法师学习梵语。在此期间，他的徒弟善行不服水土，常常腹泻，经过多方诊治，病情仍然不见好转，义净只好找船把善行送回了国内。

半年后，义净的梵语有了一定基础，已经能够进行日常的简单对话，于是再次搭船西行。咸亨三年（672）五至六月间，经过15天的海上颠簸，义净来到了马来半岛南端的末罗瑜国。之后他由此向西北继续航行半个月后，到达了羯荼。羯荼是个不大的海港，向西隔着大洋与印度半岛相望。咸亨四年（673）二月初八，义净到达东印度的耽摩栗底国，这是东天竺的南界，义净在这里居住了一年多，跟随僧人大乘灯学习梵语。

大乘灯禅师邀请义净与他一起居住，指导他重新学习梵文。印度将学艺分为五种，称“五明”，第一种就是语言文典之学，叫声明。学好声明，才谈得上学习其他学问。义净在室利佛逝学的是声明中的初级梵语。大乘灯禅师考察了义净的水平后，给他开列的课本是《声明论》，这是印度梵文宗师波尼尼的权威性著作，专讲梵文文法。义净用了一年的时间，几乎足不出户，才将它学完。

掌握梵语之后，义净又踏上西行的旅途，因为当时世界佛法的传播中心那烂陀寺才是他真正要到达的目的地。耽摩栗底虽然距离那烂陀寺不远，但沿途经常有强盗出没，很不安全，于是义净与几百人结伴共同前往中天竺。不幸的是，义净途中染病，“身体疲羸”“孤步险隘”，落在了众人的后面，并且还遭到了强盗的打劫，受尽凌辱，几乎丧命。可义净还是努力坚持，赶上了众人，终于来到了朝思暮想的那烂陀寺。

义净在那烂陀寺向著名僧人宝师子和智月法师等人学习经典，研究瑜伽、中观、因明、俱舍论等佛学，并开始进行佛经的翻译，同时考察印度佛教教规和社会习俗，用时11年，终于在佛学上取得了突出成就。在《在西国怀王舍城》一诗中，义净这样写道："游，愁。赤县远，丹思抽。鹫岭寒风驶，龙河激水流。既喜朝闻日复日，不觉颓年秋更秋。已毕耆山本愿诚难遇，终望持经振锡住神州。"这是义净在印度时写的，以宝塔诗的独特语句描述了在异域求经访道的艰苦生涯，表达了渴望早日取经回国的愿望。

大约在垂拱元年（685），义净乘船开始了回国的旅程。垂拱三年（687），义净到达室利佛逝，在那里用两年多的时间进行了翻译和著作。为了得到纸和笔，义净曾经在永昌元年（689）随商船回到广州，得到贞固律师等人的帮助后，又在当年十一月返回室利佛逝。在室利佛逝，义净试着翻译了《根本说一切有部毗奈耶颂》和《一百五十赞佛颂》两部佛经，还写出了《南海寄归内法传》《大唐西域求法高僧传》等著作。《南海寄归内法传》以僧传的形式记述了从贞观十五年（641）到天授二年（691），57位僧人到南海和印度游历求法的事迹。书后附有《重归南海传》，记载了永昌元年（689），随义净同往室利佛逝的4位中国僧人的事迹。

天授二年（691），义净派遣大津先把自己的著作和翻译好的佛经送回国内。证圣元年（695），义净带着弟子贞固、道宏离开室利佛逝，回到他思念已久的神州大地。武则天对义净的归来十分重视，不仅派出使者远道相迎，而且亲自到洛阳东门外迎接，诏命义净住在洛阳佛授寺。

从此以后，义净先后在洛阳的大遍空寺、大福先寺和长安的西明寺、荐福寺等寺院翻译佛经。久视元年（700）以后，义净自己开设了译场，在这个翻译佛教典籍的机构中，有译主、笔受、度语、证梵、润文、证义、校勘、监护等职位，分工细密。义净先后在洛阳、长安等佛寺亲自翻译出的佛经就有几百卷。义净坚持直译，在原文下加注说明，订正译音译义，介绍产物制度。在语译方面，区分俗语、雅语，又常在汉字下标出四声和反切，以求得准确的发音。义净总体上继承了玄奘的翻译特点，同时也有自己的独创之处，这一切都使得义净的译作达到了很高的水平。

义净的西行和翻译佛经的活动对唐朝的佛学产生了很大的影响。从印度归来时，义净除带回近400部佛经外，还带回金刚座真容一铺，舍利300粒，这些都成了中国佛教界的瑰宝。义净译出的佛经中也有瑜伽系的内容，同时为了适应当时崇尚密宗的风气，他还译出了《金光明经》及一些陀罗尼经，有的还附有密宗源流的资料，丰富了唐朝的佛学典籍。

先天二年（713）正月，义净在长安荐福寺经院圆寂，葬于洛阳北原上，建有灵塔。乾元元年（758），以塔为中心，修建了金光明寺。

义净记述的有关南海各地的情况，成为流传至今的关于南海各地的最早的历史地理材料，为各国研究历史、地理和外交者所重视。

“观夫自古神州之地，轻生殉法之宾，显法师则创辟新途，奘法师乃中开王路。”这是义净对法显、玄奘功绩的评价。其实在探险、求法、翻译、著述等诸多方面，义净是继法显、玄奘之后最有贡献的代表人物。

惠能（638—713），亦作“慧能”，佛教禅宗六祖，禅宗南宗创始人。本姓卢，世居范阳（今涿州市），生在岭南新州（今广东新兴）。

佛教有个不成文法，即只有佛祖释迦牟尼的传法纪录才能称之为“经”。在我国宗派林立、高僧辈出、著述繁富的佛教史上，却出现了个独一无二的例外——唐代僧人惠能的讲经语录也被尊为“经”，名《坛经》，亦称《法宝坛经》或《六祖坛经》。更为甚者，这位被奉为禅宗六祖，在中国思想史上具有重要地位与深远影响的惠能，据说原先仅是个不识字的樵夫。

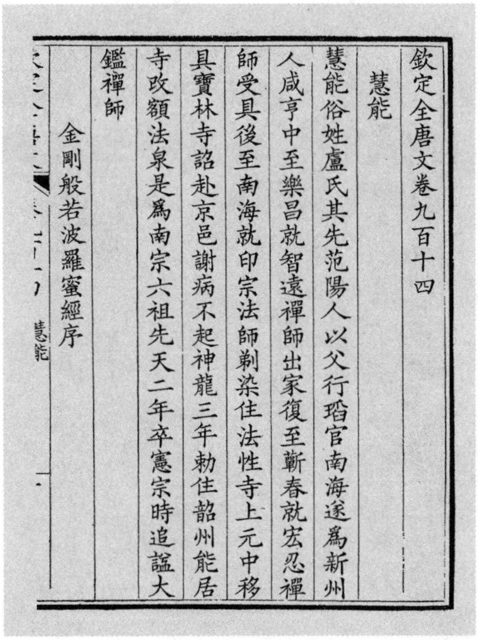
欽定全唐文卷九百十四
慧能
慧能俗姓盧氏其先范陽人以父行瑫官南海遂爲新州人咸亨中至樂昌就智遠禪師出家復至蘄春就宏忍禪師受具後至南海就印宗法師剃染住法性寺上元中移具寶林寺詔赴京邑謝病不起神龍三年勅住韶州能居寺改額法泉是爲南宗六祖先天二年卒憲宗時追謚大鑑禪師
金剛般若波羅蜜經序

《全唐文》

惠能的父亲卢行瑫，范阳人，原为官吏，被贬谪到岭南，做了新州的百姓。惠能3岁时父亲去世，因家境贫寒，年纪稍长他就以采樵卖柴为生。惠能虽不识字，却悟性极强，一天他听到有人念诵《金刚经》，心中便豁然开悟，发愿要学佛。24岁时，他辞亲离家，从岭南往蕲州黄梅（今属湖北省）参拜弘忍和尚。

弘忍是佛教禅宗第五祖。南朝梁武帝时，菩提达摩由天竺来华传授禅法，经慧可、僧璨、道信，到弘忍已是五世。惠能来到黄梅东山寺拜见五祖，五祖问他来自何方、想做什么？惠能回答：“我是岭南新州的平民，远来参礼师父，唯求作佛，不求余物。”五祖说：“你

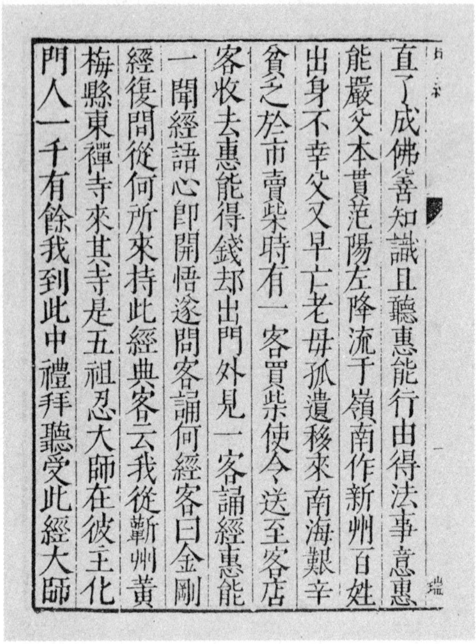
直了成佛善知識且聽惠能行由得法事意惠
能嚴父本貫范陽左降流于嶺南作新州百姓
出身不幸父又早亡老母孤遺移來南海艱辛
貧乏於市賣柴時有一客買柴使令送至客店
客收去惠能得錢却出門外見一客誦經惠能
一聞經語心即開悟遂問客誦何經客曰金剛
經復問從何所來持此經典客云我從蘄州黃
梅縣東禪寺來其寺是五祖忍大師在彼主化
門人一千有餘我到此中禮拜聽受此經大師

《坛经》

是岭南人，又是未开化的山地人，怎么能够成佛呢？”惠能回答：“人虽有南北之别，然而佛性本无南北之分呀！人的身份或有不同，难道佛性也会有差别么？”一番晤对，五祖感到惠能聪颖异常，是个大根大器之人，就先让他去后院做劈柴舂米等劳役。

大约过了8个月，五祖为考查弟子们对佛教义理的理解程度，命寺僧们作偈语。五祖的大弟子，身为教授师的神秀在廊壁上写下这样一首偈颂：“身是菩提树，心如明镜台。时时勤拂拭，莫使有尘埃。”五祖见到此偈，令门人们持诵，并说“依此偈修，有大利益”。可令人意想不到的是，尚未剃度为僧的惠能听到了神秀的偈语后，也作了一偈，因不识字，请人代书于壁上。其偈是：“菩提本无树，明镜亦非台。本来无一物，何处惹尘埃。”五祖弘忍内心对这一偈词非常赏识，但是表面上却很淡然，他暗示惠能夜半三更到方丈室，之后便把祖传心法和衣钵授予了惠能，惠能由此成为法裔相传的禅宗六祖。“继承衣钵”这个成语就是由禅宗的传承方式产生的，但是惠能以后便不再传授衣钵。惠能得到衣法后，离寺回到岭南。

惠能在岭南为等待弘法的机缘而隐居了15年。一日，他到广州法性寺听印宗法师讲《涅槃经》。“时有风吹幡动。一僧曰风动，一僧曰幡动，议论不已。惠能进曰：‘不是风动，不是幡动，仁者心动。’”听他这一讲，大家非常惊奇，印宗法师觉得惠能“定非常人”，于是反执弟子之礼，求教佛法真谛，并为他剃发、授具足戒，惠能正式成为僧人。后人说，惠能大师是“先成佛祖，后落发为僧”。

次年，惠能移住曹溪宝林寺，开讲佛法30余年，名声远播。其时，武则天和唐中宗两次派遣宫中内侍奉诏书迎请惠能到京城，皆被惠能婉言谢绝，只得送给惠能磨衲袈裟、水晶钵及钱帛等供养，并敕令韶州刺史修饰宝林寺，赐额曰“法泉”，还把惠能在新州的旧居改建成寺，赐名“国恩寺”。

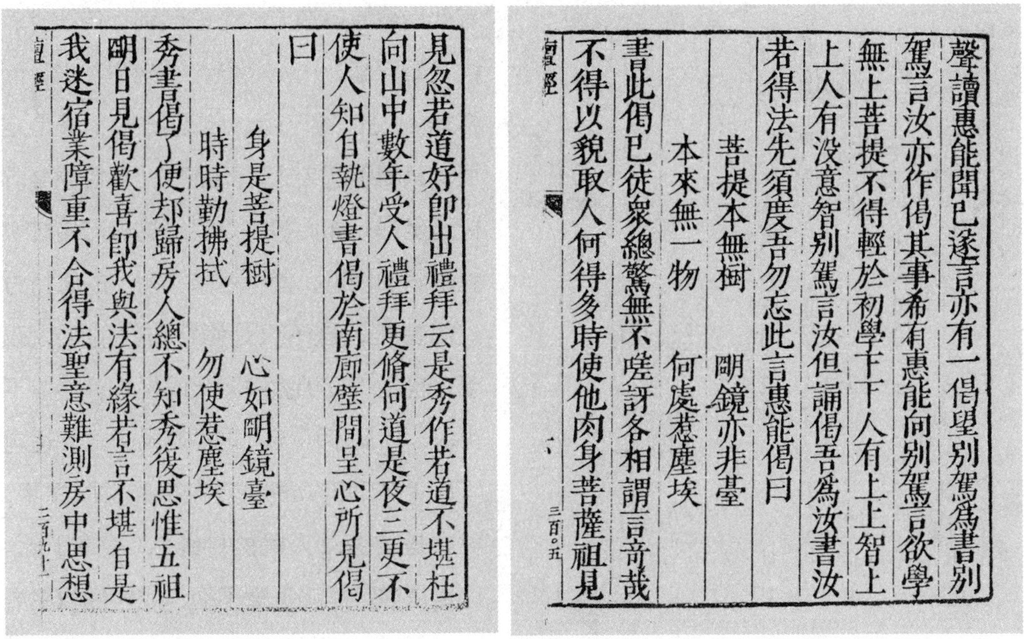
見忽若道好即出禮拜云是秀作若道不堪枉向山中數年受人禮拜更修何道是夜三更不使人知自執燈書偈於南廊壁間呈心所見偈曰

身是菩提樹　心如明鏡臺
時時勤拂拭　勿使惹塵埃

秀書偈了便却歸房人總不知秀復思惟五祖明日見偈歡喜即我與法有緣若言不堪自是我迷宿業障重不合得法聖意難測房中思想

聲讀惠能聞已遂言亦有一偈望別駕為書別駕言汝亦作偈其事希有惠能向別駕言欲學無上菩提不得輕於初學下下人有上上智上上人有沒意智別駕言汝但誦偈吾為汝書汝若得法先須度吾勿忘此言惠能偈曰

菩提本無樹　明鏡亦非臺
本來無一物　何處惹塵埃

書此偈已徒衆總驚無不嗟訝各相謂言奇哉不得以貌取人何得多時使他肉身菩薩祖見

《坛经》

先天二年（713），惠能坐化于国恩寺，时年76岁。元和十年（815），唐宪宗追谥惠能为“大鉴禅师”。宋太宗、宋仁宗、宋神宗先后为惠能大师加谥号。六祖惠能圆寂后，他的金刚不坏真身（肉身）供奉在广东韶关南华寺，至今已有1300多年。

《坛经》是惠能的弟子法海等人记载的惠能言行录，基本上反映了惠能的思想。该书约3万字，分为十品（行由、般若、决疑、定慧、妙行、忏悔、机缘、顿渐、护法、付嘱）。开篇记述惠能应韶州刺史韦璩之请，从曹溪到韶州城内大梵寺进行的一次传法活动。接着是传法记录，这是全书的主体。该书还记述了惠能平日向弟子们传法的要点，介绍了惠能圆寂前的遗嘱及其真身供奉等情况。

《坛经》的核心思想是“自性即佛性”，这个“佛性论”贯穿全书。禅宗认为佛性是永恒的精神实体，它既是最高的智慧般若之智，也是宇宙的本体真如。因此，惠能说：“须知一切万法，皆从自性起用。”“自性能生万法，一切万法不离自性。”就是说世界上的一切现象都不过是由自性幻化而成，或说是佛性的表现。而佛性就在人的本心自性中，“佛向性中作，莫向身外求”。自性（即佛性）本清净，本来是人人皆可成佛的，“自性迷，佛即众生；自性悟，众生即佛”。

由此，惠能提出“识心见性、顿悟

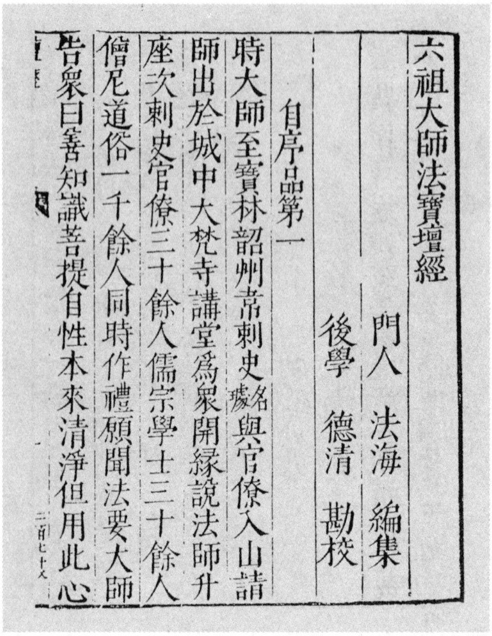
六祖大師法寶壇經
門人 法海 編集
後學 德清 勘校
自序品第一
時大師至寶林韶州韋刺史名璩與官僚入山請
師出於城中大梵寺講堂爲衆開緣說法師升
座次刺史官僚三十餘人儒宗學士三十餘人
僧尼道俗一千餘人同時作禮願聞法要大師
告衆曰善知識菩提自性本來清淨但用此心

《坛经》

成佛”说。所谓“顿悟”，就是“识自本心，见自本性”，“直指人心、见性成佛”。佛教的传统说法是经过长期修习才能逐步把握佛理而成佛，而惠能则从他的佛性论出发，主张修习无论长短，只要能破除心性上的锢蔽，一旦领悟，即突然觉悟佛性便可成佛；传统佛教讲究读经，而惠能则认为“不识本心，学法无益；识心见性，即悟大意”；传统佛教讲布施、造寺、供养等修功德，惠能则认为修福报不是功德，只有觉妄归真、了悟自性才是功德；传统佛教讲念佛往生西方，而惠能则讲“迷人念佛生彼，悟者自净其心”，没有此岸彼岸、东方西方的区别；传统佛教讲定慧双修，由定生慧，讲坐禅功夫，而惠能则说定慧一体、定是慧体、慧是定用，只要不起妄念，不乱自性，行住坐卧皆是坐禅；如此等等。惠能这些与传统佛教不同的创见，使原本繁文缛节的修持方式简易化，这不仅是修行方法的重大改革，也是印度佛教中国化的标志。迷信不可取，信仰不可无。这种简易方式，适应了广大劳动群众的生存条件和解脱愿望，称它是“劳动人民的佛经”，盖缘于此。这也是禅宗能够延绵不绝，成为佛教主流的重要原因。

惠能的讲经语录《坛经》对社会生活的影响非常深远，近代学者钱穆认为：“唐代之禅宗，从上是佛学之革新，向后则成为宋代理学之开先，而惠能则为此一大转捩中之关键人物。”可以说，惠能不但是开宗立派、独树一帜的宗师，更是中国思想史上的精英、文化史上的奇才。因此，惠能与老子、孔子并列，被尊为中国古代的三大圣人，当之无愧。

常明居士在《话说六祖》中对惠能传奇的一生做了精练的概括，他说：六祖惠能是“先悟佛道，后入佛门”，“先成佛祖，后落发为僧”，“下下人有上上智，留下惊世之作”。

第十五章 范阳县 范阳郡 范阳镇

在唐朝中期，曾经同时存在以范阳为名的县、郡、镇，它们的治所、辖域和职权是有很大不同的。

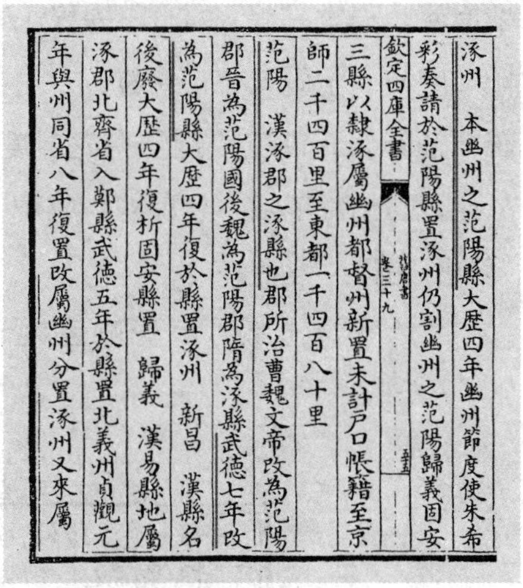
欽定四庫全書
舊唐書 卷三十九
涿州 本幽州之范陽縣大歷四年幽州節度使朱希
彩奏請於范陽縣置涿州仍割幽州之范陽歸義固安
三縣以隸涿屬幽州都督州新置未計戶口帳籍至京
師二千四百里至東都一千四百八十里
范陽 漢涿郡之涿縣也郡所治曹魏文帝改為范陽
郡晉為范陽國後魏為范陽郡隋為涿縣武德七年改
為范陽縣大歷四年復於縣置涿州 新昌 漢縣名
後廢大歷四年復析固安縣置 歸義 漢易縣地屬
涿郡北齊省入鄚縣武德五年於縣置北義州貞觀元
年與州同省八年復置改屬幽州分置涿州又來屬

《旧唐书》

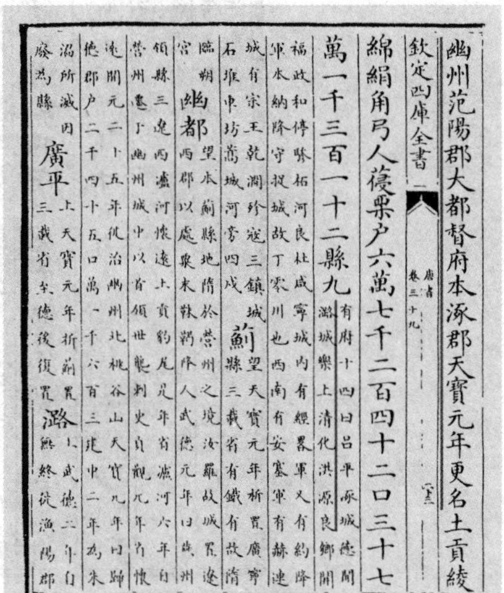
欽定四庫全書
唐書 卷三十九
幽州范陽郡大都督府本涿郡天寶元年更名土貢綾
綿絹角弓人葠栗戶六萬七千二百四十二口三十七
萬一千三百一十二縣九 有府十四曰呂平涿城德聞潞城樂上清化洪源良鄉開
福政和停驂柘河良杜咸寧城內有經略軍又有納降
軍本納降守捉城故丁零川也西南有安塞軍有赫連
城有宋王乾潤殄寇三鎮城 薊 望天寶元年析置廣寧
石堆中坊蒿城河富四戍 縣三載省有鐵有故潞

《唐书》

范阳县

唐武德七年（624），涿县改称范阳县。早在秦汉魏晋时期，也有一个范阳县，它的治所在今保定市定兴县南部的固城镇，虽然它与涿县同时隶属涿郡或范阳郡，但是本文不做赘述。

唐朝前期，范阳县隶属幽州（早在隋朝初已经撤销了范阳郡）。大历四年（769），幽州的范阳、归义、固安、新昌等4个县被划为涿州，治所在范阳县。从此，范阳县与涿州成了同城而治的两级政权。一直到明朝初期撤销范阳县建置，保留涿州，范阳县在涿州历史上存在了753年。

范阳郡

天宝元年（742）二月，改州为郡，幽州变成了范阳郡，原幽州管辖的10个县成了范阳郡的隶属县。这个范阳郡只存在了16年，到乾元元年（758）又恢复为幽州。

范阳镇

范阳镇为范阳节度使辖地或治所。天宝元年（742），幽州节度使改名范阳节度使。天宝三载（744），安禄山为范阳节度使。宝应元年（762），安史部将李怀仙降唐，恢复为幽州卢龙节度使。从此，幽州（范阳）与魏博、成德并称“河朔三镇”。

因为安禄山叛乱的影响巨大而深远，所以范阳镇较其他藩镇更为著名。镇是镇守的意思，古代把捍防守御据点称为镇。唐初在边地设立军镇，以镇扼周边游牧部族的侵扰。至天宝年间，统一规划为九节度和一经略使，通称“藩镇”，亦称“方镇”。

据《资治通鉴》记载，天宝三载（744），平卢节度使安禄山兼范阳节度使，“范阳节度临制奚、契丹，统经略、威武、清夷、静塞、恒阳、北平、高阳、唐兴、横海九军，屯幽、蓟、妫、檀、易、恒、定、莫、沧九州之境，治幽州，兵九万一千四百人。平卢节度镇

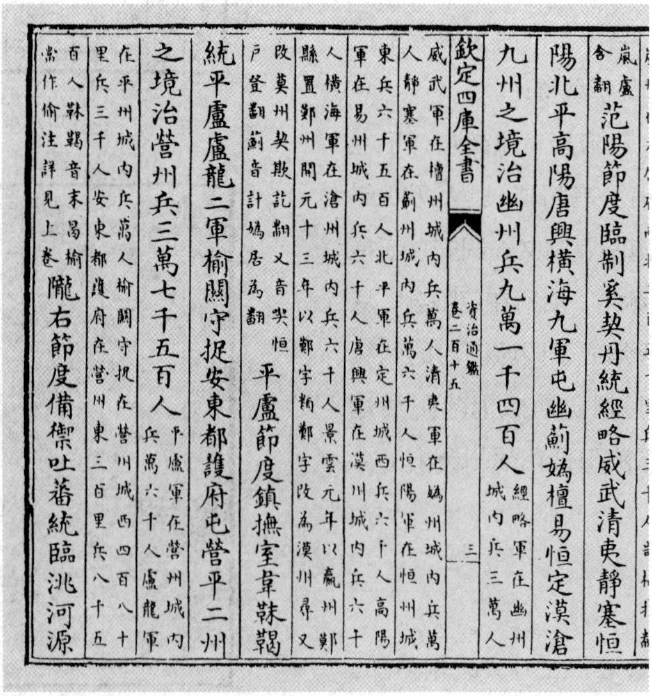
嵐盧含翻范陽節度臨制奚契丹統經略威武清夷靜塞恒陽北平高陽唐興横海九軍屯幽薊嬀檀易恒定漠滄九州之境治幽州兵九萬一千四百人經略軍在幽州城内兵三萬人威武軍在檀州城内兵萬人清夷軍在嬀州城内兵萬人靜塞軍在薊州城内兵萬六千人恒陽軍在恒州城東兵六千五百人北平軍在定州城西兵六千人高陽軍在易州城内兵六千人唐興軍在漠州城内兵六千人横海軍在滄州城内兵六千人景雲元年以瀛州鄚縣置鄚州開元十三年以鄚字類鄭字改為漠州尋又改莫州契欺訖翻又音奚恒戶登翻薊音計嬀居為翻平盧節度鎮撫室韋靺鞨統平盧盧龍二軍榆關守捉安東都護府屯營平二州之境治營州兵三萬七千五百人平盧軍在營州城内兵萬六千人盧龍軍在平州城内兵萬人榆關守捉在營州城西四百八十里兵三千人安東都護府在營州東二百里兵八千五百人靺鞨音末曷榆當作偷注詳見上卷隴右節度備禦吐蕃統臨洮河源

欽定四庫全書　資治通鑑　卷二百十五　三

《资治通鉴》

抚室韦、靺鞨，统平卢、卢龙二军，榆关守捉，安东都护府，屯营、平二州之境，治营州，兵三万七千五百人”。

天宝十载（751）二月，安禄山兼河东节度使。天宝十三载（754）正月，安禄山兼闲厩、陇右群牧等使，“密遣亲信选健马堪战者，数千匹，别饲养之”。

天宝十四载（755），“十一月，甲子，禄山发所部兵及同罗、奚、契丹、室韦凡十五万众，号二十万，反于范阳。命范阳节度副使贾循守范阳，平卢节度副使吕知诲守平卢，别将高秀岩守大同，诸将皆引兵夜发。诘朝，禄山出蓟城南，大阅誓众，以讨杨国忠为名，榜军中曰‘有异议扇动军人者，斩及三族！’于是引兵而南。”

当时的范阳郡（幽州）是安禄山的大本营。很显然，所谓“安禄山反于范阳”，不是反于范阳县（后来设涿州），而是反于范阳郡（幽州、蓟城）、范阳镇。

安史之乱后，唐朝的中央权力削弱，藩镇势力增强，朝廷不得不承认原安史部将为“河朔三镇”节度使。不久，藩镇之间或互相攻战，或联合攻唐，逐渐形成割据混战局面。

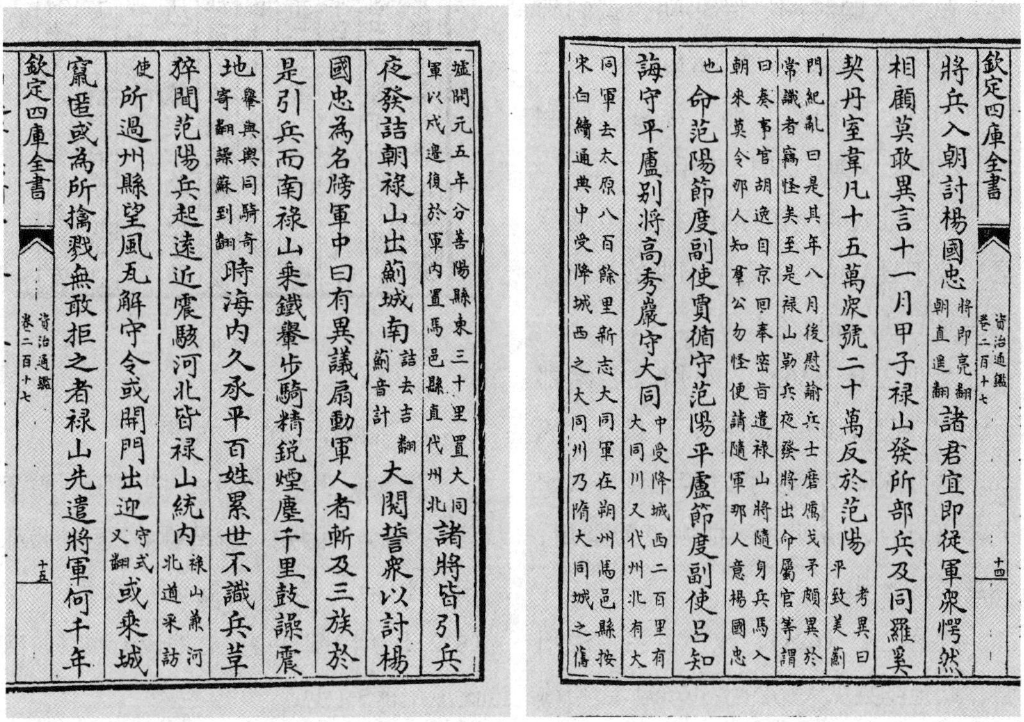
欽定四庫全書　資治通鑑　卷二百十七　十四

將兵入朝討楊國忠將即亮翻朝直遥翻諸君宜即從軍衆愕然
相顧莫敢異言十一月甲子祿山發所部兵及同羅奚
契丹室韋凡十五萬衆號二十萬反於范陽考異曰平致美薊
門紀亂曰是具年八月後慰諭兵士磨厲戈矛頗異於
常識者竊怪矣至是祿山勒兵夜發將出命屬官等謂
曰奏事官胡逸自京回奉密旨遣祿山將隨身兵馬入
朝來莫令那人知羣公勿怪便請隨軍那人意楊國忠
也命范陽節度副使賈循守范陽平盧節度副使呂知
誨守平盧別將高秀巖守大同中受降城西二百里有大同川又代州北有大
同軍去太原八百餘里新志大同軍在朔州馬邑縣按
宋白續通典中受降城西之大同川乃隋大同城之舊

欽定四庫全書　資治通鑑　卷二百十七　十五

墟開元五年分善陽縣東三十里置大同
軍以戍邊復於軍內置馬邑縣直代州北諸將皆引兵
夜發詰朝祿山出薊城南詰去吉翻薊音計大閱誓衆以討楊
國忠為名牓軍中曰有異議扇動軍人者斬及三族於
是引兵而南祿山乘鐵轝步騎精鋭煙塵千里鼓譟震
地轝與輿同騎奇寄翻譟蘇到翻時海內久承平百姓累世不識兵革
猝聞范陽兵起遠近震駭河北皆祿山統內祿山兼河北道采訪
使所過州縣望風瓦解守令或開門出迎守式又翻或棄城
竄匿或為所擒戮無敢拒之者祿山先遣將軍何千年

《资治通鉴》

第十六章　唐设涿州建文庙

涿州这个行政名称是从唐大历四年（769）开始的。秦朝设涿县，汉朝设涿郡，唐朝设涿州，郡、县（州、县）二级同城而治。

三国魏朝时把东汉涿郡改名范阳郡，涿郡存在了400多年。西晋把范阳郡变成范阳国，涿城成为幽州的中心城市。从十六国时期历经北朝一直到隋初，范阳郡与涿县同城而治。隋开皇三年（583），撤销范阳郡，涿县隶属幽州。范阳郡（国）历时358年。

魏晋北朝时期的范阳郡，虽辖涿县、范阳县等地，但是范阳郡的治所并不在范阳县，而是在涿县。

大业三年（607），幽州改名涿郡（治所在蓟县，即今北京），涿县隶属涿郡。这个涿郡仅存在了11年，到唐武德元年（618），隋朝之涿郡恢复为幽州，涿县隶属幽州。

武德七年（624），改涿县名为范阳县。此范阳县从大历四年（769）起与涿州同城而治，一直到明洪武九年

彩奏請於范陽縣置涿州仍割幽州之范陽歸義固安三縣以隸涿屬幽州都督州新置未計戶口帳籍至京師二千四百里至東都一千四百八十里

范陽　漢涿郡之涿縣也郡所治曹魏文帝改爲范陽郡晉爲范陽國後魏爲范陽郡隋爲涿縣武德七年改爲范陽縣大曆四年復於縣置涿州　新昌　漢縣名後廢大曆四年復析固安縣置　歸義　漢易縣地屬涿郡北齊省入鄚縣武德五年於縣置北義州貞觀元年與州同省八年復置改屬幽州分置涿州又來屬

固安　漢縣屬涿郡武德四年屬北義州移治章信城

《旧唐书》

（1376）撤销，存在了752年。

唐大历四年（769），把范阳（原涿县）、归义、固安、新昌等4个县划为涿州，州治与范阳县同城。大和六年（832），析范阳县督亢之地设新城县，自此涿州辖5个县。

唐初把涿县改名范阳县，盛唐时还

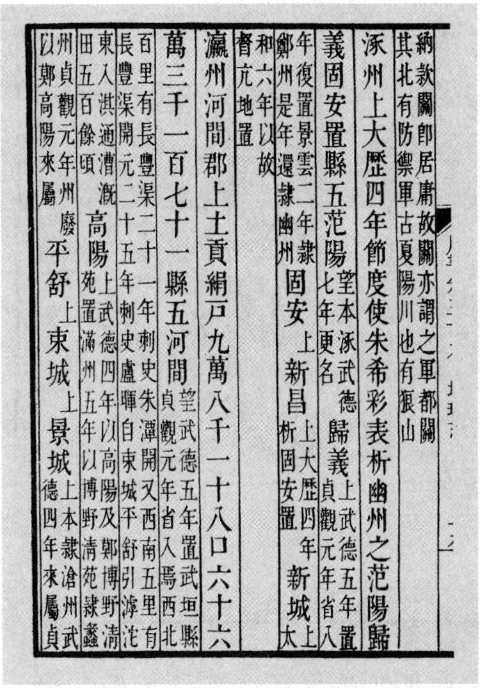
納款關即居庸故關亦謂之軍都關其北有防禦軍古夏陽川也有狼山
涿州上大歷四年節度使朱希彩表析幽州之范陽歸
義固安置縣五范陽望本涿武德七年更名歸義上武德五年置貞觀元年省入
年復置景雲二年隸鄚州是年還隸幽州固安上新昌上大歷四年析固安置新城上太
和六年以故督亢地置
瀛州河間郡上土貢絹戸九萬八千一十八口六十六
萬三千一百七十一縣五河間望武德五年置武垣縣貞觀元年省入鄚西北
百里有長豐渠二十一年刺史朱潭開又西南五里有長豐渠開元二十五年刺史盧暉自東城平舒引滹沱
東入淇通漕溉田五百餘頃高陽上武德四年以高陽及鄚博野清苑置蒲州五年以博野清苑隸蠡
州貞觀元年州廢以鄚高陽來屬平舒上束城上景城上本隸滄州武德四年來屬貞

《新唐书》

曾设置范阳郡。范阳县与范阳郡虽同时存在，但是唐朝范阳郡的治所不在范阳县，而是与蓟县同城而治（蓟县治所在幽州城）。唐朝的范阳郡只存在了16年。

由于安禄山（兼任平卢、范阳、河东三大区域节度使）起兵于范阳镇，因而幽州的“范阳”之名就被广泛地传播开来。直到安史之乱终结，朝廷承认李怀仙为幽州节度使，“范阳”作为幽州的别名，才正式作废。

王恽的《秋涧集》中有篇《涿州移置考》，记述他在元至元初年曾多次到涿州省亲。因拜谒孔庙，读到了贞元五年（789）的碑文，得知范阳县是幽州卢龙军的属邑。从辽统和二十八年（1010）的碑阴记事，得知唐时孔庙在南城东北隅，辽统和二十八年把庙移往南城东南隅。涿城中间有隔门，综合考察因而推断，隔门是设置涿州以前范阳县城的南门，南半城是唐贞元五年扩建的。

王恽的《涿州移置考》全文如下：

至元八年秋九月，予以省觐来涿。因拜谒孔子清庙，遂读唐贞元中使持节都督幽州诸军事彭城刘公建孔庙碑，乃知州治本幽州卢龙军属邑范阳县也。至代宗大历初，诏始分范阳、归义、固安三县为涿州，治范阳，涿州即涿郡故地为名。按《舆地广记》，汉初高祖始立涿郡，魏文帝改范阳郡，其地左碣石，右督亢，南控鄚城百里而遥，北连幽蓟百里而近。唐以来，中间控制蕃戎部落甚众，又河流萦带前后，有林麓陂池之利，周广磅礴，郁为雄藩。及辨读辽统和廿八年州刺史广陵高公移庙碑阴记云：旧庙本在南城东北隅，是年刺史高公移置南城东南隅，康庄之左。因复悟今州城南北若连环然。意者置州时展筑南城而广大之。今市中隔门，本故县城南门也。观此前后证据甚明，无可疑者。噫！予往来幽涿间盖十年，于兹尝以隔门之制为惑，询访土俗，莫详其故。且方物之辨、一事弗知，君子耻

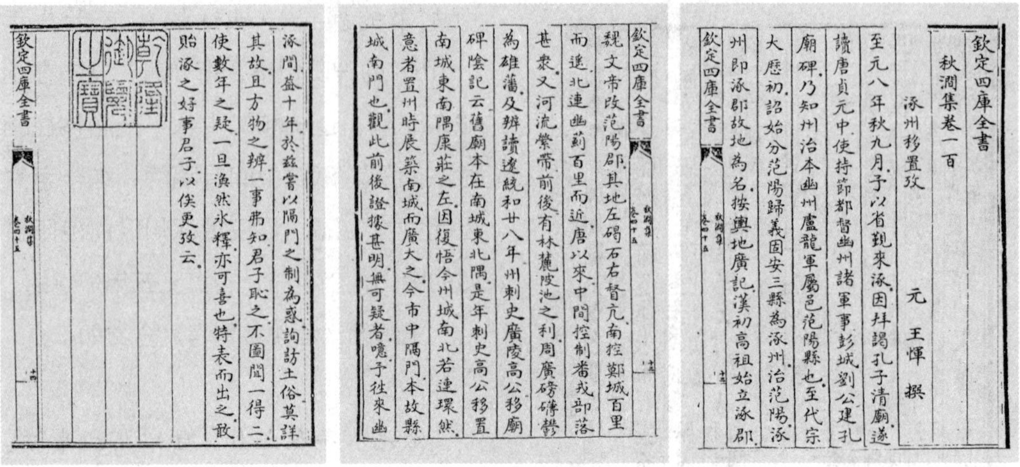
欽定四庫全書
秋澗集卷一百
涿州移置攷 元 王惲 撰
至元八年秋九月予以省賦來涿因拜謁孔子清廟遂
讀唐貞元中使持節都督幽州諸軍事彭城劉公建孔
廟碑乃知州治本幽州盧龍軍屬邑范陽縣也至代宗
大歷初詔始分范陽歸義固安三縣為涿州治范陽涿
州即涿郡故地為名按輿地廣記漢初高祖始立涿郡
魏文帝改范陽郡其地左碣石右督亢南控鄚城百里
而遥北連幽薊百里而近唐以來中間控制番戎部落
甚衆又河流縈帶前後有林麓陂池之利周廣磅礴鬱
為雄藩及辨讀遼統和廿八年州刺史廣陵高公移廟
碑陰記云舊廟本在南城東北隅是年刺史高公移置
南城東南隅康莊之左因復悟今州城南北若連環然
意者置州時展築南城而廣大之今市中隔門本故縣
城南門也觀此前後證據甚明無可疑者噫予往來幽
涿間蓋十年於茲嘗以隔門之制為疑詢訪土俗莫詳
其故且方物之辨一事弗知君子恥之不圖聞一得二
使數年之疑一旦渙然氷釋亦可喜也特表而出之敢
貽涿之好事君子以俟更攷云
欽定四庫全書

《秋涧集》

之。不图闻一得二，使数年之疑，一旦涣然冰释，亦可喜也。特表而出之，敢贻涿之好事君子，以俟更考云。

涿州文庙是唐朝刘济创建的。刘济（757—810），字济之，唐朝幽州昌平人。其父刘怦曾任涿州刺史，后为幽州节度使。刘济少时游学京师，考中进士。唐建中年间担任涿州范阳县令，后为莫州刺史。贞元元年（785），刘怦病故，作为长子的刘济继任幽州节度使。刘济死后，葬于涿城西北15公里处（今属北京房山长沟镇）。

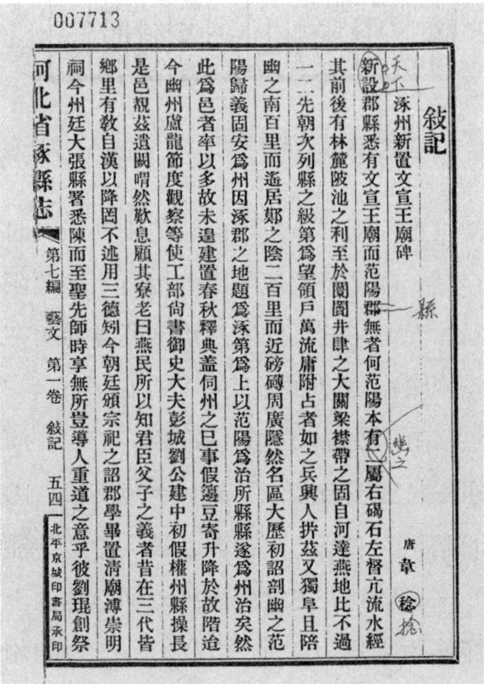
007713
敘記
涿州新置文宣王廟碑 唐 韋稔
新設郡縣悉有文宣王廟而范陽郡無者何范陽本有屬右碣石左督亢流水經
其前後有林麓陂池之利至於闤闠井肆之大關梁襟帶之固自河達燕地比不過
一二先朝次列縣之級第為望領戶萬流庸附占者如之兵興人拼茲又獨阜且陪
幽之南百里而遙居鄚之陰二百里而近磅礴周廣隱然名區大歷初詔剖幽之范
陽歸義固安為州因涿郡之地題為涿第為上以范陽為治所縣遂為州治矣然
此為邑者率以多故未遑建置春秋釋典蓋伺州之巳事假籩豆寄升降於故階迨
今幽州盧龍節度觀察等使工部尚書御史大夫彭城劉公建中初假權州縣操長
是邑覩茲遺闕喟然歎息顧其寮老曰燕民所以知君臣父子之義者昔在三代皆
鄉里有教自漢以降罔不迹用三德矧今朝廷頒宗祀之詔郡學畢置清廟溥崇明
祠今州廷大張縣署悉陳而至聖先師時享無所豈導人重道之意乎彼劉琨創祭
河北省涿縣志 第七編 藝文 第一卷 敘記 五四
北平京城印書局承印

民国二十五年（1936）版《涿县志》

《涿州范阳县文宣王庙之碑》刊立于贞元五年（789），该碑记述了刘济任职范阳县时建立涿州文庙的经过。其碑文称范阳县“右碣石左督亢，流水经其前后，有林麓陂池之利。至于阛阓井肆之大，关梁襟带之固，自河达燕，其比不过一二，先朝次列县之级第为望……磅礴周广，隐然名区”。

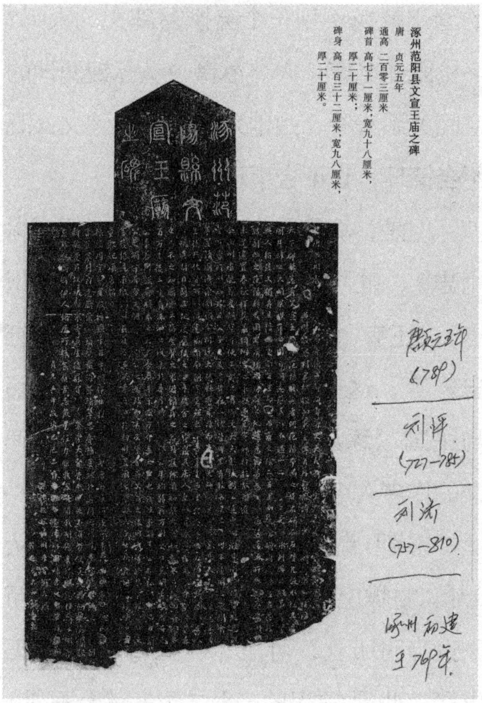

《涿州范阳县文宣王庙之碑》碑拓

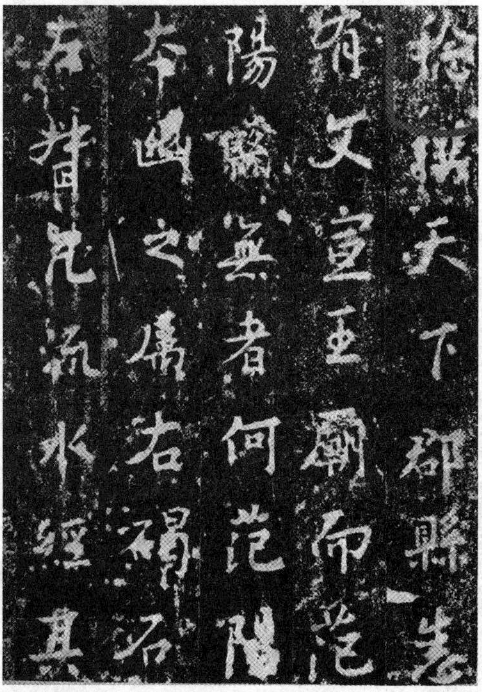

涿州文庙碑文拓片

这篇优美文字的作者是唐朝幽州观察判官、检校尚书、主客员外郎韦捻，但是在民国《涿县志》中，此碑文的作者署名却是韦稔。

唐朝时诗人多，学者、作家也不少，韦稔却是个非著名人物，《中国历史大辞典》和《中国人名大辞典》中都没有收录他，只是在《旧唐书·田悦传》《新唐书·朱滔传》中有这个人名。田悦、朱滔都是安史之乱以后闹割据的河朔军阀。大历十四年（778），田悦继任为魏博节度使，治所在今邯郸市大名县北。朱滔是幽州卢龙节度使，建中三年（782）十月，与成德节度使王武俊、魏博节度使田悦联手，在魏州西部筑坛，祭祀上天，各自越位称王，与大唐政权分庭抗礼。就在他们筑坛的这个地方，两年前发生了一件怪事，地土忽然隆起，“魏州户曹韦稔作了一篇《土长颂》向田悦献媚，说这是扩充国土的兆头”。由此可见，韦稔是魏州的户曹。

魏州是魏博节度使辖区的一个州，在今邯郸市东南。涿州与魏州之间还存在着一个成德节度使（控制着定州等周边多个州）。涿州文庙的碑文为何要找七八百里之外的这样一个官职和名声都不高的小文人来撰写呢？涿州本地就没有会写碑文的人才吗？涿州属于幽州辖区，建立文庙是幽州节度使在涿州当县令时的政绩，偌大

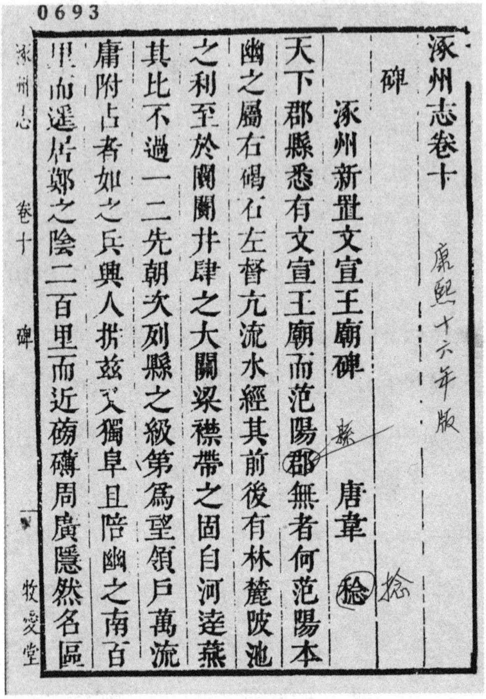
0693

涿州志卷十

康熙十六年版

碑

涿州新置文宣王廟碑　唐韋稔

天下郡縣悉有文宣王廟而范陽郡無者何范陽本

幽之屬右碣石左督亢流水經其前後有林麓陂池

之利至於闤闠井肆之大關梁襟帶之固自河達燕

其比不過一二先朝次列縣之級第爲望領戶萬流

庸附占者如之兵輿人抃茲又獨阜且陪幽之南百

里而遥居鄭之陰二百里而近礴礴周廣隱然名區

涿州志　卷十　碑　牧愛堂

清康熙十六年（1677）版《涿州志》

乾隆三十年版涿州志

涿州新置文宣王廟碑　唐韋稔

天下郡縣悉有文宣王廟而范陽郡無者何范陽本

幽之屬右碣石左督亢流水經其前後有林麓陂池

之利至於闤闠井肆之大關梁襟帶之固自河達燕

其比不過一二先朝次列縣之級第爲望領戶萬流

庸附占者如之兵輿人抃茲又獨阜且陪幽之南百

里而遥居鄭之陰二百里而近礴礴周廣隱然名區

碑銘

清乾隆三十年（1765）版《涿州志》

的幽州就找不到一个会撰写碑文的人吗？韦稔既非名家，亦非涿籍，从涿魏两地的空间关系来看，由他来撰写涿州碑文，既不合情理，也不合事理。

但是，清康熙十六年（1671）版《涿州志》、乾隆三十年（1765）版《涿州志》，还有《日下旧闻考》《光绪顺天府志》等，这些清朝地方史志中的记载都与民国《涿县志》一样——涿州文庙碑文的作者署名都是韦稔。

宋朝《金石录》的作者赵明诚认为："史牒出于后人之手，不能无失；而刻词当时所立，可信不疑。"用碑刻校正史籍，也是常用的一种方法。《金石录》中没有涿州文庙碑，《金石文字记》中虽有，但是过于简略。顾氏著录碑铭，一般都有相关记述，最多的文字达数百字，但是涿州这个《范阳郡新置文宣王庙碑》仅仅27个字，且没有任何评述，看来是照搬别人的抄件，他并没有见到实物或拓片。

《金石录补》中有一篇《唐幽州新置文宣王庙碑》，其实就是涿州的文庙碑。该书编者对这篇碑文做了考证性介绍，说"建中初，公宰是邑，特兴斯庙"，唐贞元五年立碑是"追颂其牧宰时事也"，但是并没有涉及碑文作者。

《金石录补》这篇文字被《光绪顺天府志》收录，同时把题目改为《范阳郡新置文宣王庙碑》，并注上了“韦稔撰，在涿州文庙”。唐朝时范阳郡治在幽州，与隋朝以前的范阳郡（治在涿县）不同，唐朝的涿州不能称为范阳郡。

2005年，杨卫东、黄涿生主编的《涿州贞石录》出版发行，其首篇就是《涿州范阳县文宣王庙之碑》，其中的原碑拓片、著录的碑文颇有价值。遗憾的是原碑右侧漫漶不清，碑文撰著者的名字已经无法辨识了。

《全唐文》中收录有《涿州新置文宣王庙碑》，作者署名是韦稔，并注“稔魏州人”。《全唐文》并不是唐朝或唐朝刚终结后编纂的文集，而是过了900年后到清嘉庆年间收集编纂的，它收录的这篇文章与早于它的清康熙、乾隆时期的涿州志书相同，不过是照抄照转而已。

其实《全唐文》并不全，到了清同治年间，陆心源主编的《唐文拾遗》和《唐文续拾》又补充了一批文献。其中《唐文续拾》中收录有《涿州范阳县文宣王庙碑》，为后人提供了重要的权威版本。

以前几部涿州志书中的这篇碑文，大都对原文做了轻率改动。标题把“范阳县”改成“新置”，问题不大，而内文字词的改动，如把“天下郡县”改为“新设郡县”、把“范阳县”改为“范阳郡”等，则是制造了错误信息，暴露出修改者对于幽州建置史的无知。

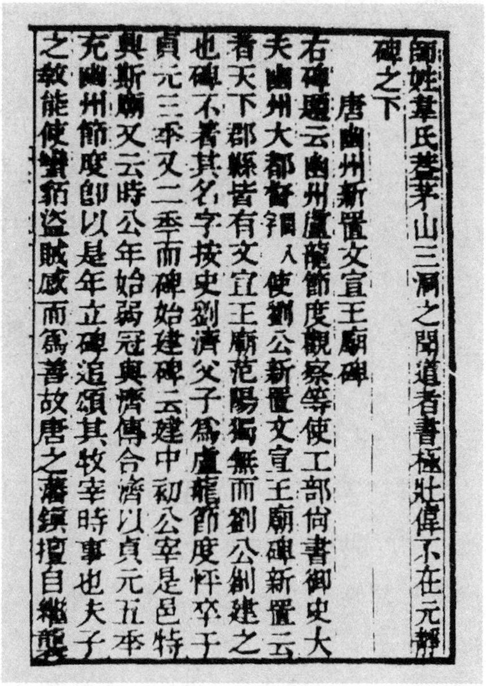
閭姓葦氏茬茅山三洞之間道者書極壯偉不在元靜
碑之下
唐幽州新置文宣王廟碑
右碑題云幽州盧龍節度觀察等使工部尚書御史大
夫幽州大都督[illegible]入使劉公新置文宣王廟碑新置云
著天下郡縣皆有文宣王廟范陽獨無而劉公創建之
也碑不著其名字按史劉濟父子爲盧龍節度怦卒于
貞元三年又二年而碑始建碑云建中初公宰是邑特
與斯廟又云時公年始弱冠與齊傳合濟以貞元五年
充幽州節度卽以是年立碑追頌其牧宰時事也夫子
之教能使蠻貊盜賊感而爲善故唐之藩鎮擅自繼襲

《金石录补》

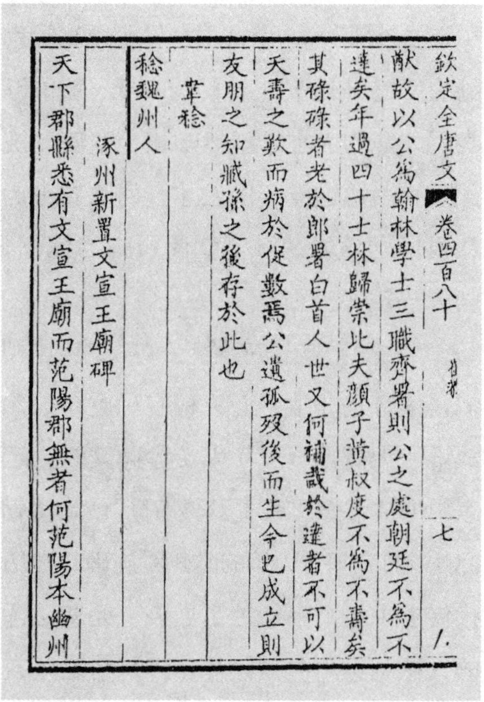
欽定全唐文　卷四百八十　七
猷故以公爲翰林學士三職齊署則公之處朝廷不爲不
達矣年過四十士林歸崇比夫顏子黃叔度不爲不壽矣
其祿祿者老於郎署白首人世又何補哉於達者不可以
天壽之歎而病於促數焉公遺孤歿後而生今已成立則
友朋之知臧孫之後存於此也
韋稔
稔魏州人
涿州新置文宣王廟碑
天下郡縣悉有文宣王廟而范陽郡無者何范陽本幽州

《全唐文》

《唐文续拾》收录的这篇碑文是根据石刻原拓，一字不改地抄写下来的，因而其可信度极高。漫漶不清的字用“口”代替，每一字占一个位置，必要时注明缺失了几个字。这种作风是脚踏实地的，这种态度是认真负责的。

《唐文续拾》中收录的《涿州范阳县文宣王庙碑》，为确定该文作者的名字与官职身份提供了重要依据。碑拓上作者的姓模糊不清，因而把作者写成“口捻”，并注明“缺姓”。根据另一种拓片辨认，其姓可以确定为“韦”，也就是说，碑文作者应是“韦捻”。至于韦捻的身份，《唐文续拾》根据碑拓写得很清楚，就是“幽州观察判官、检校尚书、主客员外郎”。这个官职身份明显高于韦稔的“魏州户曹”。官职的高低一般能够表明才能的大小，既然幽州节度使刘济部下有韦捻这样一位人才，何须要去七八百里之外的魏博节度使所辖的魏州，聘请一名户曹呢？

“韦捻”与“韦稔”，字形极其相似，读音也非常相近，稍有马虎，必然成讹。大概是千百年来传抄碑文时，无意中把“韦捻”写成了“韦稔”。比唐朝涿州文庙碑晚了7年的幽州舜庙碑，在历代传播中也把韦稔扯了进来。元初王恽的《秋涧集》中《读舜庙碑》诗之序言称：“唐贞元间，鲁公子頵所书，幽州

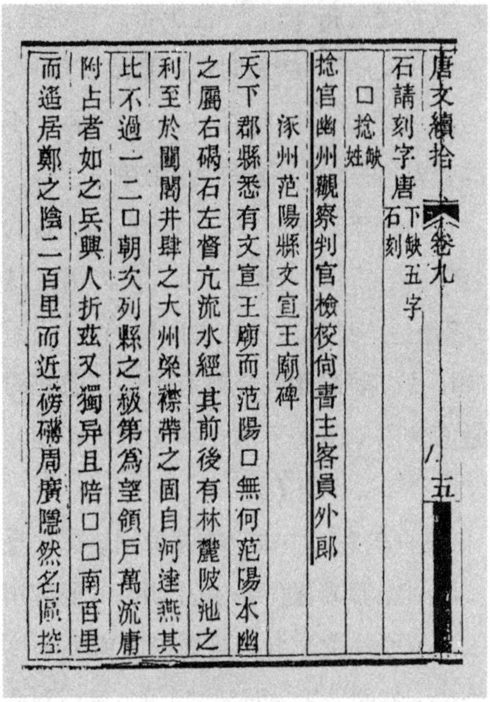
唐文續拾　卷九
石請刻字唐下缺五字石刻
口捻姓缺
捻官幽州觀察判官檢校尚書主客員外郎
涿州范陽縣文宣王廟碑
天下郡縣悉有文宣王廟而范陽口無何范陽本幽
之屬右碣石左督亢流水經其前後有林麓陂池之
利至於闤闠井肆之大州榮襟帶之固自河達燕其
比不過一二口朝次列縣之級第爲望領戶萬流庸
附占者如之兵興人折玆又獨异且陪口口南百里
而遥居鄭之陰二百里而近磅礴周廣隱然名區控

《唐文续拾》

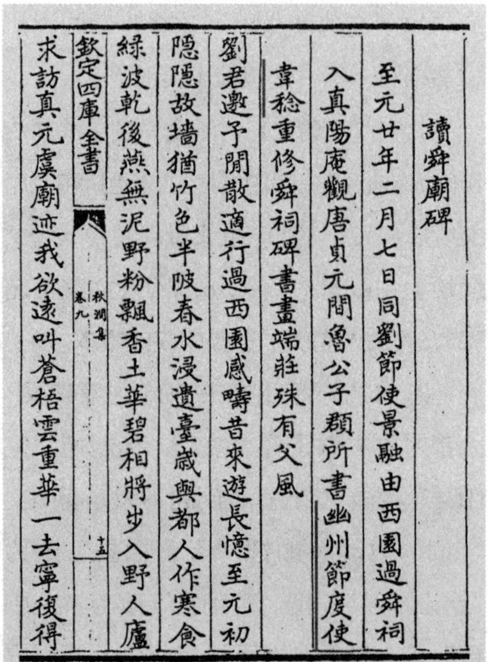
讀舜廟碑
至元廿年二月七日同劉節使景融由西園過舜祠
入真陽庵觀唐貞元間魯公子頵所書幽州節度使
韋稔重修舜祠碑書畫端莊殊有父風
劉君邀予閒散適行過西園感疇昔來遊長憶至元初
隱隱故墻猶竹色半陂春水浸遺臺歲與都人作寒食
綠波乾後燕無泥野粉飄香土華碧相將步入野人廬
欽定四庫全書　秋澗集　卷九
求訪真元虞廟迹我欲遠叫蒼梧雲重華一去寧復得

《秋涧集》

节度使韦稔重修舜祠碑，书画端庄，殊有父风。”王恽这位大学者，注意力都集中在了观赏颜真卿儿子的书法上，竟然把韦稔当作了幽州节度使。查一查唐朝历任幽州节度使名录，根本没有姓韦的人。

其实在四库全书版赵明诚的《金石录》中也出现了韦稔，“唐《幽州复舜庙颂》，韦稔撰，颜頵正书并篆，贞元十二年闰八月”。这里的撰文者“韦稔”，绝对应该是“韦捻”。那么是赵明诚错了吗？赵明诚可能没有错，可能是后人在传抄中搞错了。《四库全书提要》称：南宋版本《金石录》早已失传，明朝以来，“转相抄录，各以意为，更移或删除其目内之次第，又或窜乱其目之年月。第十一卷以下，或并削每卷之细目，或竟佚卷末之后序，沿讹踵谬，弥失其真。顾炎武《日知录》载章邱刻本，至以后序‘壮月朔’为‘牡丹朔’，其书之舛谬，可以概见。”“壮月朔”是农历八月初一，把“壮月”抄成“牡丹”，真是错误百出。手抄本流传刊刻竟出现这种常识性错误，由此看来，把《幽州复舜庙颂》的作者韦捻错写成韦稔，也就不奇怪了。

综上所述，简而言之，唐朝涿州文庙碑文是幽州观察判官、检校尚书、主客员外郎韦捻所作，与魏州户曹韦稔没有半点关系。

第十七章　范阳县境羁縻州

隋唐时期，周边各族群种类颇多，分布地区极广。北方游牧民族有投靠大唐的，唐朝就参照内地的管理形式，在其活动区域设置州、县，并设置都督府以统辖所设州、县。因为由本部落的人担任都督、刺史、县令，并且是世袭制，和内地的州、县（选派调任官吏）不同，这种设置被称为羁縻州。

按字义说，羁是马笼头，縻是牛鼻绳，羁縻就是笼络、维系的意思。

唐朝河北道的羁縻州，是以突厥的别部，以及奚、契丹、靺鞨、降胡、高丽诸部设立的，分隶于安东都护府和营州（治所在今辽宁朝阳）、幽州（治所在今北京）二州都督府。

唐武德二年（619），契丹内稽部落投唐，天子设置威州安抚他们。后来，威州侨治营州城中。再后来，又往南迁徙，寄治幽州良乡县。两年后，别部酋帅孙敖曹求内附，诏令在营州城旁安置。贞观二年（628），酋长摩会率部内属，致使东突厥颉利可汗恐惧不安。自此，契丹彻底挣脱了突厥的控制，其松漠、乙失革、曲据（即李去闾）等部落相继附唐，唐太宗特设置玄州（侨治范阳鲁泊村）、昌州（侨治昌平清水店）以安置他们。

载初元年（689），析昌州置沃州（后侨治蓟县南之回城）。万岁通天元年（696），以乙失活部置信州（侨治范阳境）。景云元年（710），析玄州置青山州（侨治范阳水门村）。

以上契丹府州，“皆隶营州都督”。万岁通天元年（696），松漠都督李尽忠（窟哥孙）与内兄归诚州刺史孙万荣（孙敖曹孙），因愤于营州都督赵文翙侵侮，举兵杀死赵文翙，攻陷营州。朝廷为削弱反叛者的社会基础，遂采取釜底抽薪的办法，将玄州曲据部徙徐州（今江苏徐州）、宋州（今河南商丘）地区；威州内稽部徙幽州（今北京）境；昌、师、带、信诸州的松漠、乙失革、乙失活等部徙青州（今山东益都）。唐神龙初年（705），因契丹之乱平息，遂又将南迁诸部徙还，“皆隶幽州都督府”。

在范阳县境内安置的羁縻州，《旧唐书·地理志》记载：

玄州，隋开皇初置，处契丹李去闾部落。万岁通天二年，移于徐、宋州安置。神龙元年，复旧。今隶幽州。天宝领县一，户六百一十八，口一千三百三十三。

静蕃，州治所，范阳县之鲁泊村。

信州，万岁通天元年置，处契丹失活部落，隶营州都督。二年，迁于青州安置。神龙初，还隶幽州都督。天宝领县一，户四百一十四，口一千六百。

黄龙，州所治，寄治范阳县。

青山州，景云元年，析玄州置，隶幽州都督。领县一，户六百二十二，口三千二百一十五。

青山，寄治于范阳县界水门村。

凛州，天宝初置于范阳县界，处降胡。领县一，户六百四十八，口二千一百八十七。

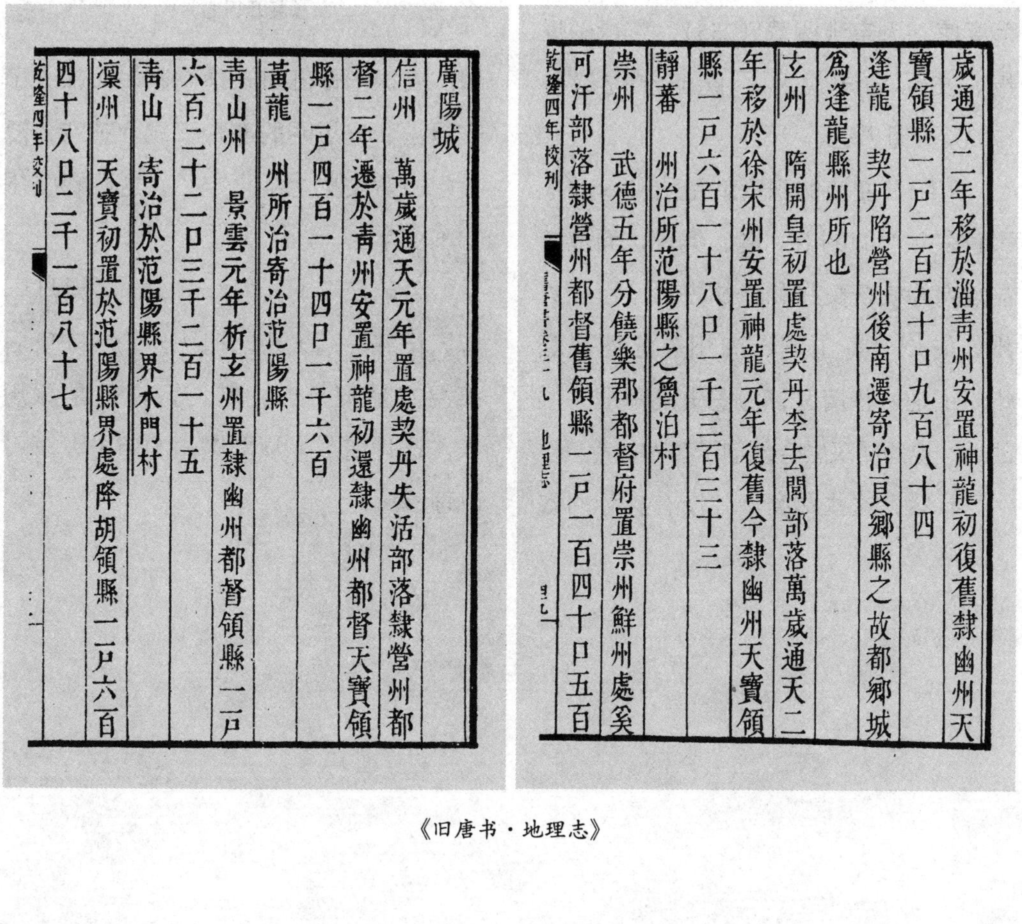
歲通天二年移於淄青州安置神龍初復舊隸幽州天
寶領縣一戶二百五十口九百八十四
逢龍　契丹陷營州後南遷寄治良鄉縣之故都鄉城
爲逢龍縣州所也
玄州　隋開皇初置處契丹李去閭部落萬歲通天二
年移於徐宋州安置神龍元年復舊今隸幽州天寶領
縣一戶六百一十八口一千三百三十三
靜蕃　州治所范陽縣之魯泊村
崇州　武德五年分饒樂郡都督府置崇州鮮州處奚
可汗部落隸營州都督舊領縣一戶一百四十口五百
乾隆四年校刊　地理志

廣陽城
信州　萬歲通天元年置處契丹失活部落隸營州都
督二年遷於青州安置神龍初還隸幽州都督天寶領
縣一戶四百一十四口一千六百
黃龍　州所治寄治范陽縣
青山州　景雲元年析玄州置隸幽州都督領縣一戶
六百二十二口三千二百一十五
青山　寄治於范陽縣界水門村
凜州　天寶初置於范陽縣界處降胡領縣一戶六百
四十八口二千一百八十七
乾隆四年校刊

《旧唐书·地理志》

《新唐书·地理志七下》记载：

玄州，贞观二十年，以纥主曲据部落置，侨治范阳之鲁泊村。……

信州，万岁通天元年以乙失活部落置。侨治范阳境。……

青山州，景云元年析玄州置，侨治范阳之水门村。……

凛州，天宝初置，侨治范阳境。

天宝元年（742），升幽州节度使所辖平卢为节度，以安禄山为平卢节度使。天宝三载（744），安禄山兼任范阳节度使。天宝十四载（755），安禄山反叛，史称安史之乱，直至宝应二年（763）一月平定。

范阳节度使的职责就是防御、安抚大唐东北部的胡人、奚、契丹，而范阳县境内为安抚契丹和降胡先后设置了玄州、信州、青山州、凛州等几处羁縻州。正是这些情况，为安史乱军准备了胡兵，也为胡汉融合创造了条件。

显然，这些羁縻州并没有实际的疆域。安禄山作乱时，他们许多人都成了安禄山、史思明的部众，成为贼寇，侵扰中原。安史之乱平定后，这些羁縻州便不复存在。

清乾隆年间“钦定”的《契丹国志》记载，辽太宗耶律德光的靖安皇后萧温本是契丹人，其传记说她是涿州人。这种情况，从羁縻州的历史大概可以理解。

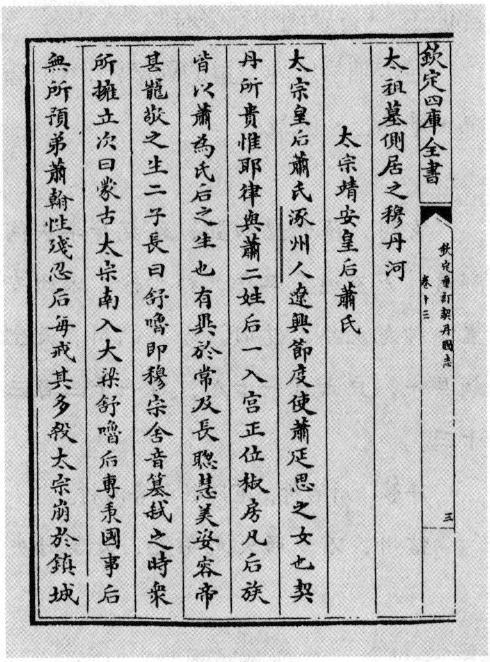
欽定四庫全書
太祖墓側居之穆丹河
太宗靖安皇后蕭氏
太宗皇后蕭氏涿州人遼興節度使蕭延思之女也契丹所貴惟耶律與蕭二姓后一入宮正位椒房凡后族皆以蕭為氏后之生也有異於常及長聰慧美姿容帝甚寵敬之生二子長曰舒嚕即穆宗舍音篡弒之時衆所擁立次曰蒙古太宗南入大梁舒嚕后專秉國事后無所預弟蕭翰性殘忍后每戒其多殺太宗崩於鎮城
欽定重訂契丹國志 卷十三 三

《契丹国志》

第十八章　涿州汉昭烈帝庙

涿州楼桑村蜀汉昭烈帝刘备庙最早是哪个朝代建立起来的？至今尚未发现明确记载。现存该庙最早的重修记是唐乾宁四年（897）郭筠撰著的《蜀先主庙记》，而明朝的《帝京景物略》、清初的《天府广记》、清康熙初年的《日下旧闻》、清雍正时期的《畿辅通志》，以及《光绪顺天府志》等都误认为在汉昭烈皇帝刘备故里的蜀先主庙是唐乾宁四年刺史娄君延所建。

重修蜀先主庙碑拓

仔细阅读郭筠的《蜀先主庙记》就会发现，唐乾宁四年是重修，而不是始建。碑文写道：当时到该祠庙中“荐奠于蜀主”，发现并感慨“其年代绵远，庙貌荒凉，栋宇欹倾”，于是决定重修。

再看庙内金朝王庭筠所作碑记：蜀先主庙“距州南十里而远，庭有石，乃刺史娄君延重修记，唐乾宁四年也，则血食于此旧矣”。

元初郝经也有一篇碑文，郝经撰文时决定把“蜀先主庙”改名为“汉昭烈皇帝庙”。他写道：蜀先主庙“在涿郡南十里而近，自隋唐五季辽金以来，皆即故居代为增葺”。

通过以上3篇碑文不难推断，楼桑村刘备祠庙建于唐乾宁四年的说法是不对的。我提出“建于隋唐”，虽是个模糊概念，但比“唐乾宁四年”合理得多。唐乾宁四年是唐朝末年，“隋唐”所指要比它早二三百年。

在《日下旧闻考》和《光绪顺天府志》中，都有金朝王庭筠的碑文。在这篇碑文中写着：涿州蜀先主庙是唐朝“刺史娄君延重修记，唐乾宁四年也”。因为“娄君延”可以理解为娄（姓）君（先生）延（名）。因此，在清朝的《涿州志·职官》中，唐朝涿州太守（刺史）名录中都列有“娄延”一名。

但是据杨卫东的《王庭筠及其“重修蜀先主庙碑”》一文考证，这个300多年前写在《涿州志》上的涿州一任最大长官的名字，其实是搞错了。在杨卫东文中写的是“刺史娄居乸”。那么“居乸”是否可能是“君延”的笔误呢？对照该文附印的原碑拓片，“刺史娄居乸”几个字非常清楚，显然杨卫东并没有录错碑文。

明清时期抄录碑文时出现笔误，把“娄居乸”写为“娄君延”，到编修《涿州志》时，再把“娄延”列入唐朝职官名。清朝编纂北京地方史志时，又把这一错误收入书中。这就是常见的一错再错、以讹传讹的典型现象。原碑早已无存，多亏有拓片留传于世，否则就将永远“君延”下去了。

隋唐时期的蜀先主庙，元朝初期改名汉昭烈皇帝庙，明正德三年（1508）始称敕建三义宫。从隋唐至明清，胜迹传承堪称久远。

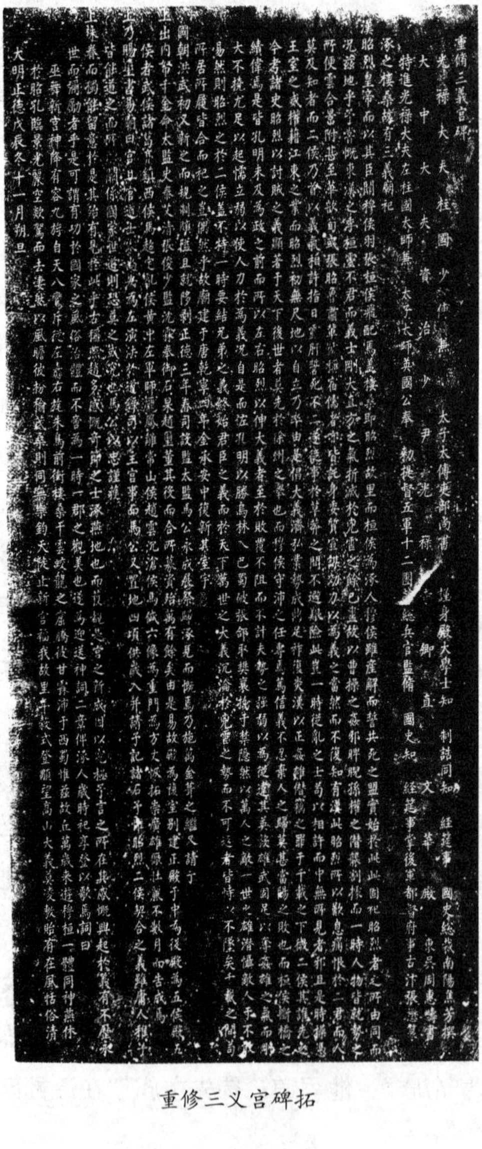

重修三义宫碑拓

蜀先主庙记

［唐］郭筠

夫燕之南，第一州曰涿。涿之郡城雄峻，山水清奇，人户殷繁，农桑泼壤。凡为牧守，必假贤明。我太保彭城王蕴翼圣之沉机，抱安人之妙算，举□三略，动应六韬，秉千里之戎麾，持三方之相印。以其郡□郡之最，必当慎选其材，乃命使持节涿州诸军事守涿州刺史兼永泰军营田等使诸县镇护乡保胜攻讨都指挥使检校兵部尚书兼御史大夫上柱国娄公牧之。公自莅是州，敷和气以应天时，布惠泽而协地利，遂得余粮栖亩，朽粒盈囷，唯闻鼓腹之歌，顿绝分糜之叹。是以封疆毕葺，壕寨咸修，人播讴歌，事成容暇，致其险固，皆自指挥，边烽无侦逻之虞，武率有纵横之备。论奇功则韩彭未是，较至理则龚黄不高。扬历三州，抚绥一致，遂使乡闾相庆，皆歌谣太守之恩，寮吏交欢，悉感□使君之德。仁覃远迩，道洽隆平。况龙章凤姿，有叔夜仙中之趣，瑶林琼树，多夷甫尘外之仪。政化之饬，训练之暇，凝神珠顶，注意玉毫，每分禄俸之中，以补伽蓝之阙。俾得蠕飞蠢动，皆沐荫□，甘雨和风，自协冥祷，然后衙庭公署，成华丽于指踪；月榭云亭，创新奇于心匠。至于僧庵佛宝，灵迹神踪，或一经游，皆谋修饰。丁巳岁仲春月，因荐奠于蜀主，叹其年代绵远，庙貌荒凉，栋宇攲倾，透风霜于几席，簪缨零落，杂尘坌于珠金。欲再修崇，旷于故实，乃命纠使曰：显其先主懿迹，俾得世人咸知，尔宜为之，无所辞也。筠簪组微流，轩墀末□□□尘土，但愧笺毫，徒怀雀跃之诚，叨纪龙飞之地，捧承严旨，诚谓斐然。夫膺天诞圣，应运披图，未有无殊常之徵，而无□特之兆者，分日□□□□□月魄以腾辉，星律□□□表庆此皆明于史传，不接见闻。唯先主姓刘氏，讳备，字玄德，涿郡人也。端启奇桑，言符法驾，遗芳尚在，传异无穷。景帝之金枝，靖王之玉叶，□□□□蜀国中兴，世以陆亭失侯而家涿鹿，后因三访谋臣而获卧龙。祖父雄、父弘，世仕州郡孝廉，官至东郡范令。先主少孤，其母贩履织席为业，□□□南角有桑，生高五丈余，遥望憧憧，如小车盖，往来瞻瞩，咸谓当出贵人。时先主与宗中小儿戏于树下，自言吾必当乘此羽葆盖车。及长大，意气不群，形像出众，人皆奇怪，共许绝伦。不乐披寻，□便驰骋；既留心于音乐，仍致意于衣装。身长七尺五寸，垂臂下膝，顾自见耳；少言语，善接人，负不羁之才，富宽和之誉，荐历艰计，方协霸图。至建安廿六年四月，即帝位于成都武担山之南。章武三年夏四月，升遐于永安宫。时年六十三，谥曰昭烈皇帝。洎乎南征北伐，时屯运泰，载之志

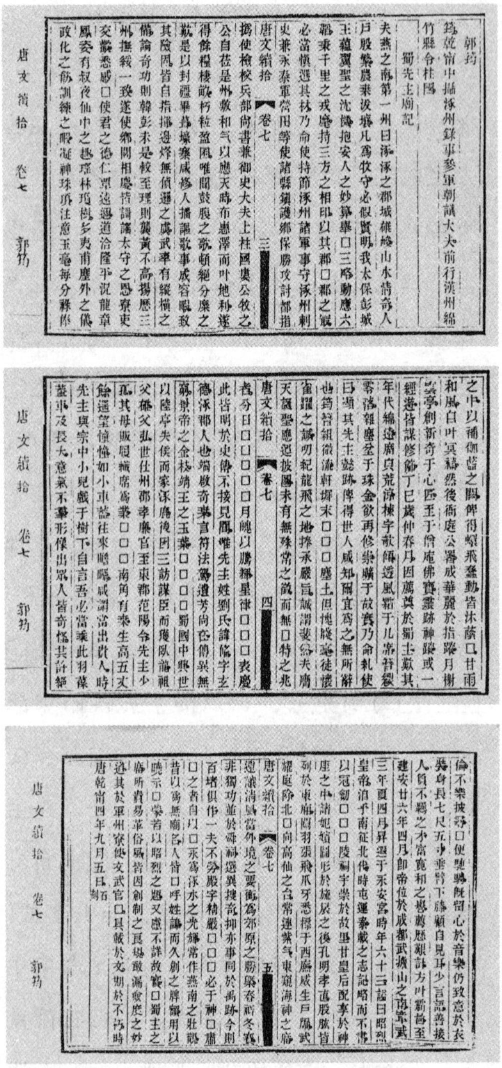

《蜀先主庙记》

记，略而不书。以冠剑□□□陵祠宇崇于故里，甘皇后配享于神座之中，诸妃嫔图形于旒扆之后；孔明孝直，股肱皆列于东厢；关羽张飞，爪牙悉标于西庑。威生户牖，武耀庭除，北□向高仙之台，常连紫气；东窥海神之庙，远让清风。当外境之要冲，为郊原之胜概。春祈冬赛，非独功并于舜祠，选异搜奇，抑亦事同于禹迹。今则百堵俱作，一夫不劳；殿宇精严□□□必于神□肃□之者自以□永为涿水之光辉，常作燕南之壮观。昔以为无庙名，人皆口呼姓讳，而久创之牌额，用以晓示□蒙。若以昭烈之题，又虑不详故实，□蜀主之庙，所贵易革俗风，皆因创制之良规，敢漏佥度之妙道。其于军州寮使，文武官□，具载于文，期于不朽。

时唐乾宁四年九月五日。

郭筠，籍贯不详，生卒年不详。唐乾宁年间兼任涿州录事参军，乾宁四年（897），奉“使持节涿州诸军事、守涿州刺史”娄居迺之命，于仲春月祭祀刘备，发现该庙“年代绵远，庙貌荒凉，栋宇欹倾”，于是重修刘备庙，郭筠撰著碑文。

重修蜀先主庙碑记

［金］王庭筠

仁者未必成功，成功者未必仁。仁者之心，以仁仁天下；不仁者之心，以仁济其私。故善论人者，论其心之何如，而成败不与。以仁济其私者，发于其言，见于其事，亦仁也，盖窃仁以欺天下。夫窃仁者，是有大不仁根著于心。然窃仁易穷也，而根著于心者，卒不可掩。天下之人，莫不腹詈臆唾。虽一时成功，旋与草木同腐矣。仁者之心，不以其身其家而以天下，故天下之人，亦相与讴歌戴仰，愿以为君，虽生无成功，天下之人莫不叹息，至后世犹喜称道。精爽在天，能推其仁心，用之不已，施之不竭，呼吸而云雨，咄嗟而风霆，咫尺万里，朝夕千载，此理之自然，无足怪者。

先主，仁人也。当阳之役，不以身而以民；永安之命，不以家而以贤。虽不能如其言，要之其心如是而已。有厚爱天下之心，必飨天下之报。至今天下之人犹叹息其无成而喜称道之。涿之人又祠而奉之，宜哉！涿，先主之故家也。庙距州西南十里而远，庭有石，乃刺史娄居廼重修记，唐乾宁四年也，则血食于此旧矣。岁久屋老，才庇风雨。今年夏四月，里民始议增葺。于是富者以资，巧者以艺，少者走以服其劳，老者坐以董其功。稍完治中堂，新作门屏，又作两庑，配祀元臣，诸葛孔明、关云长、法孝直在东；庞士元、张翼德、简宪和在西。既成，具兴废岁月，乞文于庭筠，将以刻诸石。庭筠曰：五季兵火之余，室庐焚荡殆尽，而庙貌岿然独存，悍夫暴客过堂下，敛兵肃跽不敢犯，则其仁之入民深矣。大哉仁乎！蕴于心，充于天地，被于万物，盖有不与死而俱亡者。幽而为神，其遗泽残烈，施及天下后世，以达其生平未厌之心，必矣，岂独私乎一乡哉?！祀而奉之者，特其乡人之情耳！庭筠既书其事，复作歌遗之，使迎送神佐其鼓舞以乐之。

辞曰：

舜禹不可作兮，古猷日溃。盗取盗守兮、恬不怪。

仁人起兮，力砭其废。志天下兮、岂独为汉计！

大统未一兮，时已逝。奄为神明兮，陟配上帝。

何纾我忧兮，仁及后世。彼曹丕兮，死为妖彗。

握长铗兮，载芟载刈。燕山之陲兮，范水之裔。

平畴如砥兮，惟神之丰沛。郁童童兮羽葆盖。

帐篱树兮，今安在?

记儿时之旧事兮，想亦为之一忾。神之去来兮，苍虬翠驷。粲华裾兮，锵鸣玉佩。絙瑟而吹龠兮，纷群音之繁会。牲肥酒香兮，神其饫醉。来云席帝兮，回风满旆。将而送兮百拜，民不忘兮遗爱。

驱螟蝗兮疫疠。时雨旸兮屡岁。俾富康兮耆艾。

民德神兮，事之无替。

王庭筠（1156—1202），字子端，自号黄华老人，金代熊岳（今属辽宁营口）人。大定进士，任恩州军事判官，有政绩。调馆陶主簿，被劾致仕。明昌三年（1192）起为应奉翰林文字，复迁翰林修撰，因罪解职，不久复官。与父王遵古，兄王庭玉、王庭坚，弟王庭琰俱名于时。善诗文，书法学米芾，画以山水墨竹著称，诗书画并称“三绝”。传世有《幽竹枯槎图》《风雪杉松图跋》。撰有《重修蜀先主庙碑》，颇受元朝郝经等后人推崇，另有《黄华集》传世。

涿郡汉昭烈皇帝庙碑记

［元］郝经

涿郡为昭烈帝里，故其庙祀尤盛。涿故燕国，古多豪杰之士，歌谣慷慨、任侠报仇、遗风尚存。每言曹魏篡汉之事，莫不欷歔流涕，想见昭烈君臣。其父老过其祠下，拜谒而致奠者朝夕不绝；其岁时祀事，合沓走集，不远千里，指示楼桑故居，彷徨不忍去。

庙在涿郡南十里而近，自隋唐五季辽金以来，皆即故居代为增葺。其正殿当中，中山靖王之后昭烈像，设衮冕南向。其佐命将相，则列于两庑。左则诸葛亮、庞统、法正、许靖；右则关羽、张飞、赵云、马超，位序崇敞，有法制焉。

庙故有碑，金翰林应奉王庭筠词，推明昭烈之志，议论文采，近世所无。然犹题为先主，名号有未正焉。按春秋左氏传，称先主者，大夫称其先大夫之辞，生则称主，没则称先主，非帝王之号也。魏晋私记，以昭烈父子为僭伪，故称蜀不称汉，以昭烈为先主，安乐为后主。至陈寿作志，即以汉与魏，使昭烈父子与刘璋共为蜀志。其后著书者皆以魏为正统。惟宋司马光更蜀为汉，初曰汉中王，即位曰汉主，崩则曰汉主殂，追称则曰汉昭烈帝，而亦不以正统归之。至建安，朱熹始夺黄初之统，以章武继汉焉。或者又以为族属疏远，不能纪其世数名位，犹宋高祖称楚元王后，南唐烈祖称吴王恪后，此又从而为之辞者也。后世之致疑，未若孔明之传信，曰：“将军既帝室之胄，信义著于天下。”又曰：“霸业可成，汉室可兴。”为帝胄使兴汉室，当是之时莫不以昭烈为汉帝，曹氏为汉贼。岂至于后世，而欲以一己之私反之哉？故正其名号曰：汉昭烈皇帝，榜其殿，而系之以诗曰：

高祖造汉，拯民涂炭。世祖戡难，民适思汉。

两都二祖，垂四百年。昭烈之兴，死灰复燃。

难于二祖，百折不沮。仓皇奔走，众才一旅。

恺悌仁厚，民心是归。以得国士，

乃可有为。

既扶熊虎，复起卧龙。电扫汉南，雷震江东。

拒曹扼吴，据有梁益。遂取汉中，兴王立国。

继承汉业，始实在此。拓定中原，贻于孙子。

汉贼不并，王岂偏安？丕岂其敌，诛仇弗难。

天不假年，愤军崩殂。不能复仇，还于旧都。

顾命孔明，伊周之事。不私其子，天下大计。

琅琅格言，最以为善。三代君臣，乃今复见。

宗臣流涕，效死出师。游魂伥鬼，折败不支。

崦嵫返照，有光烛天。既绝之统，复一再传。

三君一仁，三起三灭。庙食帝里，至今不绝。

燕山之阳，涿水汤汤，笃生异人，复一高光。

杜鹃不来，桑犹在寝，刻诗庙门，万世是念。

郝经（1223—1275），字伯常，元初泽州陵川（今属山西）人。金亡后徙保州城（今保定）。家贫好学，后被守帅张柔、贾辅聘为宾客，教诸子，得读二家藏书。元宪宗时，入忽必烈王府，条上数十事，甚受信任。从忽必烈攻宋鄂州，得宪宗死讯，建议撤军北还，争取汗位，与贾似道议和退兵。中统元年（1260），以翰林侍读学士，佩金虎符，充国信使使宋，告知世祖即位，并商和议，被贾似道扣留于真州（今江苏仪征）16年。至元十二年（1275）归元，寻病卒，谥文忠。被留之日，以著述为事，著有《续后汉书》《春秋外传》《周易外传》《太极演》《原古录》《通鉴书法》《玉衡贞观》《行人志》等。另有《陵川集》版刻存世。

郝经在保州期间，遍游古迹名胜，凭今吊古，写下大量诗文。因尊崇刘备“以人为本”的仁厚品德、保国安民的雄心壮志、百折不挠的奋斗精神，为涿州蜀先主庙撰著碑文、吟诗题词，并改庙名为“汉昭烈皇帝庙”。

重修三义宫碑记

［明］焦芳

涿之楼桑故有三义庙，祀汉昭烈皇帝，而以其臣关穆侯羽、张桓侯飞配焉。盖楼桑即昭烈故里，而桓侯为涿人，穆侯虽产解，而誓共死之盟，实始于此，此故祀昭烈者之所由同，而况兹地乎！予尝慨东汉之季，桓灵不君而义，刚大直方之气，折灭于凶虐之余已尽。故以曹操之奸邪睥睨，孙权之僭袭割据，而一时人物皆就势之所便，云合景附，甚至华歆、荀彧、张昭、鲁肃辈，号称宿儒者，亦皆托身委质，宣谋效力，以为义之当然，而不复知有汉。此昭烈所以叹息、痛恨于二君而人莫及知者。

而二侯乃首以义气相许，指日露肝，誓死不二。遂从事于草莽之间，不避艰险，此岂一时从乱之士苟以相许，而中无所见者邪？且是时，操凭王室之威，权借江东之业，而昭烈初无尺地以自立，乃卒由是倡大义、济弘业，势成鼎足，祚复炎汉，以正奸雄僭窃之罪。于千载之下，微二侯其谁先之？

今考诸史，昭烈以讨贼之义，显著于天下后世者，莫先于徐州之举也。而穆侯守沛之任专焉。笃信义，不忍弃人之归，莫甚当阳之败也。而桓侯断桥之计伟焉。是皆孔明未及为政之前，而所以左右昭烈以伸大义者。

至于败复不阻而不计夫势之强弱，以为从违其英毅雄武，固足以夺奸雄之气；而刚大不挠，尤足以起懦立弱以使人力于为义。况自是而佐孔明以胜乌林、入巴蜀、破张郃，取樊襄、擒于禁，隐然以万人之敌、一世之雄，潜慑敌人于不敢易然？则昭烈之于二侯，盖不持一时要，结兄弟之义，终始君臣之义，而于天下万世之大义，沉沦于凶虐之势，而不可返者，皆恃以不坠矣。

千载之间，苟所居，所复皆合而祀之，岂偶然乎？故庙建于唐乾宁四年，金承安中复新其室宇，国朝洪武初又新之。而规制颇隘，且就陊剥。正德三年春，司设监太监马公永成，展祭归涿，见而慨焉。乃施万金葺之。继又请于上，出内帑千金，命太监史泰、艾青、张俊，少监沈霖奉御石杲、赵玺董其役，而合所募资，殆万有余矣。由是易故殿为复室，别建正殿于中，为后殿，为五侯殿。五侯者，武侯诸葛亮、镇西侯马超、定乱侯黄中、左军师庞凤雏、常山侯赵云、沉沧侯马岱六象。为重门、为方丈、恢拓崇广，雄厂壮丽。不数月而告成焉。上乃赐玺书，易庙曰宫。且宫道士宋尚安为左演法于道录司以主宫事。而马公又置地四顷供岁入。并请予记诸石，予唯昭烈二侯契合之义，虽庸人稚子皆能道之，而所以关系国家世道，则恐莫之或究也。

马公以忠谨获上殊眷而独能留意于是，其殆有见于此乎。古称燕赵多感慨奇节之士，涿、燕地也，而获睹是宫之新成，因以究极予言之所在，其感慨兴起于义，有不历永世而弥励者乎！是可谓有功于国家之风俗、治体，而不啻为一时一郡之观美也。遂为迎送神词二章，俾涿人岁时祀享登以歌焉。

词曰：

巫舞新宫，神降有容。九斿自天，八鸾斥从。

左纛右旌，朱乌前冲。楼桑干云，蛟龙之宫。

腾彼甘霖，沛于西蜀。唯兹故丘，万岁来游。

穆桓一体，同神燕休。于昭孔临，景光丽空。

欻驾而去，凄然以风。瞻彼枌榆，茂桑则同。

无乐钧天，陟止新宫。福我故里，年谷式登。

颙望高山，大义莫凌。敷贻有在，风恬俗清。

大明正德戊辰冬十一月朔旦。

焦芳（1434—1517），字孟阳，号守静，河南泌阳人。明朝天顺进士，历官编修、太常寺少卿等。粗陋无学识，因媚附刘瑾，正德初年擢吏部尚书，兼文渊阁大学士。以势取贿，与刘瑾朋比，诱导刘瑾浊乱海内、荼毒民生。刘瑾败，他遭御史弹劾，失宠，削官归乡。

第十九章　唐宋时期岐沟关

岐沟、祁沟、歧沟、奇沟，这4个名字其实指的是一个地方，即今涿州市西南部的岐沟村。距今1500年前，涿县先贤郦道元在《水经注》中已经有了对它的记载。《水经注·圣水》中写道：

圣水自涿县东与桃水合。水首受涞水于徐城东南，良乡西，分垣水，世谓之南沙沟，即桃水也。东迳遒县北，又东迳涿县故城下，与涿水合，世以为涿水，又谓之桃水，出涿县故城西南奇沟东八里大坎下，数泉同发，……涿水又东北迳涿县故城西，注于桃。

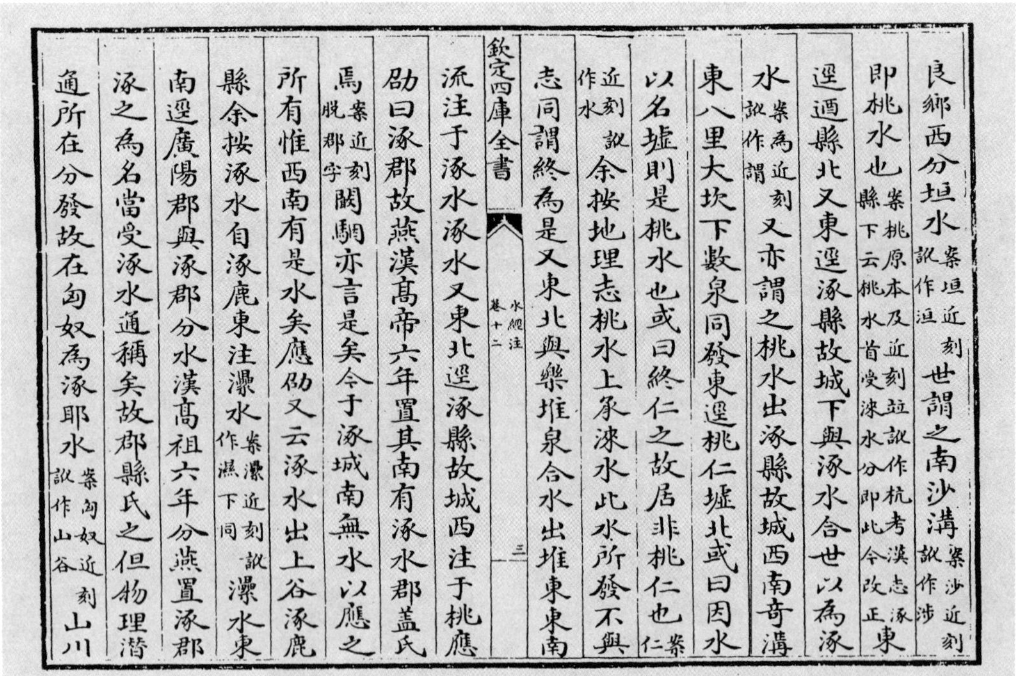
良鄉西分垣水案垣近刻訛作洹世謂之南沙溝案沙近刻訛作涉
即桃水也案桃原本及近刻竝訛作杭考漢志涿縣下云桃水首受淶水分即此今改正東
逕遒縣北又東逕涿縣故城下與涿水合世以爲涿
水案爲近刻訛作謂又亦謂之桃水出涿縣故城西南奇溝
東八里大坎下數泉同發東逕桃仁墟北或曰因水
以名墟則是桃水也或曰終仁之故居非桃仁也案仁
近刻訛作水余按地理志桃水上承淶水此水所發不與
志同謂終爲是又東北與樂堆泉合水出堆東東南
欽定四庫全書　水經注 卷十二　三
流注于涿水涿水又東北逕涿縣故城西注于桃應
劭曰涿郡故燕漢高帝六年置其南有涿水郡蓋氏
焉案近刻脫郡字闞駰亦言是矣今于涿城南無水以應之
所有惟西南有是水矣應劭又云涿水出上谷涿鹿
縣余按涿水自涿鹿東注㶟水案㶟近刻訛作濕下同㶟水東
南逕廣陽郡與涿郡分水漢高祖六年分燕置涿郡
涿之爲名當受涿水通稱矣故郡縣氏之但物理潜
通所在分發故在匈奴爲涿耶水案匈奴近刻訛作山谷山川

《水经注·圣水》

看来在郦道元时代，“奇沟”就已经是涿县一个尽人皆知的地名。

数年前，我曾陪同易水风先生踏勘涿州及周边地区的河流旧迹。我们发现千百年来，地表水变化很大。虽然经过20世纪中叶以后的平整土地，但是大的地形地貌还能看出古代河流的基本走向。奇沟东八里的“大坎”虽不见了，可是“奇沟”仍在，只不过现在人们都写作“岐沟”。

在历史典籍中，“岐沟”一词出现频率最高的是在唐末到北宋时期，这在《资治通鉴》《旧唐书》《新唐书》《旧五代史》《新五代史》《辽史》《宋史》等史籍中多有记载。其中时间最早的是在《旧唐书·王处存传》中写道：唐光化三年（900）七月，汴州将领张存敬进犯幽州，很快就进军到祁沟。驻定州的义武军节度使王郜，派遣马步都将王处直（王郜之叔父）率兵抵御，被张存敬打败，退兵至沙河扎营。

在《新唐书·王处存传》则写得更为清楚：光化三年（900），朱全忠派遣张存敬进攻幽州，因为瓦桥关道路泥泞，改道走祁沟关。驻守定州的王郜，这时正与幽州刘守光交好，于是派叔父王处直的军队从背后骚扰。王郜的骑兵将领甄琼章，与张存敬的游动骑兵狭路相逢，甄琼章被俘虏。接着，王处直被

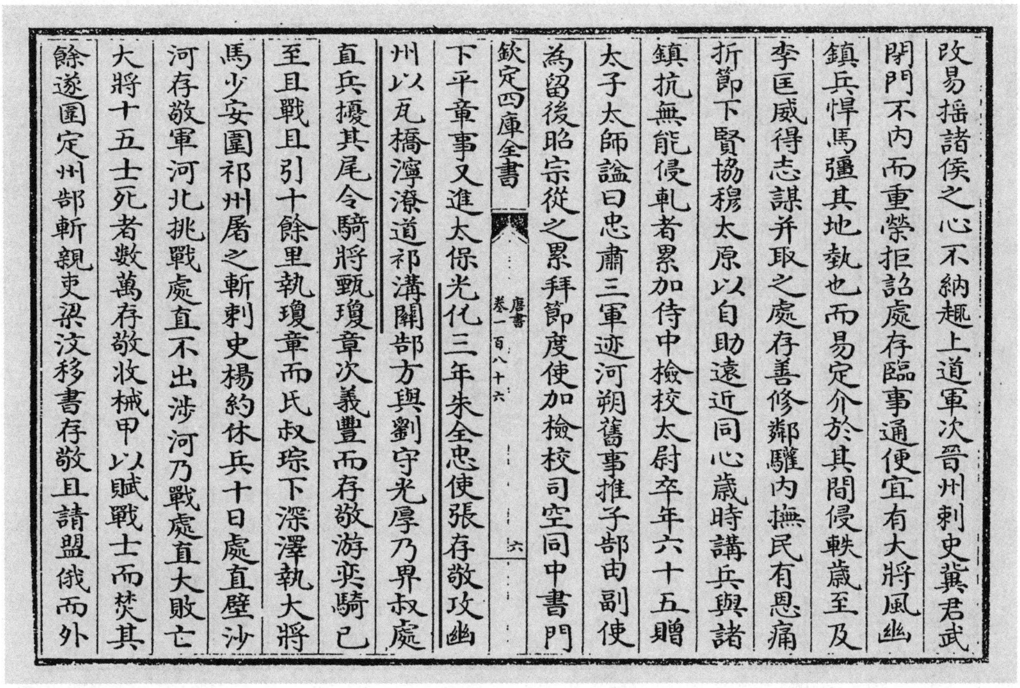
改易揺諸侯之心不納趣上道軍次晉州刺史冀君武
閉門不内而重榮拒詔處存臨事通便宜有大將風幽
鎮兵悍馬彊其地埶也而易定介於其閒侵軼歳至及
李匡威得志謀并取之處存善修鄰驩内撫民有恩痛
折節下賢協穆太原以自助遠近同心歳時講兵與諸
鎮抗無能侵軋者累加侍中檢校太尉卒年六十五贈
太子太師謚曰忠肅三軍迹河朔舊事推子郜由副使
為留後昭宗從之累拜節度使加檢校司空同中書門
欽定四庫全書　唐書卷二百八十六　六
下平章事又進太保光化三年朱全忠使張存敬攻幽
州以瓦橋濘潦道祁溝關郜方與劉守光厚乃畀叔處
直兵擾其尾令騎將甄瓊章次義豐而存敬游奕騎已
至且戰且引十餘里執瓊章而氏叔琮下深澤執大將
馬少安圍祁州屠之斬刺史楊約休兵十日處直壁沙
河存敬軍河北挑戰處直不出涉河乃戰處直大敗亡
大將十五士死者數萬存敬收械甲以賦戰士而焚其
餘遂圍定州郜斬親吏梁汶移書存敬且請盟餽而外

《新唐书·王处存传》

打败，损失一半将领，战死几万士兵。王郜投奔了太原李克用，王处直则归顺了朱全忠。在唐末朱全忠与李克用的相互讨伐争战中，王处直与王郜叔侄俩分别属于朱、李双方。

《旧五代史·庄宗本纪》中记载：天祐八年（911）十二月，李存勖派周德威、李嗣源等率领军队从晋阳出发，去讨伐幽州的刘守光。天祐九年（912）春正月庚辰初一，周德威等人从飞狐东下。丙戌，会合镇（今石家庄正定）、定（今定州市）之师进军到祁沟安营扎寨。庚子，到达涿州，刺史刘知温献城归顺。周德威进军迫近幽州，刘守光出兵抵抗，燕国将领王行方等率领部下400人投晋。

这里所说的“飞狐”是指飞狐县，在今涞源县地。北周大象二年（580），在五龙城设置的广昌县就是这里，隋仁寿元年（601）改名飞狐县。相传有狐狸在紫荆岭吃了5颗松子，变成飞仙，所以有了飞狐之说。汉魏隋唐时期，自今涞源县、蔚县之恒山峡谷，向东通往幽州的道路，称为飞狐道。

《新五代史·周德威传》对这次“晋燕之战”记载得较为详细：后梁乾化元年、唐天祐八年（911），刘守光在幽州自封为大燕皇帝。晋派周德威率3万人马

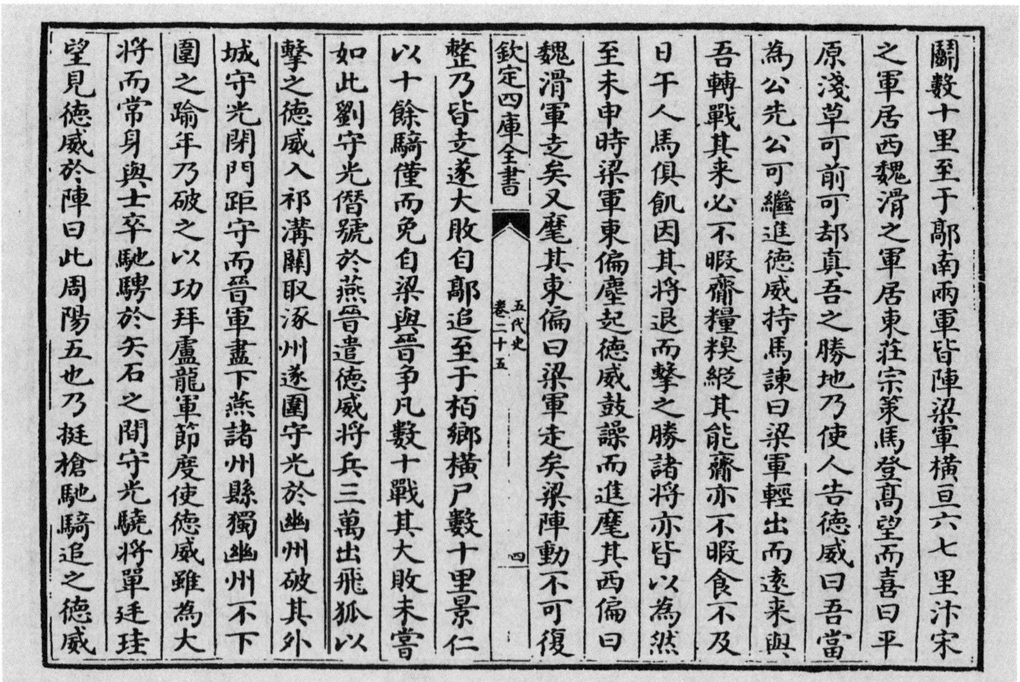
鬭數十里至于鄗南兩軍皆陣梁軍横亘六七里汴宋之軍居西魏滑之軍居東莊宗策馬登高望而喜曰平原淺草可前可卻真吾之勝地乃使人告德威曰吾當為公先公可繼進德威持馬諫曰梁軍輕出而遠來與吾轉戰其來必不暇齎糧糗縱其能齎亦不暇食不及日午人馬俱飢因其將退而擊之勝諸將亦皆以為然至未申時梁軍東偏塵起德威鼓譟而進麾其西偏曰魏滑軍走矣又麾其東偏曰梁軍走矣梁陣動不可復

欽定四庫全書　五代史　卷二十五　四

整乃皆走遂大敗自鄗追至于栢鄉横尸數十里景仁以十餘騎僅而免自梁與晉爭凡數十戰其大敗未嘗如此劉守光僭號於燕晉遣德威將兵三萬出飛狐以擊之德威入祁溝關取涿州遂圍守光於幽州破其外城守光閉門距守而晉軍盡下燕諸州縣獨幽州不下圍之踰年乃破之以功拜盧龍軍節度使德威雖為大將而常身與士卒馳騁於矢石之間守光驍將單廷珪望見德威於陣曰此周陽五也乃挺槍馳騎追之德威

《新五代史·周德威传》

出飞狐前去讨伐。周德威进入祁沟关，攻取涿州，进而把刘守光包围在幽州，并攻破了幽州外城，刘守光只得关闭城门拒守。晋军攻克了燕国的各个州县，只剩幽州一座孤城，包围了一年多才攻破。周德威因功升任卢龙军节度使。周德威虽然身为大将，但常常亲自和士兵在战阵上驰骋。包围幽州城时，刘守光的猛将单廷珪看见周德威在战阵上，说："这就是周阳五！"于是举枪飞马追来。周德威假装逃跑，估计单廷珪追到身边了，侧转身稍稍一退，单廷珪的战马正在飞奔，一时难以停下，周德威举起挝子猛击他，单廷珪从马上摔下，被抓获。

《新五代史·刘守光传》中介绍了燕晋之间的矛盾冲突：刘守光在后梁乾化元年（911）八月，自称大燕皇帝，改年号应天，任命王瞳、齐涉为左、右宰相。晋本是派太原少尹李承勋前去祝贺刘守光被册封尚父，但是到达幽州时，却发现刘守光已经自称皇帝。幽州官吏逼迫李承勋自称臣子，李承勋不屈服，仍是按照诸侯国之间交往的礼节进见，刘守光一怒之下杀了李承勋。第二年，晋派周德威率领3万人，会同镇、定二州的军队进攻燕国。周德威的部队从祁沟关攻入，燕的檀、涿、武、顺各州纷纷投降。刘守光被周德威包围一年多，其间多次被打败。刘守光只得派客将王遵化去给周德威送信，说："我得罪了晋王，迷途不知返，现在我病了，你好好替我解释吧。"周德威不答应，经过一番周折，最终把刘守光父子擒获并处斩。

《资治通鉴》记载：

乾化元年十二月，甲子，晋王遣蕃汉马步总管周德威领兵三万攻燕，以救易、定。……二年春，正月，德威东出飞狐，与赵王将王德明、义武将程岩会于易水。丙戌，三镇兵进攻燕祁沟关，下之。戊子，围涿州。刺史刘知温，城守刘守奇之客刘去非大呼于城下，谓知温曰："河东小刘郎来为父讨贼，何豫汝事而坚守邪？"守奇免胄劳之，知温拜于城上，遂降。周德威嫉守奇之功，谮诸晋王，王召之。守奇恐获罪，与去非及进士赵凤来奔。

《旧五代史·庄宗本纪》记载：唐天祐十四年（917）夏四月，唐庄宗命李嗣源率军去救援幽州前线的周德威等人。李嗣源驻扎在今涞水地区，后派阎宝率军趁夜越过祁沟，擒获敌兵而返回。周德威派人报告李嗣源说："契丹30万人，马牛不知有多少，近来吃掉的羊马超过半数。阿保机责备卢文进，非常后悔出兵前来。契丹主力部队分散打猎，阿保

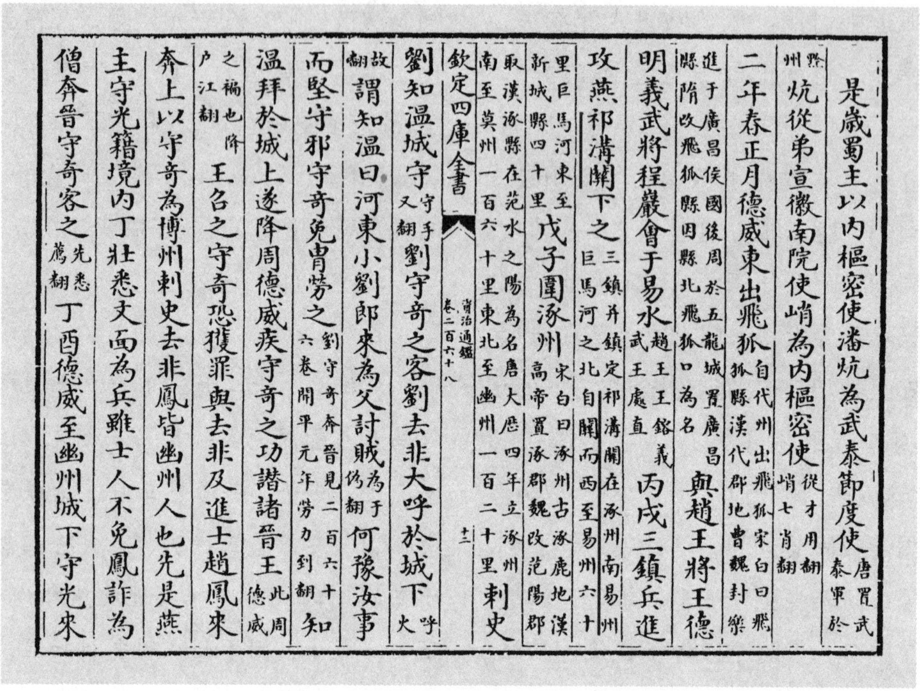
是歲蜀主以内樞密使潘炕為武泰節度使唐置武泰軍於黔州炕從弟宣徽南院使峭為内樞密使從才用翻峭七肖翻
二年春正月德威東出飛狐自代州出飛狐宋白曰飛狐縣漢代郡地曹魏封樂進于廣昌侯國後周於五龍城置廣昌縣隋改飛狐縣因縣北飛狐口為名與趙王將王德明義武將程巖會于易水趙王王鎔義武王處直丙戌三鎮兵進攻燕祁溝關下之三鎮并鎮定祁溝關在涿州南易州巨馬河之北自關而西至易州六十里巨馬河東至新城縣四十里戊子圍涿州宋白曰涿州古涿鹿地漢高帝置涿郡魏改范陽郡取漢涿縣在范水之陽為名唐大歷四年立涿州南至莫州一百六十里東北至幽州一百二十里刺史

欽定四庫全書　資治通鑑卷二百六十八　十三

劉知溫城守守手又翻劉守奇之客劉去非大呼於城下呼火故翻謂知溫曰河東小劉郎來為父討賊為于僞翻何豫汝事而堅守邪守奇免冑勞之劉守奇奔晉見二百六十六卷開平元年勞力到翻知溫拜於城上遂降周德威疾守奇之功譖諸晉王此周德威之禍也降戶江翻王召之守奇恐獲罪與去非及進士趙鳳來奔上以守奇為博州刺史去非鳳皆幽州人也先是燕主守光籍境内丁壯悉文面為兵雖士人不免鳳詐為僧奔晉守奇客之先悉薦翻丁酉德威至幽州城下守光來

《资治通鉴》

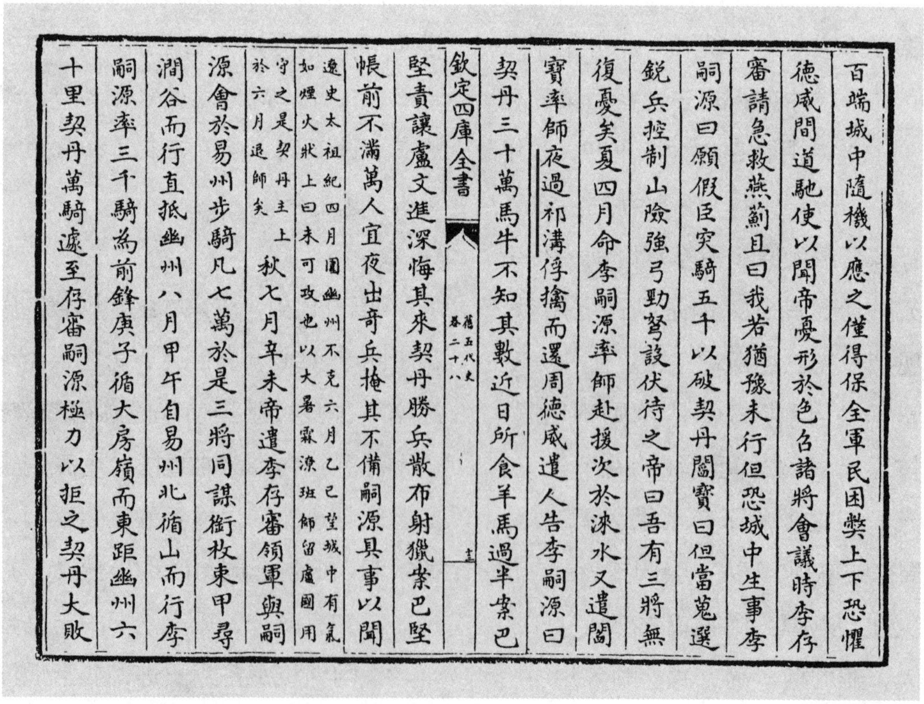
百端城中隨機以應之僅得保全軍民困弊上下恐懼德威間道馳使以聞帝憂形於色召諸將會議時李存審請急救燕薊且曰我若猶豫未行但恐城中生事李嗣源曰願假臣突騎五千以破契丹閻寶曰但當蒐選銳兵控制山險強弓勁弩設伏待之帝曰吾有三將無復憂矣夏四月命李嗣源率師赴援次於淶水又遣閻寶率師夜過祁溝俘擒而還周德威遣人告李嗣源曰契丹三十萬馬牛不知其數近日所食羊馬過半案巴

欽定四庫全書　舊五代史卷二十八　十三

堅責讓盧文進深悔其來契丹勝兵散布射獵案巴堅帳前不滿萬人宜夜出奇兵掩其不備嗣源具事以聞遼史太祖紀四月圍幽州不克六月乙巳望城中有氣如煙火狀上曰未可攻也以大暑霖潦班師留盧國用守之是契丹主上於六月退師矣秋七月辛未帝遣李存審領軍與嗣源會於易州步騎凡七萬於是三將同謀銜枚束甲尋澗谷而行直抵幽州八月甲午自易州北循山而行李嗣源率三千騎為前鋒庚子循大房嶺而東距幽州六十里契丹萬騎遽至存審嗣源極力以拒之契丹大敗

《旧五代史·庄宗本纪》

机帐前不到一万人。应在夜晚出奇兵，攻其不备。”李嗣源把情况详细上报。七月，唐庄宗派李存审率军与李嗣源在易州会师，步兵、骑兵共7万人。于是，3位将领商定，全部人马衔枚束甲，沿山涧山谷北进，直抵幽州。

《旧五代史·卢文进传》记载：卢文进，字国用，范阳人。身高七尺，饮食过人，看上去魁梧雄壮。少年时追随刘守光，为骑将，后唐庄宗攻打燕国，因卢文进率先投降，所以任命卢文进为寿州刺史。

当初唐庄宗得到山后八军，任命自己的弟弟李存矩为新州团练使，统领八军。唐庄宗和刘郇在莘县交战，命李存矩在山后招募劲兵，又命令山北居民出战马兵器，因而马成了稀缺的抢手货，用10头牛才能交换1匹马。李存矩集结了500骑兵，命卢文进统领，他们二人一起前往。到达祁沟关时，军士们合谋说：“我们边疆人舍弃父母妻儿，去为他们血战，岂不是千里去送死，决不能就这样前去！”又说：“何不拥戴卢将军退回新州，依据城池自卫，他们又能把我们怎么样呢！”随即挥戈大呼，赶到客舍，在床下杀死了李存矩。卢文进捶胸说道：“奴才们拖累我了！”而后绕着尸首哭泣说：“这些人既然害死了您，我还

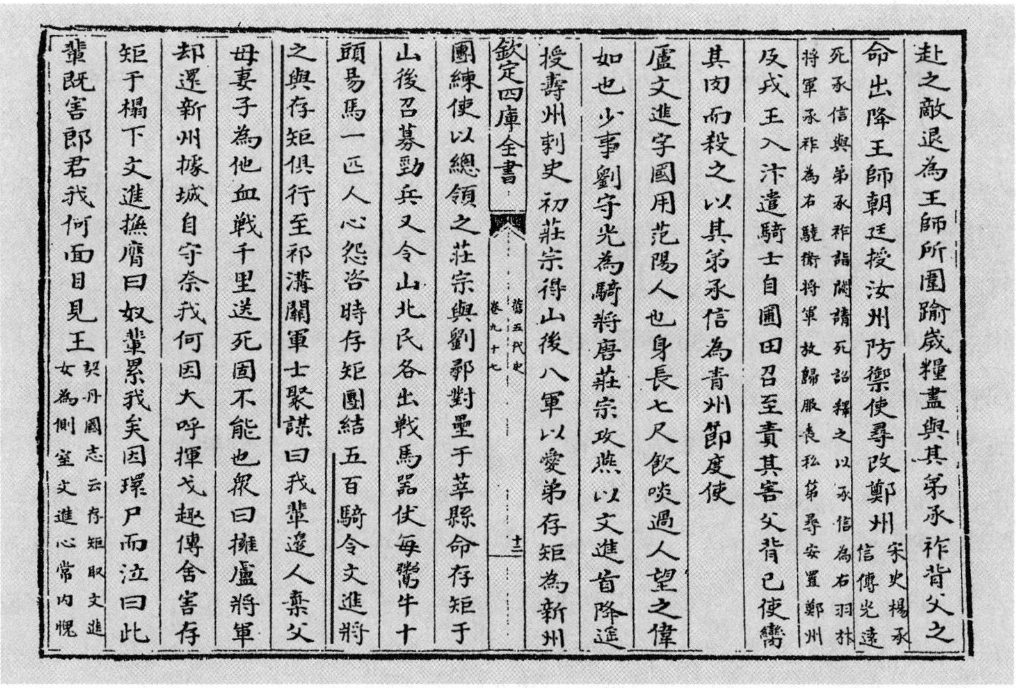
赴之敵退為王師所圍踰歲糧盡與其弟承祚背父之
命出降王師朝廷授汝州防禦使尋改鄭州宋史楊承信傳光遠死承信與弟承祚詣闕請死詔釋之以承信為右羽林將軍承祚為右驍衛將軍放歸服喪私第尋安置鄭州
及戎王入汴遣騎士自圃田召至責其害父背己使臠
其肉而殺之以其弟承信為青州節度使
盧文進字國用范陽人也身長七尺飲啖過人望之偉
如也少事劉守光為騎將莊宗攻燕以文進首降遂
授壽州刺史初莊宗得山後八軍以愛弟存矩為新州
欽定四庫全書　舊五代史　卷九十七　十三
團練使以總領之莊宗與劉鄩對壘于莘縣命存矩于
山後召募勁兵又令山北民各出戰馬器仗每驚牛十
頭易馬一匹人心怨咨時存矩團結五百騎令文進將
之與存矩俱行至祁溝關軍士聚謀曰我輩邊人棄父
母妻子為他血戰千里送死固不能也衆曰擁盧將軍
却還新州據城自守奈我何因大呼揮戈趣傳舍害存
矩于榻下文進撫膺曰奴輩累我矣因環尸而泣曰此
輩既害郎君我何面目見王契丹國志云存矩取文進女為側室文進心常內愧

《旧五代史·卢文进传》

有什么脸面去见君王啊!”随后在叛军的拥戴下，卢文进率兵转身回攻新州，没有攻克，再攻打武州，又失利。周德威命令将领追击他们，卢文进只得投奔契丹，被任命为幽州兵马留后，统领汉人军队。

《旧五代史·契丹传》记载：刘守光执政的末年苛刻残酷，军士皆叛变逃亡归入了契丹。燕地人士传授契丹文书法令，契丹因此逐渐强大。天祐十三年（916）八月，阿保机率领各部号称百万大军，从麟州、胜州攻陷振武，长驱直入云、朔二州，北部边境大受骚扰。唐庄宗赴代州援救，众敌才撤退。天祐十四年（917），新州大将卢文进被众人逼迫，在祁沟关杀了新州团练使李存矩，回攻新州、武州。周德威率众讨伐他，卢文进失利，逃奔至契丹，并带领契丹人攻陷了新州。周德威率领3万兵征讨，不料敌人的骑兵援救新州，周德威被敌人打败，死伤惨重。契丹则是乘胜进攻幽州。这时有人说契丹军有30万人，有人说有50万人，幽州、蓟州以北到处都是敌人的骑兵。唐庄宗派遣李嗣源与李存审、阎宝带兵援救幽州，解幽州之围。

《新五代史·卢文进传》中记载的内容与《旧五代史》稍有不同：卢文进，字大用，范阳人，为刘守光的骑将。唐庄宗进攻范阳，卢文进因先投降被任命为寿州刺史，隶属唐庄宗的弟弟李存矩。李存矩任新州团练使，统领山后八军。唐庄宗和刘鄩在莘州对抗，召李存矩会师攻打刘鄩。李存矩招募山后精兵几千人，督促百姓献出马匹，百姓1匹马换10头牛，山后的人对此都十分抱怨，而士兵又不愿南去。走到祁沟关时，军士相聚谋划作乱。卢文进有个女儿年少貌美，李存矩娶她做了偏房。因为李存矩是卢文进的上司，所以卢文进不敢抗拒。虽然把女儿嫁给了他，但却时常心怀不满，因而和乱军一道杀死了李存矩，背叛了唐庄宗。卢文进回攻新州，没能攻克，再进攻武州，又没能攻克。于是只得投奔契丹，契丹派他守平州。后唐天成元年（926），卢文进从平州率领几万人马归附后唐，唐明宗很是高兴，任命他为义成军节度使。过了一年多，调任镇守威胜，加同平章事，入朝任上将军。

《新五代史·契丹传》提供的信息是：唐天祐十三年（916），阿保机攻打晋的蔚州，抓获振武军节度使李嗣本。这时，唐庄宗已得到魏博镇，正向南和后梁争夺天下，派李存矩出动山北兵。李存矩到达祁沟关，军队叛乱，拥立副将卢文进，杀死李存矩后，众人逃入契丹。契丹攻破新州，派卢文进的部将刘殷把守。唐庄宗派周德威攻打刘殷，而卢文进则招来契丹军队几十万人。周德威害怕，率军离去，被契丹追击而大败。周德威逃到幽州城，契丹军队将他包围。幽、蓟二州之间，契丹骑兵满山遍谷，契丹人将抓住的汉人用长绳子拴在树上，晚上很多汉人自己解绳逃走。卢文进教契丹人做火炮车、挖掘地道、堆土山攻城。周德威则是苦苦拒守了100多天。之后唐庄宗派李嗣源、阎宝、李存审等人前去救援。契丹军队多次被李嗣源等人打败，最终解了周德威之围。

《资治通鉴》记载：

二月甲申，晋王攻黎阳，刘鄩拒之，数日，不克而去。晋王之弟威塞军防御使李存矩在新州，骄惰不治，侍婢预政。晋王使其募山北部落骁勇者及刘守光亡卒以益南讨之军。又率其民出马，民或鬻十牛易一战马，期会迫促，边人嗟怨。存矩得五百骑，自部送之，以寿州刺史卢文进为裨将。行者皆惮远役，存矩复不存恤。甲午，至祁沟关，小校宫彦璋与士卒谋曰："闻晋王与梁人确斗，骑兵死伤不少。吾侪捐父母妻子为人客战，千里送死，而使长复不矜恤，奈何？"众曰："杀使长，拥卢将军还新州，据城自守，其如我何！"因执兵大噪，趋传舍，诘朝，存矩寝未起，就

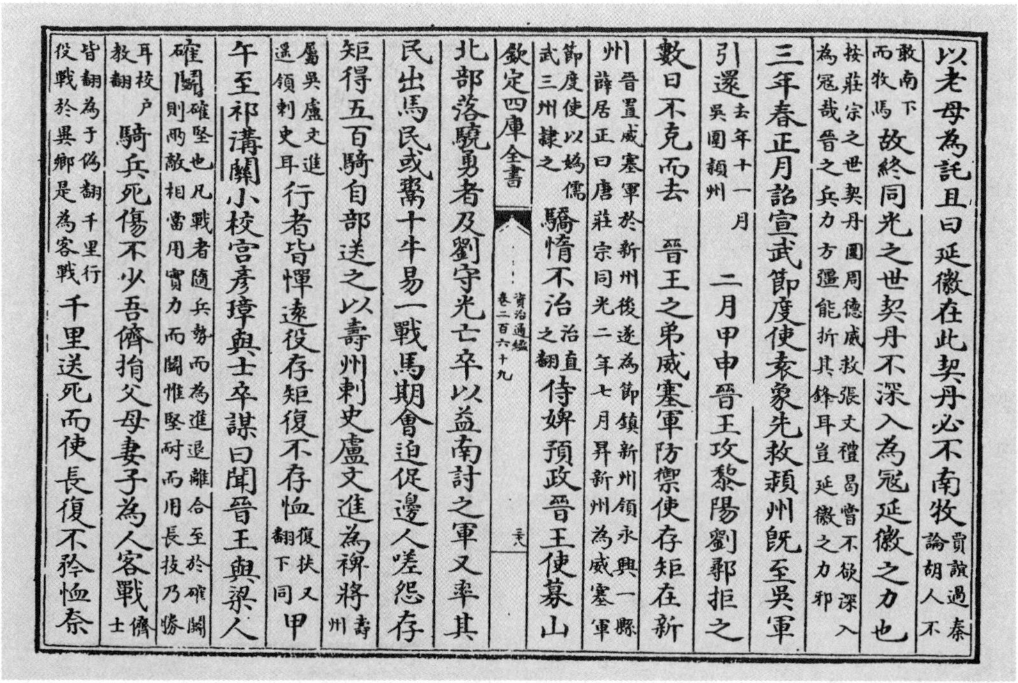
以老母為託且曰延徽在此契丹必不南牧（賈誼過秦論胡人不敢南下而牧馬）故終同光之世契丹不深入為冦延徽之力也（按莊宗之世契丹圍周德威救張文禮曷嘗不欲深入為冦哉晉之兵力方彊能折其鋒耳豈延徽之力邪）
三年春正月詔宣武節度使袁象先救潁州既至吳軍引還（去年十一月吳圍潁州）二月甲申晉王攻黎陽劉鄩拒之數日不克而去 晉王之弟威塞軍防禦使存矩在新州（晉置威塞軍於新州後遂為節鎮新州領永興一縣薛居正曰唐莊宗同光二年七月昇新州為威塞軍節度使以嬀儒武三州隷之）驕惰不治（治直之翻）侍婢預政晉王使募山
欽定四庫全書　資治通鑑 卷二百六十九　三八
北部落驍勇者及劉守光亡卒以益南討之軍又率其民出馬民或鬻十牛易一戰馬期會迫促邊人嗟怨存矩得五百騎自部送之以壽州刺史盧文進為裨將（壽州屬吳盧文進遙領刺史耳）行者皆憚遠役存矩復不存恤（復扶又翻下同）甲午至祁溝關小校宮彥璋與士卒謀曰聞晉王與梁人確鬬（確堅也凡戰者隨兵勢而為進退離合至於確鬬則兩敵相當用實力而鬬惟堅耐而用長技乃勝耳校戶教翻）騎兵死傷不少吾儕捐父母妻子為人客戰（儕士皆翻為于偽翻千里行役戰於異鄉是為客戰）千里送死而使長復不矜恤奈

《资治通鉴》

杀之。文进不能制，抚膺哭其尸曰：“奴辈既害君，使我何面复见晋王！”被众军士所拥，还新州，守将杨全章拒之。又攻武州，雁门以北都知防御兵马使李嗣肱击败之。周德威亦遣兵追讨，文进率其众奔契丹。晋王闻存矩不道以致乱，杀侍俾及幕僚数人。三月，契丹乘胜进围幽州。周德威遣间使诣晋王告急。李嗣源、李存审、阎宝劝王救之。四月，晋王命李嗣源将兵先进，驻扎在涞水，扼祁沟诸关，以伺贼势。阎宝以镇、定之兵继之。

《旧五代史·少帝本纪》记载：后晋开运元年（944），契丹大举南侵，辽太宗耶律德光把元城（今邯郸大名县东）作为指挥中心。黄河以北各地纷纷报警，其中易州刺史安审约上奏说和契丹在北平（今保定徐水一带）交战，贼军退守岐沟关，毁坏了那里的桥梁而撤回。

宋辽在岐沟关的战事，在中国历史上有深广的影响。北宋建立之前22年，岐沟关已经属于契丹辖区。在《宋史》和《续资治通鉴长编》中都有记载。北宋乾德元年（963）八月，契丹“幽州岐沟关使柴廷翰等来降”。

《续资治通鉴长编》记载：太平兴国四年（979），六月庚申，太宗皇帝亲征幽州。丙寅，驻扎在金台顿，这里是契丹占领区。派遣孔守正等先去岐沟关。孔守正夜晚越过端墙，穿过鹿角，据守断桥，告知关使刘禹，说宋朝大军马上就到，让他赶快开城门投降。刘禹放下吊桥，请孔守正入关城。孔守正抚慰了刘禹的部下军民，之后回驻地汇报。丁卯，太宗皇帝身披甲胄，率兵到达岐沟关。契丹东易州刺史刘禹以州降，留兵千人守之。东易州即岐沟关也。东西班指挥使衡水傅潜与孔守正先至涿州，击契丹，败之，生擒500余人。戊辰，太宗皇帝到达涿州，涿州判官刘原德以城降。命供奉官张怀训领其兵。己巳，到达盐沟顿。民间有人得到契丹马，献给大宋军，

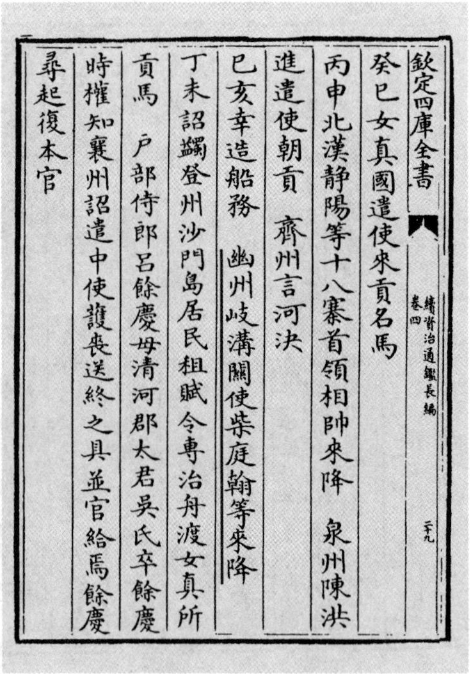
欽定四庫全書　續資治通鑑長編 卷四　二十九

癸巳女真國遣使來貢名馬
丙申北漢靜陽等十八寨首領相帥來降　泉州陳洪
進遣使朝貢　齊州言河決
己亥幸造船務　幽州岐溝關使柴庭翰等來降
丁未詔蠲登州沙門島居民租賦令專治舟渡女真所
貢馬　戶部侍郎呂餘慶母清河郡太君吳氏卒餘慶
時權知襄州詔遣中使護喪送終之具並官給馬餘慶
尋起復本官

《续资治通鉴长编》

得到一束帛的赏赐。

《宋史·孔守正传》记载：北宋太平兴国年间，孔守正多次升迁为日骑东西班指挥使。太宗亲征晋阳，孔守正进攻城西洞屋，率领步兵大声呼喊着先登上城墙，接着与内侍蔡守恩等人率骑兵奋力作战，晋军溃败。后跟随征伐范阳，到了金台驿，诏令孔守正与刘仁蕴先奔赴岐沟关。当时尚未攻下城，孔守正夜里翻过城墙，越过鹿角，到达有机关装置的桥头，呼喊大军将到，劝说关使刘禹投降。刘禹放下吊桥，孔守正就进了城，安抚晓谕城中的军民，把守城之事委托綦廷朗，自己则赶赴皇帝所在地。当时契丹军在涿州的东面，孔守正与傅潜率御前东西班，分两阵驱马进击他们，追逐败军约10公里，使他们的羽林军几百人投降。接着与高怀德、刘廷翰合兵追击到了桑干河，契丹从此不敢靠近边塞。孔守正因功再次升为日骑都指挥使，领儒州刺史。

《续资治通鉴长编》记载：宋太宗发动雍熙之役，曹彬所部大败于岐沟关。

《宋史·太宗本纪》记载：雍熙三年（986）夏四月辛丑，潘美攻克云州。田重进在飞狐北面作战，攻破敌军。壬寅，曹彬、米信在新城东北作战，又攻破敌军。己酉，田重进在飞狐北面再

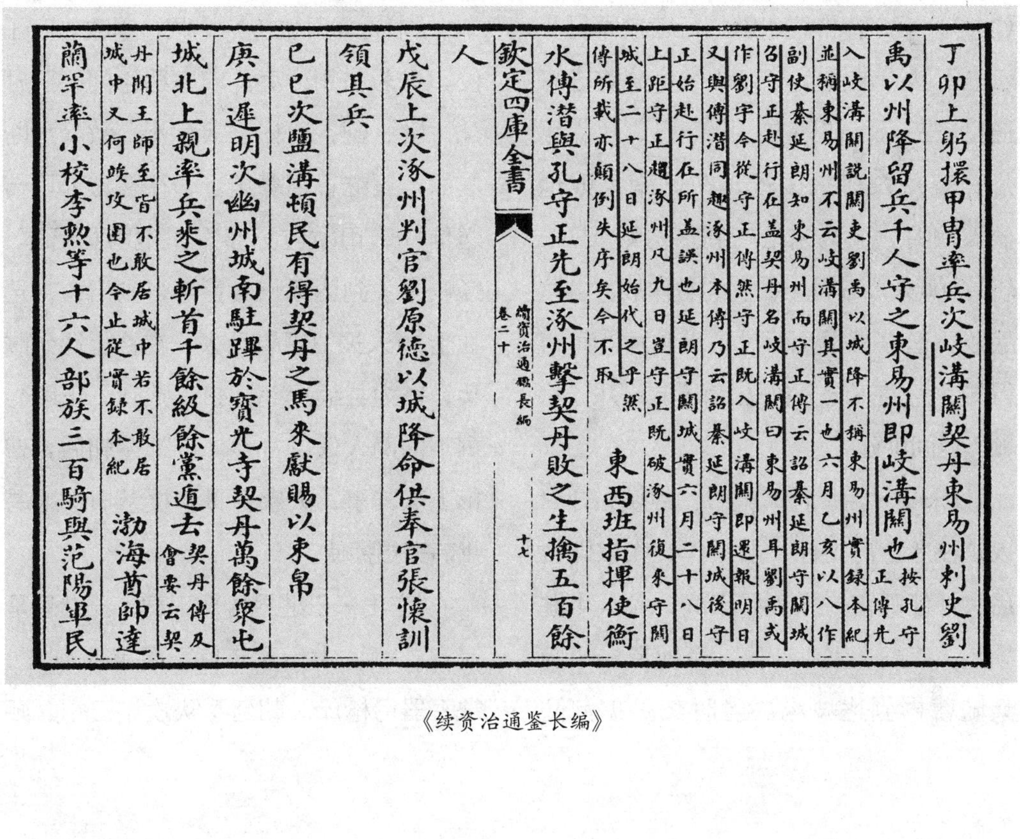

丁卯上躬擐甲冑率兵次岐溝關契丹東易州刺史劉
禹以州降留兵千人守之東易州即岐溝關也 按孔守正傳先入岐溝關說關吏劉禹以城降不稱東易州實録本紀並稱東易州不云岐溝關其實一也六月乙亥以八作副使綦延朗知東易州而守正傳云詔綦延朗守關城召守正赴行在蓋契丹名岐溝關曰東易州耳劉禹或作劉宇今從守正傳然守正既入岐溝關即還報明日又與傅潛同趣涿州本傳乃云詔綦延朗守關城後守正始赴行在所蓋誤也延朗守關城實六月二十八日上距守正趣涿州凡九日豈守正既破涿州復來守關城至二十八日延朗始代之乎然傳所載亦顛倒失序矣今不取 東西班指揮使衛
水傅潛與孔守正先至涿州擊契丹敗之生擒五百餘

欽定四庫全書　續資治通鑑長編 卷二十　十七

人
戊辰上次涿州判官劉原德以城降命供奉官張懷訓
領具兵
己巳次鹽溝頓民有得契丹之馬來獻賜以束帛
庚午遲明次幽州城南駐蹕於寶光寺契丹萬餘衆屯
城北上親率兵乘之斬首千餘級餘黨遁去 契丹傳及會要云契丹聞王師至皆不敢居城中若不敢居城中又何族攻圍也今止從實録本紀 渤海酋帥達
簡罕率小校李勲等十六人部族三百騎與范陽軍民

《续资治通鉴长编》

战，再攻破敌军，杀死他们两个将军。乙卯，田重进到蔚州，契丹的牙校李存璋、许彦钦杀死大将萧啜理，抓住监城使，同州节度使耿少忠献城投降。五月庚午，曹彬的军队在岐沟关大败，收集部队连夜渡过拒马河，退到易州屯兵，幽州行府知事刘保勋牺牲。丙子，召曹彬、崔彦进、米信回朝，命令田重进屯兵定州，潘美返回代州。迁移云州、应州、寰州、朔州的官吏百姓及吐浑部族，分别安置在河东、京西。正遇到契丹10万军队又攻下寰州，杨业护送迁移的吏民与之相遇，虽竭尽全力苦战，仍被契丹所擒，坚守节操而牺牲。

《宋史·曹彬传》记载：雍熙三年(986)，诏令曹彬统率幽州行营前军马步水陆军队，与潘美等人北伐，分路进军征讨。三月，在固安打败契丹，攻克涿州，契丹人前来援救，在城南大败他们。四月，又与米信在新城打败契丹，斩首200人。五月，在岐沟关作战，各军战败，退守易州，面对易水驻营。皇帝得知，急速下令分驻边境城市，并让将领们返回朝廷。

《宋史·卢斌传》记载：卢斌，开封人。在晋王府担任文书工作，太宗即位后，补任殿直。宋雍熙年间，领兵屯驻霸州。正赶上大举北伐，命他带5000骑兵随曹彬到达岐沟。当时契丹据河防守，朝廷军队缺水，卢斌请用千弩冲击敌寨，契丹人逃走，于是派军队占据河流两岸。攻克涿州后，朝廷令卢斌率万人防守，恰遇粮尽，大军准备撤退，卢斌诚恳进言："涿州已经深入北境，外无援兵，内无资粮，人口缺少，守它没有好处。如果现在撤军，还必须整军后才能离开。"曹彬同意他的意见，于是命卢斌携城中百姓，和狼山驻军一起南撤到易州。曹彬撤退时，军队秩序混乱，果然被契丹所攻袭。诸将都以未遵从命令受到惩处，卢斌也被送到枢密院审问。后来太宗听说他曾建议弃守涿州，就将他释放，不予追究，并任命他为霸州破虏军缘边巡检。

《宋史·田敏传》记载：田敏，字子俊，本为易州牙吏。宋雍熙年间，王师征讨幽、蓟，曹彬进兵涿州，敌兵截断其后。王继恩招募勇士，往曹彬那里传送信件，田敏应募参军。他隐秘行军，经岐沟关到达涿州。曹彬得到诏命，选壮士50人护卫田敏回去，在路上遇到贼兵，奋力与敌战斗，48人战死，田敏与剩下的两人仅以身免。班师还朝后，曹彬上奏其事，太宗召见，授予田敏为易州静寨指挥使。

《宋史·王继恩传》记载：王继恩是宦官首领，宋雍熙年间已是河州刺史，掌军器弓枪库。朝廷军队攻克云州、朔州，皇帝命王继恩率军驻扎在易州，又担任天雄军驻泊都监。岐沟关、君子馆战败之后，河朔各路被契丹侵扰，城垒多数倒塌。雍熙四年（987），诏令王继恩与翟守素、田仁朗、郭延濬分路巡视，增补修葺。

岐沟关之战使宋军遭受重创，从此相对辽军变成守势，正如明末思想家王夫之所说“祁沟一蹶，终宋不振”。当年年底，定州田重进攻入契丹地界，攻下岐沟关，但是很快就被辽军复夺，田重进南撤。在君子馆辽宋又一场大战，宋军刘廷让部惨败，先锋将贺令图被俘，高阳关部署杨重进牺牲。

《宋史·刘廷让传》记载：雍熙三年（986），曹彬在岐沟关战败，诸将失利，多数被贬黜罢免。之后契丹侵扰边境，当时商议想要派遣将领，可是没有皇帝满意的。那时刘廷让与宋偓、张永德都被免去了节度使职务在禁军任职，皇帝想让他们攻打契丹来赎罪，就派遣他们分头守卫边境州县，任命刘廷让为雄州知州，又调任瀛洲兵马都部署。当年冬，契丹数万骑兵前来侵犯。刘廷让先分出精兵隶属李继隆作为殿后，退保乐寿，准备打援。契丹军队把刘廷让部层层包围在君子馆。当时天气严寒，士兵的弓弩都不能拉满，刘廷让全军覆没，战死数万人，仅刘廷让率领几个骑兵逃出重围。先锋将贺令图、杨重进都被契丹俘获。从此，河朔守军毫无斗志，征用百姓不做训练就上阵守城。契丹军于是长驱直入，攻占深、祁、德等数州，杀死官吏，俘虏官民，所到之处把金帛用车子运走。博（今山东聊城东）、魏（今邯郸魏县东）以北，百姓尤其困苦。

《宋史·贺令图传》记载：贺令图，开封陈留人。父名贺怀浦，是孝惠皇后的哥哥。雍熙三年（986），随杨业北征，死在战场。贺令图从小谨慎诚实，原为赵光义部下。宋太宗时期，在边州统兵10多年，依仗与皇帝的老关系，每年入朝奏事，多次谈边塞利弊，说幽、蓟可取。皇帝十分信任他，所以就有了出兵岐沟的行动。不久兵败，许多人议论这事，都说他贪功生事。贺令图轻率而又无谋，契丹将耶律逊宁派间谍欺骗贺令图，说：“我在本国获罪，早晚想归附贵国，现在没法脱身，希望君侯稍作留意。”贺令图不知他是欺诈，竟然私下赠给他十两重锦。当年十二月，耶律逊宁率众兵入侵，大将刘廷让与他在君子馆交战，贺令图为先锋，被围数重。耶律逊宁传话到军中说：“希望能够见到雄州贺使君。”贺令图幻想他来投降从而让自己立大功，于是毫无警觉，立即领手下数十战骑去见面。来到帐篷数步以外，听到耶律逊宁说：“你经常谋划边境之事，今天却是送死来了！”之后命令身边的人把贺令图捆绑起来带走，将他的随从全部杀死。贺令图与他的父亲都是促进北伐的首要谋士，先是他父亲死在战场，他随后又落入敌国手中，死时年仅39岁。收复燕云十六州是理所应当的，而全局的失败是因为三路将领不能协同配合所致。贺令图父子的殉国，是作战策略上的失误造成的。贺令图的轻敌心态，使他的数十名随从骑兵被杀，他自己被俘虏，这样的后果实在惨痛。

据新旧《五代史》记载：后唐清泰三年（936）九月，河东节度使石敬瑭秘密称契丹主耶律德光为“父皇帝”，把幽、涿、蓟、檀等16个州送予契丹，换取契丹的军事支持。契丹则扶立石敬瑭当上了“儿皇帝”，建立了后晋政权。从此，涿州及其境内的岐沟关变成了契丹管辖地。

《辽史·耶律休哥传》记载：耶律休哥少年时就有王公辅相的气度。当初乌古、室韦两个部落叛乱，耶律休哥跟随北府宰相萧幹讨伐他们。辽应历末年，为惕隐（相当于汉官“宗正”）。辽乾亨元年（979），宋军侵犯燕地，北院大王耶律奚底、统军使萧讨古等战败，南京被包围。皇帝命令耶律休哥替代耶律奚底，率领五院的军队前去救援。在高梁河与大批宋军遭遇，耶律休哥和耶律斜轸分为左、右两翼，打败了宋军。追杀约15公里，斩首1万多人，耶律休哥负伤3处。第二天早晨，宋主（赵光义）逃走，耶律休哥因伤不能骑马，乘轻便小车追到涿州，没有追上而回。

当年冬天，皇上命令韩匡嗣、耶律沙讨伐宋朝，以报围困南京之仇。耶律休哥率领本部士兵跟随韩匡嗣在满城作战。第二天即将开战时，宋人请求投降，韩匡嗣欣然同意。耶律休哥说：“他们的队伍整齐而又精锐，必定不肯屈服，这是迷惑我们罢了，应该严阵以待。”可韩匡嗣不听劝说。耶律休哥只得领兵登高瞭望，不一会儿，宋军大量涌出，擂鼓大喊着迅速冲了过来。韩匡嗣仓促间不知所措，士兵扔掉旗帜和战鼓逃跑，于是战败。耶律休哥召集军队上前冲击，宋军才退却。皇帝下诏让耶律休哥总管南部戍兵，并担任北院大王。

第二年，辽景宗亲征，率军包围了瓦桥关。宋军前来救援，守城将领张师突围出来。辽景帝亲自督战，耶律休哥斩杀张师，其余宋军退逃回城中。……宋军在易水南岸列阵，将要开战时，因为只有耶律休哥的马匹和铠甲是黄色的，辽景帝担心被敌人认出，就赐给他黑甲、白马，换去原来的铠甲与马匹。耶律休哥率领精锐骑兵渡过易水，打败宋军，追杀到莫州。宋军一路上尸横遍野，箭囊、箭头全部丢弃。耶律休哥活捉数名宋将献予辽景帝。辽景帝很高兴，赐给他御马、金盂，并慰劳他说："你的勇猛胜过你的名声，如果人人都像你一样，何必担心不能取胜呢!"军队返回后，耶律休哥升任于越（尊贵爵位，无职，位居北、南大王之上，非有大功德者不授）。辽圣宗即位，辽太后代理国事。命耶律休哥总管南面军务，让他不待奏报，见机行事。耶律休哥调度戍边的士兵，创立轮休法，鼓励农桑，整修武备，边境大治。统和四年（986），宋军又来侵犯，宋将范密、杨继业兵出云州，曹彬、米信兵出雄州、易州，夺取岐沟、涿州，攻占固安，设置军屯。当时北院、南院、奚部的军队尚未到来，耶律休哥势弱，不敢出战。夜间让轻骑出没在两军之间，攻杀单弱之兵以威慑其余的部众。白天就用精锐部队虚张声势，使宋军因防御而劳累，以削弱宋军的战斗力。又在树林中设伏兵，截断宋军的粮道。曹彬等人因为粮食接续不上，只得退守白沟。耶律休哥率轻兵迫近宋军，等到宋军睡觉吃饭时，就袭击那些离开队伍单独外出的宋兵。宋军一边战斗，一边后退，用了4天才到达涿州。之后听说辽太后的军队到了，曹彬等人便冒雨逃跑，辽太后则增派精锐的士兵追击。宋军筋疲力尽，用粮车环绕着保卫自己，耶律休哥迅速带人包围了他们。到了夜晚，曹彬、米信带领几名骑兵逃走，其余部众都溃散。耶律休哥追到东易州（岐沟关），听说宋军还有数万人在沙河河边烧火煮饭，就命令士兵前去袭击。宋军望见人马扬起的灰尘急忙逃窜，掉入河中或互相践踏而死的人超过半数，沙河水为之不流。辽太后凯旋，耶律休哥收集宋军的尸体封土成大坟以炫耀功绩。之后，耶律休哥被封为宋国王。

《辽史》记载：统和七年（989）正月，……乙巳，到易州，至五花楼，抚慰士人百姓。丙午，用青牛、白马祭天地。诏令通告三京各道。戊申，驻扎涞水，拜谒景宗皇帝庙。诏令派涿州刺史耶律守雄护送易州投降的800人回归原籍。己酉，驻扎岐沟，射鬼箭（契丹皇帝亲征时，穿戴作战的甲胄，祭祀诸位先帝，取死囚一名，吊放在要去的方向，乱箭射之，以除灾祈祥。班师回朝时，则射俘虏）。辛亥，回到南京，六军解除战时状态。

辽时涿州境内有祁沟河。《辽史·地理志》记载：涿州，即永泰军。级别上，设刺史。汉高帝六年（前201）分燕置涿郡，魏文帝改为范阳郡，晋朝为范阳国，北魏恢复为郡。隋开皇二年（582）撤郡，地属幽州。大业三年（607）以幽

易州御五花樓撫諭士庶丙午以青牛白馬祭天地詔
諭三京諸道戊申次淶水謁景宗皇帝廟詔遣涿州刺
史耶律守雄護送易州降人八百還隸本貫己酉次岐
溝射鬼箭辛亥還次南京六軍解嚴二月壬子朔上御
元和殿受百官賀詔雞壁砦民二百户徙居檀順薊三
州甲寅回鶻于闐師子等國來貢乙卯大饗軍士爵賞
有差樞密使韓德讓封楚國王駙馬都尉蕭寧遠同政
事門下平章事是日幸長春宫甲子詔南征所俘有親

欽定四庫全書　遼史　卷十二　六

屬分隸諸帳者給官錢贖之使相從乙丑賞南征女直
軍使東還丙寅禁舉人匿名飛書謗訕朝廷癸酉吐蕃
党項來貢甲戌雲州租賦請止輸本道從之丙子以女
直和克岱為本部相分遣巫覡祭名山大川丁丑皇子
佛寶努生戊寅阿爾斯蘭于闐轄哩遣使來貢三月壬
午朔遣使祭木葉山禁芻牧傷禾稼宋進士十七人挈
家來歸命有司考其中第者補國學官餘授縣主簿尉
李繼遷遣使來貢丁亥詔知易州趙質收戰亡士卒骸

《辽史》

御製詩恭載首見之篇餘不備錄
原州西南三十里岐溝宋時置關以備遼者長安客話
原岐溝距涿州西南四十里亦曰奇溝又曰祁溝唐末
設關于此晉王存勗天祐十年遣周德威出飛狐攻燕
與鎮定兵會于易水進攻祁溝關下之遂圍涿州守將
以城降宋雍熙三年曹彬米信等與遼將耶律休格戰于
岐溝關敗績彬等夜渡巨馬河南趨易州休格領精騎追
及溺者不可勝計宣和中亦嘗設關于此以備金方輿紀要

欽定四庫全書　欽定日下舊聞考　卷一百二十九　四

臣等謹按岐溝關州志稱在州西三十里有土城
環村之南北西三面當是其遺址
原關在巨馬河之北自關而西至易州六十里由巨馬
河而東至新城縣四十里通鑑注

《日下旧闻考》

州为涿郡。唐武德元年（618）郡废。武德七年（624）改为范阳县。大历四年（769）置涿州。后晋将涿州献给辽太宗。州境有大房山、六聘山、涿水、楼桑河、横沟河、礼逊河、祁沟河。

清《日下旧闻考》记载：

岐沟，距涿州西南四十里，亦曰奇沟，又曰祁沟，唐末设关于此。晋王存勖天祐十年遣周德威出飞狐攻燕，与镇、定兵会于易水，进攻祁沟关，下之，遂围涿州，守将以城降。宋雍熙三年，曹彬、米信等与辽将耶律休哥战于岐沟关，败绩，彬等夜渡巨马河，南趋易州。休哥领精骑追及，溺者不可胜计。宣和中，亦尝设关于此以备金。

（臣等谨按）岐沟关，州志称在州西三十里，有土城环村之南北西三面，当是其遗址。关在巨马河之北，自关而西，至易州六十里，由巨马河而东至新城县四十里。

第二十章　赵匡胤祖籍涿州

宋太祖赵匡胤祖籍涿州，但是民间关于赵匡胤祖籍还流传着几种不同的说法，主要有山西赵城、河南济源、河北清苑，去年又冒出个江西上饶。之所以会产生这些传说，主要原因是赵匡胤病逝后，北宋第二代、第三代皇帝的重大失误造成的。

后唐天成二年（927），赵匡胤出生于洛阳夹马营，其父赵弘殷是职业军人，时任禁军飞捷指挥使，母亲杜氏，定州安喜人，随军家属。清泰三年（936），天平节度使石敬瑭为了过把皇帝瘾，用割让幽、涿、檀、蓟等十六州贿赂契丹主的方式换取了契丹的支持，成了后晋的开国皇帝。由此，涿州变成契丹辖区。这一年，赵匡胤10岁。

后周显德七年（960）正月初三，赵匡胤发动“陈桥兵变”，黄袍加身，建立北宋，建元建隆，定都开封。

北宋建隆元年（960），赵匡胤称帝后给自己已故的高祖、曾祖、祖父、父亲都追加上了“皇帝”的名号，并在太庙里供奉了4位先祖的神灵牌位。此后，他多次下诏书，要求保护“前代帝王陵寝、忠臣贤士丘垅”。乾德二年（964），赵匡胤把其父赵弘殷的陵墓（永安陵）从开封东南迁往巩县陵区。除此之外，直到976年十月二十日夜突然病逝，赵匡胤对自己高祖、曾祖、祖父的陵墓均没有做任何“修崇”或“迁奉”。赵匡胤既然那么重视保护“前代帝王陵寝、忠臣贤士丘垅”，为什么唯独对自己的“三祖陵”始终没有做任何保护措施呢？那是因为当时“三祖陵”都在契丹控制的涿州。

赵匡胤称帝后的大政方针是收复祖地，统一天下，让老百姓安居乐业。根据当时政权林立的割据形势，他采取了“先南后北”的方略。先兼并南方割据政权，同时对收复北方祖地也有预案，且是两手准备，一是谈判赎买，一是用兵收回。乾德三年（965）八月，赵匡胤建立起一处“封桩库”，存储从南方割据政权收缴来的金帛，作为“军旅、饥馑之备”。赵匡胤说：“石晋割幽燕以贿契丹，使一方独限外境，朕甚悯之。欲俟斯库所蓄满四五百万，遣使谋于彼，倘肯以地归于我，则以此酬之。不然，我以二十匹绢购一辽人首，彼精兵不过十万，止费我二百万匹绢，则敌尽矣。”

开宝九年（976）八月，赵匡胤部署兼并北汉政权。十月，就在收复河东（今山西）指日可待之际，赵匡胤于十月二十日凌晨猝然去世。雄才大略的赵匡胤，正值年富力强，正在推进统一北方，年仅50岁的他突然崩殂，大业未竟，令人叹惋。

第二代皇帝宋太宗没有按照宋太祖的“两手准备”完成北方的统一。宋太宗不懂军事，但是却急于建立军功，两次大举伐辽，高粱河之战、岐沟关之战先后惨败，接着是君子馆的惨败，不仅牺牲了数万北宋将士，而且把军事实力从稍胜于契丹变成了逊于契丹，造成祖籍祖陵沦陷“辽邦”难以收复的局面，这是赵宋皇家的奇耻大辱。那么如何来洗刷这个耻辱呢？对于军事实力已成守势的大宋朝廷来说，这是个无法解决的棘手问题。因此，赵宋皇家祖籍就成了不能提起的话题。

第三代皇帝宋真宗继位后，有人传言说北宋境内的保州保塞县（今保定清苑）有赵氏祖陵。于是宋真宗决定把两套棺椁作为高祖、曾祖的“灵柩”从保州迁往西京洛阳，并在巩县陵区筹建康陵、定陵准备正式安葬。可谁知景德元年（1004），宋真宗发现《太祖实录》中记载祖陵在幽州（北宋朝野均称涿州为幽州），与保州无关。无奈之下，宋真宗只得把两套棺椁以“一品坟”名义（墓主身份由追认的“皇帝”降为臣僚）葬于洛阳北郊，同时巩县的康陵、定陵罢修。这样的处理，否定了赵匡胤祖陵在保州的讹传。

此后，宋仁宗等皇帝曾把保州赵姓当作“国之疏属”给予关照，那是北宋朝廷为了掩饰宋真宗迁错祖陵的尴尬而采取的安抚策略而已。

宋真宗错迁祖坟，既令皇家蒙羞，也使“保州有三祖陵”的谣言得以传播。北宋朝廷为了皇家脸面，对地方上的谣传不能公开否定，只得采取听之任之、充耳不闻的态度。地方官绅对此颇有兴趣，推波助澜，大做文章。到了清朝，竟然把不曾有的“保州宋三陵”记载到地方志书中。至于山西赵城、河南济源等地的传说，就连地方官绅都知道并不可信，不过是民间趣谈而已。

无论地方官绅、民间百姓如何炒作“保州宋三陵”，北宋朝廷特别是赵宋皇家对“三祖陵”所在地是心中有数的。北宋官方修撰的《国朝会要》中明确记

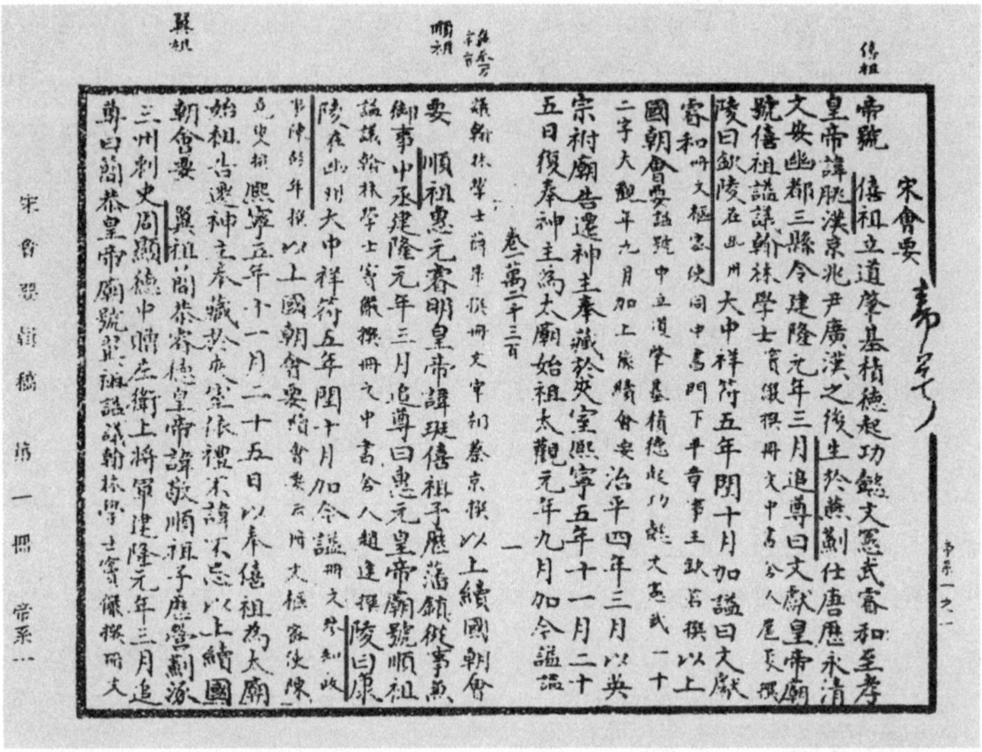

僖祖　順祖　翼祖

宋會要　帝系一

帝號　僖祖立道肇基積德起功懿文憲武睿和至孝
皇帝諱朓漢京兆尹廣漢之後生於燕劉仕唐歷永清
文安幽都三縣令建隆元年三月追尊曰文獻皇帝廟
號僖祖謚議翰林學士竇儼撰冊文中書舍人扈蒙撰
陵曰欽陵在幽州大中祥符五年閏十月加謚曰文獻
睿和冊文樞密使同中書門下平章事王欽若撰以上
國朝會要謚號中立道肇基積德起功懿文憲武一十
二字大觀年九月加上據續會要治平四年三月以英
宗祔廟告遷神主奉藏於夾室熙寧五年十一月二十
五日復奉神主為太廟始祖大觀元年九月加今謚謚
卷一萬二千三百　一
議翰林學士蔣東撰冊文中初蔡京撰以上續國朝會
要　順祖惠元睿明皇帝諱珽僖祖子歷藩鎮從事兼
御史中丞建隆元年三月追尊曰惠元皇帝廟號順祖
謚議翰林學士竇儼撰冊文中書舍人趙逢撰陵曰康
陵在幽州大中祥符五年閏十月加今謚冊文參知政
事陳彭年撰以上國朝會要續會要云冊文樞密使陳
堯叟撰熙寧五年十一月二十五日以奉僖祖為太廟
始祖告遷神主奉藏於夾室依禮不諱不忌以上續國
朝會要　翼祖簡恭睿德皇帝諱敬順祖子歷營薊涿
三州刺史周顯德中贈左衛上將軍建隆元年三月追
尊曰簡恭皇帝廟號翼祖謚議翰林學士竇儼撰冊文

帝系一之一

宋會要輯稿　第一冊　帝系一

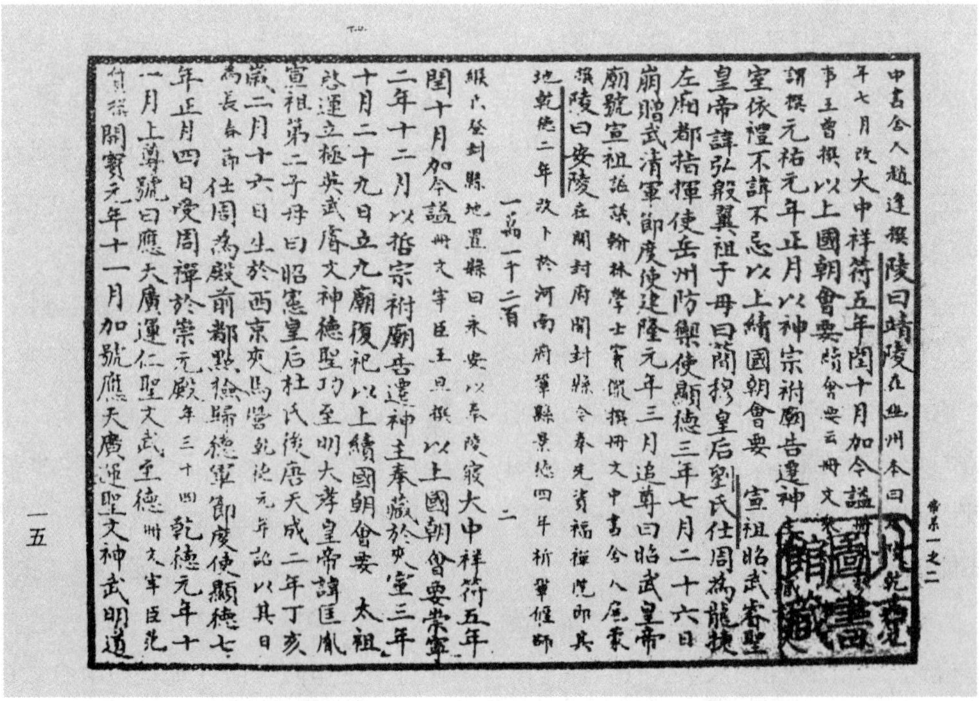

中書舍人趙逢撰陵曰靖陵在幽州本曰
年七月改大中祥符五年閏十月加今謚冊
事王曾撰以上國朝會要續會要云冊文
謂撰元祐元年正月以神宗祔廟告遷神
室依禮不諱不忌以上續國朝會要　宣祖昭武睿聖
皇帝諱弘殷翼祖子母曰簡穆皇后劉氏仕周為龍捷
左廂都指揮使岳州防禦使顯德三年七月二十六日
崩贈武清軍節度使建隆元年三月追尊曰昭武皇帝
廟號宣祖謚議翰林學士竇儼撰冊文中書舍人扈蒙
撰陵曰安陵在開封府開封縣令奉先資福禪院即其
地乾德二年改卜於河南府鞏縣景德四年析鞏偃師
一萬一千二百　二
緱氏登封縣地置縣曰永安以奉陵寢大中祥符五年
閏十月加今謚冊文宰臣王旦撰以上國朝會要崇寧
二年十二月以哲宗祔廟告遷神主奉藏於夾室三年
十月二十九日立九廟復祀以上續國朝會要　太祖
啟運立極英武睿文神德聖功至明大孝皇帝諱匡胤
宣祖第二子母曰昭憲皇后杜氏後唐天成二年丁亥
歲二月十六日生於西京夾馬營乾德元年詔以其日
為長春節仕周為殿前都點檢歸德軍節度使顯德七
年正月四日受周禪於崇元殿年三十四乾德元年十
一月上尊號曰應天廣運仁聖文武至德冊文宰臣范
質撰開寶元年十一月加號應天廣運聖文神武明道

帝系一之二

一五

《宋会要辑稿》

古今姓氏書辯證卷二十五　十

襄王偃生幽繆王遷遷八年秦併六國趙人立遷兄嘉爲代王後降於秦秦使嘉子公輔主西戎西戎懷之號曰趙王世居隴西天水西縣至漢京兆尹廣漢之後居涿郡代踰千祀而僖祖皇帝生焉臣聞之太史氏曰僖祖立道肇基積德起功懿文憲武睿和至孝皇帝生於涿長於燕歷承清文安幽都三縣令生順祖惠元皇帝累官兼御史中丞贈右驍衛將軍實生翼祖簡恭睿德皇帝歷營薊涿三郡刺史生宣祖昭武睿聖皇帝贈太尉宣祖五子長邕王光濟次太祖皇帝次太宗皇帝次秦王廷美次夔王光贊太祖啟運立極英武睿文神德聖功至明大孝皇帝二子

《古今姓氏书辩证》

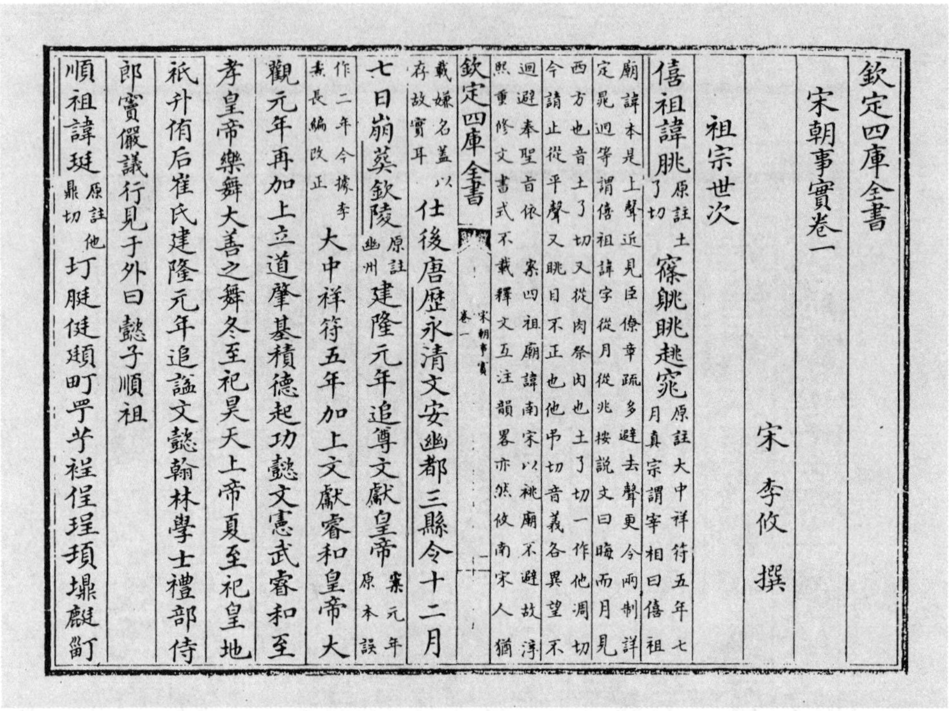

欽定四庫全書

宋朝事實卷一

宋　李攸　撰

祖宗世次

僖祖諱朓 原註土了切 窱䠷䠷趒窕 原註大中祥符五年七月真宗謂宰相曰僖祖廟諱本是上聲近見臣僚章疏多避去聲更令兩制詳定晁迥等謂僖祖諱字從月從兆按説文曰晦而月見西方也音土了切又從肉祭肉也土了切一作他凋切今請止從平聲又眺目不正也他弔切音義各異望不迴避奉聖旨依 案四祖廟諱南宋以祧廟不避故淳熙重修文書式不載釋文互注韻畧亦然攸南宋人猶載嫌名蓋以存故實耳 仕後唐歷永清文安幽都三縣令十二月七日崩葬欽陵 原註幽州 建隆元年追尊文獻皇帝 案元年原本誤作二年今據李燾長編改正 大中祥符五年加上文獻睿和皇帝大觀元年再加上立道肇基積德起功懿文憲武睿和至孝皇帝樂舞大善之舞冬至祀昊天上帝夏至祀皇地祇升侑后崔氏建隆元年追謚文懿翰林學士禮部侍郎竇儼議行見于外曰懿子順祖

順祖諱珽 原註他鼎切 圢脡侹頲町[illegible]艼綎侱珵頲壜𪊲酊

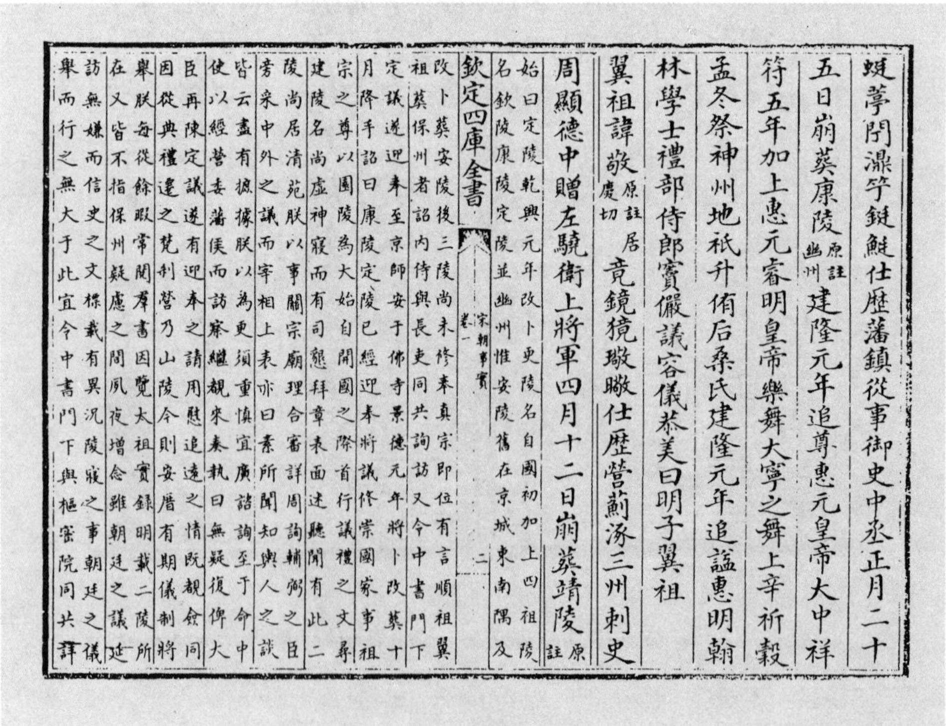

蜓葶閅濎竽鋌鮵仕歷藩鎮從事御史中丞正月二十五日崩葬康陵 原註幽州 建隆元年追尊惠元皇帝大中祥符五年加上惠元睿明皇帝樂舞大寧之舞上辛祈穀孟冬祭神州地祇升侑后桑氏建隆元年追謚惠明翰林學士禮部侍郎竇儼議容儀恭美曰明子翼祖

翼祖諱敬 原註居慶切 竟鏡獍璥曔仕歷營薊涿三州刺史周顯德中贈左驍衛上將軍四月十二日崩葬靖陵 原註始曰定陵乾興元年改卜更陵名自國初加上四祖陵名欽陵康陵定陵並幽州惟安陵舊在京城東南隅及改卜葬安陵後三陵尚未修奉真宗即位有言順祖翼祖葬保州者詔內侍與長吏同共詢訪又令中書門下定議遣迎奉至京師安于佛寺景德元年將卜改葬十月降手詔曰康陵定陵已經迎奉將議修崇國家事祖宗之尊以園陵為大始自開國之際首行議禮之文尋建陵名尚虛神寢而有司懇拜章表面述聽聞有此二陵尚居清苑朕以事關宗廟理合審詳周詢輔弼之臣旁采中外之議而宰相上表亦曰素所聞知與人之説皆云盡有根據朕以為更須重慎宜廣諮詢至于命中使以經營委藩侯而訪察繼覩來奏執曰無疑復俾大臣再陳定議遂有迎奉之請用慰追遠之情既覩僉同因從典禮遣之梵剎營乃山陵令則安厝有期儀制將舉朕每從餘暇常閱羣書因覽太祖實錄明載二陵所在又皆不指保州疑慮之間夙夜增念雖朝廷之議延訪無嫌而信史之文標載有異況陵寢之事朝廷之儀舉而行之無大于此宜令中書門下與樞密院同共詳

《宋朝事实》

载着高祖赵朓“生于燕蓟”，钦陵、康陵、定陵在幽州。到了南宋初期，为了纠正“皇家祖陵在保州”的讹传，史官邓名世、史学家李攸等人在《宋朝事实》《古今姓氏书辩证》等书中重申赵匡胤高祖赵朓“生于涿、长于燕”，“三祖陵”在幽州（涿州）。并揭示了“保州宋三陵”的讹传，其源头是宋真宗迁错祖陵，赵匡胤原籍涿州才是真实的历史。

2019年5月，江西上饶的朋友寄给我一本《赵匡胤祖籍地信州考》，由江西人民出版社出版发行。我仔细阅读后，写了以下几句感想。

作者态度认真，精神可嘉，文字水平稍欠火候。最重要的一点，此书用明清史料和民间传说去证实北宋以前的赵匡胤祖籍，这能有多少说服力呢？

《宋史》开篇就介绍了赵匡胤上四代的简况，接着介绍了赵匡胤父亲赵弘殷的简历和功业，然后是赵匡胤出生、少年逸事。

名为研究赵匡胤祖籍，但是不读《宋史》，甚至连《宋史》开篇都没有读，只在别人的探讨文章里找“思路”，这样就离史实很远了。虽然用充满激情的想象，创造性地论述了“信州说”（今江西上饶在唐宋时期名信州），可我却觉

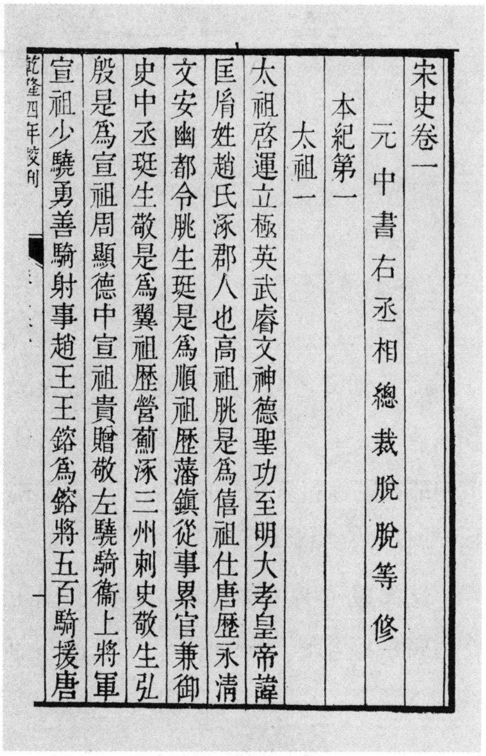
宋史卷一
元中書右丞相總裁脫脫等修
本紀第一
太祖一
太祖啓運立極英武睿文神德聖功至明大孝皇帝諱匡胤姓趙氏涿郡人也高祖朓是爲僖祖仕唐歷永清文安幽都令朓生珽是爲順祖歷藩鎮從事累官兼御史中丞珽生敬是爲翼祖歷營薊涿三州刺史敬生弘殷是爲宣祖周顯德中宣祖貴贈敬左驍騎衞上將軍宣祖少驍勇善騎射事趙王王鎔爲鎔將五百騎援唐
乾隆四年校刊

《宋史》

得不过是自作多情的臆想而已。

书中说：在北宋皇家核心人物的心中都有赵匡胤祖籍在“信州”的意识。这个说法如果可信，那就更使我强化了“赵匡胤祖籍涿州”的信念。为什么？因为安史之乱以前，范阳县境内就有信州（请参阅本书第十七章）。安史之乱终结后的第七年（769），在幽州南部的范阳等4个县设置涿州，涿州与范阳县同城而治。因此也可以说，信州就在涿州。

第二十一章 辽宋地理志涿州

辽朝，又名契丹，原是北方游牧民族，唐朝末年，契丹逐渐发展起来。辽太祖耶律阿保机于916年称帝，比宋太祖赵匡胤称帝早44年。

辽天显元年（927）春，赵匡胤出生在后唐东都洛阳。到936年，后唐河东节度使石敬瑭为了让契丹支持自己称帝，把幽云十六州割献给契丹，这十六州中就有涿州。

938年，辽太宗把幽州改名幽都府，建号南京。开泰元年（1012），幽都府改称析津府，直至1122年，涿州先后隶属

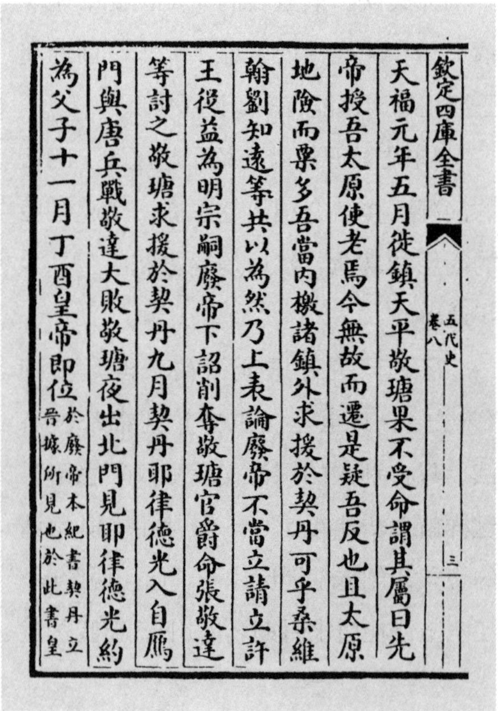
欽定四庫全書 五代史 卷八 三
天福元年五月徙鎮天平敬瑭果不受命謂其屬曰先
帝授吾太原使老馬今無故而遷是疑吾反也且太原
地險而粟多吾當内檄諸鎮外求援於契丹可乎桑維
翰劉知遠等共以為然乃上表論廢帝不當立請立許
王從益為明宗嗣廢帝下詔削奪敬瑭官爵命張敬達
等討之敬瑭求援於契丹九月契丹耶律德光入自鴈
門與唐兵戰敬達大敗敬瑭夜出北門見耶律德光約
為父子十一月丁酉皇帝即位於廢帝本紀書契丹立晉據所見也於此書皇

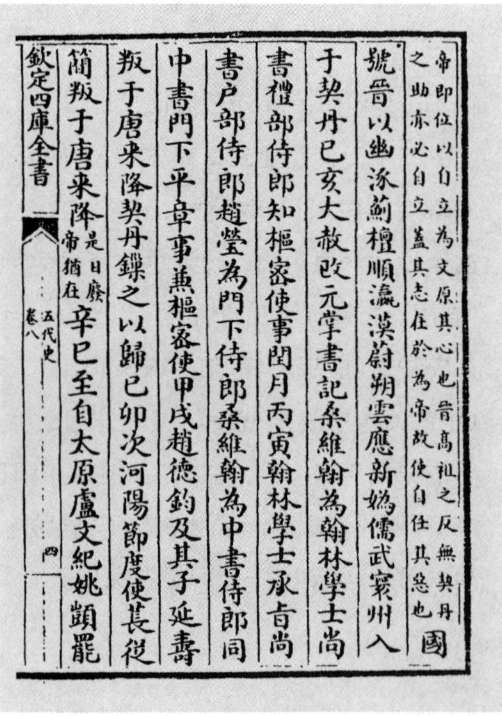
帝即位以自立為文原其心也晉高祖之反無契丹之助亦必自立蓋其志在於為帝故使自任其惡也國
號晉以幽涿薊檀順瀛漠蔚朔雲應新嬀儒武寰州入
于契丹己亥大赦改元掌書記桑維翰為翰林學士尚
書禮部侍郎知樞密使事閏月丙寅翰林學士承旨尚
書户部侍郎趙瑩為門下侍郎桑維翰為中書侍郎同
中書門下平章事兼樞密使甲戌趙德鈞及其子延壽
叛于唐來降契丹鏁之以歸己卯次河陽節度使萇從
簡叛于唐來降是日廢帝猶在辛巳至自太原盧文紀姚顗罷
欽定四庫全書 五代史 卷八 四

《五代史》

辽南京幽都府、析津府。

北宋建立于960年，当时涿州归属契丹已有22年。赵匡胤在开封称帝后，采取先易后难、各个击破的战略，首先兼并了南方割据政权，同时加强对契丹的防御与备战。976年十月，收复幽云十六州尚未列入日程，赵匡胤还不满50岁时就突然病逝。其弟赵匡义即位后，10年间两次大规模攻伐契丹，均告惨败。因此涿州一直属于契丹的辖区。

北宋宣和四年（1122）十二月，金兵打败辽军，占据辽国的南京（燕京）。次年，宋以原输辽的岁币及代税钱从金人手中赎买燕京与蓟、景、檀、顺、易、涿等6州，得到燕京、涿州等地。

北宋以原辽南京为燕山府，又名广阳郡，为永清军节度，领十二县。赐涿州名为涿水郡，升威行军节度，领四县。

宣和七年（1125），金兵追擒辽天祚帝，辽亡。金兵攻宋，燕山府、涿州等地归金，涿水郡存在了不足3年。

《辽史·地理志》记载：

涿州，永泰军，上，刺史。汉高祖六年分燕置涿郡，魏文帝改范阳郡，晋为范阳国，元魏复为郡。隋开皇二年罢

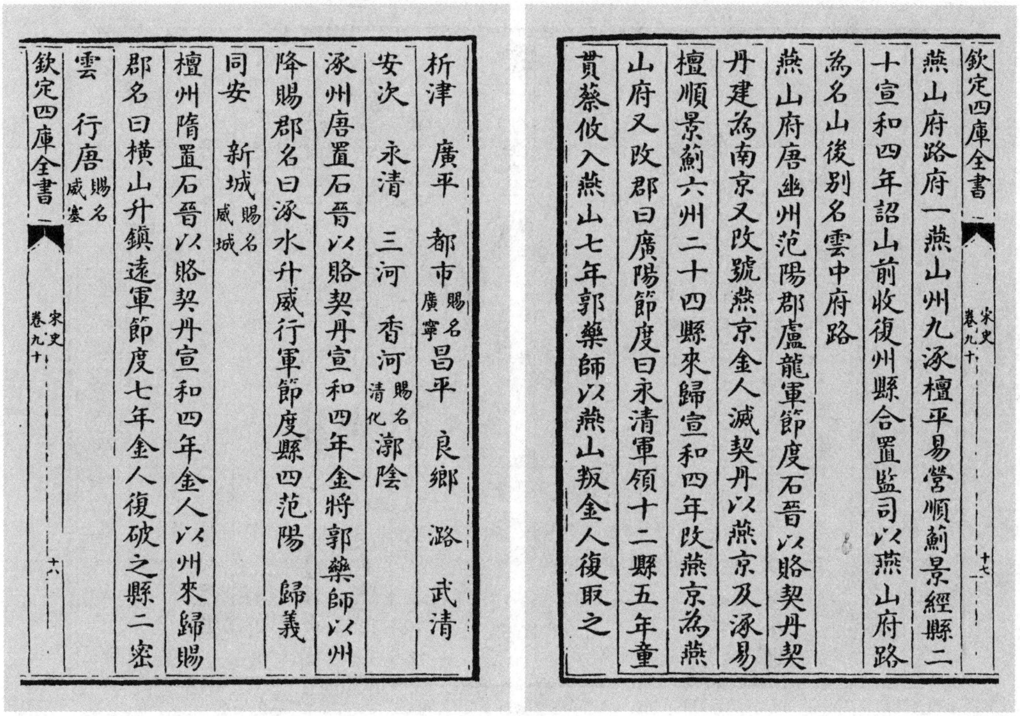

欽定四庫全書　宋史 卷九十　十七

燕山府路府一燕山州九涿檀平易營順薊景經縣二十宣和四年詔山前收復州縣合置監司以燕山府路為名山後別名雲中府路

燕山府唐幽州范陽郡盧龍軍節度石晉以賂契丹契丹建為南京又改號燕京金人滅契丹以燕京及涿易檀順景薊六州二十四縣來歸宣和四年改燕京為燕山府又改郡曰廣陽節度曰永清軍領十二縣五年童貫蔡攸入燕山七年郭藥師以燕山叛金人復取之

欽定四庫全書　宋史 卷九十　十六

析津　廣平　都市賜名廣寧　昌平　良鄉　潞　武清　安次　永清　三河　香河賜名清化　漷陰

涿州唐置石晉以賂契丹宣和四年金將郭藥師以州降賜郡名曰涿水升威行軍節度縣四范陽　歸義　同安　新城賜名威城

檀州隋置石晉以賂契丹宣和四年金人以州來歸賜郡名曰橫山升鎮遠軍節度七年金人復破之縣二密雲　行唐賜名威塞

《宋史》

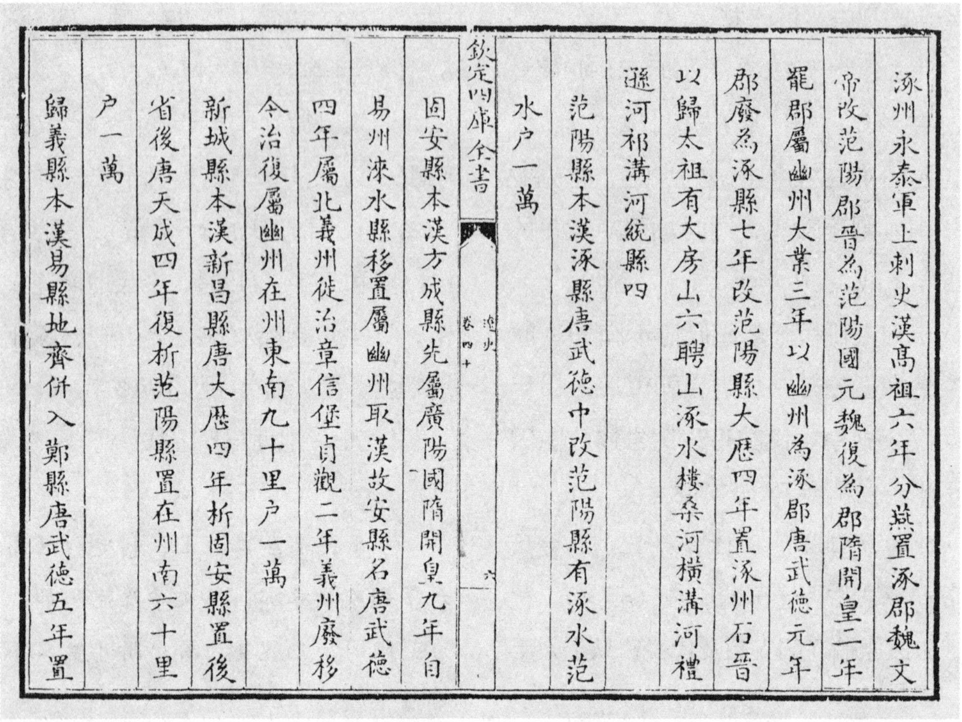

涿州永泰軍上刺史漢高祖六年分燕置涿郡魏文帝改范陽郡晋為范陽國元魏復為郡隋開皇二年罷郡屬幽州大業三年以幽州為涿郡唐武德元年郡廢為涿縣七年改范陽縣大歷四年置涿州石晋以歸太祖有大房山六聘山涿水樓桑河横溝河禮遜河祁溝河統縣四

范陽縣本漢涿縣唐武德中改范陽縣有涿水范水户一萬

固安縣本漢方成縣先屬廣陽國隋開皇九年自易州淶水縣移置屬幽州取漢故安縣名唐武德四年屬北義州徙治章信堡貞觀二年義州廢移今治復屬幽州在州東南九十里户一萬

新城縣本漢新昌縣唐大歷四年析固安縣置後省後唐天成四年復析范陽縣置在州南六十里户一萬

歸義縣本漢易縣地齊併入鄚縣唐武德五年置

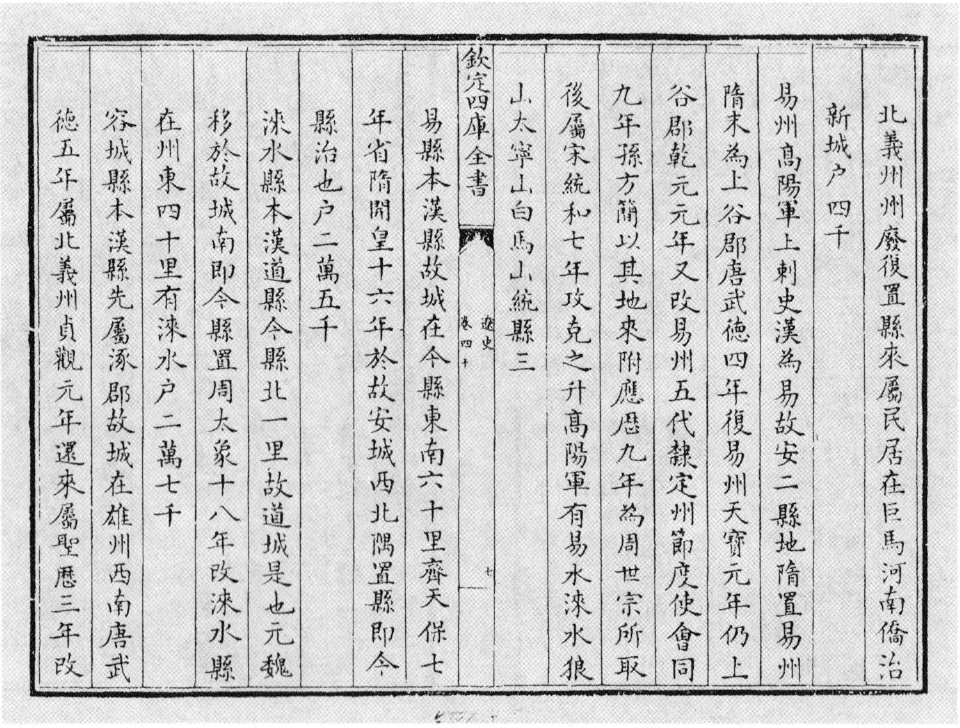

北義州州廢復置縣來屬民居在巨馬河南僑治新城户四千

易州高陽軍上刺史漢為易故安二縣地隋置易州隋末為上谷郡唐武德四年復易州天寶元年仍上谷郡乾元元年又改易州五代隸定州節度使會同九年孫方簡以其地來附應歷九年為周世宗所取後屬宋統和七年攻克之升高陽軍有易水淶水狼山太寧山白馬山統縣三

易縣本漢縣故城在今縣東南六十里齊天保七年省隋開皇十六年於故安城西北隅置縣即今縣治也户二萬五千

淶水縣本漢道縣今縣北一里故道城是也元魏移於故城南即今縣置周太象十八年改淶水縣在州東四十里有淶水户二萬七千

容城縣本漢縣先屬涿郡故城在雄州西南唐武德五年屬北義州貞觀元年還來屬聖歷三年改

《辽史》

郡，属幽州，大业三年以幽州为涿郡。唐武德元年郡废，为涿县，七年改范阳县，大历四年置涿州。石晋以归太宗。有大房山、六聘山、涿水、楼桑河、横沟河、礼逊河、祁沟河，统县四。

范阳县，本汉涿县。唐武德中，改范阳县。有涿水、范水。户一万。

固安县，本汉方城县，先属广阳国。隋开皇九年，自易州涞水县移置，属幽州，取汉故安县名。唐武德四年属北义州，徙治章信堡。贞观二年义州废，移今治，复属幽州。在州东南九十里。户一万。

新城县，本汉新昌县，唐大历四年析固安县置，后省。后唐天成四年复析范阳县置。在州南六十里。户一万。

归义县，本汉易县地。齐并入莫县。唐武德五年置北义州，州废，复置县来属。民居在巨马河南，侨治新城。户四千。

第二十二章　赵匡胤开创文明新政

宋朝开国皇帝赵匡胤，960年正月初四黄袍加身即位称帝，976年十月二十日夜猝然病逝，在位17年，享年50岁。

宋太祖赵匡胤统军治国虽然仅仅17年，但是他在执政理念和治国实践上却开创了前所未有的新篇章。他把“内圣外王”作为人生追求，遵奉“民本思想”，虽处乱世，但他真正实行“为政以德”。其文明程度，不仅远远高于同时期的契丹政权，即使此后历代帝王，也未见达到他的境界。

赵匡胤出身于军人家庭。祖父曾担任营、蓟、涿等州刺史。父亲赵弘殷是后唐的禁军军官，母亲杜氏是随军家属。青少年时期的赵匡胤有条件读书、习武，他不仅受到了中华先贤“天下为公”“民本思想”和“仁义理念”的教育，还学习了兵法韬略。赵匡胤喜欢骑马射箭、舞弄杠棒，而且总比别人技高一筹。这些素养都成了他日后雄才大略的基础，而他统军治国的独到策略也给后人留下了许多历史美谈。

陈桥驿兵变

南宋史学家李焘的《续资治通鉴长编》中记载：

建隆元年春正月辛丑朔，镇、定二州言契丹入侵，北汉兵自土门东下，与契丹合。周帝命太祖领宿卫诸将御之。太祖自殿前都虞候，再迁都点检，掌军政凡六年，士卒服其恩威，数从世宗征伐，洊立大功，人望固已归之。于是主少国疑，中外始有推戴之议。壬寅，殿前司副都点检镇宁军节度使太原慕容延钊，将前军先发。时都下讙言，将以出军之日策点检为天子，士民恐怖，争为逃匿之计，惟内庭晏然不知。癸卯，大军出爱景门，纪律严甚，众心稍安。军校河中苗训者，号知天文，见日下复有一日，黑光久相摩荡，指谓太祖亲吏宋城楚昭辅曰：此天命也。是夕，次陈桥驿。将士相与聚谋曰：主上幼弱，未能亲政。今我辈出死力为国家破贼，谁则知之？不如先立点检为天子，然后北征未晚也。都押衙上党李处耘具以其事白太祖弟匡义。匡义时为内殿祗候供奉官都知，即与处耘同过归德节度掌书记蓟人赵普，语未竟，诸将突入，称说纷纭。普及匡义各以事理逆顺晓譬之，曰：太尉忠赤，必不汝赦。诸将相顾，亦有稍稍引去者。已而复集，露刃大言曰：军中偶语则族，今已定议，太尉若不从，则我辈亦安肯退而受祸？普察其势不可遏，与匡义同声叱之曰：策立，大事也。固宜审图尔等何得便肆狂悖？乃各就坐听命。普复谓曰：外寇压境，将莫谁何。盍先攘却，归始议此。诸将不可，曰：方今政出多门，若俟寇退师还，则事变未可知也。但当亟入京城，策立太尉。徐引而北，破贼不难。太尉苟不受策，六军决亦难使向前矣！普顾匡义曰：事既无可奈何，政须早为约束。因语诸将曰：兴王易姓虽云天命，实系人心。前军昨已过河，节度使各据方面，京城若乱，不惟外寇愈深，四方必转生变。若能严敕军士，勿令剽劫，都城人心不摇，则四方自然宁谧。诸将亦可长保富贵矣。皆许诺。乃共部分夜遣衙队军使郭延赟驰告殿前都指挥使浚仪石守信、殿前都虞候洛阳王审琦。守信审琦皆素归心太祖者也。将士环列待旦。太祖醉卧，初不省。甲辰黎明，四面叫呼而起，声震原野。普与匡义入白太祖，诸将已擐甲执兵，直扣寝门，曰：诸将无主，愿策太尉为天子。太祖惊起披衣，未及酬应则相与扶出听事，或以黄袍加太祖身，且罗拜庭下，称万岁。太祖固拒之。众不可，遂相与扶太祖上马，拥逼南行。匡义立于马前，请以剽劫为戒。太祖度不得免，乃揽辔誓诸将曰：汝等自贪富贵，立我为天子，能从我命则可，不然，我不能为若主也。众皆下马，曰：惟命是听。太祖曰：少帝及太后，我皆北面事之；公卿大臣，皆我比肩之人也，汝等无得辄加凌暴；近世帝王初入京城皆纵兵大掠，擅劫府库，汝等无得复然。事定当厚赏汝，不然，当族诛汝。众皆拜。乃整军自仁和门入，秋毫无所犯。先遣客省使大名潘美见执政谕意，又遣楚昭辅慰安家人。殿前都点检公署在左掖门内，时方闭关设守备，及昭辅至，石守信开关纳之。宰相早朝未退，闻变，范质下殿执王溥手，曰：仓促遣将，吾辈之罪也。爪入溥手，几出血，溥噤不能对。天平节度使同平章事侍卫马步军副都指挥使在京巡检太原韩通，自内庭惶遽奔归，将率众备御。散员都指挥使蜀人王彦升，遇通于路，跃马逐之，至其第，第门不及掩，遂杀之，并其妻子。诸将翼太祖登明德门，太祖令军士解甲还

欽定四庫全書

續資治通鑑長編卷一

宋 李燾 撰

太祖

建隆元年春正月辛丑朔鎮定二州言契丹入侵北漢兵自土門東下與契丹合周帝命太祖領宿衛諸將禦之太祖自殿前都虞候再遷都點檢掌軍政凡六年士卒服其恩威數從世宗征伐洊立大功人望固已歸之

於是主少國疑中外始有推戴之議

壬寅殿前司副都點檢鎮寧軍節度使太原慕容延釗（延釗初以殿前都虞候見顯德五年三月不著邑里）將前軍先發時都下讙言將以出軍之日策點檢為天子士民恐怖爭為逃匿之計惟內庭晏然不知

癸卯大軍出愛景門紀律嚴甚衆心稍安軍校河中苗訓者號知天文見日下復有一日黑光久相摩盪指謂太祖親吏宋城楚昭輔曰此天命也是夕次陳橋驛將士相與聚謀曰主上幼弱未能親政今我輩出死力為國家破賊誰則知之不如先立點檢為天子然後北征未晚也都押衙上黨李處耘具以其事白太祖弟匡義匡義時為內殿祗候供奉官都知即與處耘同過歸德節度掌書記薊人趙普（普初見顯德三年二月）語未竟諸將突入稱說紛紜普及匡義各以事理逆順曉譬之曰（趙普飛龍記云處耘亦同普曉譬諸將按國史處耘見軍中謀欲推戴即遽白太宗與王彥昇謀遂召馬仁瑀李漢超等定議然則曉譬諸將獨普與太宗耳處耘必不在也今削去處耘名）太尉忠赤必不汝赦諸

將相顧亦有稍稍引去者已而復集露刃大言曰軍中偶語則族今已定議太尉若不從則我輩亦安肯退而受禍普察其勢不可遏與匡義同聲叱之曰策立大事也固宜審圖爾等何得便肆狂悖乃各就坐聽命普復謂曰外寇壓境將莫誰何盍先攘却歸始議此諸將不可曰方今政出多門若俟寇退師還則事變未可知也但當亟入京城策立太尉徐引而北破賊不難太尉苟不受策六軍決亦難使向前矣普顧匡義曰事既無可

《续资治通鉴长编》

营，太祖亦归公署，释黄袍。俄而将士拥质等俱至。太祖呜咽流涕，曰：吾受世宗厚恩，为六军所迫，一旦至此，惭负天地，将若之何？质等未及对，散指挥都虞候太原罗彦瑰挺剑而前，曰：我辈无主，今日必得天子！太祖叱之不退。质等不知所为。溥降阶先拜，质不得已从之，遂称万岁。太祖诣崇元殿，行禅代礼，召文武百官就列。至晡班定，独未有周帝禅代制书。翰林学生承旨新平陶谷，出诸袖中，进曰：制书成矣！遂用之。宣徽使引太祖就龙墀北面拜受，宰相扶太祖升殿，易服东序，还，即位。群臣拜贺。奉周帝为郑王，太后为周太后，迁居西京。乙巳诏因所领节度州名，定有天下之号曰宋。

有人嘲笑赵匡胤假戏真做、掩饰篡权，这种认识是不懂赵匡胤的处境和为人。

首先，五代十国时期，皇帝轮流做，这已经是习以为常的事。

其次，赵匡胤的权力职位是靠自己的勇武有谋、累积战功赢得的。他当时是禁军殿前司最高指挥官，已经成为仅次于皇帝的天下第二人。实际上，无论是权力还是威信，赵匡胤都比小皇帝要大得多。

再次，外地统兵的节度使们，对孤儿寡母的朝廷早已三心二意，为避免后周陷入内部混战，主动采取行动，改朝换代，自己当家做主，应该是必要的选择。

最重要的是，陈桥兵变没有沿袭此前改朝换代的旧例，避免了互相残杀，以及趁机抢劫等乱象，体现了赵匡胤“以民为本”“仁义处事”的良苦用心。

杯酒释兵权

《宋史·石守信传》记载了赵匡胤“杯酒释兵权”的故事，按现代语叙述是这样的：乾德初年，皇帝因为朝会散得晚了，便安排与石守信等人一起喝酒。酒喝得正尽兴时，皇帝说：“如果没有你们，我就到不了今天（这样的地位）。可是我当了皇帝远不如当节度使快乐，我晚上不曾无忧无虑地睡个踏实觉。”石守信等人忙磕头说：“现在皇上的天下已定，谁还敢再有别的念头，陛下为何说这样的话？”皇帝说：“人谁不愿意富贵，一旦有人把黄袍披在你的身上，即使你不想当皇帝，可能吗？”石守信等人拜谢说：“臣下愚钝，没有考虑到这些，请陛下怜悯我们。”皇帝说：“人生啊，光阴易逝，不如多积累金钱，购买田宅，留给子孙，欣赏歌童舞女，以享天年。君臣之间没有猜忌，不也很好嘛！”第二天，石守信等人都声称患病，请求解除兵权，皇帝答应了他们，并给了他们高荣誉无职事的散官头衔和丰厚的赏赐。

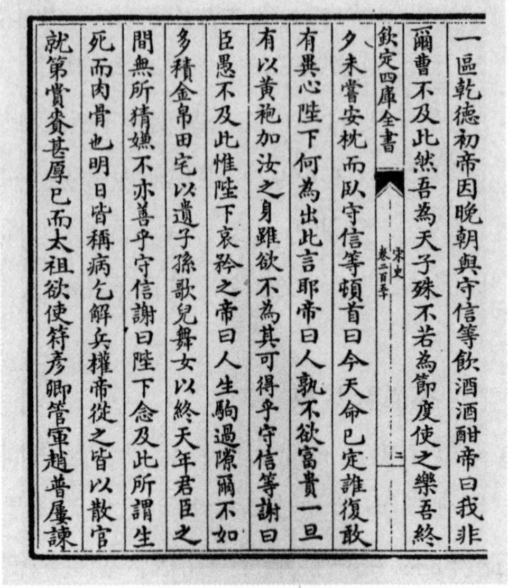

一匾乾德初帝因晚朝與守信等飲酒酒酣帝曰我非
爾曹不及此然吾為天子殊不若為節度使之樂吾終
欽定四庫全書　宋史　卷二百五十　二
夕未嘗安枕而臥守信等頓首曰今天命已定誰復敢
有異心陛下何為出此言耶帝曰人孰不欲富貴一旦
有以黃袍加汝之身雖欲不為其可得乎守信等謝曰
臣愚不及此惟陛下哀矜之帝曰人生駒過隙爾不如
多積金帛田宅以遺子孫歌兒舞女以終天年君臣之
間無所猜嫌不亦善乎守信謝曰陛下念及此所謂生
死而肉骨也明日皆稱病乞解兵權帝從之皆以散官
就第賞賚甚厚已而太祖欲使符彥卿管軍趙普屢諫

《宋史》

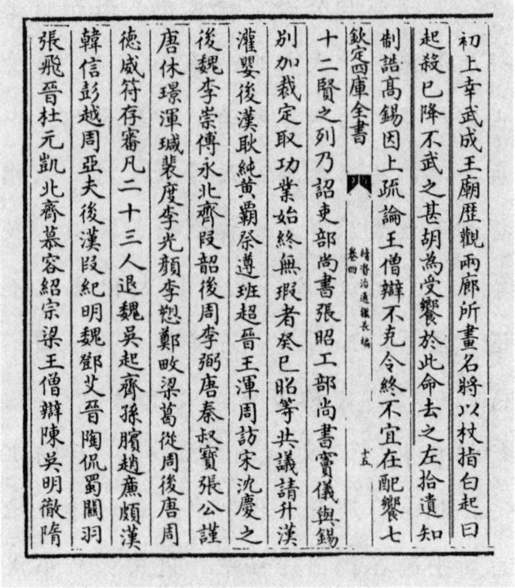

初上幸武成王廟歷觀兩廊所畫名將以杖指白起曰
起殺已降不武之甚胡為受饗於此命去之左拾遺知
制誥高錫因上疏論王僧辯不克令終不宜在配饗七
欽定四庫全書　續資治通鑑長編　卷四　十五
十二賢之列乃詔吏部尚書張昭工部尚書竇儀與錫
別加裁定取功業始終無瑕者癸巳昭等共議請升漢
灌嬰後漢耿純黃覇祭遵班超晉王渾周訪宋沈慶之
後魏李崇傅永北齊段韶後周李弼唐秦叔寶張公謹
唐休璟渾瑊裴度李光顏李愬鄭畋梁葛從周後唐周
德威符存審凡二十三人退魏吳起齊孫臏趙廉頗漢
韓信彭越周亞夫後漢段紀明魏鄧艾晉陶侃蜀關羽
張飛晉杜元凱北齊慕容紹宗梁王僧辯陳吳明徹隋

《续资治通鉴长编》

历朝开国之君，往往以大杀功臣战将来树立自己的绝对权威，从汉高祖刘邦到明太祖朱元璋，是常见现象。而其中的赵匡胤却反其道而行之，不杀功臣、不伤兄弟和气，于杯觞交错间巧妙地削夺了部下的军权，在较为宽松的氛围中实现了集权的目的。接着，实施改革措施：分离掌兵权和发兵权，使“兵无常帅，帅无常师”；逐步剥夺节度使的兵权、财权和人事权，建立起“强干弱枝”的中央集权政治体系，使北宋走出了唐末五代时期频繁兵变、军阀混战、社会动荡的阴影。

武庙定从祀

南宋史学家李焘的《续资治通鉴长编》中记载了赵匡胤把战国时期秦国名将白起撤出武成王庙的故事：

上幸武成王庙，历观两廊所画名将。以杖指白起，曰：“起杀已降，不武之甚。胡为受享于此？”命去之。左拾遗知制诰高锡因上疏，论王僧辩不克令终，不宜在配享七十二贤之列。乃诏礼部尚书张昭、工部尚书窦仪与锡别加裁定，取功业始终无瑕者。

当时，秘书郎直史馆梁周翰写了一篇洋洋洒洒的奏章，他说：开天辟地以来，有了人类，有了圣贤，但是没有毛病的纯粹完美的人哪儿有啊？周公、孔子这样的圣人都曾遭人非议，何况武将们呢！如果有点毛病就从庙里撤出去，那还不弄得两廊空空。

其实，赵匡胤废掉白起在武庙里的配享资格是很正确的。公元前260年，秦将白起在长平之战中，把已经投降的赵国兵将40万人全部活埋，残忍至极，毫无人性。怎么能把这种人奉为前贤呢？当时北宋正在主要以军事行动统一全国，赵匡胤对待白起的态度，就是给军事将领及士兵们划出了红线，必须扭转安史之乱以来某些军人的嗜杀恶习，战争中也不能不讲人性，也要抱有仁爱之心，决不能滥杀无辜。

自唐朝安史之乱到北宋建立的200年间，不要说异族入侵的残酷杀戮，就是中原汉族的某些军阀，同样以杀伐为本领，以武力征服为目标，政权更迭犹如走马灯，平民百姓遭受战乱之苦，苦不堪言。赵匡胤正是要扭转这种社会病态，开创古圣先贤提倡的“天下为公”、让百姓安居乐业的理想社会。

梁周翰的上书，在词句上表达了对皇帝的恭敬，可实质上是对“撤除白起”的否定，说明他不理解在这件小事上体现出的重大意义。对于这种“敢提意见，但是提错了意见”的人，赵匡胤不做计较，容许不同声音的存在，历史上这样的帝王并不多见。

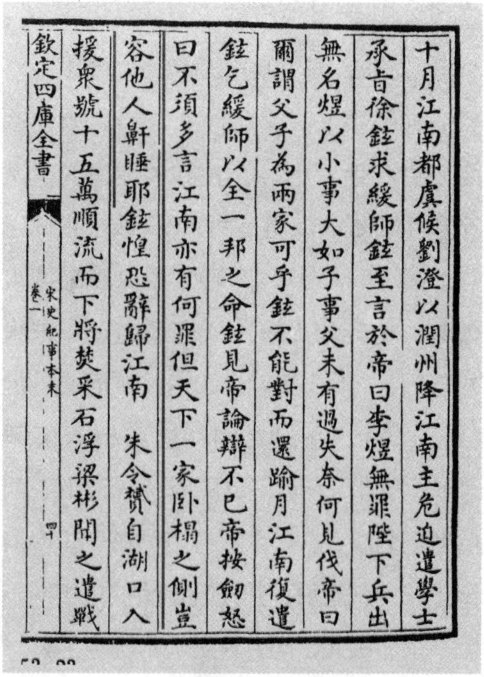
十月江南都虞候劉澄以潤州降江南主危迫遣學士
承旨徐鉉求緩師鉉至言於帝曰李煜無罪陛下兵出
無名煜以小事大如子事父未有過失奈何見伐帝曰
爾謂父子為兩家可乎鉉不能對而還踰月江南復遣
鉉乞緩師以全一邦之命鉉見帝論辯不已帝按劍怒
曰不須多言江南亦有何罪但天下一家臥榻之側豈
容他人鼾睡耶鉉惶恐辭歸江南　朱令贇自湖口入
援衆號十五萬順流而下將焚采石浮梁彬聞之遣戰

欽定四庫全書　宋史紀事本末　卷一　四十

《宋史纪事本末》

天下是一家

赵匡胤称帝后的最大目标是消灭割据政权，实现“天下一统”，让老百姓免受战乱之苦。当时南方经济发达，北方契丹势力比较强大。于是赵匡胤采取先南后北、先易后难的战略方针，先后兼并了荆南、湖南、后蜀、南汉和南唐等割据政权。在兼并战争中，赵匡胤始终坚持军事威慑和政治协商相结合，尽量使用和平的方式。

南唐在赵匡胤称帝初期就派出使臣，表示愿意归顺北宋。开宝八年（975），北宋军队围困了金陵，敦促南唐后主李煜投降。南唐派徐铉求见宋太祖，说：“李煜无罪，陛下兵出无名，李煜以小事大，如子事父，没犯什么罪错，为什么还要讨伐他?”宋太祖说：“你说说，父亲和儿子是一家还是两家?”徐铉哑口无言。过了一个月，南唐又派徐铉来请求缓兵，他向宋太祖讲了许多道理，宋太祖怒曰：“不须多言，江南亦有何罪，但天下一家，卧榻之侧，岂容他人鼾睡耶！”一句话表明了赵匡胤统一天下、清除割据的决心。不久，金陵城破，李煜投降。兼并南唐后，其他割据政权也相继归附汴京。由此，南方算是基本统一了。

内圣而外王

“内圣”是指“自我修养”，即用圣人的标准要求自己。“外王”是指“平定天下”，即以“民本思想”管理社会，或者说是治理社会时施行王道，“以仁义治天下，以德政抚万民”。

一天，有人议论：“皇上尊贵无比，富有四海，难道还不能用黄金装饰一下车子?”赵匡胤说：“我以四海之富，宫殿全部用金银来装饰也可以办得到。但我是为天下守财，怎么可以随便花钱呢！古人说得好，以一人治理天下，不以天下奉一人。皇帝如果只想自己生活得惬意，甚至追求享乐，占有了天下的财富，那黎民百姓还怎么生活！”

“以一人治理天下，不以天下奉一人”，这是中华古圣先贤“以民为本”的执政理念。赵匡胤把这个理念付诸实践，体现出他的“内圣而外王”的理想追求。这在古代帝王中是颇为罕见的，堪称雄才大略。

有人把“雄才大略”理解成“杀伐决断、唯我独尊”，这是浅薄的误解。雄才是英雄之才，大略是宏大的谋略。何谓英雄？英雄就是民众中的杰出人物，是人间正义的维护者，是社会道义的担当者，是邪恶势力的铲除者。决不是像三国时期的吕布那样，“有虓虎之勇，而无英奇之略，轻狡反复，唯利是视”的小人。谋略有大小，最大的谋略是为国家长治久安、为天下百姓安居乐业筹谋划策，而赵匡胤正是由此开创出北宋新政权的新局面。

功过后人评

《中国历史大辞典》中“宋太祖”这一词条，简要地介绍了赵匡胤的生平业绩，但是最后一句却说他“加强和巩固了专制主义中央集权的统治，但其重文轻武、偏重防内的政策，对宋朝积弱局面的形成，有所影响”，这句话的判断有失公允。

中央集权未必就是“专制主义”。赵匡胤虽“重文”却并不“轻武”，他生前

宋太祖(927—976)　即赵匡胤。宋王朝创建者。公元960—976年在位。世为涿州(今属河北)人,出生于洛阳(今属河南)。后汉乾祐元年(948),枢密使郭威讨李守真,应募为部属。后周显德三年(956),积功至殿前都指挥使,拜定国军节度使。六年,升殿前都点检;恭帝即位,改归德军节度使。七年初,发动＊陈桥兵变,建立宋朝,改元建隆。平定李筠、李重进叛变。次年,以＊杯酒释兵权方式,解除石守信等重要禁军将领兵权。继采取先南后北战略,平定南方诸国:乾德元年(963)平荆湖(荆南、湖南),三年平后蜀;开宝四年(971)平南汉,八年平南唐。开宝二年又亲征北汉。在进行统一战争同时,改革官制,加强中央集权。设参知政事为副相,以枢密使掌军政,三司使掌财政,以分宰相之权。选精壮地方厢兵为中央禁兵,以削弱地方兵力。立更戍法,使兵将不相知,以防将领拥兵谋反。平定湖南后,各州置通判,分割知州权力;又派文臣京、朝官任地方知县、知州等,代替军人掌地方政权。设转运使掌管地方财权,并监察地方官。颁《宋刑统》,加强控制司法权。并兴修水利,奖励农桑,选用将领驻守北方要地,防御契丹。加强和巩固了专制主义中央集权的统治,但其重文轻武、偏重防内的政策,对宋朝积弱局面的形成,有所影响。

宋太祖

《中国历史大辞典》

一直在进行统一战争,若是“轻武”那能行吗?而“重文”是对百年来武夫横行、斯文扫地状态的纠正,是对中华传统文化的回归,是正确的,且必要的。

所谓“偏重防内”,是对赵匡胤施政理念的曲解。比如“杯酒释兵权”,目的是强化军事指挥权,保证统一战争的顺利实施。又如“州郡设通判”,是在官僚体系中设置监督制约机制,防止贪贿,防止苛政、暴政的发生,这是“民本思想”在施政中的体现。

特别是说赵匡胤“对宋朝积弱局面的形成,有所影响”,此话殊为不妥。宋朝的积弱,要知道是由于宋太宗不会用兵,几次伐辽均惨遭失败而造成的,是他把赵匡胤建立的军事优势丧失了,对外(特别是对辽)只能采取守势,再也无力收复幽、涿等十六州了。至于“重文轻武”“偏重防内”,更是宋太宗的显著特征。应该肯定的是,赵匡胤基本终结了唐末五代的战乱局面,创建了新的社会管理体系,这是政治文明的进步,是前无古人的重要贡献。

第二十三章　邵康节发明二进位制

儒道兼综成就先贤

邵雍（1011—1077），字尧夫，自号安乐先生、伊川翁等。其先范阳人，少年时随父徙卫州共城（今河南辉县），居城西北苏门山，刻苦为学。出游河、汾、淮、汉，从李之才受《河图》《洛书》及象数之学。中年移居洛阳。反对熙宁新政，与司马光、富弼、吕公著等过从甚密。嘉祐及熙宁中，先后被朝廷召聘，称病不赴任。北宋哲宗赐谥“康节”，后人尊称他康节先生。

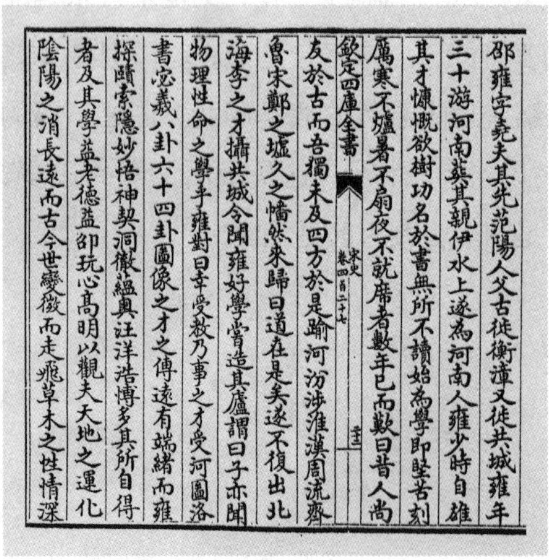
邵雍字堯夫其先范陽人父古徙衡漳又徙共城雍年三十游河南葬其親伊水上遂為河南人雍少時自雄其才慷慨欲樹功名於書無所不讀始為學即堅苦刻厲寒不爐暑不扇夜不就席者數年已而歎曰昔人尚

欽定四庫全書　宋史　卷四百二十七

友於古而吾獨未及四方於是踰河汾涉淮漢周流齊魯宋鄭之墟久之幡然來歸曰道在是矣遂不復出北海李之才攝共城令聞雍好學嘗造其廬謂曰子亦聞物理性命之學乎雍對曰幸受教乃事之才受河圖洛書宓羲八卦六十四卦圖像之才之傳遠有端緒而雍探賾索隱妙悟神契洞徹蘊奧汪洋浩博多其所自得者及其學益老德益卲玩心高明以觀夫天地之運化陰陽之消長遠而古今世變微而走飛草木之性情深

《宋史·邵雍传》

南宋咸淳三年（1267），已经去世190年的邵雍被“请”进孔庙“配享”。从此，经元、明、清、民国，历朝历代孔庙中都有邵雍从祀。明崇祯十五年（1642），孔庙中的座次分为正位（大成至圣先师孔子）、四配、十哲、先贤、先儒共106位，邵雍位居先贤。自此一直到民国，邵雍始终名列先贤。

邵雍根据《易传》，参以道教思想，建立了神秘的先天象数学。以为万物皆由“太极”演化而成，“太极”永恒不变，而万事万物则依其构建的“先天图”循环不已。邵雍认为人类社会已盛极而衰，提出了“皇、帝、王、霸”4个时期的历史退化论。著有《皇极经世》《伊川击壤集》等。

《皇极经世》之名，邵雍言：“至大之谓皇，至中之谓极，至正之谓经，至变之谓世。”旨在“穷日月星辰飞走动植之数以尽天地万物之理，述皇帝王霸之事以明大中至正之道”，既研究自然现

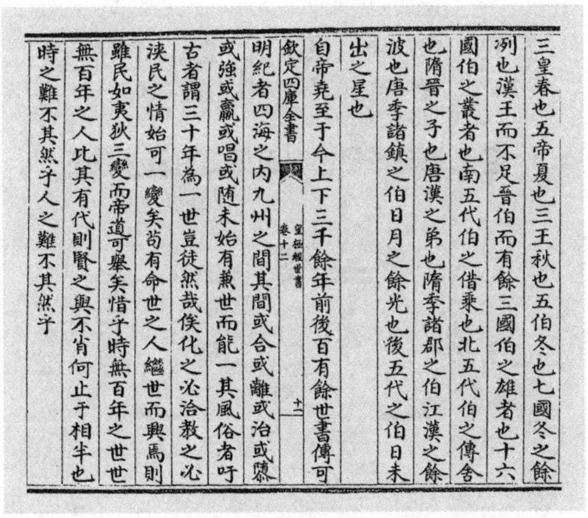
三皇春也五帝夏也三王秋也五伯冬也七國冬之餘
冽也漢王而不足晉伯而有餘三國伯之雄者也十六
國伯之叢者也南五代伯之借乘也北五代伯之傳舍
也隋晉之子也唐漢之弟也隋季諸郡之伯江漢之餘
波也唐季諸鎮之伯日月之餘光也後五代之伯日未
出之星也
自帝堯至于今上下三千餘年前後百有餘世書傳可
欽定四庫全書　皇極經世書　卷十二　十二
明紀者四海之內九州之間其間或合或離或治或隳
或強或羸或唱或隨未始有兼世而能一其風俗者吁
古者謂三十年為一世豈徒然哉俟化之必洽教之必
浹民之情始可一變矣苟有命世之人繼世而興焉則
雖民如夷狄三變而帝道可舉矣惜乎時無百年之世世
無百年之人比其有代則賢之與不肖何止于相半也
時之難不其然乎人之難不其然乎

《皇极经世书》

象，又探讨社会人事。其书以乾南坤北、离东坎西之位置排列《易经》之八卦，称为“先天八卦图”。其思想渊源，朱震《进周易表》谓：“陈抟以先天图传种放，放传穆修，修传李之才，之才传邵雍。”朱熹谓陈抟之学源于魏伯阳《参同契》，可见与道家、方士有关。全书以先天八卦、六十四卦图象为主要理论根据，以元、会、运、世为主要时间概念论述宇宙、自然及社会人事。原本分12卷，第一至第六卷论元、会、运、世之数，第七至第十卷论律吕声音之数，第十一、十二卷总论以上二数。全书统称《观物篇》，总论又分《内篇》及《外篇》。《内篇》共12篇，为邵雍自作，《外篇》分上、下，为邵雍门人张崏所记。此书为宋朝以后《易经》象数学之代表作。宋王湜、张行成、祝秘等直至明清，历代皆有人为之注释、解说和发挥，影响甚大。

“加一倍法”与“二进制”

湖南大学岳麓书院姜广辉教授著有《邵雍的“加一倍法”就是严格意义的“二进制”》，全文如下：

邵雍发展《周易》象数学，以“数”作为其哲学思想的逻辑起点，提出了一种《周易》先天学。此学有关于伏羲八卦与六十四卦卦序排列的四种图表，称为“伏羲四图”，即“先天图”。

近20多年来，学术界讨论的一个非常热门的话题就是德国大哲学家、数学家莱布尼茨发明二进制与邵雍“先天图”的关系。参加这场讨论的有西方包括李约瑟在内的科学史家，以及国内许多著名的科学史与中国哲学史的专家学者。讨论的焦点大致有两个：一是邵雍的“先天图”卦序是否是一种二进制的记数方法，或是一种“无意识的巧合”而符合二进制的记数方法关系；二是莱布尼茨发明二进制是否受了邵雍“先天图”的启发。主流的学术观点认为邵雍的“先天图”不是二进制记数方法，或至少不是一种自觉运用的二进制的记数方法，而莱布尼茨在发明二进制之前也并未看到过邵雍的“先天图”。

这一问题之所以长期存在争论，有人归结为这样一种原因，即懂得《周易》的学者不大懂自然科学，而懂得自然科学的学者又往往不懂《周易》。这确实是一个重要的原因，但这又并不是绝对的。莱布尼茨用二进制的视角去读“先天图”，并不需要他很懂《周易》，而《周易》有几千年的发展历史，谁又可以说完全弄懂了它呢？况且，邵雍的《皇极经世》又是一部很难懂的书。

在笔者看来，首先应懂得怎样去读邵雍的“先天图”，再从中看它的卦序是不是二进制的记数方法，以及它如何是或如何不是。如果说邵雍当时已经发明并自觉运用了二进制的记数方法，那莱布尼茨发明二进制时是否受了邵雍“先天图”启发的问题就已经不那么重要了。如果不是这样，那莱布尼茨发明二进制时即使看到了邵雍的“先天图”，那又能说明什么呢？

邵雍的“先天图”四图的卦序都遵循着一种逻辑法则，当时被称为“加一倍法”。所谓“加一倍法”，即今天严格意义上的二进制的记数方法，其中有二图比较直观。

邵雍的“先天图”无论八卦还是六十四卦，其卦序顺读都是始“乾”终“坤”，绝大多数的学者都是按顺读的方法来读它，这当然不容易发现其中的二进制记数方法，但邵雍已经指出：“夫易之数，由逆而成矣。”他告诉我们考察

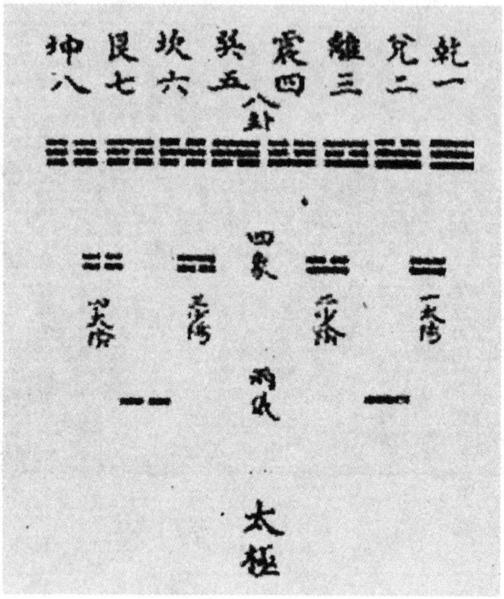

伏羲八卦次序图

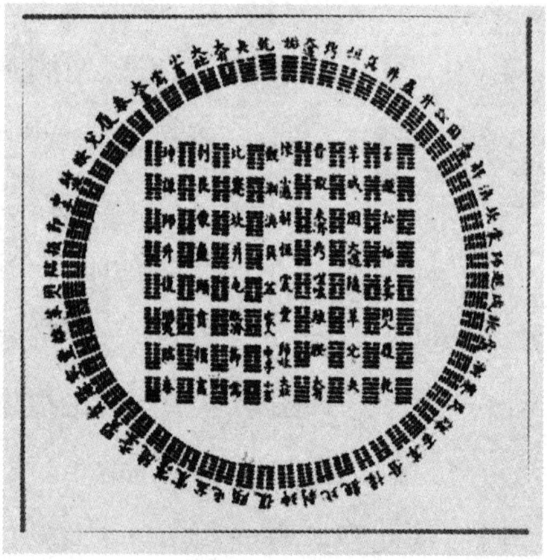

伏羲六十四卦方位图

坤	☷	000—0
艮	☶	001—1
坎	☵	010—2
巽	☴	011—3
震	☳	100—4
离	☲	101—5
兑	☱	110—6
乾	☰	111—7

八卦

“先天图”的易数关系的要诀是“逆数”，其中包括卦序的“逆数”和爻序的“逆数”。卦序的“逆数”是从“坤”卦至“乾”卦，如果我们将卦画中的“－ －”设定为“0”，“－”设定为“1”，那上面的“伏羲八卦次序图”正好是按二进制记数方法所表示的0至7的自然数表。

坤	000000—0	复	100000—32
剥	000001—1	颐	100001—33
比	000010—2	屯	100010—34
观	000011—3	益	100011—35
豫	000100—4	震	100100—36
晋	000101—5	噬嗑	100101—37
萃	000110—6	随	100110—38
否	000111—7	无妄	100111—39
谦	001000—8	明夷	101000—40
艮	001001—9	贲	101001—41
蹇	001010—10	既济	101010—42
渐	001011—11	家人	101011—43
小过	001100—12	丰	101100—44
旅	001101—13	离	101101—45
咸	001110—14	革	101110—46
遯	001111—15	同人	101111—47
师	010000—16	临	110000—48
蒙	010001—17	损	110001—49
坎	010010—18	节	110010—50
涣	010011—19	中孚	110011—51
解	010100—20	归妹	110100—52
未济	010101—21	睽	110101—53
困	010110—22	兑	110110—54
讼	010111—23	履	110111—55
升	011000—24	泰	111000—56
蛊	011001—25	大畜	111001—57
井	011010—26	需	111010—58
巽	011011—27	小畜	111011—59
恒	011100—28	大壮	111100—60
鼎	011101—29	大有	111101—61
大过	011110—30	夬	111110—62
姤	011111—31	乾	111111—63

六十四卦

“伏羲六十四卦方位图”在六十四卦的圆图中，又置有一个六十四卦的方图。无论圆图还是方图，卦序之中都内在地体现了严格意义上的二进制记数方法。其中的方图更为典型而直观，读懂它的要诀就是“逆数”，即由左向右，第一行始“坤”终“否”，接第二行始“谦”终“遯”，再接第三行始“师”终“讼”，以下接第四行、第五行、第六行、第七行，最后接第八行始“泰”终“乾”，而这正是按二进制方法所表示的0至63的自然数表。

需要指出的是，“先天图”的二进制数表是以《周易》卦画为形式的。从易数的观点看，卦画所表示的是数，而不是象。其计数方式是通过两个基本的卦画符号“－ －”和“－”来进行的，而爻位就是二进制数的位值。先天八卦图体现的是三位二进制数表（0至7），先天六十四卦图体现的是六位二进制数表（0至63）。

以上所说是读懂“先天图”卦序的要诀，即卦序的“逆数”。而要进一步理解先天易数的具体进位方法，还有一个要诀，就是爻序的“逆数”，即由低数位向高数位进位，是上爻向五爻进位，五爻向四爻进位，四爻向三爻进位，三爻向二爻进位，二爻向初爻进位，进位的原则是逢二进一位。

有现代的国内外学者提出，邵雍的“太极图”易数关系并不是一种自觉运用的二进制记数方法。笔者认为，如果邵雍不是自觉运用二进制记数方法排出这一卦序，我们想不出他还可能用其他方法排出这种卦序而正巧与二进制的数表完全相吻合。

因为大家都知道，如果我们对六十四卦任意排列组合，那可以排出的卦序的种类应是64的阶乘，其结果将是一个无比庞大的数字。而邵雍能一卦不差地排列出符合二进制数表的卦序，如果将这说成是一种“无意识的巧合”，那么此种巧合的机率渺乎其微，几乎完全是不可能的，这也反过来说明当时邵雍已经发明并已能熟练运用二进制记数方法。可问题在于邵雍虽然已经发明了二进制的方法，但除了能逻辑地处理卦序关系外，还不能将此二进制记数方法派上其他用场。

邵雍的这项发明已被当时的程颢所理解，并为之命名为“加一倍法”。程颢认为邵雍的“加一倍法”比扬雄的太玄数更高明，当邵雍听到程颢说这话之后惊抚其背说：“大哥，你恁聪明！”

邵雍的“加一倍法”后又受到朱熹的重视。在朱熹那里，“加一倍法”又被称作“加一位法”，而“加一倍法”的要点就在于加一位，即加一倍。

國學

邵雍的“加一倍法”就是严格意义的“二进制”

王国维 与《人间词话》

《光明日报》

按照邵雍“加一倍法”的原理，每增加一个爻位（实即数位），二进制数表中所包含的自然数的数目便会增加一倍，比如二进制6个数位包含了64个自然数（0至63），若增加到7个数位，那自然数的数目便翻了一番，而包含128个自然数（0至127）。若增加到8个数位，便包含256个自然数（0至255），若从8个数位增加到15个数位，那自然数的数目便翻七番，而包含32 768个自然数（0至32 767）。如此类推，数位越多，包含的自然数的数目也越多。而即使再多数位，其中包含的自然数的数目再多，如果用二进制记数方法写出它所包含的所有自然数也并不困难。

这也就是说，只用两个符号便可以以一种明白无误的逻辑方法（可操作、可验证地）表示任何自然数。反过来也可以说，一切自然数都可以用两个符号以逻辑的方法表示出来。

邵雍的“加一倍法”意味着中国早在900多年前的北宋时期就已经发明了二进制记数方法，这是中国先哲的智慧和光荣，我们作为后人应该记住它，而不应该抹杀它。

易学家邵雍的二重性格

唐明邦教授对邵雍有着深刻且独到的研究，他用优美的文笔，对邵雍做了全面、透彻、准确、生动的描述。

邵雍（1011—1077）是北宋时期著名哲学家，先天易学的创始者，开宋明图书学之先河，对宋代理学的创立有其独到贡献。

写完邵雍评传，这位思想家的形象，时时浮现眼前，令我夜不成寐。我研究中国哲学四十年，神交古人一百有余。邵雍的确与众不同。他的身上，综合着不同类型学者的特点。他是博学多才的学者，又是独居林泉的隐士；他具有哲学家深邃的思维，又饱含着诗人的灵感，在需要数学推算和几何学构图时，更不乏数学家的精密。不用说，他还具备博古通今的史学素养。九畹兰心凝史慧，一身浩气布春风。这是我心目中的邵雍。

邵雍的一生很平凡，其思想则丰富而深刻。邵雍式的思想家，在中国思想史上是不可多见的。其思想特点，从不同角度品评，二重性格相当鲜明。

邵雍身上，儒者气象十分浓厚。他饱学诗书，精通儒门经典，力行儒家纲常，与人交往，忠孝之言，仁义之道，不离于口，一派仁者心胸。他主张分别君子与小人，提倡重义轻利；劝勉孝悌，褒扬忠良。程颢称赞他的“内圣外王之学”，“纯一不杂”，并非虚美；有人建议他从祀孔庙，不为无由。邵雍一生，不图名，不为利，责己重以周，待人宽而和；明诚见性，仁慈为怀，以古圣为楷模，不阿谀媚世，不虚假待人，坦坦荡荡处事，堂堂正正做人，典型的儒者风度。宋代君主赐谥康节先生，康熙皇帝题匾“学达性天”，对一代宏儒的如此褒扬，名正言顺。

邵雍自己说，他“儒风一变至于道”。他身上同时有道家隐士气派。三次谢绝入朝作官，声称“平生不作皱眉事”，“不作风波于世上”。甘居陇亩，过清贫生活。他看穿历史，洞察世道人情，认为“唐虞揖让三杯酒，汤武征诛一局棋”。“无数英雄浪白头”，都不过是匆匆过客。安乐窝中，一部书，一卷诗，一炷香，一樽酒，“闲来四物幸相亲”，“赢得清闲第一筹”。他的至交好友程颢批评他写的《皇极经世》，“要之不足以治天下国家”，无异“空中楼阁”。邵雍给自己的画象题词，从不隐讳：“弄丸（指太极图）余暇，闲往闲来。”“静、闲、乐”三字，正是其好友对其人生态度的评价。邵雍集名儒与高隐的特点于一身，如此学者，可谓究天地盈虚，弄丸唯图；论王霸因革，经世有书。

邵雍少有大志，身居畎亩，心忧天下。一生潜心学问，思考哲学，开创先天易学，耙梳古史，撰写《皇极经世》，主张“以物观物，无以我观物”。论皇帝王霸之道，析因革损益之理，观察王朝兴替，品评社会盛衰，总结历史经验，臧否历史人物，有爱民之心，存济世宏愿。风华少年，愿投师于门下；达官显贵，乐与之交游。谈今论古，见解独到；指陈时务，恰中肯綮，令人倾倒。

邵雍有经世之才，却从未付之实践，正如当时有人品评的，他是“玩侮一世”，骨子里是隐逸人物。如他自己坦露的“闲窗一觉从容睡，愿当封侯与赐金”。但愿“荣辱不我与”，“只疑身是洞中仙”。他去利欲，任自然，乐得清静无为。“爽口之物少茹，爽心之行少虑”。坚信“虑少梦自少，言稀过亦稀”。他头戴乌帽，身着绥褐，悠哉游哉，俨然道士。“大憋子中消白日，小车儿上看青天”。“花前把酒花前醉”，任人道是“活神仙”。他主张“洗心去淫邪，须弹无弦琴”。看透了古往今来“无数英雄浪白头”，倒不如“安乐窝中好打乖”。如此怪杰心胸，可说是“风月情怀，安乐窝中吟今古；江山气度，天津桥畔衍乾坤”。

邵雍是诗兴盎然的哲人，也是爱谈哲理的诗人。作为哲人，他玄思宇宙，指点乾坤，思想相当深刻。继承陈抟传下的《先天图》，发展自成体系的象数易学，开宋代图书学之先河，创宋明理学一大流派。《皇极经世》提出独创理论，“弥纶天地，出入造化，进退古今，表里人物”，运用易学辩证思维法则，着重论述“天道有消长，地道有险夷，人道有兴废，物道有盛衰”。依据太极思维法则，推衍“元会运世”的世界发展史，编制“皇帝王伯”的社会变迁史。坚持“一分为二”的思维方法，演绎出“合之斯为一，衍之斯为万”的物质世界。因其哲学思想从“无名”的太极开始，乐于自号“无名公”。

邵雍为宣扬哲理，写了不少哲理诗，作为山林隐士，写了更多的隐逸诗。凭风月以起兴，借诗酒以自娱。“竹侵旧径高低进，水满春渠左右流”，自我陶醉在山水园林之中。"静处乾坤大，闲中日月长"，在宁静中思考宇宙，在休闲中打发日月。醉后高歌诗千首，赢得亲朋唱和声，长吟自成康节体，风花雪月动心弦，一诗吟就，传抄百家，洛阳纸贵，何其风雅。

邵雍非佛非道，亦儒亦道，不是出世者，胜似出世者。在现实生活中，他同情劳苦大众，听到"世间多少不平声"；他曾经"躬耕以养其父"，"岁时耕种，仅给衣食"，度过窘迫日子。深有感慨于"卿相一岁俸，寒儒一生费"。目睹穷人流落郊野，尝过卖衣沽酒的滋味。但其哲学思想恰恰远离现实，研究易学，坚持其先驱者的名言："但于羲皇心地里驰骋，勿于周孔言辞下拘挛。"玩味一幅先验的《先天图》，凭着"太极"的自我运动，"神生数，数生象，象生器"，变现出异彩纷呈的物质世界。凭自己对"太极"理念的妙悟神契，逻辑地推演出一部哲学公理，就可以"包括宇宙，终始今古"，"上识天时，下尽地理，中尽物情，通照人事"。的确，这是一种先验决定论，是远离经验世界的玄思。尽管如此，亦未可一概否定，其中却包含一些可贵的奇妙智慧。邵雍精心安排的《先天六十四卦方位图》（大圆图），其卦序与卦位经得住二进位制数学的检验，使数学家莱布尼兹为之倾倒。

人民政協報　专　刊

易学家邵雍的二重性格

唐明邦

邵雍（1011～1077）是北宋时期著名哲学家，先天易学的创始者，开宋明图书学之先河，对宋代理学的创立有其独到贡献。

写完邵雍评传，这位思想家的形象，时时浮现眼前，令我夜不成寐。我研究中国哲学四十年，神交古人一百有余。邵雍的确与众不同。他的身上，综合着不同类型学者的特点。他是博学多才的学者，又是独居林泉的隐士；他具有哲学家深邃的思维，又饱含着诗人的灵感，在需要数学推算和几何学构图时，更不乏数学家的精密。不用说，他还具备博古通今的史学素养。九畹兰心凝史慧，一身浩气布春风。这是我心目中的邵雍。

邵雍的一生很平凡，其思想则丰富而深刻。邵雍式的思想家，在中国思想史上是不可多见的。其思想特点，从不同角度品评，二重性格相当鲜明。

邵雍身上，儒者气象十分浓厚。他饱学诗书，精通儒门经典，力行儒家纲常，与人交往，忠孝之言，仁义之道，不离于口，一派仁者心胸。他主张分别君子与小人，提倡重义轻利；劝勉孝弟，褒扬忠良。程颢称赞他的"内圣外王之学"，"纯一不杂"，并非虚美；有人建议让他从祀孔庙，不为无由。邵雍一生，不图名，不为利，责己重以周，待人宽而和；明诚见性，仁慈为怀，以古圣为楷模，不阿谀媚世，不虚假待人，坦坦荡荡处事，堂堂正正做人，典型的儒者风度。宋代君主赐谥康节先生，康熙皇帝题匾"学达性天"，对一代宏儒的如此褒扬，名正言顺。

邵雍自己说，他"儒风一变至于道"。他身上同时有道家隐士气派。三次谢绝入朝作官，声称"平生不作皱眉事"，"不作风波于世上"。甘居陇亩，过清贫生活。他看穿历史，洞察世道人情，认为"唐虞揖让三杯酒，汤武征诛一局棋。""无数英雄浪白头"，都不过是匆匆过客。安乐窝中，一部书，一卷诗，一炷香，一樽酒，"闲来四物幸相亲"，"赢得清闲第一筹"。他的至交好友程颢批评他，写了《皇极经世》，"要之不足以治天下国家"，无异"空中楼阁"。邵雍给自己的画象题词，从不隐讳："弄丸（指太极图）余暇，闲往闲来。""静、闲、乐"三字，正是其好友对其人生态度的评价。邵雍集名儒与高隐的特点于一身，如此学者，可谓究天地盈虚，弄丸唯图；论王霸因革，经世有书。

邵雍少有大志，身居畎亩，心忧天下。一生潜心学问，思考哲学，开创先天易学，耙梳古史，撰写《皇极经世》，主张"以物观物，无以我观物"。论皇帝王霸之道，析因革损益之理，观察王朝兴替，品评社会盛衰，总结历史经验，臧否历史人物，有爱民之心，存济世宏愿。风华少年，愿投师于门下；达官显贵，乐与之交游。谈今论古，见解独到；指陈时务，恰中肯綮，令人倾倒。

邵雍有经世之才，却从未付之实践，恰恰相反，正如当时有人品评的，他是"玩侮一世"，骨子里是个隐逸人物。如他自己坦露的："闲窗一觉从容睡，愿当封侯与赐金"。但愿"荣辱不我与"，"只疑身是洞中仙。"他去利欲，任自然，乐得清静无为。"爽口之物少茹，爽心之行少虑"。坚信"虑少梦自少，言稀过亦稀。"他头戴乌帽，身着缕褐，悠哉游哉，俨然道士。"大鳖子中消白日，小车儿上看青天。""花前把酒花前醉"，任人道是"活神仙"。他主张："洗心去淫邪，须弹无弦琴。"看透了古往今来"无数英雄浪白头"，倒不如"安乐窝中好打乖"。如此怪杰心胸，可说是："风月情怀，安乐窝中吟今古；江山气度，天津桥畔衍乾坤。"

邵雍是诗兴盎然的哲人，也是爱谈哲理的诗人。作为哲人，他玄思宇宙，指点乾坤，思想相当深刻。继承陈抟传下的《先天图》，发展自成体系的象数易学，开宋代图书学之先河，创宋明理学一大流派。《皇极经世》提出独创理论，"弥纶天地，出入造化，进退古今，表里人物。"运用易学辩证思维法则，着重论述"天道有消长，地道有险夷，人道有兴废，物道有盛衰。"依据太极思维法则，推衍"元会运世"的世界发展史，编制"皇帝王伯"的社会变迁史。坚持"一分为二"的思维方法，演绎出"合之斯为一，衍之斯为万"的物质世界。因其哲学思想从"无名"的太极开始，乐于自号"无名公"。

邵雍为宣扬哲理，写了不少哲理诗，作为山林隐士，写了更多的隐逸诗。凭风月以起兴，借诗酒以自娱。"竹侵旧径高低进，水满春渠左右流"，自我陶醉在山水园林之中。"静处乾坤大，闲中日月长"，在宁静中思考宇宙，在休闲中打发日月。醉后高歌诗千首，赢得亲朋唱和声，长吟自成康节体，风花雪月动心弦，一诗吟就，传抄百家，洛阳纸贵，何其风雅。

邵雍非佛非道，亦儒亦道，不是出世者，胜似出世者。在现实生活中，他同情劳苦大众，听到"世间多少不平声"；他曾经"躬耕以养其父"，"岁时耕种，仅给衣食"，度过窘迫日子。深有感慨于"卿相一岁俸，寒儒一生费"。目睹穷人流落郊野，尝过卖衣沽酒的滋味。但其哲学思想恰恰远离现实，研究易学，坚持其先驱者的名言："但于羲皇心地里驰骋，勿于周孔言辞下拘挛。"玩味一幅先验的《先天图》，凭着"太极"的自我运动，"神生数，数生象，象生器"，变现出异采纷呈的物质世界。凭自己对"太极"理念的妙悟神契，逻辑地推演出一部哲学公理，就可以"包括宇宙，终始今古"，"上识天时，下尽地理，中尽物情，通照人事"。的确，这是一种先验决定论，是远离经验世界的玄思。尽管如此，亦未可一概否定，其中却包含一些可贵的奇妙智慧。邵雍精心安排的《先天六十四卦方位图》（大圆图），其卦序与卦位经得住二进位制数学的检验，使数学家莱布尼兹为之倾倒。邵雍构制的先天图，一度失传，幸好失而复得，受到儒学大师朱熹的赏识，将其列之《周易本义》卷首。邵雍在理念世界开拓的易学新思路，毕竟奠定宋代图书学的基础。《皇极经世》一书，程颢贬之为"空中楼阁"，可以理解；朱熹赞扬它"四通八达"，未为过分。称它是《易》外别传"，名副其实。《四库全书》目之为"术数"之书，是莫大误会，理当予以正名，恢复其在中国思想史上的正确地位。一书开奇智，万古见精神。神州大地出现如此思想奇构，足以自豪。易学象数思维模式，在中国思想史上，禁锢达数百年之外，"先天四图"的出现，启动了象数易学的闸门，凿开了航道上的坚冰，从此，开辟了易学发展的新时期，先天易学的意义是不可低估的。有得必有失，厚于此者薄于彼。疏于经验世界，是邵雍哲学的重大局限；敢于在理念世界扬帆远航，却是其难能可贵的优越性。

"大江东去，浪淘尽千古风流人物"。中国思想史上的人物，有的可信而不可爱，有的可爱而不可信。邵雍却二者可以得兼。说了可信，因其不设堤坊，不露圭角，一是一，二是二，不说违心话，不作亏心事，怎么想，怎么说，推心置腹，胸怀坦白，"勿意、勿必、勿固、勿我"，他身体力行。不止可信，他更可爱。洛阳城里，"行窝"十二家，上自显贵，下至奴婢，都称他为"家先生"。姑嫂的纷争，儿女的隐私，未可向外人道者，都可向他坦露，求他开导。一经邵雍指点，陈怨可以消融，隔阂可以解除，在他身上，有着爱的无形力量。如此哲人，说为世间少有，不算夸张。如此哲人，只有在儒道兼综的中国传统文化哺育下，才能成长为典型。当然，只有在当今解放思想、实事求是的原则指导下，才能予邵雍思想以全面分析和公允的历史评价。

（作者单位：南京大学哲学系）

学海钩沉

《人民政协报》

邵雍构制的先天图，一度失传，幸好失而复得，受到儒学大师朱熹的赏识，将其列之《周易本义》首卷。邵雍在理念世界开拓的易学新思路，毕竟奠定宋代图书学的基础。《皇极经世》一书，程颢贬之为“空中楼阁”，可以理解;朱熹赞扬它“四通八达”，未为过分。称它是《易》外别传，名副其实。《四库全书》目之为“术数”之书，是莫大误会，理当予以正名，恢复其在中国思想史上的正确地位。一书开奇智，万古见精神。神州大地出现如此思想奇构，足以自豪。易学象数思维模式，在中国思想史上，禁锢达数百年之外，“先天四图”的出现，启动了象数易学的闸门，凿开了航道上的坚冰，从此，开辟了易学发展的新时期，先天易学的意义是不可低估的。有得必有失，厚于此者薄于彼。疏于经验世界，是邵雍哲学的重大局限;敢于在理念世界扬帆远航，却是其难能可贵的优越性。

“大江东去，浪淘尽，千古风流人物”。中国思想史上的人物，有的可信而不可爱，有的可爱而不可信。邵雍却二者可以得兼。说了可信，因其不设堤坊，不露圭角，一是一，二是二，不说违心话，不作亏心事，怎么想，怎么说，推心置腹，胸怀坦白，“勿意、勿必、勿固、勿我”，他身体力行。不止可信，他更可爱。洛阳城里，“行窝”十二家，上自显贵，下至奴婢，都称他为“家先生”。姑嫂的纷争，儿女的隐私，未可向外人道者，都可向他坦露，求他开导。一经邵雍指点，陈怨可以消融，隔阂可以解除，在他身上，有着爱的无形力量。如此哲人，说为世间少有，不算夸张。如此哲人，只有在儒道兼综的中国传统文化哺育下，才能成长为典型。当然，只有在当今解放思想、实事求是的原则指导下，才能予邵雍思想以全面分析和公允的历史评价。

第二十四章　辽代燕都郡首　北方佛教圣地

涿州在辽代属于南京道，南京道治所在幽州，幽州又称为燕京、燕都，涿州是燕京区域内的首郡。

作为原汉族辖区的涿州，与辽国政权有特殊关系，辽太宗的靖安皇后就是涿州人萧延思的女儿。萧延思在辽太祖时期是契丹北面都部署、辽兴军节度使，涿州人刘晞、刘珂父子，以及卢文进等，在辽代初期发展中都立下了汗马功劳。到了辽代中后期，涿州先后出现了王鼎、梁颖、杨遵勖、王棠、牛温舒、时立爱等一批重要的文武辅臣。

杨卫东在《古涿州佛教刻石述略》中指出：辽代涿州，以其南控中原、北连幽蓟的战略地位，与河流萦带林麓磅礴的山川形胜，成为辽南京西南部经济繁荣、商贾云集、宗教文化极为兴盛的一个通都大邑。杨卫东说，辽代中后期的涿州地区，已达到中国北方佛教活动中心的地位，其影响之大，北及燕京，南及辽境外黄河地区，而以刻经闻名宇内的范阳石经山和涿州云居、智度等寺，成为佛教信徒向往的圣地，使远近瞻礼，高低仰慕，呈如辐辏毂之势。

今房山云居寺，在辽代和金代前期属于涿州范阳县（原涿县）辖境。金代中期以后直至清雍正六年（1728）属于涿州。辽代涿州城内云居寺和白带山云居寺曾有许多石刻文献，这里仅选录一二。

涿州白带山云居寺东峰续镌成四大部经记

殿试进士赵遵仁撰　乡贡进士王诠书

盖闻严相好、具慈悲、师天人、出生死者，诸佛之愿力也。开群迷、入圣道、薰种性、达因缘者，诸法之功德也。佛之愿力既如彼，法之功德又若此，佛法之道大矣哉！然则三身应现，资化以谈其真；三学对明，惟经以标其右。为圣凡之宗要，济像末之根本。有缘斯格，无福靡臻。是以周兆不祥，化身以之西灭；汉警宵梦，像教由是东来。遂得贝籍灵文，时臻于近代；就唐译梵，岁出于诸家。释教流通，自兹浸盛。若乃一轴一藏，半偈半言，或摸以香檀，或书之缃卷。尚能蠲见苦而涤宿业，缔上缘而成妙果，利益广大，思议其难。矧有勒石传文，凿山开室。录宝轴之妙说，藏金口之微言。水火不可漂烧，风雨不可渍坏。以备凌灭，传之无穷。实所谓施最上法，尽未来际者也。

燕都之有五郡，民最饶者，涿郡首焉。涿郡之有七寺，境最胜者，云居占焉。寺自隋朝所建，号自唐代所赐。山在郡之西北五十里，寺在山之阳掌。寺之东望，有峰最高，故曰东峰。峰顶上有石室七焉，经伫是室。先自我朝太平七年，会故枢密直学士韩公讳绍芳知牧是州。因从政之暇，命从者游是山，诣是寺，陟是峰。暨观游间，乃见石室内经碑，且多，依然藏伫。遂召当寺耆秀、询以初迹，代去时移，细无知者。既而于石室间，取出经碑，验名对数。得正法念经一部，全七十卷，计碑二百一十条。大涅盘经一部，全四十卷，计碑一百二十条。大花严经一部，全八十卷，计碑二百四十条。大般若经五百二十卷，计碑一千五百六十条。又于左右别得古记云：幽州沙门释净琬，精有学识。于隋大业中，发心造石经一藏以备法灭。遂于幽州西南白带山上，凿为石室，以石勒经，藏诸室内。满即用石塞户，以铁固之。其后虽成其志，未满其愿，以唐贞观十三年奄化归真，门人导公继焉。导公没，有仪公继焉。仪公没，有暹公继焉。暹公没，有法公继焉。自琬至法，凡五代焉，不绝其志。乃知自唐已降，不闻继造。佛之言教，将见其废耶？公一省其事，喟然有复兴之叹。以具上事，奏于天朝。

我圣宗皇帝，锐志武功，留心释典，既闻来奏，深快宸衷。乃委故瑜伽大师法讳可玄，提点镌修，勘讹刊谬，补缺续新。释文坠而复兴，楚匠废而复作。琬师之志，因此继焉。迨及我兴宗皇帝之绍位也，孝敬恒专，真空夙悟。菲饮食致丰于庙荐，贱珠玉惟重其法宝。常念经碑数广，匠役程遥。藉檀施则岁久难为，费常住则力乏焉办。重熙七年，于是出御府钱，委官吏伫之。岁析轻利，俾供书经镌碑之价，仍委郡牧相承提点，自兹无分费常住，无告藉檀施，以时系年，不暇镌勒。自太平七年至清宁三年，中间续镌造到大般若经八十卷，计碑二百四十条，以全其部也。又镌写到大宝积经一部，全一百二十卷，计碑三百六十条，以成四大部数也。都总合经碑二千七百三十条。若乎摄九类四生，归真寂无余者，莫尊于大涅盘。大乘顿教，方广真筌，一句之内包法界，一毛之中安刹土者，莫出于大花严。破有归无，泯相逐性，作众经之轨

《四大部经成就碑记》

瞩，为诸法之玄宗者，莫归于大般若。求佛智见，入佛境界，断缠缚之爱心，去执著之妄想者，莫如于大宝积。如是经典，镌之以石，藏之以山，四部毕备、壮矣哉！亦释门中天禄石渠也。噫！竹乾殁而佛声寝，灵山坏而法不作，后数百年，炽然兴者、岂非时有遇而教有缘乎？

清宁三年五月十二日，大宝积初成。郡守萧公讳惟平，天子股肱，法门墙堑。下车之后，以六条布政，副圣上之倚毗；退公之余，惟三宝留诚，禀如来之付嘱。欣其遭遇，寔谓寅缘。乃请召余，谓曰："四大部经，今续镌毕，见闻之下，幸会攸难，愿制好辞，以为刊记。"余弓裘未袭，苫块居忧。又以先父前剖是郡，亦于经事私积愿诚。周任未迁，遽嗟奄逝。敢以顺先父之愿，遵良牧之请。罔愧孱芜，直以为记。大契丹清宁四年三月一日记。

安国军节度、邢洺磁等州观察处置等使、崇禄大夫、检校太师、左金吾卫上将军、使持节邢州诸军事、邢州刺史、知涿州军州事、兼管内巡检安抚屯田劝农等使、兼御史大夫、上柱国、兰陵郡开国公、食邑三千二百户、食实封叁佰二拾户萧惟平。漆水郡夫人耶律氏。西头供奉官、银青崇禄大夫、检校国子祭酒、兼监察御史、云骑尉、男佶。司徒娘子耶律氏。女小娘子三宝奴。孙女兴哥。

涿州云居寺供塔灯邑记

崇教寺沙门行鲜撰

昔我释迦氏出世也，声教被于大千之界。垂方便门，饶益众生，天上天下，世出世间，罔不受赐。灭度之后，迨今二千余载，惟窣堵波以置舍利。俾见闻之种，能殖梵福，永出迷津，遄臻觉岸。其大抵也，自炎汉而下，迄于我朝，城邑繁富之地，山林爽垲之所，鲜不建于塔庙，兴于佛像。欲令居人，率奉常享，实古今之大务也。

涿州云居寺，乃神州之巨刹也，佛事严饰，僧徒骈罗，轮焉奂焉，郁为道场，爰降圣迹，兴于是处。昔有高僧，从西土来，之于此地。遂开左臂，取出舍利二粒，乃释迦如来之顶骨也。传授数人，椟而藏之，积有年矣。厥后有百法上人，得而秘之，外无知者。临逝之日，方付与众，接响传声，达于四方。遂使远近瞻礼，高低仰慕，如辐辏毂，不可胜数。其间灵异，何可殚言。

是时有寺僧文密，与众谋议，化钱三万余缗，建塔一座，砻砖以成。中设晬容，下葬舍利，上下六檐，高低二百余尺，以为礼供之所。是以灯邑高文用等，与众誓志，每岁上元，各揆己财，广设灯烛，环于塔上，三夜不息。从昔至今，殆无阙焉。而后有供塔邑僧义咸等，于佛诞之辰，炉香盘食，以供其所。花果并陈，螺梵交响，若缁若素，无不响应，郁郁纷纷，若斯之盛也。然而为善虽异，于治亦同。盖从人之所欲，固无定矣。

噫!末法之代，去圣愈远。沙门则道眼昏昧，檀越则信心寡薄，往往陷于饕

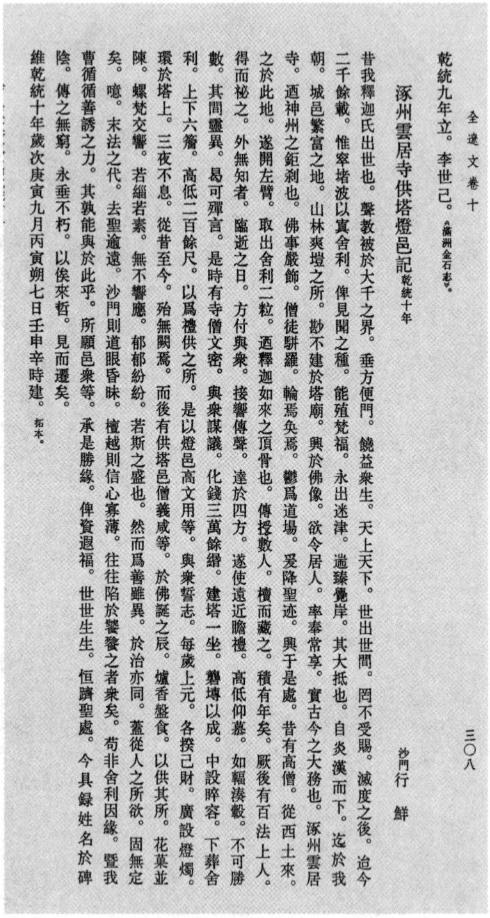
全遼文卷十 三〇八

乾統九年立。李世己。《涿州金石志》。

涿州雲居寺供塔燈邑記 乾統十年 沙門行鮮

昔我釋迦氏出世也。聲教被於大千之界。垂方便門。饒益衆生。天上天下。世出世間。罔不受賜。滅度之後。迨今二千餘載。惟窣堵波以寘舍利。俾見聞之種。能殖梵福。永出迷津。遄臻覺岸。其大抵也。自炎漢而下。迄於我朝。城邑繁富之地。山林爽塏之所。尠不建於塔廟。興於佛像。欲令居人。率奉常享。實古今之大務也。涿州雲居寺。迺神州之鉅刹也。佛事嚴飾。僧徒駢羅。輪焉奐焉。鬱爲道場。爰降聖迹。興于是處。昔有高僧。從西土來。之於此地。遂開左臂。取出舍利二粒。迺釋迦如來之頂骨也。傳授數人。櫝而藏之。積有年矣。厥後有百法上人。得而祕之。外無知者。臨逝之日。方付與衆。接響傳聲。達於四方。遂使遠近瞻禮。高低仰慕。如輻湊轂。不可勝數。其間靈異。曷可殫言。是時有寺僧文密。與衆謀議。化錢三萬餘緡。建塔一坐。礱塼以成。中設晬容。下葬舍利。上下六簷。高低二百餘尺。以爲禮供之所。是以燈邑高文用等。與衆誓志。每歲上元。各揆己財。廣設燈燭。環於塔上。三夜不息。從昔至今。殆無闕焉。而後有供塔邑僧義咸等。於佛誕之辰。爐香盤食。以供其所。花菓並陳。螺梵交響。若緇若素。無不響應。郁郁紛紛。若斯之盛也。然而爲善雖異。於治亦同。蓋從人之所欲。固無定矣。噫。末法之代。去聖逾遠。沙門則道眼昏昧。檀越則信心寡薄。往往陷於饕餮之者衆矣。苟非舍利因緣。曁我曹循循善誘之力。其孰能與於此乎。所願邑衆等。承是勝緣。俾資遐福。世世生生。恒躋聖處。今具録姓名於碑陰。傳之無窮。永垂不朽。以俟來哲。見而遷矣。

維乾統十年歲次庚寅九月丙寅朔七日壬申辛時建。拓本。

《涿州云居寺供塔灯邑记》

餮之者众矣!苟非舍利因缘，暨我曹循循善诱之力，其孰能与于此乎? 所愿邑众等，承是胜缘，俾资遐福，世世生生，恒跻圣处。

今具录姓名于碑阴，传之无穷，永垂不朽，以俟来哲，见而迁矣。

维乾统十年岁次庚寅九月丙寅朔七日壬申辛时建。

第二十五章　智度寺塔　云居寺塔　普寿寺塔

2001年6月25日，涿州双塔由国务院核准公布为第五批全国重点文物保护单位。双塔本名云居寺塔、智度寺塔，因分别矗立于云居寺内和智度寺内而得名，两寺早已无存，仅存两塔似成并立之势，遂合称双塔。

智度寺塔（南塔）建于辽太平十一年（1031），云居寺塔（北塔）建于重熙六年（1037），但是多年流传的说法却是云居寺塔建于大安八年（1092）。其实，古代各版本的《涿州志》中均未记载过双塔的始建年代。

1997年版《涿州志》中记载：

云居寺塔、智度寺塔位于涿州城内东北隅。两塔南北对峙，相距约300米。北为云居寺塔，俗称北塔；南为智度寺塔，俗称南塔。两塔均因寺得名，寺早已无存。今双塔仍巍然屹立，为省级文物保护单位。

据金正隆五年（1160）《云居寺重修释迦佛舍利塔碑》记载，云居寺塔系辽大安八年（1092）所建，智度寺塔系辽太平十一年（1031）所建。双塔均为八角仿木结构楼阁式空心砖塔，云居寺塔，六层高52.11米；智度寺塔，五层现高38.99米。

涿州双塔

涿州智度寺塔

涿州云居寺塔

北京建筑大学建筑系教授、北京大学考古文博学院兼任教授曹汛于2007年在杂志《建筑师》上接连发表了《涿州云居寺塔的年代学考证》《涿州智度寺塔的史源学考证》，对两塔的始建年代做了剥茧抽丝般地探求，以及严密细致地考证。

曹汛教授说：今本《涿州志》称“据金正隆五年‘云居寺重修释迦佛舍利塔碑’记载，云居寺塔系辽大安八年所建”。实际上金正隆五年的“云居寺重修释迦佛舍利塔碑”上并没有该塔建于辽大安八年的明确记载。这个建于辽大安八年的说法，是根据刘敦桢1934年写的《河北省西部古建筑调查纪略》而来的。原文发表在《中国营造学社汇刊》第五卷第四期，后收入《刘敦桢文集》第二卷。刘敦桢在《涿县云居寺塔》一节文字中写道：

塔的建造年代，《顺天府志》及现存元、明诸碑，都无确实记载，依式样观察，似以辽构的成份居多。此外辽乾统十年沙门行鲜所撰的《涿州云居寺供塔灯邑记》，《畿辅通志》谓指房山县云居寺而言。但最近经东方文化研究所塚本善隆氏的调查，房山并无是碑，疑仍属涿县云居寺。可是现在此塔附近，只有元、明以后的碑碣，不能证明塚本氏之说是否正确。否则参照金正隆五年《云居寺重修释迦佛舍利塔碑》，可决此塔系辽道宗大安八年（公元1090年）所建。

这里最末一句定此塔建于辽大安八年，但是前边加上“否则”二字以为管照，表明是出于无奈和不得已，又加“参照”二字以为伸缩，好像是说还不成定论。因为当时是大面积的普查，未免匆忙，写出的报告又只是“调查纪略”，一时未能深考。

刘敦桢是第一位提出涿县云居寺塔始建年代的学者，他的说法很快为大家所承认。几年之后，梁思成编著《中国建筑史》，在第六章论述到涿县北塔及南塔时说“云居寺塔俗呼北塔，高六层，辽大安八年（宋哲宗元祐五年，公元1090年）建。”梁思成正是根据刘敦桢的推定，而予以认可了云居寺塔的始建年代。刘敦桢文中括注辽大安八年为公元1090年，是一时笔误，应为1092年，梁思成的转录亦随之致误。

后来，罗哲文的《中国古塔》、郭黛姮主编的《中国古代建筑史》都按辽大安八年认定是云居寺塔的始建时间。根据这种八角楼阁式的砖塔样式，罗、郭二位先生在书中又举出内蒙古呼和浩特万部华严经塔也应是建于辽道宗时期，这是不对的。

梁思成在书中还说道：

（云居寺塔）其以偶数为层数，颇为罕见。智度寺塔俗呼南塔，五层；易县城内千佛塔，三层；辽宁白塔子白塔，七层，均属此式，盖亦约略同时所建也。

梁思成连类述及辽代这几处楼阁式砖塔，说是“约略同时”，这个观点很重要。所称辽宁白塔子白塔指的是庆州白塔，今属内蒙古巴林右旗，已确知始建于重熙十五年（1047）。

曹汛教授经考证确认，涿州云居寺塔始建于辽重熙六七年间，与庆州白塔正“约略同时”，与智度寺塔的建造相差不过几年时间。

乾统十年（1110）的《涿州云居寺供塔灯邑记》和金正隆五年（1160）“涿州云居寺重修释迦佛舍利塔碑”的碑文，为后人提供了考证建塔年代的数条片段信息。综合整理，大致是以下这样的。

辽保宁初年，西天竺高僧慈贤来到契丹担任国师。他带来的佛陀身骨舍利辗转递传，后来到了涿州云居寺僧文密等人手中。文密与可信、藏俊、智通等人意欲建塔安置舍利，得到涿州刺史（知涿州军州事）刘六符的支持，遂建起一座“上下六檐、高低二百余尺”的宝塔。

但是无论是在《辽史·刘六符传》，

或是《涿州志》中，都找不到刘六符曾担任涿州刺史的记载。几经周折，从房山云居寺的大量石刻资料中，寻找线索，顺藤摸瓜，终于解决了这个难题。最后确定，刘六符在辽重熙五年至七年(1036—1038)担任过涿州刺史，也就是说，云居寺塔应是初建于重熙六年(1037)。

涿州云居寺塔最特别的是八角六层采用偶数，打破了佛塔用奇数的习惯。塔南侧有草顶小室一间，突出塔前，很像塔的入口，但现已堵塞，不能证明。它的建造年代是否与塔同期，也是疑问。第一层平坐下的间柱式样，和壶门式群版、人物、垫拱版等，展现出十足的辽代作风。塔每面分为三间，因为各层面阔，愈向上愈缩小的关系，斗拱式样也随意变化，不拘一式。斗拱结构与辽代木建筑符合的地方很多。泥道拱长度比令拱和瓜子拱稍长，无正心慢拱，令拱上施替木。塔内中央有巨大的砖制中心柱，内设梯级，直达上层。中心柱外面有走廊环境，上部用迭涩，和通常结构法稍异；第四层的佛座与涿州普寿寺塔的佛座甚为接近。

涿州智度寺塔的建成年代也得到了确认。

曹汛教授从北京大学图书馆古籍特藏库找到《大金涿州智度寺邑人供塔碑铭》《辽智度寺信众施造相轮橖中陀罗尼经碑》等拓片。智度寺信众碑也称“孟化行造陀罗尼经碑”，原拓人注明“在涿州城内南塔顶上”，碑末有“造塔功德经法舍利偈云‘诸法因缘生我说是因缘因缘尽故灭我作如是说’太平十一年岁次辛未四月”。参照辽金时期其他碑拓，可以肯定智度寺塔建成于太平十一年（1031年，本年六月改称景福元年年）四月。

曹汛教授说：智度寺塔的得名因为它在智度寺内，而智度寺的得名，则与佛教著名经典《大智度论》有关。《大智度论》共100卷，为龙树菩萨所造，姚秦龟兹国三藏鸠摩罗什译。《大智度论》上说，舍利本指佛陀身骨，白色骨舍利，黑色发舍利，赤色肉舍利。若无身骨舍利，“经卷是法身舍利”。智度寺塔是藏有“法身舍利”的宝塔。

涿州智度寺塔为八角五层，结构方法和涿州云居寺塔相同，不过上层收分太少，致外观粗笨。各层斗拱不如云居寺塔富于变化。塔的观状，第一层无台基平座，代以简单砖壁，上覆腰檐，不能和上部诸层调和。据壁上所嵌佛像的作风，应为明以后改造的。塔东面有一部分曾被炮击毁，可以看出各层角梁深埋塔内，斗拱里面也偶有木骨露出，足窥此类砖塔的结构情状。

涿州普寿寺又称清凉寺，在涿州东门外里许，《涿县志》谓系宋艺祖毓灵地。涿州普寿寺的建筑系配合高低不同的台、塔，错综复杂，玲珑可爱，正面建有发券式的三洞门一座，门前石狮一对，受风雨剥蚀，面目磨灭不清，就姿势言，大概至迟也是元代遗物。入门面北，有七级砖塔一座，建在南北中线上。其后横墙一道，辟东、西二门。门内前殿三间。再北为砖台，上建大雄宝殿及配殿、杂屋等。

涿州普寿寺

按南北朝佛寺平面，如《洛阳伽蓝记》所载的北魏永宁寺，系以九层浮屠为全寺重心，而佛殿位于浮屠之后，属于次要地位。洎至唐朝，道宣所著的《戒坛图经》中已经是殿塔倒置了。不过旧时典型不是完全可以铲除的，如普寿寺和应县佛宫寺，便是塔在佛殿之前。

辽代佛寺，后部建有高台的，除普寿寺外，若义县奉国寺，大同华严寺、善化寺，以及应县佛宫寺等都是如此，尤以此寺台塔位置与佛宫寺最为接近。可是此寺规模较小，建筑物的配置比较紧凑，台的高度也显得高峻，结果使全部外观更形美化。

涿州普寿寺塔为八棱七级，下部承以八角砖台，其直径约等于塔本身台座直径的两倍。自台基以上，至第一层檐，除阑额外下加悬鱼一列外，大体与易县泰宁寺舍利塔类似。平坐斗拱下的花版，据式样判断，疑系明万历重修时补遗的。第一层的隅柱系八角形。阑额不出头，下饰悬鱼，已丧失原来意义。门用球文，下部群版式样与双塔庵东塔同。第一层内部辟小室，上覆穹窿，供佛像三尊。中失石制的佛座，在覆盆上，雕刻很美丽的卷草，其上莲瓣虽经后人涂饰，但硕大饱满的比例，绝非近代作品。自第二层以上，檐端都施斗拱。不过因为塔身狭小之故，补间铺作都只用一朵，而且拱头直接贴于撩檐枋下，无令拱。上部刹顶在仰月以上各部，过于密接，且宝珠体积太大，不与下部相轮调和，恐非辽代旧物。

关于普寿寺塔的建造年代，据第一层室内西壁所嵌的《藏掩感应舍利记》，系太康六年（1079），因隋弘业寺舍利塔重建的。如以此塔与天庆七年（1116）所建的房山县云居寺南塔对较，不但年代很接近，上部诸檐也都用斗拱，可为此种式样通行于辽末的证据。

台上大雄宝殿，面阔三间，单檐歇山，据明万历四十五年（1617）“重修清凉寺碑”，似建于明万历年间。它的梁架虽然都是直梁，但在两端各刻斜线一道，表示月梁形状。又在梁上蜀柱之下，施合揸，使之稳固。据此二种手法判断，也许是明代建造的。此外台上有金大定五年（1165）碑一通，下部赑屃短颈突颚，异常奇特。

第二十六章　金史地理志涿州

金朝，女真族所建政权。辽天庆五年（1115）元旦，女真完颜部阿骨打（金太祖）在居地按出虎水（今黑龙江哈尔滨南阿什河）地区建立国家，国号金，年号收国。按出虎，女真语，义为金，以为国号。阿骨打传位弟吴乞买（金太宗），在此地区建立都城，号会宁府（今黑龙江哈尔滨阿城区南）。

金天德三年（1151），海陵王下诏金国迁都燕京，他说燕是列国之名，今立为京师，不应该称燕京，改称中都，把析津府改名大兴府。为此，天德三年（1151）、正隆四年（1159）曾两次修筑中都城。贞元三年（1155），海陵王还把金太祖、金太宗及始祖以下十陵迁来中都西部涿州大房山安葬。

贞祐二年（1214），蒙古军攻中都。五月，金宣宗迁都汴京（今河南开封）。天兴二年（1233）初，蒙古军攻陷汴京，金哀宗迁往蔡州（今河南汝南）。天兴三年（1234）正月，蒙古与宋联军攻蔡州，金哀宗自杀，末帝承麟被害，金亡。

金朝自金太祖至金末帝，凡十帝，一百二十年。金朝的疆域，在金世宗统治时期，东北至今日本海和鄂霍次克海岸，统治外兴安岭地区，西北控制蒙古草原各部落，西境至陕西与西夏交界，南方以秦岭、淮水与南宋为界，占有海、泗、唐、邓等州。

金朝实行路（府）、州、县三级建制，涿州属于中都路（路治大兴府），辖范阳、固安、新城、定兴、奉先等5个县。大定六年（1166），在范阳县黄村设立定兴县，割涞水、易县近民属之。大定二十九年（1189），析范阳县北部设万宁县，两年后改名奉先县。

奉先（万宁）县的设置，是由于贞元三年（1155）海陵王在涿州范阳县北部的大房山建立了金朝祖陵，并在云峰山麓建起行宫（盘宁宫）。大定八年（1168）十月，命涿州刺史兼提点山陵，每月朔望致祭，朔（初一）则用素，望（十五）则用肉。大定二十九年（1189）九月，金章宗下诏，增守山陵为二十

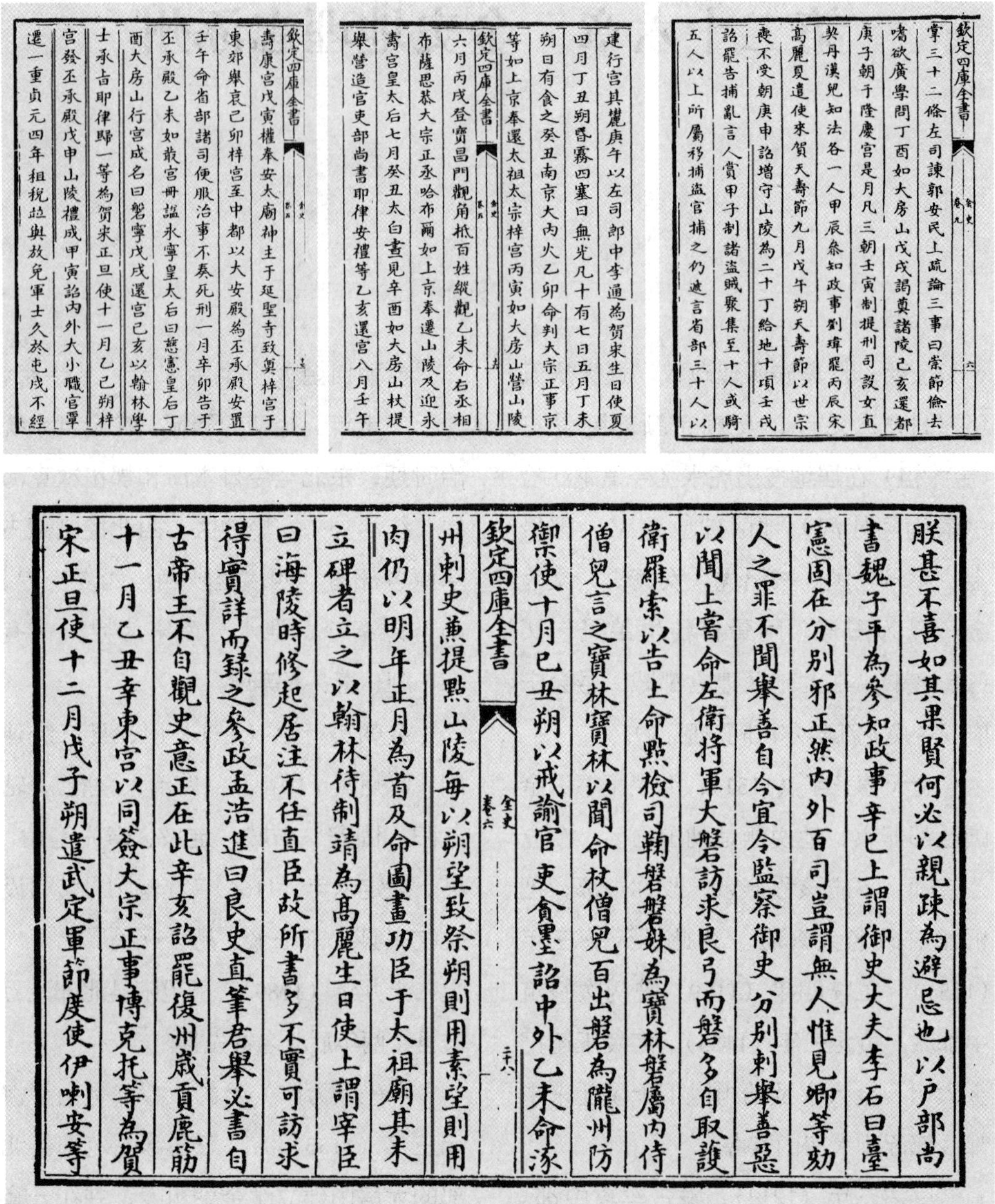
掌三十二條左司諫郭安民上疏論三事曰崇節儉去
嗜欲廣學問丁酉如大房山戊戌謁奠諸陵己亥還都
庚子朝于隆慶宮是月凡三朝壬寅制提刑司設女直
契丹漢兒知法各一人甲辰參知政事劉瑋罷丙辰宋
高麗夏遣使來賀天壽節九月戊午朔天壽節以世宗
喪不受朝庚申詔增守山陵為二十丁給地十頃壬戌
詔罷告捕亂言人賞甲子制諸盜賊聚集至十人或騎
五人以上所屬移捕盜官捕之仍遞言省部三十人以

建行宮具儀庚午以左司郎中李通為賀宋生日使夏
四月丁丑朔昏霧四塞日無光凡十有七日五月丁未
朔日有食之癸丑南京大內火乙卯命判大宗正事京
等如上京奉遷太祖太宗梓宮丙寅如大房山營山陵
六月丙戌登寶昌門觀角抵百姓縱觀乙未命右丞相
布薩思恭大宗正丞哈布爾如上京奉遷山陵及迎永
壽宮皇太后七月癸丑太白晝見辛酉如大房山杖提
舉營造官吏部尚書耶律安禮等乙亥還宮八月壬午

壽康宮戊寅權奉安太廟神主于延聖寺致奠梓宮于
東郊舉哀己卯梓宮至中都以大安殿為丕承殿安置
壬午命省部諸司便服治事不奏死刑一月辛卯告于
丕承殿乙未如薊宮冊謚永寧皇太后曰慈憲皇后丁
酉大房山行宮成名曰磐寧戊戌還宮己亥以翰林學
士承旨耶律歸一等為賀宋正旦使十一月乙巳朔梓
宮發丕承殿戊申山陵禮成甲寅詔內外大小職官覃
遷一重貞元四年租稅並與放免軍士久於屯戍不經

朕甚不喜如其果賢何必以親疏為避忌也以戶部尚
書魏子平為參知政事辛巳上謂御史大夫李石曰臺
憲固在分別邪正然內外百司豈謂無人惟見卿等劾
人之罪不聞舉善自今宜令監察御史分別刺舉善惡
以聞上嘗命左衛將軍大磐訪求良弓而磐多自取護
衛羅索以告上命點檢司鞫磐磐妹為寶林磐屬內侍
僧兒言之寶林寶林以聞命杖僧兒百出磐為隴州防
禦使十月己丑朔以戒諭官吏貪墨詔中外乙未命涿
州刺史兼提點山陵每以朔望致祭朔則用素望則用
肉仍以明年正月為首及命圖畫功臣于太祖廟其未
立碑者立之以翰林待制靖為高麗生日使上謂宰臣
曰海陵時修起居注不任直臣故所書多不實可訪求
得實詳而錄之參政孟浩進曰良史直筆君舉必書自
古帝王不自觀史意正在此辛亥詔罷復州歲貢鹿筋
十一月乙丑幸東宮以同簽大宗正事博克托等為賀
宋正旦使十二月戊子朔遣武定軍節度使伊喇安等

《金史》

丁，给地十顷，这时便设置了万宁县。明昌二年（1191），万宁县改称奉先县。到元朝至元二十七年（1290），奉先县改名房山县。

范成大于南宋乾道六年、金大定十年（1170）出使金国途中，住宿涿州，除了作有一首《范阳驿》，还有一首《定兴》，诗题下注：“旧黄村，金人建为县，井邑未成。”诗曰：“新城迁次少人烟，桑柘中间井径寒。亦有染人来卖缬，淡红深碧挂长竿。”此为定兴建县五年时的写照。

《金史·地理志》记载：

涿州，中，刺史。辽为永泰军（贡罗），户一十一万四千九百一十二。县五，镇一。范阳（倚，晋县，有湖梁河，有刘李河）。镇一（政满）。固安（晋县）。新城。定兴（大定六年以范阳县黄村置，割涞水、易县近民属之，有巨马河）。奉先（大定二十九年置万宁县，以奉山陵，明昌二年更今名，有房山、龙泉河、盘宁宫）。

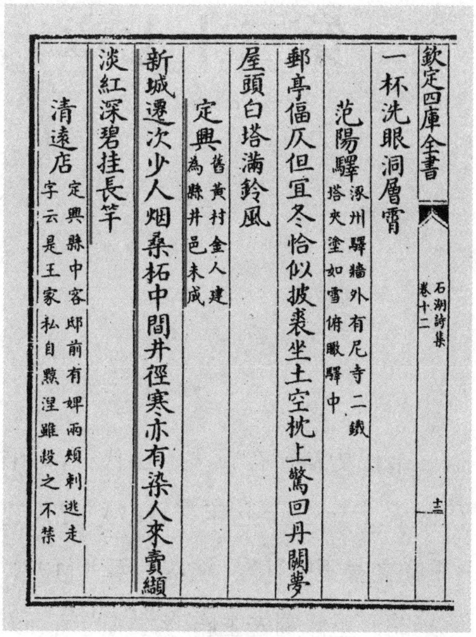
欽定四庫全書　石湖詩集　卷十二

一杯洗眼洞層霄
范陽驛 涿州驛牆外有尼寺二鐵塔夾塗如雪俯瞰驛中
郵亭偪仄但宜冬恰似披裘坐土空枕上驚回丹闕夢
屋頭白塔滿鈴風
定興 舊黄村金人建為縣井邑未成
新城遷次少人烟桑柘中間井徑寒亦有染人來賣纈
淡紅深碧挂長竿
清遠店 定興縣中客邸前有婢兩頰刺逃走字云是王家私自黥涅雖殺之不禁

《定兴》

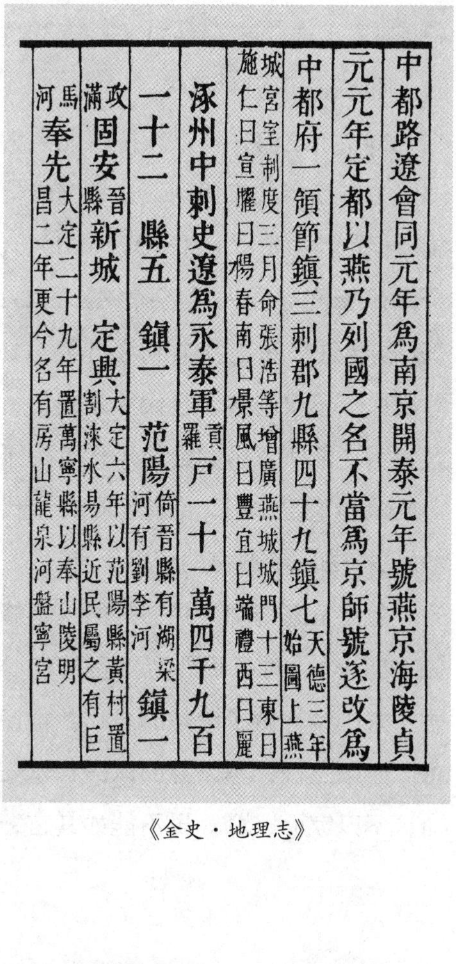
中都路遼會同元年為南京開泰元年號燕京海陵貞元元年定都以燕乃列國之名不當為京師號遂改為中都府一領節鎮三刺郡九縣四十九鎮七 天德三年始圖上燕城宮室制度三月命張浩等增廣燕城城門十三東日施仁日宣曜日陽春南日景風日豐宜日端禮西日麗
涿州中刺史遼為永泰軍 貢羅 戶一十一萬四千九百一十二 縣五 鎮一 范陽 倚晉縣有湖梁河有劉李河 鎮一 政滿 固安 晉縣 新城 定興 大定六年以范陽縣黄村置割淶水易縣近民屬之有巨馬河 奉先 大定二十九年置萬寧縣以奉山陵明昌二年更今名有房山龍泉河盤寧宮

《金史·地理志》

第二十七章　金代史料凤毛麟角

金代史料留存颇少，历代《涿州志》仅收录大定二十七年（1187）黄久约的《重修文宣王庙碑》、承安四年（1199）王庭筠的《重修蜀先主庙碑》。《光绪顺天府志》中收录的金代涿州史料，除了以上二碑，还有大定五年（1165）的《慧聚寺通妙大师塔碑》及几件经幢。

2007年之前，曹汛教授从北京大学图书馆古籍特藏库找到《辽智度寺信众施造相轮樸中陀罗尼经碑》（1031）、《大金涿州智度寺邑人供塔碑铭》（1132）、《云居寺重修释迦佛舍利塔碑》（1160）等拓片。不仅丰富了金代涿州史料，而且为考证涿州双塔的始建年代发挥了不可或缺的重要作用，由此可见，金代史料虽少，却具有颇高的证据价值。

金代王庭筠撰写并书丹的《重修蜀先主庙碑》，对汉昭烈帝刘备的仁心厚德、家国情怀做了清楚的表述，他说刘备“当阳之役，不以身而以民；永安之命，不以家而以贤。虽不能如其言，要之其心如是而已。有厚爱天下之心”，“故天下之人，相与讴歌戴仰，愿以为君，虽生无成功，天下之人莫不叹息，至后世犹喜称道”。这些论述与评价，深化了陈寿以来对刘备“仁义帝王”的认识，因而得到元朝忽必烈谋臣郝经的极力赞赏，说王庭筠“推明昭烈之志，议论文采，近世所无”。在关于刘备的历代碑文中，这是理论与文采俱佳的一篇。王庭筠是金代具有“诗书画三绝”之称的大家，他的书丹也被推崇为法书珍品（碑文及拓片请参阅本书第十八章）。

党怀英（1134—1211），金朝国史院编修官、翰林学士承旨，一代文脉之正宗，大定二十五年（1185）为“涿州重修宣圣庙记碑”篆额。

金末元初文坛翘楚元好问（1190—1257），游涿州楼桑村时，填词《摸鱼子》一首。1258年，涿州路官员将此词镌于贞珉，置于汉昭烈庙中。

摸鱼子·楼桑村汉昭烈庙

访楼桑，故居无处，青林留在祠宇。荒坛社散乌声乐，寂寞汉家箫鼓。春已暮。君不见，锦官花重惊风雨。刘郎良苦。尽玉垒青云，岷江秀色，办作一丘土。　西山好，满意龙蟠虎踞。登临感怆千古。当年诸葛成何事，伯仲果谁伊吕？还自语。缘底事，十年来往燕南路。征鞍且驻。就老瓦盆边，田翁共饮，携手醉乡去。

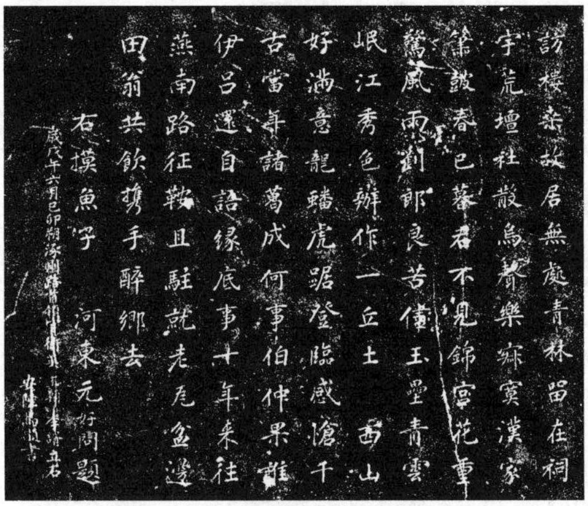

《摸鱼子·楼桑村汉昭烈庙》

大金涿州智度寺邑人供塔碑铭

乡人将仕郎试大理评事李端谋撰，同泰寺沙门法谞书。

伏闻梵语云：窣堵波者，唐言译之为高显，其义取之曰塔，乃如来灵骨之所归也。如来示灭之后，大千百国土争请分骨而葬之，名曰舍利，分布郡国不可胜数，故如来真身之所有者一无遗焉，具大神通力而不可思议，遇有光明照耀、警悟众生之俗眼，令生信敬心而真得供养者，获其福利为功德之最胜也。昔李唐宪宗诏大达法师率其缁众迎真骨于灵山，开道场于秘殿，亲奉香花为人请福，则其事也。城东北隅有智度寺者，当郡之精刹也。始辽国之有名焉，中有之塔则如来具体之一分也。宝□叠起既耸且丽，飞檐平接于青云，金掌上冲于碧落，风传铎韵振闻数里，天光转影大有余荫，而含生托藉之利不其博哉。时已寖远，由来未详，示现休征，难以具载。时故辽太康间道宗皇帝即位二十有八载也，治平日久，人安富庶，郡人周永逸杨遵式等而相谓曰：生于其时，衣食余而无事，岂非诸佛庇庥之力也。当发一念心兴供于佛塔，乃以为报，不其伟欤。应者如响，从者如流，而署名赍钱先实于寺库，以日系月，而息其净利，洎每年春以花开为牡丹会，众集其下、周匝围绕，而花鬟涂香，种种伎乐、幢幡宝盖，螺钹鼓磬、声明葱茜振耀而已。疑天人大下于其会、中心烛齐燃，出家藏之珍异陈列次第一一相胜其诸妙供庄严，岂胜言哉。而佛食筵僧有可费者，利之供焉，善善相承灯灯不绝，其间踵事而增华者，岁多有之，奈何日月逾迈，时态有迁，兴废相仍、干戈之事作、生业有所未保、善事由之中缺十有数年，无复于是，然贞石刻在名之几何。而迄本朝王者用兵，一举而□扫平寇乱芽蘖无遗，武功已成而文事乃修，释教兴行苍生有赖，岁既稔矣，人亦安矣，时谓太平之美，人兴念善之心，其郡人多先邑人之后也，皆有继修之志，而不拘声色之论，乃具状申请：清河使君张公为邑长。公勇于义好于善，一言则许唱导之，凡在下者罔不闻命。仍谓自经兵火之废乱，廊庑作践花木斯尽阒然而无睹者，不可以供会继及前事，当于四月八日如来降生之辰也，真可供养而作□念其赍钱息利之用一依旧式，期于是日发殷重心、壮观繁丽，当无少让于彼时也。既足以阐扬佛教，又足以报答国恩也。噫，佛者圣人也，以□□多能称乎有道，广以方便力，故诱化群生，归于浮图氏之教，不其神乎。然法不移废、兴亦时也寝亦时也。系人时而所为之，是知人能弘道非道弘人，信哉。系此善迹继绝而复兴，当示其将来传之不朽，使见者思齐闻者生信，非勒碑以纪之而何为哉。有当寺纲首洎诸邑人请文于余，且录其众善文之于碑，惟名才大手而已。余为学疏略，安能当之，牢让不已而为之。铭曰：

汉梦而下，教法东被，所有真骨，而名舍利，藏之宝塔，精一纯粹，至哉威德，不可思议。忽焉光明，莫测神异，乃得瞻仰，其福必至。善缘复生，善道复行，所作皆办，而无能名。真得供养，莫非克诚。今属明世，既安且宁。惟善是念，归依佛灵。法灯相传，人而逾明。福海相接，流之不停。鲜克有终，刊石作铭，乃至千劫，继闻德馨。

天会十年六月三十日，当郡韩孝诚刻。

邑长彰信军节度使金紫崇禄大夫检校太保知涿州军州事清河县开国子食邑五百户张玄征，中散大夫起居郎同知涿州军州事都骑尉东阳县开国男食邑三百户赐紫金鱼袋宁獬，涿州军事判官文林郎试秘书省校书郎张纲。

云居寺重修释迦佛舍利塔碑

朝列大夫前行代州五台县令骑都尉赐紫金鱼袋李构撰，石经山云居寺沙□□。

释迦如来，始以示现，出兴于世，则乃降生于迦维罗国。因悟老病死苦，遂为厌离，僻处山林，幽求佛□。间凡金口所宣，三乘五教之文，无非善巧方便。要之，皆欲济度沙界尘劫，无尽无边，一切含识，咸登彼岸金沙，惟恍惟忽，不皎不昧；莫系于去来，复归于无初矣。诸大弟子及海会大众，咸为沫血，饮泣悲恋。而遂收灵骨，洎贝齿莲舌之余，则复得舍利八斛四斗。尔时四天诸国，若凡若圣，分上所遗，归止塔婆也。考诸图牒，未详终始，止于殿堂梁版上，或见隋唐时年号，亦知其为古道场也。前辽保宁初有一梵请不赴，惟许宝塔寺而驻锡焉。一日俾会七众，其僧谓曰：吾之所以不远万里而至此，则用贵□□，释曰在吾左臂中，于是持刀割肉而出之。观其色洞寒玉，刚侔真金，大众于是顶戴随喜，叹未尝有而愿遂。逮重熙中，有郡守侍中刘公六符，将寺之耆德可信、藏俊、智通、文密等，躬诣祈请，不待再三便蒙允，皆鼓舞郊迎，赞导入寺，择夫善地，当建塔以藏焉。时有圆融大师玄宗，辅国大师思孝，惠然肯来，首图助之。虽经费巨万，而终无惮心。荏苒星霜，其有次序。至大安八年，继有聪辩大师善制，欲思圆结特来，方见大功告毕矣。后此，圣朝抚定其间，屡经厄变，而后日时寝久，益致隳颓。近岁以来，尤为滋甚。此者非特寺众蹙额而忧，亦中都宝塔寺前三学律主传钞大德知殊，初由本科试中于有司，特补崇仪大德，领前件职。而后五岁，终讲经传法，而又卒归于禅那。人有疑而问之曰：此三者异趣，兼而用之，则无乃有疵于醇乎？师曰不然。犹江淮河汉，在处立名，名虽不一，水本无二。律即是法，法不离禅，云何于中妄起分别？至若随机示化，彰而愈为人所钦附。

正隆五年四月，寺众以状请师就寺，开四分律并上生等经，讲一席既日戾止，固非不知力不□也。师曰：与公等但□虔心，比九夏讲终，智须有以办也。寻有寺之尊宿，去遍圆之德见，开启以来，日以听众云集，檀利如涌，诸所得辄募工购材，肆力并作，□经晦朔，其层檐累级之制焕然。曰师之此行，讲传之du，复能拯衰救弊，就此一段大大胜因，实为可重者，略有三焉。其一则能使塔庙能招显前人辈创造助扬之功，使不中废以坠于地。又其次则普能慰惬邦人之愿，虽有不出户庭，犹众蒙师之德，其厚矣。将勒石纪矣，以图少报。遂祷文于予，然非予当所为言，以寺众乡旧，加之意勤，而言而为之书。其词曰：

能仁兴世，厥道□□。有□必变，无所不通。智慧如海，淼淼难穷。

功德如山，巍巍愈隆。权虽示灭，实非有终。去来靡系，隐显爰同。

凡在□庇，宁忘奉崇。僧曰慈贤，来自竺国。大建塔婆，凌空翼翼。

夤缘久持，隳圮之极。众心摇摇，忧伤□恻。一旦兴复，殊师之力。

正隆五年七月十三日，尊宿三纲寺主沙门宗岱等立。

第二十八章　元史地理志涿州

自分封制改为郡县制以来，据有天下的皇朝，以汉、隋、唐、宋最为兴盛，但其疆域的广阔都比不上元朝。汉朝有北狄作乱，隋朝不能降服东夷，唐朝的忧虑在于西戎，宋朝的边患则常在西部与北部。至于元朝，则兴起于北方沙漠，吞并西域，扫平西夏，消灭女真，降服高丽，平定南诏，随后攻占江南，而统一天下。因此它的领土北越阴山，西至流沙，东达辽左，南到海外。

当初，蒙古族首领铁木真于1206年成为大汗，1215年占领金中都（今北京）。元太宗六年（1234），灭亡金朝，拥有中原州郡。至元十六年（1279）灭南宋。

元朝设立了1个中书省，10个行中书省，即岭北、辽阳、甘肃、陕西、河南、四川、云南、湖广、江西、江浙，宣政院辖地及察合台后王封地，共13个大区域，分别统辖各地。下设185个路、30个府、359个州、4个军、15个安抚司、1127个县。元朝疆域广大，百姓众多，后世苟且于国家安定，而不注意整饬军队、慎守疆土，习俗日益萎靡不振，一旦发生变乱，天下终将不可收拾。兴盛到达极点就要走向衰败，这是当然的道理。

唐朝以前只是以郡统县而已，元朝则设有路、府、州、县等4个等级，大体上是以路统辖州、县。而在腹里地区，也有以路辖府、府辖州、州辖县的。其府与州又有不隶属路而直接隶属省的。

中书省，统辖山东、山西、河北等地区，称为腹里。下设29个路、8个州、3个属府、91个属州、346个属县。各路设立驿站，共计198处。

大都路，唐朝为幽州范阳郡，辽朝改为燕京，金朝迁都于此，改为大兴府。太祖十年（1215），攻占燕京，最初设立燕京路，总管大兴府。太宗七年（1235），建立户籍。

至元元年（1264），燕京分立中书省左、右部，改为中都，仍旧为大兴府。至元四年（1267），开始在中都的东北建嗚呼盛極而衰固其理也唐以前以郡領縣而已元則有路府州縣四等大率以路領州領縣而腹裏或有以路領府府領州州領縣者其府與州又有不隸路而直隸省者具載于篇而其沿革則泝唐而止焉作地理志凡路低於省一字府與州直隸省者亦低於省一字其有宣慰司廉訪司亦止低於省一字各路錄事司與路所親領之縣與府州之隸路者低於路一字府與州所領之縣低於府與州一字府領州州又領縣者又低於縣一字路所親領之縣若府若州曰領縣若干府若干州若干府與州所領之縣則曰若干縣所以別之也

中書省統山東西河北之地謂之腹裏爲路二十九州八屬府三屬州九十一屬縣三百四十六各路立站總計一百九十八處

大都路唐幽州范陽郡遼改燕京金遷都爲大興府元太祖十年克燕初爲燕京路總管大興府太宗七年置版籍世祖至元元年中書省臣言開平府闕庭所在加號上都燕京分立省部亦乞正名遂改中都其大興府仍舊四年始於中都之東北置今城而遷都焉京城右擁太行左挹滄海枕居庸奠朔方城方六十里十一門正南曰麗正南之右曰順承南之左曰文明北之東曰安貞北之西曰健德正東曰崇仁東之右曰齊化東之左曰光熙正西曰和義西之右曰肅清西之左曰平則海子在皇城之北萬壽山之陰舊名積水潭聚西北諸泉之水流入都城而匯於此汪洋如海都人因名焉恣民漁採無禁擬周之靈沼云九年改大都十九年

乾隆四年校刊

置留守司二十一年置大都路總管府戶一十四萬七千五百九十口四十萬一千三百五十用至元七年抄籍數領院二縣六州十州領十六縣

右警巡院

左警巡院初設警巡院三至元四年省其一止設左右二院分領坊市民事

縣六

大興赤　宛平赤與大興分治郭下金水河源出玉泉山流入皇城故名金水

良鄉下　永清下　寶坻下至元十六年於縣立屯田所收子粒赴太倉及醴源倉輸納　昌平下

州十

涿州下唐范陽縣復改涿州宋因之元太宗八年爲涿州路中統四年復爲涿州領二縣范陽下倚郭　房山下金奉先縣至元二十七年改今名

霸州下唐隸幽州周始置霸州宋升永淸郡金置信安軍元仍爲霸州領四縣益津下倚郭中統四年省至元二年置　文安下　大城下　保定下至元二年省入益津四年置

通州下唐爲潞縣金改通州取漕運通濟之義有豐備通濟太倉以供京師領二縣潞縣倚郭　三河下

薊州下唐置後改漁陽郡仍改薊州宋爲廣川郡

乾隆四年校刊

《元史·地理志》

现在的京城，并且迁都于此。至元九年（1272），改为大都。至元十九年（1282），设置留守司。至元二十一年（1284），设置大都路总管府，计有百姓147 590户，401 350人（至元七年，即1270年户籍数）。管领2个院、6个县、10个州，州辖16个县。2个院是右警巡院、左警巡院。6个县是大兴、宛平、良乡、永清、宝坻、昌平。10个州中有涿州。涿州，唐朝为范阳县，后改为涿州，宋朝沿用此名。太宗八年（1236），升为涿州路。中统四年（1263），恢复为涿州。管领2县，范阳，与州治同城。房山，金朝为奉先县，至元二十七年（1290），改称今名。

涿州是元大都门前的交通枢纽，当年，在意大利旅行家马可·波罗的《东方闻见录》中有记述。

元朝时涿州文化教育发达，曾多次修建学宫、孔庙，见于记载的有至元二十一年（1284）、大德五年（1301）、泰定四年（1327）、至正二年（1342）等多次。元朝名臣如揭傒斯、蔡钦等都为涿州学宫作过碑记。涿州学正龚仁实捐俸禄购置图书，并建藏书阅览室。天历二年（1329），涿州学宫内刊立涿郡历代名贤之碑。

涿郡历代名贤之碑

涿州学宫的“科举门”现已成为北京科举匾额博物馆的展品。

第二十九章　元大都门前交通枢纽

13世纪欧洲威尼斯人马可·波罗的《东方闻见录》，在民国年间被译成中文，书名是《马可波罗行纪》，1936年由商务印书馆出版发行。译者冯承钧1935年8月1日在“第二卷译后语”中写道：“波罗路线不明，始自涿州至西安，又自涿州至淮安，中间究竟经行何地，别无他书可以参考……”

这一句话已经表明，马可·波罗从元大都（今北京）南下到中国各地的游历是以涿州为轴（起点）的。涿州作为元大都门前交通枢纽，明清时期仍如其旧。《畿辅通志》记载：“南下良乡、涿州，分两大歧，其东南由河间以达齐鲁、吴越、闽广，其西南由保定历正、顺、广、大四府，径中州以缘川陕，又南历湖南，北以尽滇、黔、益……”这种状况一直延续到20世纪。在涿州城南、庄头村东，1966年5月以前有过一通石碑，上面刻着“由此往南：河间府、山东、福建，由此往西：保定府、湖广、四川”等字。700多年前马可·波罗所说的涿州城南“两道分歧”之处大概就是这个地方。但是石碑上标示的方向与马可·波罗当年的旅行路线略有不同。马可·波罗从涿州城南沿西行之道进入了山西，归入“上都—大同—太原—西安”之邮道。也就是说，所谓“由此往西”，在元朝是包括通往山西的。

涿州，这座有着悠久历史的城市，如今虽只是一座小城，但是在历史上，涿州却并不“小”。700多年前，意大利旅行家马可·波罗曾说：涿州是个“大而美丽之城”。

在《马可波罗行纪》中，无论是西安、开封，还是苏州、杭州等地，都写作某某城，唯有涿州这一章，题目是“涿州大城”，这其中必有马可·波罗自己的理由。他在中国的旅行是以涿州为出发点和参照地的，比如说太原，是从“涿州首途，行此十日毕，抵一国，名太原府……”。在游历了西南各地后，“自成都府起行，骑行七十日，经行业已经过之诸州郡城村。七十日后，抵于前已

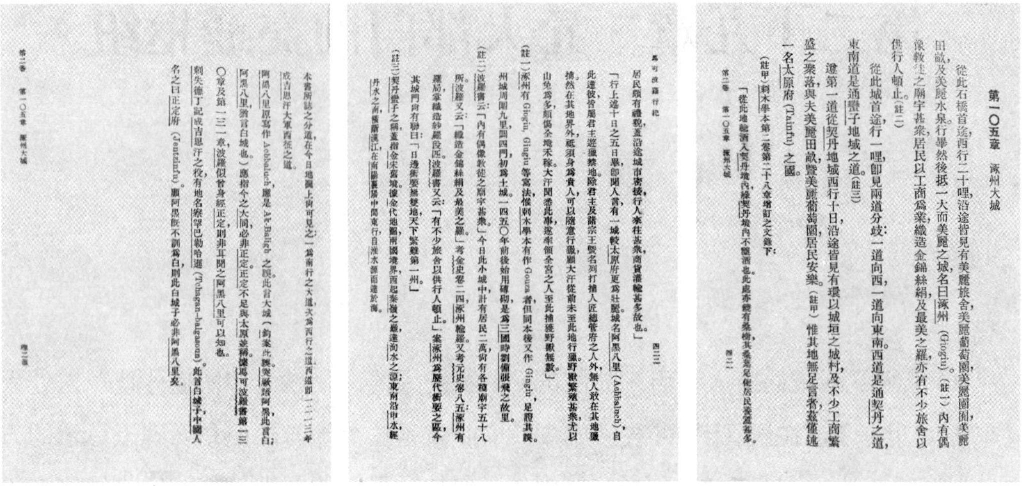
第一〇五章　涿州大城

從此石橋首途，西行二十哩，沿途皆見有美麗旅舍，美麗葡萄園，美麗園囿，美麗田畝，及美麗水泉。行畢然後抵一大而美麗之城，名曰涿州（Giogiu）。（註一）內有偶像教徒之廟宇甚衆，居民以工商爲業，織造金錦絲絹，及最美之羅，亦有不少旅舍以供行人頓止。（註二）

從此城首途行一哩，即見兩道分歧：一道向西，一道向東南。西道是通契丹之道，東南道是通蠻子地域之道。（註三）

遵第一道從契丹地域西行十日，沿途皆見有環以城垣之城村，及不少工商繁盛之聚落，與夫美麗田畝，暨美麗葡萄園，居民安樂。（註甲）惟其地無足言者，茲僅述一名太原府（Taianfu）之國。

（註甲）剌木學本第二卷第二十八章增訂之文錄下：

「從此地輸酒入契丹境內，緣契丹境內不釀酒也。此處亦饒有桑樹，其桑葉足使居民養蠶甚多。

第二卷　第一〇五章　涿州大城　四二一

馬可波羅行紀　四二二

居民頗有禮貌，蓋沿途城市密接，行人來往甚衆，商貨灌輸甚多故也。」

「行上述十日之五日畢，即聞人言有一城較太原府更爲壯麗，城名阿黑八里（Achbaluch），自此達彼，皆屬君主遊獵禁地，除君主及諸宗王暨名列打捕人匠總管府之人外，無人敢在其地獵捕。然在其地界外，祇須身爲貴人，可以隨意行獵。顧大汗從前未至此地行獵，野獸繁殖甚衆，尤以山兔爲多，頗傷全境禾稼。大汗聞悉此事，遂率領全宮之人至此捕獲野獸無數。」

（註一）涿州有 Giogiu, Giugiu 等寫法，惟剌木學本有作 Gouza 者，但同本後又作 Giugiu，足證其誤。

州城周圍九里，闢四門，初爲土城。一四五〇年前後始用磚砌，是爲三國時劉備張飛之故里。

（註二）波羅書云「內有偶像教徒之廟宇甚衆。」今日此小城中計有居民二萬，尚有各種廟宇五十八所。波羅又云「織造金錦絲絹及最美之羅。」考金史卷二四，涿州輸羅；又考元史卷八五，涿州有羅局，掌織造紗羅段匹。波羅書又云「有不少旅舍以供行人頓止。」案涿州爲歷代衝要之區，今其城門尚有聯曰：「日邊衝要無雙地，天下繁難第一州。」

（註三）契丹蠻子之稱，蓋指金宋舊境，據金代地圖，兩國境界西起秦嶺之巔，達洵水之源；東南沿申水，經丹水之南，橫斷漢江，在南陽襄陽中間東行，自淮水源而達於海。

本書所誌之分道，在今日地圖上尚可見之：一爲南行之大道，一爲西行之道。西道即一二一三年成吉思汗大軍西征之道。

阿黑八里原寫作 Achbaluch，應是 Ak-Baligh 之誤。此言大城（鈞案此誤突厥語阿黑，此言白；阿黑八里，猶言白城也。）應指今之大同，必非正定。正定不足與太原並稱。讀馬可波羅書第一三〇章及第一三一章，波羅似曾身經正定，則非耳聞之阿黑八里可以知也。剌失德丁記成吉思汗之役，有地名察罕巴勒哈遜（Tchagan-balgasoun）。此言白城子，中國人名之曰正定府（Jentzinfu）。顧阿黑既不訓爲白，則此白城子必非阿黑八里矣。

第二卷　第一〇五章　涿州大城　四二三

《马可波罗行纪》

著录之涿州”。在该书第一二九章注释中写着：“马可波罗还至本书第一〇五章著录之涿州，复南行，述沿江海之地，及襄阳、扬州、杭州等诸大城。”于是就有了“再从涿州起行，……”“距涿州四日程，有……”这样的记述。由此可见，涿州是元大都通往其南方各地的交通枢纽。

第一〇五章　涿州大城

从此石桥首途，西行二十哩，沿途皆见有美丽旅舍、美丽葡萄园、美丽园囿、美丽田亩及美丽水泉。行毕然后抵一大而美丽之城，名曰涿州。内有偶像教徒之庙宇甚众，居民以工商为业，织造金锦丝绢及最美之罗，亦有不少旅舍以供行人顿止。

从此城首途，行一哩，即见两道分歧：一道向西，一道向东南。西道是通契丹之道，东南是通蛮子地域之道。

遵第一道从契丹地域西行十日，沿途皆见有环以城垣之城村，及不少工商繁盛之聚落，与夫美丽田亩，暨美丽葡萄园，居民安乐。……

从此地输酒入契丹境内，缘契丹境内不酿酒也。此处亦饶有桑树，其桑叶足使居民养蚕甚多。居民颇有礼貌，盖沿途城市密接，行人来往甚众，商货灌输甚多故也。

第三十章　元代涿州八景

元朝时有涿州八景。明修《涿州志》、清康熙《涿州志》、清乾隆《涿州志》均收录了史恒德所作《涿鹿八景记》一文，记述了元朝涿州的八景，即通会疏雨、楼桑春暮、月池秋风、湖梁晓月、龙安叠翠、崿峪生云、盘坡夕照、房山晴雪，并对每一景观都做了淳厚的诗情画意的描述。

史恒德，元朝涿州人。明修《涿州志》记载："史惟德，字有常，皇庆二年登第，官至太师。"从名与字的关系来看，"有常"配"恒德"更恰当。"史惟德"可能是明志编纂时发生的笔误，应该是"史恒德"。清康熙《涿州志》介绍史恒德时只有"官至太师"4个字。清乾隆《涿州志》有"史恒德，进士，官至太师"，但是没有记载生卒年及事迹。太师是德高望重者的荣誉头衔，赠官之最高阶，正一品。既然史恒德是在皇庆二年（1313）考中的进士，那么推测他就应该生活在元朝中后期。

史恒德《涿鹿八景记》记载：

涿鹿之景多矣。其尤最者有八：曰通会疏雨，曰楼桑春暮，曰月池秋风，曰湖梁晓月，曰龙安叠翠，曰崿峪生云，曰盘坡夕照，曰房山晴雪。通会在郡之中，其上有庭堂幕次，左鼓右钟。昼有盘诘之卒，夜有击柝之人。警盗安民，赖乎是矣。春秋降雨，郊原陇亩，浓云深锁，密霭不分。此门之上，蒙蒙如丝，真郡中之佳景也。楼桑在郡南十五里，乃汉昭烈故乡。庙貌巍然，风云惨澹，高檐鸟宿，古木鸦噪。碑多名贤之题咏，殿有衮冕之庄严。方其春日暄妍，草木菁葱，高桑则童童羽葆，古柏则郁郁坚贞。加以禽声和鸣，烟云飞敛，盖一方之灵秀钟于是矣。月池在郡西南二十里，约数十源，泓以成溪，湾以成池，斗折蛇曲，毂回轮转，清莹洞彻，锵金鸣玉，滚滚如珠玑之错落。秋清气爽，芰荷盛开，一川锦绮，十里清香。更以鸥鹭浮沉，锦鳞游泳，可谓游观之盛所矣。湖梁在郡北十里，垂杨树堤，蒲苇夹岸。若当晓月初升，则渔郎移舟，歌声唉乃，樵夫牧子，逍遥于洄塘之侧，徜徉于曲渚之边，岂非佳致欤！龙安在郡西北四十里，回峦缭绕，深谷逶迤，自下而上，有纪有堂。雨过则岚光绚烂、洗涤如图。亦可谓之丰景矣。崿峪在郡西北五十五里，风烟不减，黛色横空，草荣木茂，鹿呦鸟嘤。朱夏一临，祥云密布，有形触石，无心出岫。奇峰律翠，一举成霖，景乎佳哉。盘坡在郡西北三百余里，有上、中、下之分，西为表而东为里，俨若画屏，殊胜翡翠。寸碧疑在云端，堆螺又如水上。太阳西坠，紫绿万状，米南宫为之阁笔，王摩诘亦无如何者也。房山在郡北五十里，北接居庸，东抵渔阳，西连紫荆，所谓幽燕奥室也。隆冬冱寒，雪飘霰集，日光月影，炫耀争辉。寻梅之兴，因之愈鼓；访戴之舟，可以不回矣。以上涿景之最者，谨书为记。语虽不文，庶后之观者，得有所考。

史恒德还有一首题《涿鹿八景》：

楼桑春暮景堪题，夕照盘坡日影西。
崿峪生云溪水岸，湖梁晓月草桥低。
房山晴雪堆千户，通会门高雨一犁。
月池金风秋气爽，龙安叠翠泰山齐。

涿州志 卷之二十 記 七

涿鹿八景記 史恒德

涿鹿之景多矣其尤最者有八曰通會疎雨曰樓桑春暮曰月池秋風曰湖梁曉月曰龍安疊翠曰崿峪生雲曰盤坡夕照曰房山晴雪通會在郡之中其上有庭堂幕次左鼓右鐘晝有盤詰之卒夜有擊柝之人警盜安民賴乎是矣春秋降雨郊原隴畝濃雲深鎖窨霭不分此門之上濛濛如絲眞郡中之佳景也樓桑在郡西南十五里乃漢昭烈故鄉廟貌巍然風雲慘澹碑多名賢之題詠殿有袞冕之莊嚴方其春日暄妍草木菁葱高桑則童童羽葆古栢則鬱鬱堅貞加以禽聲和鳴煙雲飛斂蓋一方之靈秀鍾於是矣月池在郡西南二十里約數十源泓以成溪瀠以成池斗折蛇曲轂廻輪轉清瑩洞徹鏘金鳴玉如珠璣之錯落秋清氣爽芰荷盛開一川錦綺十里清香更以鷗鷺浮沉錦鱗游泳可謂遊觀之盛所矣湖梁在郡北十里垂楊樹隄蒲葦夾岸若當曉月初升則漁郎艤舟歌聲欸乃樵夫牧子逍遥於洄塘之側徜徉於曲渚之邊豈非佳致歟龍安在郡西四十里回巒繚繞深谷逶迤自下而上有紀有堂雨過則嵐光絢爛洗滌如圖崿峪在郡西北五十五里風烟不減黛色横空草榮木茂鹿呦鳥嚶朱夏一臨祥雲密布

涿州志 卷之二十 記 八

有形觸石無心出岫奇峯律崒一舉成霖景乎佳哉盤坡在郡西北三百餘里有上中下之分西爲表而東爲裏儼若畫屏寸碧疑在雲端堆螺又如水上太陽西墜紫綠萬狀米南宮爲之閣筆者也房山在郡西北五十里北接居庸東抵漁陽西連紫荆所謂幽燕奥室也隆冬沍寒雪飄霰集日光月影炫耀爭輝尋梅之興因之愈鼓訪戴之舟可以不回矣以上涿景之最者謹書爲記語雖不文庶後之觀者得有所考

《涿州志·涿鹿八景记》

第三十一章　明史地理志涿州

元至正二十八年（1368）正月，朱元璋在应天（今江苏南京）即皇帝位，建国号大明，年号洪武。八月初，明军占领元大都，结束了元朝的统治。明洪武初年，中央和地方的行政建置大体沿袭元制，中央设中书省，地方设行中书省，省以下则改路为府。

明洪武九年（1376）六月，明太祖朱元璋对行政体制进行改革。在中央，废除了中书省，取消了丞相制，改设吏、户、礼、兵、刑、工六部，分掌全国行政事务；在地方，废除了行中书省，改设承宣布政使司（简称布政司，习惯上仍称行省或省）。

永乐元年（1403），改北平布政司为北京。永乐十一年（1413），全国设北京、南京及十三布政司。布政司设左、右布政使各一人，主管一省民政财政。与布政司并列，另设提刑按察司，置按察使一人，掌管刑法。又设都指挥使司，置都指挥使一人，掌管军事。布政司、提刑按察司、都指挥使司合称“三司”，三司并立，互不统属，分别归中央有关部门管辖。

布政司之下的地方行政机构，设府、州、县三级，首官称知府、知州、知县。州分直隶州和散州，直隶州地位和府相等。

据《明史·地理志》记载：

直隶二个，京师、南京。布政使司十三个，山东、山西、河南、陕西、四川、湖广、浙江、江西、福建、广东、广西、云南、贵州。它们分别统辖的府共有一百四十个，州一百九十三个，县一千一百三十八个。羁縻州府有十九个……

永乐十九年（1421）正月，明王朝由南京迁都北京，遂以北京为京师，京师之地直隶中央，故称直隶，南京为陪都，习惯称为南直隶，京师之地称为北直隶。北直隶辖八府、二直隶州、十七属州、一百一十六县。

京师所在地为顺天府，首官称府

尹，品级从优。《明史》记载：

顺天府（元朝大都路，直隶中书省），洪武元年八月，改为北平府。十月，属山东行省。二年三月，改属北平。三年四月，建燕王府。永乐元年正月，升为北京，改府为顺天府（永乐四年闰七月，建北京宫殿，修城垣）。

順天府元大都路直隸中書省洪武元年八月改爲北平府十月
屬山東行省二年三月改屬北平三年四月建燕王府
永樂元年正月升爲北京改府爲順天府永樂四年閏七月建北京
宮殿修城垣十九年正月告成宮城周六里一十六步
亦曰紫禁城門八正南第一重曰承天第二重曰端門
第三重曰午門東曰東華西曰西華北曰元武宮城之
外爲皇城周一十八里有奇門六正南曰大明東曰東
安西曰西安北曰北安大明門東轉曰長安左西轉曰
長安右皇城之外曰京城周四十五里門九正南曰麗
正正統初改曰正陽南之左曰文明後曰崇文南之右
曰順城後曰宣武東之南曰齊化後曰朝陽東之北曰
明史卷四十
一月復置玉帶河在北東流入會通
河西南有磁河東南與玉帶河合涿州洪武初以
州治范陽縣省入西有獨鹿山北有涿水西北有挾河合焉南有范水東北距府
百四十里領縣一房山州北少西西有大房山北有
大安山西南有青龍潭其下
流爲挾河一名韓村河至涿州與
胡良河合北有磁家務巡檢司昌平州元昌平縣直隸大都
路正德元年七月升爲州旋罷八年復升爲州舊治白浮圖城
景泰元年築永安城於東三年遷縣治焉北有天壽山
成祖以下陵寢咸在東南有白浮山西南有駐蹕山又

《明史》

顺天府管州5个、县22个（大兴、宛平、良乡、固安、永清、东安、香河、通州、三河、武清、郭县、宝坻、霸州、文安、大城、保定、涿州、房山、昌平州、顺义、怀柔、密云、蓟州、玉田、丰润、遵化、平谷），弘治四年（1491），在编户100 518，人口669 033。万历六年（1578），户101 134，人口706 861。

洪武初年，把同城而治的范阳县撤销，纳入涿州。涿州西有独鹿山，北有涿水，西北有挟河，南有范水。东北距离府一百四十里，管辖县（房山）一个。

房山，在涿州北，稍微偏西。西有大房山，北有大安山，西南有青龙潭，其下流为挟河，一名韩村河，到涿州与胡良河汇合，北有磁家务巡检司。

第三十二章　明代人的涿州赋

涿鹿论

李敩

伟哉！涿鹿之为郡也。形势壮九有之规模，人物抱千秋之忠厚，昔黄帝有天下，尝以为都焉。顾何以涿鹿名？盖涿水之源，发于西，独鹿之山，镇其右故也。且以形势言之，戴燕京而襟东鲁，跨辽海而枕太行。烟火万家，沃壤千里，风淳上古，路冲五达。山则曰独鹿、曰龙安、曰大房、曰白云，参差万壑，叠翠如图，巍巍然皆接于华岳之高；水则曰涿水、曰范水、曰桃水、曰孔水，分演百溪，回澜如线，滔滔然各注于沧溟之远。其城则有岐沟、田城，东西羽翼；其门则有汾门、斗门，前后崇观。沟分南北，绘成督亢之图；岚辨低昂，环拱金陵之秀。由百川之疏达也，而为广济之桥；因四海之来同也，而为通会之阁。崿峪云生，泼墨于一带；房山雪霁，砌玉于千峰；晓月高而草桥平，湖梁之佳景莫及；日影夕而西山丽，盘坡之气象谁伦？楼桑春晚，彩鸾丹凤之交游；月池秋澄，紫蟹金鳞之出没。四时八景，万古如新；众水群山，九州难并。宜乎！黄帝都于此，而汉唐郡于此也。

形势固如此矣，人物则何如？自汉而唐，自唐而宋，迄于近代，辅翼生民，扶持王纲者，名声相继；接承道学，争驰文墨者，代不乏贤；虽未尝著闻于当时、显名于后世者，亦皆敦厚谨饬之士，孝悌忠信之人也。彬彬乎不可胜纪矣。姑举披露丹衷褒崇青史者言之，其宦游是邦也，自关西夫子而后，如廪丘之王、富春之孙、闽之程、吴之朱，无不笃志民生、单心吏治，深仁厚泽，既足以利济苍黔，硕画鸿猷，亦可以奠安社稷，卓乎尚矣。其出处是郡也，如崔寔之政论、訚訚侃侃；韩婴之诗传，郁郁彬彬；吴魏分争，而翼德之胆略汉室赖之；神器攸归，董袁变故，而卢植之忠纯，孔门祀之血食罔斁；击楫中流，光争烈日，闻鸡起舞，凛比秋

論

涿鹿論　明李敭

偉哉涿鹿之爲郡也形勢壯九有之規模人物抱千秋之忠厚昔黃帝有天下嘗以爲都焉顧何以涿鹿名蓋涿水之源發於西獨鹿之山鎮其右故也且以形勢言之戴燕京而襟東魯跨遼海而枕太行煙火萬家沃壤千里風淳上古路衝五達山則曰獨鹿曰龍安曰大房曰白雲參差萬壑疊翠如圖巍巍然皆接於華嶽之高水則曰涿水曰范水曰桃水曰孔水分演百溪廻瀾如線滔滔然各注於滄溟之遠其城則有岐溝田城東西羽翼其門則有汾門斗門前後崇觀溝分南北繪成督亢之圖嵐辨低昂環拱金陵之秀由百川之疏達也而爲廣濟之橋因四海之來同也而爲通會之閣嶁峪雲生潑疊於一帶房山雪霽砌玉於千峯曉月高而草橋平湖梁之佳景莫及日影夕而西山罷盤坡之氣象誰倫樓桑春曉彩鸞丹鳳之交游月池秋澄紫蟒金鱗之出沒四時八景萬古如新泉水羣山九州難並宜乎黃帝都於此而漢唐郡於此也形勢固如此矣人物則何如自漢而唐自唐而宋迄於近代輔翼生民扶持王綱者名聲相繼接承道學爭馳文墨者代不乏賢雖未嘗著聞於當時顯名於後世者亦皆敦厚謹飭之士孝悌忠信之人也彬彬乎不可勝紀矣姑舉披露丹衷褒崇青史者言之其宦遊是邦也自關西夫子而後如麋丘之王富春之孫閬之程吳之朱無不篤志民生單心吏治淡仁厚澤既足以利濟蒼黔碩畫鴻猷亦可以奠安社稷卓乎尚矣其出處是郡也如崔寔之政論閭閭侃侃韓嬰之詩傳郁郁彬彬吳魏分爭而翼德之膽畧漢室頼之神器攸歸董袁變故而盧植之忠純孔門祀之血食罔斁擊楫中流光爭烈日聞雞起舞凜比秋霜孰有過於祖逖設塾而教四方之士不論親疏修德而生五子之賢俱登顯要孰有過於禹鈞擊壤一集使學者得以窺先天之奧皇極一書俾後人得以識造化之機四聖人而下惟吾康節先生乎哀天罡之星歷後天學術一人盧莘老之藻思文靖篇章可儷嗟乎涿鹿之形勢固甲於九有涿鹿之人物亦邁於千秋迄於今隱居求志者怡怡然鶴隴之徜徉達道行義者昂昂然鳳池之卓立可勝美哉愚也淺見薄識敢以平昔所竊聞者論其槩焉

《涿鹿论》

霜，孰有过于祖逖？设塾而教四方之士，不论亲疏，修德而生五子之贤，俱登显要，孰有过于禹钧？击壤一集，使学者得以窥先天之奥，皇极一书，俾后人得以识造化之机，四圣人而下，惟吾康节先生乎？袁天罡之星历，后天学术一人；卢莘老之藻思，文靖篇章可俪。

嗟乎！涿鹿之形势固甲于九有，涿鹿之人物亦迈于千秋，迄于今隐居求志者，怡怡然鹤陇之徜徉；达道行义者，昂昂然凤池之卓立。可胜美哉!愚也浅见薄识，敢以平昔所窃闻者，论其概焉。

李敩，字居学，明朝涿州人。青少年时入州学读书，精稔《诗》《书》二经。永乐元年（1403），参加直隶省科举考试，荣登榜首（解元），进入国子监深造。李敩的时政言论很有见地，受到仁宗皇帝的赏识，让他担任驻京卫所的经历（七品文官），后任礼部主事。不久，晋升为四川布政使（省长）。

李敩聪敏睿智，为官清廉刚正，严格执法，不徇私情，剪除奸宄，扶持良善，被蜀中人士誉为“铁面李公”。正统五年（1440）前后，李敩转任吏部左侍郎。他推荐选拔官员坚持德才勤绩综合考查，堵塞因私情而掖进的漏洞，受到普遍称赞。李敩死后，皇帝谕示官方进行祭奠安葬，神主牌位安置于涿州乡贤祠中。

第三十三章 清史地理志涿州

清朝是以满族贵族统治者为主体建立的王朝，是中国封建社会最后一个朝代。满族的前身是女真族，金朝灭亡以后，女真族各部世代臣属于元朝、明朝，在明朝有建州、海西、东海三大部。明隆庆、万历年间，女真建州部的势力日益强盛，先后合并了其他各部。明万历四十四年（1616），建州女真首领努尔哈赤在赫图阿拉（今辽宁新宾老城村）建立了大金政权，史称后金。崇祯九年（1636），皇太极统治时期，又在沈阳改国号为大清，改建州女真为满洲。崇祯十七年（1644），李自成农民起义军攻占北京，宣告了明王朝的灭亡。此时，清军勾结明将吴三桂，大举入山海关攻占了北京城。当年九月，清世祖福临从沈阳迁来北京，定北京为首都，开始了清王朝对全国的统治。

清朝的行政机构基本上沿袭了明制，分为省、府（直隶州、直隶厅）、县（散州、散厅）三级。省一级的最高官吏为总督或巡抚，督抚在明朝是临时派遣的，清朝则成为固定的封疆大吏，代表皇帝总揽一省或两三省的军政大权。省以下有道，设道员。道有守道和巡道之分，巡道分巡某一区域，主要管刑狱案件；守道则有一定辖区，主管钱粮政务，但非正式一级行政机构。省与县之间普遍设府，府的首官为知府。北京是京师所在地，地位特殊，因此顺天府高于普通府，首官为府尹。直隶州直属省，其地位相当于府；散州属府，略高于县。州县首官为知州、知县。

清世祖顺治初年仍袭明制，称今北京和河北省所属区域为北直隶，顺治二年（1645），改称直隶（省）。其行政建置依如明朝，领顺天、永平、保定、河间、真定、顺德、广平、大名等八府，延庆、保安二直隶州及宣府镇。

顺天府，府治大兴县、宛平县。京师所在地，视同省，兼属直隶省。顺治初，沿明旧置，仍领五州、二十二县。顺治十六年（1659），裁漷县入通州，康熙十五年（1676）十一月，升遵化县为

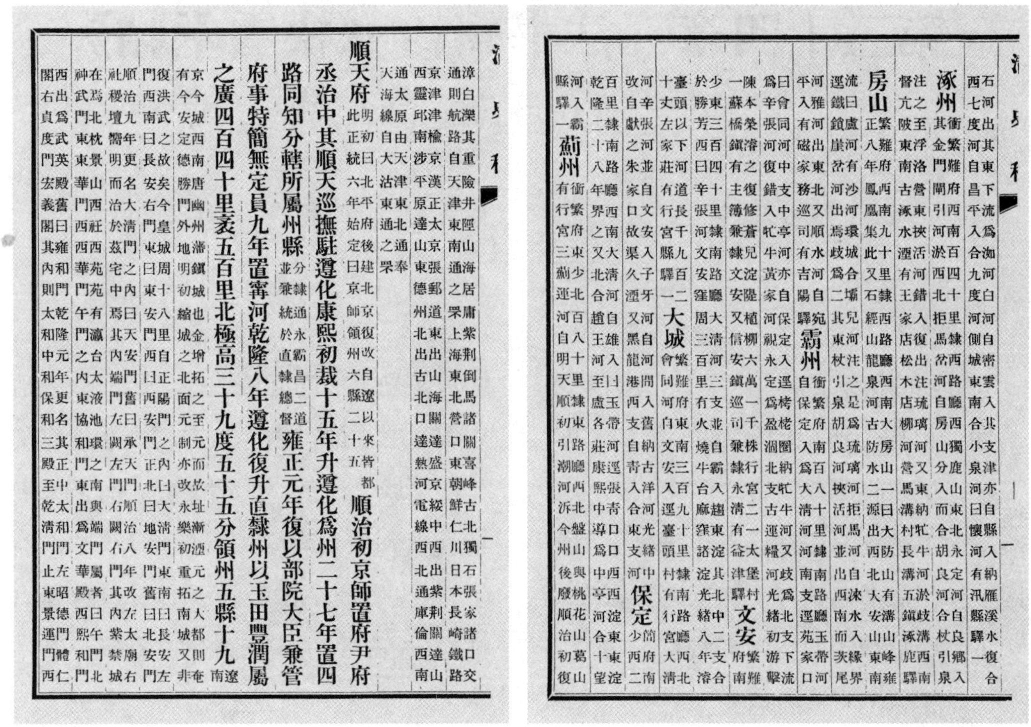

《清史稿·地理志》

州。雍正三年（1725），分玉田、丰润二县往属永平府，九月，分武清县往属天津直隶州，四年（1726）八月，武清县还属府，九年（1731）二月，置宁河县来属。乾隆八年（1743）七月，升遵化州为直隶州。至是，凡领五州、十九县。其中涿州、霸州及三河、固安等八县今属河北省；大兴、房山、顺义、平谷等八县及通州、昌平（州）今属北京市；蓟州及宝坻、宁河、武清三县今属天津市。

涿州，明朝州，清沿置，原领房山县。雍正六年（1728），房山县改为顺天府直属，涿州此后不领县。治所在涿州城。

第三十四章　法书辑珍《快雪堂帖》

中国的传统是字画并称，有高度艺术性、可作为典范的作品被称为法书、名画，供人临摹或欣赏的名家法书的拓本或印本被称为法帖。古代没有照相影印技术，法书名帖属于稀世之宝，难得一见。而临摹研习历代书法家的法书名帖，又是学书的必由途径。因此，为适应学习书法的需求，从宋朝开始，官私刻帖便成了风气。明清之际，有多部名帖问世，主要有《停云馆帖》《馀清斋帖》《真赏斋帖》《戏鸿堂帖》《秋碧堂帖》《式古堂帖》《三希堂帖》等。其中

《快雪时晴帖》

《戏鸿堂帖》是明代董其昌刻的，《三希堂帖》是清乾隆皇帝御刻的，一位是大书法家，一位是雅好文墨的皇帝，按说他们刻制的法帖应该是最好的吧？谁知，天外有天，事有意外。就在董其昌之后，乾隆皇帝之前，涿州人冯铨刻制的《快雪堂法帖》（涿拓），被专家们认为是中国书法史上最优秀的法书丛帖，其艺术水准在《戏鸿堂帖》和《三希堂帖》之上。《快雪堂法帖》后被乾隆皇帝“乐善堂珍藏”，也足以说明这一点。

冯铨（1595—1672），字振鹭，涿州人，是个收藏家。他撰“汉植将军树；周绵太保瓜”楹联于门楣，横批是“快雪时晴”。由此可见，冯铨的收藏应有不少古代珍稀文物，其中数量不菲的历代名家法书应是最为难得的藏品。

紫禁城出版社于1994年出版了清乾隆皇帝珍藏的《快雪堂法帖》。该帖卷前刊发王连起撰写的“介绍”称：《快学堂法帖》，涿州冯铨选辑，宛陵刘光旸摹刻，约摹刻于明末清初。

《快雪堂法帖》的命名，缘自第一卷首篇的王羲之书“快雪时晴，佳想安善……”。全书共5卷，收录：

从王羲之到赵孟頫，凡二十一家七十九帖，其中有很多帖是直接从真迹上勾摹出来的。有些帖虽非摹自墨迹原

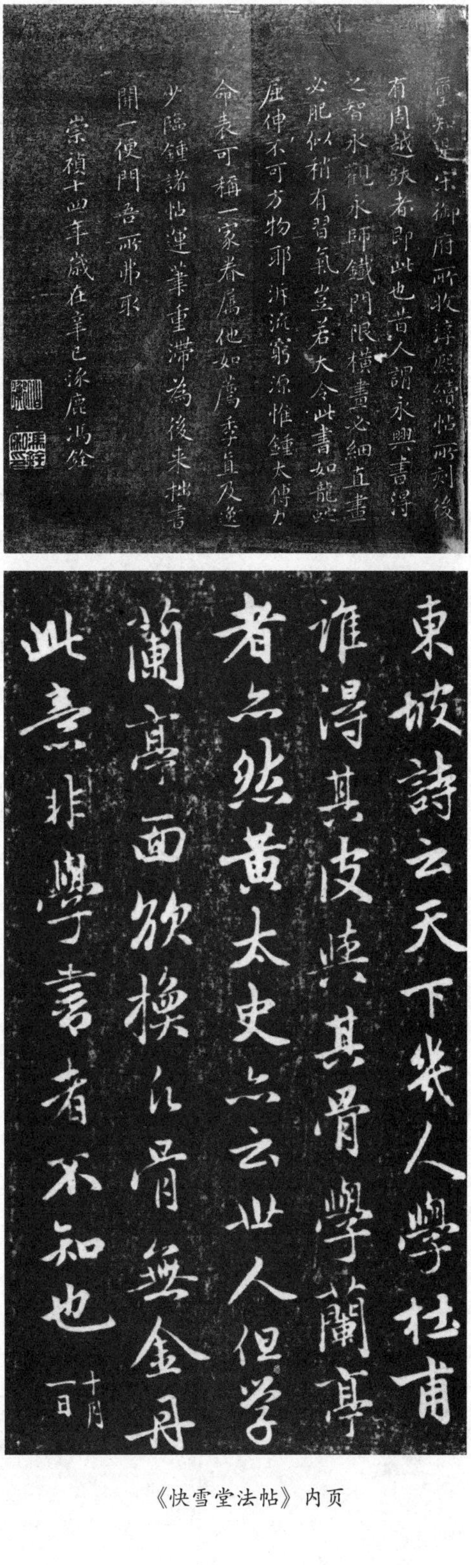

《快雪堂法帖》内页

件，但也是摹自宋帖宋拓善本，再加上刻手刘光旸技艺高超，摹、刻皆精，最大限度地保存了原帖的笔锋神髓。有些帖真可谓下真迹一等，即便是再翻的帖，如米芾的《与司勋书》《与门下仆射书》《与左丞书》等，亦给人以神采奕奕、真气盎然的感觉，所以得到了很高的评价。

清乾隆初年，冯铨的后裔因家道衰微，将《快雪堂法帖》刻石抵押于州库，后来易州州牧福建人黄可润购得运回福建。再后来福建总督杨景素又将帖石购得，进奉内府，时在清乾隆四十四年（1779）。乾隆皇帝为这些帖石在北海北岸建快雪堂，将石嵌于两廊——即后来的松坡图书馆。又将原刻中的三块木板改刻于石，并作《快雪堂记》以记之。这样，此帖的拓本就有了三种，即“涿拓”“建拓”“内拓”。“涿拓”因早于“建拓”和“内拓”，所以最为名贵。“建拓”较少，亦不易得。“内拓”最多，拓工亦精，用御制墨，乌黑光亮，但因有的帖石已经漫漶，字口有不少损伤，又经易石重刻三版，皆远逊于“涿拓”。

紫禁城出版社于1994年出版的《涿拓快雪堂帖》，采用188毫米×335毫米的开本，全书336页，封面是启功题写的书名，扉页写有“快雪堂法帖，乐善堂珍藏”字样，乐善堂是清乾隆皇帝的书房名号。

第三十五章　读史方舆纪涿州

顾祖禹（1631—1692），江苏无锡人，遵循父亲遗志，搜集官方与私家的地方地理志书，兼及亲身考察见闻，历经20年，撰成《读史方舆纪要》。这是一部集历史地理学之大成、研究历史沿革和战守形势的地理名著，被赞誉为千百年来绝无仅有之奇书。书中有关涿州的记述如下。

涿州，府西南百四十里。南至河间府二百七十里，西南至保定府一百九十里，东南至霸州一百二十里。

古为涿鹿之野，春秋时为燕之涿邑。秦为上谷郡地，汉分置涿郡，治涿县。后汉因之。三国魏改为范阳郡，晋为范阳国，后魏为范阳郡，俱治涿县。魏收志：永安三年尝移置平州于此。后齐、后周因之。隋初废郡，属幽州，大业初改幽州为涿郡。治蓟。唐仍属幽州，大历四年析置涿州。幽州帅朱希彩表置，领范阳、归义、固安三县。五代晋入于契丹，仍曰涿州，亦为永泰军。宋宣和四年收复，改军名曰威行。亦为涿水郡。金仍为涿州。元初，升涿州路，中统四年复为涿州。明初因之，以州治范阳县省入。编户四十六里。领县一。

涿州控西山之险，据上游之势，北通上谷，俯视关南。居庸、紫荆为之外障，大安、房山为之内阻。汉置涿郡，形胜甲于河北。五代时，河东由此并燕。宋争幽、蓟，往往取道于涿州。以其地为四达之区也。明朝设兵置戍，特为肘腋要害，而振旅出师，涿鹿故其孔道云。

范阳废县，今州治。本燕之涿邑。汉置涿县为涿郡治。魏晋以后，范阳郡国皆治焉。后魏孝昌三年，上谷贼杜洛周南趣范阳，幽州刺史常景破之。隋废范阳郡，县属幽州。唐武德七年，改涿县曰范阳。宝应二年，史朝义败走范阳县，其将李怀仙遣兵据守。朝义至，不得入。大历四年，幽州帅朱希彩复奏置涿州于此。后因之。明初废县入州。城邑考：州城形如凹字，相传汉初卢绾所筑旧址。明景泰初增修，周九里有奇。

西乡废县，州西北二十里。汉县。属涿郡。后汉省。或谓之都乡城。又良乡旧城，在州北四十里，汉置县西北。五代时始移今治。废凛州，在州境。唐志，天宝初，置于范阳县界，以处降人。

独鹿山，州西十五里，下有鸣泽。汉元封四年，由回中北出朝那萧关，历独鹿、鸣泽，从西河还，即此。龙安山，在州西北五十里，时有云气腾扰如龙。山盖大房诸山之支陇也。

涿水，在州北三十里，源出保安州之涿鹿山，经山谷中，历房山县界，东南流至州北。又南合于挟河。胡良河在州西北二十里，源出房山县大安山东麓，流入州境。又南与挟河合，流入良乡县界，注于琉璃河。志云，琉璃河即圣水也，自房山县流经州北，大房山之孔水入焉。石桥跨其上，形势巨丽，亚于卢沟。

挟河，州西北二十里。《一统志》：自房山县流入州界，与胡良河合，入于琉璃河。一名挟活河。汤有光曰：涿水源从大同得胜堡外地界入，至老班沟，一入涞水县，一入涿州，沙水俱活，东西不定，故谓之挟活水。又谓之圣水也。经督亢亭及州南一带，至新城县，皆是涿水下流。北魏刺史卢文伟修为陂，以资灌溉，民享其利。亦名巨马河。《水经注》：巨马水经督亢泽，北屈汇于桃水。督亢水又南，谓之白沟水。

范水，在州南。自易州涞水县流入境，下流合于巨马河，范阳之名本此。又州境旧有桃水。《水经注》：桃水出涿县西南奇沟东八里大坎下，东北与洹水合，至涿县东，与圣水合。今水流迁徙，非复旧迹矣。

北涉沟，在州西北。自涞水县流入，即故洹水也。又南涉沟，即故督亢水也。《一统志》：良乡县东有南涉沟、北涉沟。盖谓州北故良乡县耳。

岐沟，州西南四十里，亦曰奇沟，又为祁沟。唐末设关于此。晋王存勖天祐十年，遣周德威出飞狐攻燕，与镇定兵会于易水，进攻祁沟关，下之。遂围涿州，守将以城降。胡氏曰：关在易州拒马河之北，自关而西至易州六十里；由拒马河而东至新城县四十里。宋雍熙三年，曹彬、米信等与契丹将耶律休哥战于岐沟关，败绩。彬等夜渡拒马河，南趋易州，休哥领精兵追及，溺者不可胜计。宣和中，亦尝设关于此，以备金。

督亢陂，州东南十里，其地沃美，即燕太子丹使荆轲赍图以献秦者。刘向《别录》云：督亢，燕膏腴之地也。北魏主诩时，幽州刺史裴延儁案旧迹修督亢陂，溉田万余顷。又北齐主高演初，平州刺史稽晔开督亢陂，置屯田，岁收稻粟四十万石。《括地志》：督亢陂径五十余里。《寰宇记》：陂在范阳故城东南，跨连涿州新城之界。

岐沟关，在州西南，据岐沟之险，以置关也。详见上。驼罗口，在州东北。宋雍熙中，围涿州，契丹主隆绪由驼罗口应援，即此。

范村，在州西南。宋宣和四年，童贯伐辽，至高阳关，遣种师道总东路兵趣白沟，辛兴宗总西路兵趣范村。既而兴宗至范村，为辽人所败。

楼桑村，州西南十五里。后汉末，刘先主所居。明建文时，燕王尝屯兵于此。又南三里有郦亭，后因郦道元所居，亦曰郦村。《志》云：州南二十五里，有柳河村营，西南去保定府新城县四十里。

督亢亭，州东南十五里，以督亢陂而名。亭南有月池，广三顷，其形如月。《史记正义》：方城县有督亢亭。方城，今固安县也。

房山县，州西北四十里。东至府城百二十里，西至保定府易州涞水县八十里。本良乡、宛平、范阳三县地。金大定二十九年，始置万宁县，以奉山陵。明昌二年，改为奉先县。元至元二十七年，改为房山县，属涿州。今城周三里，编户十六里。

大房山，县西十五里。境内诸山，此山最为雄秀。古碑云：幽燕之奥室也。山下有圣水泉，西南有伏龙穴，一名龙城峪，汤泉出焉。又有孔水洞，在山之东北，今讹为云水洞。悬崖千尺，石窦如门，深不可测。《志》曰：山亦名大防山，亦曰大房岭。五代梁贞明三年，契丹围幽州，晋王存勖遣李嗣源等趣救，至易州，以步多骑少，不利平原，乃自易州北逾大房岭，循涧而东。距幽州六十里，与契丹遇，契丹却，晋兵翼而随之。契丹行山上，晋兵行涧中，每至谷口，契丹辄邀之。嗣源等力战，败契丹兵于山口，乃得出至幽州。金废主亮贞元三年，以大房山灵峰寺为山陵，迁其太祖阿骨打、太宗吴乞买葬焉，故县有万宁之名。

般州山，县西南四十里，上有般州山寨。又西南十里为石经山，山之东为石经洞，沙门镂石以传其教，因名。《志》云：山峰峦秀拔，俨若天竺。谷积山，在县西北五十里。峰峦突起如积谷然。下有三石洞，名曰三学，中可容数千人。

大安山，县北八十里，山高险。薛居正曰：大安，幽州西名山也。唐天祐末，幽州帅刘仁恭筑馆居其上，曰：此山四面悬绝，可以少制众，名曰大安馆。其子守光遣兵攻之，虏仁恭以归。又三峰山，在县西北五十里。《志》云：有三峰并峙，高插云霄。

挟河，出县东南中浣谷，流入涿州界。又胡良河，亦自县北流经县东，入涿州界。

圣水，在县西。《水经注》：圣水出上谷郡西南谷中，东流经大房岭。或曰，今大房山下圣水泉，即圣水之上源。其委流为琉璃河，经涿州北，入良乡县界。又有龙泉河，出县北大安山。广阳水，出县北三十里之公村，俱流入良乡县界。

杖引泉，县西南六十里。泉水涌出，汇而成溪，流经涿州，东南入胡良河。

黄山店口，县北三十里、又西六十里，曰大谷口。又三十里即涞水县北之乾河口也。孤山口，在县南五十六里，涿、易二州分路处。《名胜志》：县南五十里，有上方寺，在两崖间。凿石为磴，攀絙而上。绝顶有泉如斗，汩汩不穷，其寺曰斗泉寺。又有乱塔寺，山曰红罗崄，俱称陡绝。

附见

涿鹿卫，在州治西北，永乐七年建。又有涿鹿左卫，在州治西，永乐八年建。涿鹿中卫，在左卫西，永乐十一年建。

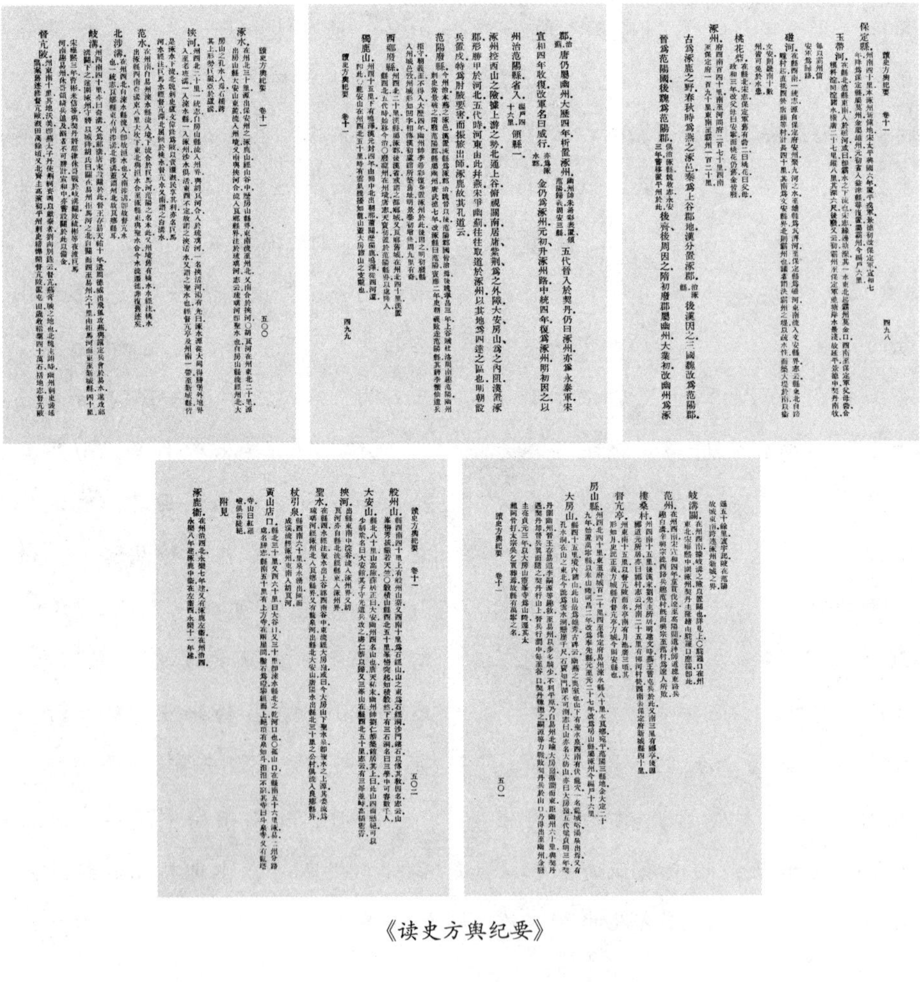

《读史方舆纪要》

第三十六章　清雍正时水利营田

清雍正前期，怡亲王胤祥为推行水利营田，实地勘查了直隶境内大部分河流沟渠的情况。他的足迹东至唐山、秦皇岛，西循太行山麓，南到邯郸，并涉及河南、山东边境，掌握了大小河流的来龙去脉。胤祥给雍正皇帝上报了多篇奏疏，其中的《畿辅西南水利疏》中有关于涿州一带的内容：

……卢沟以西诸水，拒马其巨流也。发源山西广昌之涞山。东流至房山铁锁崖，分为二派：一派东入涿州过新城西南；一派南入涞水经定兴历杨村而东，二派合流而为白沟河。他若挟河、琉璃河会于马头村为马头河；茨尾河、广阳水会于石洋村，为牤牛河；白玉塘、西峪寺、甘池诸泉，会为胡良河皆入焉。马头、牤牛二河，雨多则溢，雨少则涸，均难资其灌溉……惟胡良河所经地称膏腴，沟渠圩岸，宛若江南，扩而广之，房、涿之间皆稻乡也。涞水一派，石亭、赤土、楼村粳稻最胜，而房之张坊至骆家庄，涿之高村及城之西北一路，分渠引流，具有条理。又有王家庄、茂林庄、毛家屯等村沟渠现存，改为旱田者约百余顷，询之土人，佥言水之入涞者七，入房涿者三，故不足用。及访涞则又以水源微弱为辞，此皆小民狃于因循，不足信也。此河下游为白沟，水势甚盛，而附流之茨尾等河，常苦涸竭，则今之滔滔南下者，孰非拒马之余波乎？未有下流盛而上源微者。今应于铁锁崖分流之处，深沟侧注以均其来。白沟之上相地建闸，以节其去，不惟王家、茂林等处之百余顷复为水田，即河流所经之定兴、新城等县，亦沾灌溉之利矣……

据清雍正时期的《畿辅通志》记载：

茂林庄、毛家屯、普利庄、北鲁坡等处营田，引拒马河、胡良河之水，仍泄于本河。按明臣徐光启言，西北水利以涿州拒马河水可引用。又拒马之北胡

敬陳
畿輔西南水利疏　怡賢親王
伏查
京西一帶諸山實維太行之麓逶迤環拱遙衛
神京水勢因之盡朝宗而左騖故自西北山而下者皆
東南滙於兩淀自西南山而下者皆東北滙於大陸
二泊兩道分流畢由東淀達直沽入海則是今日所
歷諸河即去冬查勘

皇上敬陳之
畿南河淀之上流也下流治乃可以導上流之歸亦必
上流清乃可以分下流之勢此相須而不可偏廢者
謹將勘過情形并開挖疏引措置水田事宜為我

蘆溝以西諸水拒馬其鉅流也發源山西廣昌之淶
山東流至房山鐵鎖崖分為二派一派東入涿州過
新城西南一派南入淶水經定興歷楊村而東二派
合流而為白溝河他若挾河琉璃河會於馬頭村為

馬頭河茨尾河廣陽水會於石羊村為牤牛河白玉
塘西域寺甘池諸泉會為胡良河皆入焉馬頭牤牛
二河雨多則溢雨少則涸均難資其灌溉而牤牛一
河又往往東決為固霸諸邑害衝溜既久宛成河漕
特以下無所歸以致泛濫田野應加疏濬導自髙橋
以下入淀不惟固霸百里之內澇水有所收攝兼可
減白溝之流免雄縣淹沒之患矣惟胡良所經地稱
膏腴溝渠圩岸宛若江南擴而廣之房涿之間皆稻

鄉也淶水一派石亭赤土樓村秔稻最盛而房之張
坊至駱家莊涿之髙村及城之西北一路分渠引流
具有條理又有王家莊茂林莊毛家屯等村溝渠現
存改為旱田者約百餘頃詢之土人僉言水之入淶
者七入房涿者三故不足用及訪淶則又以水源微
弱為辭此皆小民狃於因循不足深信此河下流為
白溝水勢甚盛而附流之茨尾等河常苦涸竭則令
之滔滔南下者孰非拒馬之餘波乎未有下流盛而

上源微者今應於房山鐵鎖崖分流之處深溝側注
以均其來白溝之上相地建閘以節其去不惟王家
茂林等處之百餘頃復為水田即河流所經之定興
新城等縣亦沾澆灌之利矣　拒馬之南為三易水
曰濡曰武曰雹寰宇記所謂易水有三其源各出者
也濡水出州北之窮獨山西折而南流環城東注又
南入定興與淶水合流源泉白楊虎眼梁村馬跑諸
泉及遒欄河皆入焉源泉舊有石壩乃前人壅水開

《畿辅西南水利疏》

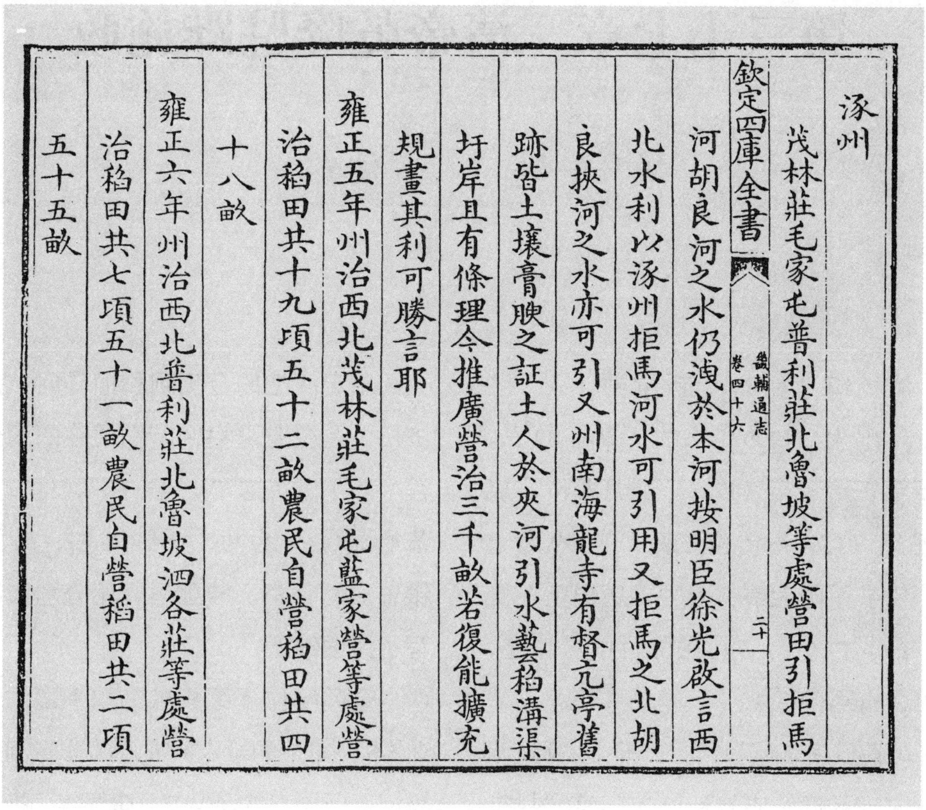

欽定四庫全書　畿輔通志　卷四十六　二十

涿州

茂林莊毛家屯普利莊北魯坡等處營田引拒馬河胡良河之水仍洩於本河按明臣徐光啟言西北水利以涿州拒馬河水可引用又拒馬之北胡良挾河之水亦可引又州南海龍寺有督亢亭舊跡皆土壤膏腴之証土人於夾河引水藝稻溝渠圩岸且有條理今推廣營治三千畝若復能擴充規畫其利可勝言耶

雍正五年州治西北茂林莊毛家屯藍家營等處營治稻田共十九頃五十二畝農民自營稻田共四十八畝

雍正六年州治西北普利莊北魯坡泗各莊等處營治稻田共七頃五十一畝農民自營稻田共二頃五十五畝

《畿辅通志》

良、挟河之水亦可引。又州南海龙寺有督亢亭旧迹，皆土壤膏腴之证。土人于夹河引水艺稻，沟渠圩岸且有条理。今推广营治三千亩，若复能扩充规划，其利可胜言耶！

雍正五年州治西北茂林庄、毛家屯、蓝家营等处营治稻田共十九顷五十二亩。农民自营稻田四十八亩。

雍正六年州治西北普利庄、北鲁坡、泗各庄等处营治稻田共七顷五十一亩。农民自营稻田共二顷五十五亩。

第三十七章 清帝乾隆驻跸施政

清乾隆皇帝，爱新觉罗·弘历，1711年出生，1799年病故，享年89岁。他于雍正十三年（1735）八月即位，嘉庆元年（1796）传位仁宗，自为太上皇，仍掌军国大事，为中国历史上在位时间最长的皇帝。其在位时年号乾隆，作古后庙号高宗。

乾隆十三年（1748），他巡视到涿州，赋《涿鹿览古》诗一首，有“村指楼桑闻剩碣，河疏挟活始通船。道元故宅询遗老，子干荒墟霭暮烟”等句。乾隆十六年（1751），为南巡驻跸，在涿州建行宫。此后，十几次巡视驻跸涿州，曾吟咏涿州历史人物和名胜，赋诗撰文约40篇，为涿州行宫御题、御书匾额和楹联多副。

其实，乾隆皇帝在涿州不仅游乐吟诗，留下了一批诗文作品，不可忽视的是他还留下了两处政绩工程——金门闸和永济桥。2006年，这“一闸一桥”由国务院核准公布为第六批全国重点文物保护单位。

永定河上的金门闸和拒马河上的永济桥，是受乾隆皇帝特别关注的两处工程。为了修筑这“一闸一桥”，他曾煞费苦心，实地踏勘，详细谋划，拨出帑银，委官督察。竣工后，还分别撰制题写了诗词碑记。

金门闸位于涿州市义和庄镇北蔡村北3.5公里处的永定河右岸。永定河原名浑河，历史上常闹洪灾。康熙年间把草闸改建成石闸，命名“金门”。乾隆二年（1737），石闸毁于洪水。次年，采用大型条石在闸南重建，闸门宽56丈，进深5丈，由金门、坝台、雁翅、护坝、海漫、坝基等6部分组成，形成了一座颇具规模的水利工程。

乾隆皇帝对金门闸极为重视，他除了亲自巡查，还要求“将永定河水势涨落情形随时奏闻”。乾隆三十八年（1773）六月初九，他在直隶总督周元理奏折上批示：“……督饬河员，于金门闸过水之处，即为挑浚，务使积淤尽除，水道畅行，以资疏泄。嗣后金门闸每遇

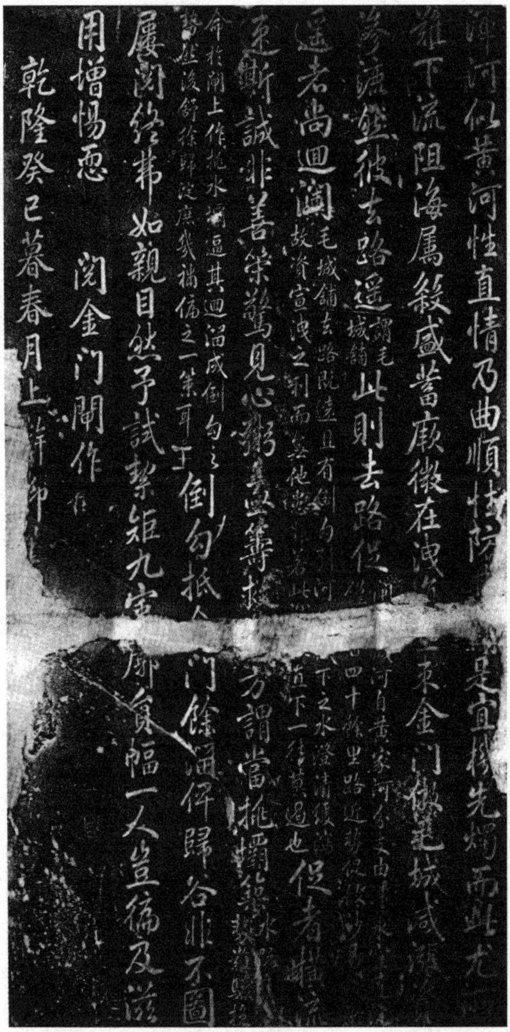

《浑河似黄河》

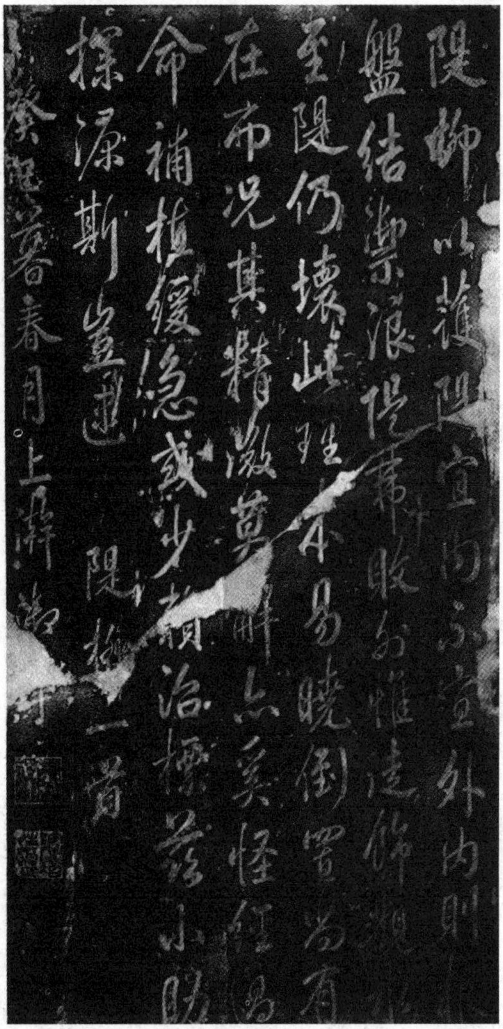

《堤柳》

过水，永远照此办理……”并将此上谕刊刻于碑石，立于金门闸畔。同时刊刻的还有乾隆皇帝御笔亲题的《堤柳》《浑河似黄河》两首诗，以告诫臣工治理永定河应遵循的原则。

涿州城北永济桥的修建是乾隆皇帝提出的。乾隆二十四年（1759）十一月，他下了一道谕旨说：“涿州为畿南通衢，自河流徙越，而旧有石桥转成虚设，自应相度移建。”所谓“移建”，是因为拒马河河道南移到桥外，原有石桥已经失去作用。开工前，乾隆皇帝已经有了成熟的意见，他在谕旨中指出：“此等工程务须久远坚固，以利行旅，不在撙节经费。”在这种思想的指导下，永济桥建得恢宏壮观，主桥身长153米，宽8.5米，下有9孔，全部用长方巨石砌成，栏杆系汉白玉雕饰。南、北两端引桥各有涵洞10余个。桥南建有石牌楼一座，牌楼东、西两侧分别为延清楼、揽翠楼。桥北建有石牌楼、九间厅和御碑亭，雕梁画栋，规模宏阔。牌楼上的匾额为“天衢日近”“九霄雨露”等。

一般说来，皇帝日理万机，对于修建桥梁之事宏观上把握就可以了，谁知乾隆皇帝对永济桥工程事无巨细地都做了周密考虑，他曾建议：“将桥北旧有无名之石道，拆为添建桥座涵洞之用。”还说，如果“旧桥石道酌留三十丈，似觉尚多，可再为拆改，与庙角墙垣相齐足矣”。由此不难看出乾隆皇帝对永济桥工程的用心之深、谋划之细。

永济桥的名字是乾隆皇帝御赐的。永济桥竣工后，乾隆皇帝不仅撰写了《重修涿州石桥记》，而且乘兴吟诗一首：“蜿蜒长桥跨涿河……已看洪川吸众波……”在这首《御制永济桥诗》的序中他写道：“范阳郡古，梯航并辏燕都；督亢陂遥，襟带斜联涿水。葺胜朝之废轨，咨疆吏以传謦……”由此可看出，

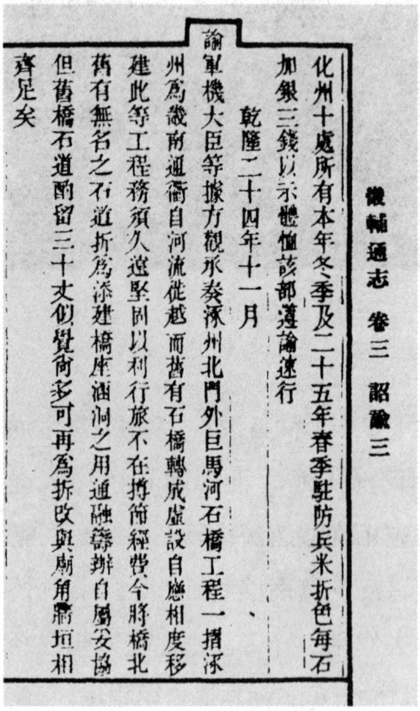
畿輔通志　卷三　詔諭三

化州十處所有本年冬季及二十五年春季駐防兵米折色每石
加銀三錢以示體恤該部遵諭速行
乾隆二十四年十一月
諭軍機大臣等據方觀承奏涿州北門外巨馬河石橋工程一摺涿
州爲畿南通衢自河流徙越而舊有石橋轉成虛設自應相度移
建此等工程務須久遠堅固以利行旅不在撙節經費今將橋北
舊有無名之石道折爲添建橋座涵洞之用通融籌辦自屬妥協
但舊橋石道酌留三十丈似覺尚多可再爲折改與廟角牆垣相
齊足矣

《畿辅通志》

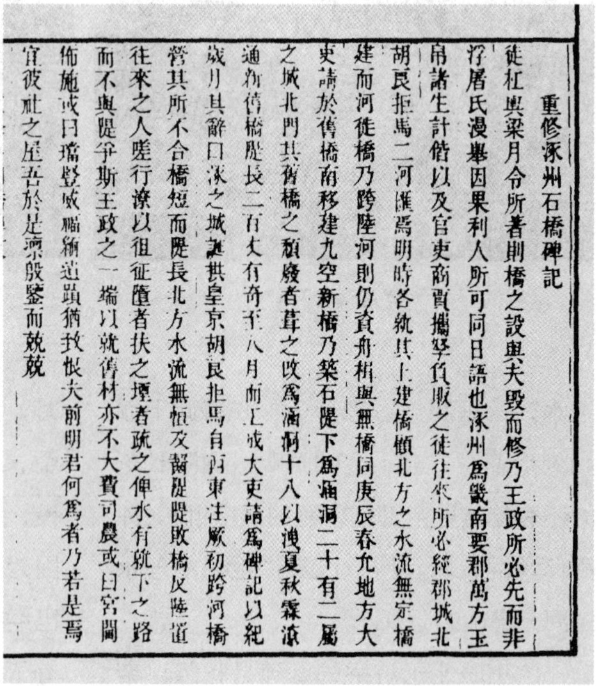
重修涿州石橋碑記

徒杠輿梁月令所著則橋之設與夫毀而修乃王政所必先而非
浮屠氏漫舉因果利人所可同日語也涿州爲畿南要郡萬方玉
帛諸生計偕以及官吏商賈擔挈負販之徒往來所必經郡城北
胡良拒馬二河匯焉明時各執其上建橋頓北方之水流無定橋
建而河徙橋乃跨陸河則仍資舟楫與無橋同庚辰春允地方大
吏請於舊橋南移建九空新橋乃築石隄下爲涵洞二十有二屬
之城北門其舊橋之頹廢者葺之改爲涵洞十八以洩夏秋霖潦
通舊橋隄長二百丈有奇至八月而工成大吏請爲碑記以紀
歲月其辭曰涿之城誕拱皇京胡良拒馬自西東注厥初跨河橋
營其所不合橋短而隄長北方水流無恒及齧隄隄敗橋反陸道
往來之人嗟行潦以徂征隳者扶之壅者疏之俾水有就下之路
而不與隄爭斯王政之一端以就舊材亦不大費司農或曰宮闈
佈施或曰璫豎威福猶道蹟猶致恨夫前明君何爲者乃若是焉
宜彼社之屋吾於是泝殷鑒而兢兢

《重修涿州石桥碑记》

乾隆皇帝对永济桥工程是很满意的。

永济桥和金门闸作为乾隆皇帝的政绩工程，已经造福于民200多年。如今，它们虽然在实用功能上作用不大了，但是它们的存在，让我们看到了历史的进步、社会的发展，也为当今的形象工程、政绩工程提供着借鉴。

乾隆皇帝的涿州行宫在城南药王庙之东，建于乾隆十六年（1751）。关于这座建筑最早的记载见于乾隆三十年（1765）版《涿州志》，书中记载：

在城南，乾隆十六年建，距城里许。宫门外东西朝房分列，进宫门而东过值房，其后为太后宫，正殿三楹，正殿之后为后殿。进宫门而西过值房，其北为轩，制如卷蓬者三，为复室。正中为门，门内假山如列屏然，左右分径而入，中为大殿，殿之西有长廊通西轩，殿之东为回廊，廊转而北为皇后宫，旁为东西厢。循廊之西数十步为六角亭，亭当大殿后。西转数十步为楼，曰观风楼。西偏一门折而东可百步，树木阴翳，中有箭亭。又东为陂陀蜿蜒，而有小亭可以眺远，周墙缭焉。规模俭约，仰体朝廷去奢崇朴意也。大殿中悬御书题榜曰“绣野迎薰”，联对曰“春色芳菲入图画；化机活泼悟鱼鸢”。轩中悬御书题榜曰“黄图揽胜”，对曰“农桑宛绘邠风景；游豫还同夏谚情”。楼中悬御书题榜曰“观风自近”，联曰“雨旸时若天麻应；风日恬和物象舒”。又曰“山容积雪融和盎；物象熙春訞荡披”。

于乾隆中后期成书的《钦定南巡盛典》中亦有相关记载：

涿州古涿鹿之地，黄帝所都也。……今州城南庙祀黄帝为药王，犹仿佛其遗迹。皓壁鬲辉，丹楹歙艳，四围浓翠，影罨缭垣。乾隆辛未年恭葺行宫于左，平冈迤逦，环若屏障，石经纡折，亭馆周通，飞阁构其旁，凭高遐瞩，控山襟河，萦畿带甸，云连万室，塔影浮空，信为雄辅形胜之最。丁丑御书额曰“秀野迎薰”，曰“黄图揽胜”，曰“观风自近”。联曰“雨旸时若天麻应；风日恬和物象舒”，又联曰“梵响清严天籁转；香灯华曜月轮明”，又联曰“山容积雪融和盎；物象熙春訞荡披”。壬午御书联曰“春色芳菲入图画；化机活泼悟鱼鸢”。乙酉御书联曰“勒寒花树芳迟发；向暖郊原润逮耕”。

《钦定日下旧闻考》中的《京畿·涿州》记载：“行宫在州南里许。”“涿州行宫，乾隆十六年恭建。正殿恭悬皇上御书额曰‘绣野迎薰’……”云云，全是

皇上時巡道經斯寺
天葩焕采普蔭曇華洵郊坰之福地云乾隆辛未
御書額曰秀挹龍泉
永濟橋在涿州城北跨巨馬河舧於前明因河流
南徙橋失其用乾隆庚辰歲
勅建新橋而改舊橋為涵洞十有八平其脊以連新橋
迤北之尾通長二百丈有奇橋南表以坊字輔以
樓欄西曰攬翠東曰延清地列望緊為九逵輻輳

欽定四庫全書　欽定南巡盛典　卷八十三　三

之會自此民無病涉車無留軌衆流歙欲沃衍
神皋榆柳垂陂蒲葦夾岸橋闌轉處西連高阜建亭
其上奉
御製碑文與盧溝橋
御碑亭輝映百里為
畿南雄搆焉
涿州古涿鹿之地黄帝所都也魏土地記下洛城
東南六十里有涿鹿城城東一里有阪泉泉上有

黄帝祠今州城南廟祀黄帝為藥王猶髣髴其遺
蹟皓壁暠煇丹楹歙赩四圍濃翠影罨綠垣乾隆
辛未年恭葺
行宫於左平岡迤邐環若屏嶂石徑紆折亭館周通
飛閣搆其旁憑高遐矚控山襟河縈
畿帶甸雲連萬室塔影浮空信為雄輔形勝之最丁
丑
御書額曰秀野迎薰曰黄圖攬勝曰觀風自近聯曰雨

欽定四庫全書　欽定南巡盛典　卷八十三　四

暘時若天庥應風日恬和物象舒又聯曰梵響清
嚴天籟轉香燈華耀月輪明又聯曰山容積雪融
和盎物象熙春訣蕩披壬午
御書聯曰春色芳菲入圖畫化機活潑悟魚鳶乙酉
御書聯曰勒寒花樹芳遲發向暖郊原潤逮耕
紫泉在新城縣西考水經注巨馬水上承督亢溝
於逎縣東東南流歷紫淵東今按方位紫泉即紫
淵其名舊矣源出龍堂郁逕釣魚臺繞郭而西厥

《钦定南巡盛典》

摘引自乾隆三十年（1765）版《涿州志》。然后著录乾隆皇帝历年吟咏涿州和涿州行宫的诗，最先著录的是乾隆十三年（1748）的《涿州行宫作》："千山远作屏，一水清而抱。阶墀足松石，节棁无山藻。省方适静憩，汲古资幽讨。不独容膝安，已觉悦心好。涿鹿正面南，塔影秋云表。"这首诗有"千山远作屏，一水清而抱"，无疑正是吟咏的涿州。但是涿州行宫始建于乾隆十六年（1751），此诗为乾隆十三年（1748）所作，题目《涿州行宫作》明显不合事理逻辑。这首诗在乾隆三十年（1765）版的《涿州志》中，记载的也是乾隆十三年（1748）所作。诗的结句"涿鹿正面南，塔影秋云表"，时序正值秋天，而乾隆皇帝历次南巡都是春正月出行，启跸多在正月上元灯节之前。有人说，此诗应是行宫建成后不久的某个秋天，乾隆皇帝一行前往泰陵谒陵时在涿州行宫所作。但是"涿鹿正面南，塔影秋云表"与行宫在城南、双塔在城北的相对区位不符。其实，当年乾隆皇帝是驻跸在涿州北大营，所以才有了"涿鹿正面南"之说。

北京建筑大学建筑系教授、北京大学考古文博学院兼任教授曹汛对乾隆涿州行宫颇有研究，他曾说：涿州行宫建于乾隆十六年（1751），是京城以外一处重要的皇家园林。乾隆十五年（1750），皇帝弘历为提倡孝道，特在瓮山下为皇太后建清漪园，改瓮山为万寿山。乾隆十六年（1751），又奉皇太后巡视江南，乾隆六巡江南，这是第一次。乾隆下江南时各地行宫多半是指令当地用旧有建筑改建，要求规模从简，体现朝廷去奢崇朴之意。涿州行宫原本也是据一旧寺改建，但实际上是将旧有建筑全部拆除，一体新建。这处行宫不但是六巡江南必经必驻之地，还是去易县泰陵谒陵必经必驻之地，所以格外重要。

曹汛教授还说：从留传下来的涿州行宫建筑鸟瞰图和行宫假山实物来看，建筑格局的经营和假山的堆叠，无疑都是来自内务府挑选的精工。行宫布局精当、功能合理，体型环境恰到好处，假山的堆叠更是北地叠山和庭院中堆叠屏山、壁山的一个极品，堆叠的意境和手法都很高超，与江南私家园林的叠山相比并无愧色，在北地皇家园林的叠山中更是一个拔萃的极致。园林建筑和园林叠山这两个方面的精彩，显然都应该在我国建筑史和园林史上重重地写上一笔。可惜的是，这处乾隆鼎盛时期的皇家园林精品，未能完整保存下来，两座假山也仅存其中的一座。皇家园林叠山传世至今的精品极少，乾隆花园的叠山不佳，畅春园、圆明园已被英法联军毁尽，清漪园毁后假山多已不存，慈禧重建颐和园的叠山水平极差，仅有中南海的静谷还算是一处叠山精品，一般人已见不到。而这处涿州行宫皇家园林叠山是在京城以外，又是现存绝无仅有的庭院中之大型壁山，更属难得。

曹汛教授说：我们现在来对照涿州行宫这处假山，进了仪门迎面是垂花门，打开垂花门正是一带假山翠峰挡在前面。更为奇妙且令人拍案叫绝的是，涿州行宫的这处假山，恰恰也是其中微露羊肠小径，两条小径把一组假山分成三段，乍从外面看不出来，两条小径正好是从东面的一条走进去，再由西面的一条走出来，居然和《红楼梦》描写的大观园假山是那么相像。

如今，涿州行宫的原建筑已基本无存，仅存的一个正殿，也是后来抬高加脊，已非行宫原造，沧海遗珠仅剩一座大假山，却是一个叠山艺术的精品。这座假山是乾隆前期皇家行宫园林假山唯一仅存的孤本，作为一种大型壁山，更是现存的一个绝无仅有的孤例，堆叠手法之高超，自不待言，它又是就地取材用云片石叠成，因此更别具一格。涿州行宫的假山有确切的纪年，当时正是乾隆盛期，而《红楼梦》中所描写的大观园，打开门，一座翠障挡在前面，从前只能做种种猜想，不着边际，现在有了这处实物对证，年代又恰巧相合，这座假山的历史价值也就更加不言而喻了。

第三十八章　清代涿州八景

历史上的涿州八景有两个版本，一个是元代八景，一个是清代八景，元代八景请参阅本书第三十章。

清雍正六年（1728），房山县从涿州划出，龙安、崿峪、房山三景不再属涿。乾隆二十五年（1760），建起城北拒马河大石桥，皇帝赐桥名为“永济”，并御制碑文，因而涿州有了新的一景——拒马长虹。把元代八景中的“通会疏雨”改成“通会灯市”，用“楼桑春社”取代“楼桑春暮”，“盘坡夕照”变为“盘坡积雪”，保留了原有的“胡梁晓月”，增加了“双塔晴烟”“督亢秋成”和“邵村花田”。于是，清代涿州八景就成了通会灯市、双塔晴烟、楼桑春社、拒马长虹、胡梁晓月、督亢秋成、邵村花田、盘坡积雪。

乾隆三十年（1765）版《涿州志》总纂修、知涿州事吴山凤，道光年间举人杨泰运，民国时期《涿县志》总纂周存培，新中国成立初期涿县副县长徐幼宗，诗人赵庭葵等人都作有与“涿州八景”相关的诗词。

周存培“涿州八景”诗词

通会灯市

春风初到月初圆，不夜城中沸管弦。
万盏灯光双塔影，一时辉映鼓楼前。

双塔晴烟

丰碑犹自纪金辽，双塔崚嶒逼九霄。
佛火不明铃语寂，晴烟几缕逐风飘。

楼桑春社

父老相携载酒游，果然春社胜于秋。
汉家宫殿皆禾黍，赢得荒村尚姓刘。

拒马长虹

御碑亭畔草萋萋，十丈长虹送马蹄。
绿到垂杨三百树，春风吹遍左侯堤。

湖梁晓月

破晓事行役，去去之湖梁。
残月淡如水，天寒知欲霜。

通会灯市

双塔晴烟

楼桑春社

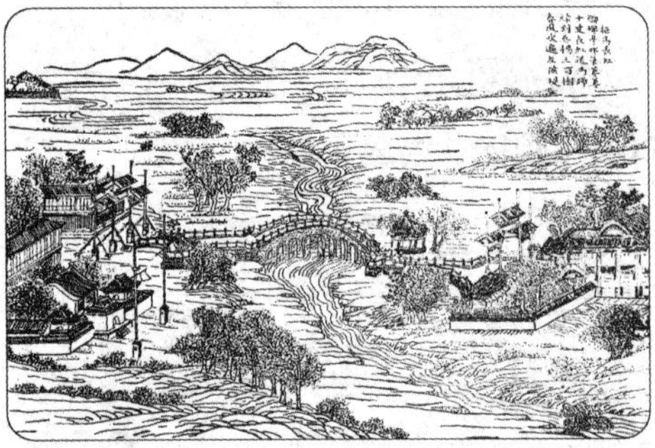

拒马长虹

胡梁晓月

督亢秋成

邵村花田

盘坡积雪

钟声逗曙色，宿火明渔庄。
晨鸡时一鸣，隐隐腾朝阳。

督亢秋成

荆卿图督亢，献地秦人喜。
膏腴自古传，黄云复万里。
丰年禾黍多，百室歌盈止。
壮士何处寻，西风吹易水。

邵村花田

山光泼翠水拖蓝，获稻分秧事事谙。
十顷荷花万株柳，卜居须住小江南。

盘坡积雪

连云一白接天涯，积雪犹堆六出花。
十丈红尘飞不到，玉山深处有人家。

徐幼宗"涿州八景"诗词

通会灯市

美景至今留，金吾不禁，休数更筹。银花玉树，乐此忘忧。　锦绣春光，莫教付与他人手。明年今日，秉烛再来游。

双塔晴烟

河朔古名都，蓟门锁钥，涿野平芜。亭亭华表，凛凛浮图。　小雨初晴，双烟直夺青云路。金元遗迹，有恨失吞胡。

楼桑春社

故里说楼桑，君臣鱼水，昆季关张。中山贵裔，西蜀贤王。　睥睨孙曹，布衣创业英雄壮。紫阳史笔，章武继高光。

拒马长虹

河势最蜿蜒，水经遗注，仰止前贤。长虹写景，巨马来源。　日落河梁，吟鞭遥指南归雁。碑亭晚眺，风冷鹭鸶肩。

湖梁晓月

名胜说河梁，半轮鸡唱，人迹桥霜。近堤古寺，远岸垂杨。　流水潺湲，长虹巨马遥相望。轩辕战垒，今古几沧桑。

督亢秋成

马角恨难平，野心秦政，孤愤荆卿。将军首献，壮士图穷。　击柱椹胸，千秋读史悲不中。祖龙安在，督亢又秋成。

邵村花田

桑梓忆前贤，康节故里，遗爱犹传。稻香馥馥，莲叶田田。　避暑迎薰，风来习习凉无汗。偶偕知己，归唱夕阳天。

盘坡积雪

此地即桃源，不知汉魏，遑论金元。逃名岩谷，遁迹林泉。　大好江山，忍终袖手无人管。满坡积雪，山色有无间。

杨泰运“涿州八景”诗词

通会灯市（调寄庆清朝）

火树齐开，星球碎挂，正蓬花市喧嚣。千门遍燃绛蜡，焰彻通宵。夹道散香麝，恐琼楼未必在云霄。尽几处翠屏妆阁，不闭娇娆。　宝马出钿车拥，笑语浑不辨，笙管嗷嘈。半晌为贪戏耍，堕丫金翘，偏在游人多处，怨郎落后手频招。寻不得匆匆去也，月下门敲。

双塔晴晖（调寄金浮图）

霞光散晴红一片，百尺城头，玲珑照眼，俯烟郊远色，金鸦闪。曲曲盘盘，疑是玉龙双现。夭娇掔云天半，风轮雷橐尔许精熔炼。　听不断铃声点点，细细飘来，随风吹万。长空一霎流清梵，拟扣云扉，闲话寻僧，便伫望几回犹恋。斜阳转处，影落梧桐院。

楼桑春色（调寄汉宫春）

箫鼓前村向青林深处，响递咚咚，灵旗缓缓对飐，犹带雄风。当年割据，到而今付与田翁。烟柳外，扶筇归去，喃喃笑语犹浓。　欲把兴亡遗迹，尽一尊浊酒酹向苍穹。伤心烟消魏国、月冷吴宫。千年俎豆，尚流传汉室仪容。荒社散，残阳催暮，老乌飞下长松。

拒马长虹（调寄水调歌头）

烟水浩无际，撑岸一桥横。蜿蜒不挂天外，和雨堕前汀。界破千层巨浪，断送征车来往，格格走晴霆。响彻碧潭下，应怕毒龙惊。　南北环绰楔倚官亭，缘堤垂柳阴密，有客坐船行。遥指西来山色，趁着渡头流水，爽翠扑重城。愿把年时景，检点付鸥盟。

湖梁晓月（调寄月华清）

曙色才分，晓烟低坠，一钩斜挂林梢。桥畔霜痕，碾破清光多少。尽罨画几树垂杨，更掩映半汀红蓼。闲眺，指渔灯古渡，一星幽照。　偏是离人远道，正野店惊眠，鸡声唱早。残梦难成，马上一鞭，寒峭。怅千里月色同看，争得似归时月好。懊恼，盼何时返辔，旧溪垂钓。

督亢秋成（调寄大有）

压陇云黄，绕畦烟绿，良田千顷绵亘。忆春来，携锄担榼相讯些时，又值农忙候，都付与豳诗漫兴，一片碌碡开场，几家桔槔环井。　西风老，黄叶径吹散。远村头踏歌声冷，南北东西不辨粒香镰影，傍晚老农归去，古亭畔斜阳尚永。更灯下少妇，家家鸣机相应。

邵村花田（调寄采莲令）

渐西风，吹送清秋爽。横塘外，翠衣摇荡。红红白白，更多般付与词人赏。都道是，大儒故里，门前只有，一湾流水无恙。　　水佩风裳，占尽十里菱花港。泉声急，隔溪添涨。一番雨后指渡口，新月扶烟上。冷香散，几行白鹭，花间飞去，棹出渔舟三两。

盘坡积雪（调寄探春慢）

岫耸埋青，岩低锁碧，浅凸深凹积素冷。水光中，搀来墨点，蹴起乱鸦无数，不辨寒松色。恐夜半鹤归，应误最怜一阵廻风，林梢飘堕晴絮。　　谁把钟声阁住，有老衲关门，怕云飞去。樵客寻踪，山禽唤暖，半在夕阳红处，驴背人归，早料应是携来俊侣，相约明朝冲寒，寻旧题句。

吴山凤“涿州八景”诗词

根据清乾隆三十年（1765）版《涿州志》中的破损图页整理。

通会灯市

夹道华灯列万家，高楼俯瞰丽春霞。
珠林细泻玲珑月，碧宇齐开顷刻花。
永夜更番燃画烛，交衢一行拓轻纱。
升平乐事知何限，好语穰穰尽满车。

双塔晴烟

浮图对峙涿州城，远色横空照眼明。
岚翠千重开列嶂，炊烟万井出新晴。
静闻铃□清祖塔，坐觉炉香触并萦。
□堵从来归妙法，可留花雨点朱甍。

楼桑春社

花村烟树接微茫，古庙巍然祀汉王。
社鼓乘风喧匼匝，灵旗□□照苍凉。
英雄终□三分国，符谶先归五丈桑。
千载尚留遗□□，合教配食有关张。

拒马长虹

将作曾输内府钱，长虹漫衍接城垣。
彩虹一道飞斜汉，匹练平铺落远天。
四面楼台供画本，千林花柳助春妍。
熙朝废坠咸修举，更勒贞珉圣藻宣。

湖梁晓月

一钩斜月柳烟低，空□溟濛晓色迷。
敲罢渔□鸦乍起，催将征□马频嘶。
河沉星影看犹洁，桥破霜痕碾未齐。
前路却知兰若近，疏钟不断□□西。

督亢秋成

燕都在昔擅膏腴，试看腰镰刈获初。
斜日满林人影乱，寒灯照屋杵声徐。
画图郑重归秦国，亭址流传自汉书。
圣代讴歌忘帝力，三时耕凿意长舒。

邵村花田

迤逦晴云泛碧澜，大儒故里足游观。
最宜柳色千村映，自有荷花六月寒。
叶底游鱼随意数，槛前飞鹭举头看。
芳塘曲折疏篱接，领取风光一镜宽。

盘坡积雪

上下三坡远近分，盘盘积雪照缤纷。
知无梅占千林月，宛似□□一片云。
樵径人归寒色重，竹庐风折夜深闻。
琼瑶踏碎原应惜，驴背寻诗倚半醺。

第三十九章　义和团占据涿州

义和团运动是发起于中国北方的、民众对外国侵略者的第一次大规模抗争，是帝国主义侵略和中华民族灾难空前严重的产物，是中日甲午战争后中国人民反侵略、反瓜分斗争的高峰，也是长期以来遍及全国的群众反教会斗争的总汇合。它显示了中国人民反对帝国主义的顽强斗争精神和巨大力量。

义和团是基层群众自发的反帝斗争组织，它用秘密结社的办法来发动群众和组织群众，其斗争方式具有浓厚的神秘主义色彩。它没有统一的组织和集中的领导，它的基层组织是坛，若干坛口之上有总坛口，各总坛口之间并无统属关系。义和团的基本口号是“扶清灭洋”，他们四处散发传单、揭帖，揭露帝国主义割据、瓜分中国的罪恶，号召人民群众团结起来驱逐“洋人”，捍卫国家的独立和完整。同时也号召人们毁铁道、砍电线，反对西洋输进的一切新式物品。这种笼统的排外主义有它明显的弱点，表明中国人民对帝国主义的认识还处在感性阶段，但是它反映了中国人民崇高的爱国主义精神和战斗热忱，应该给予充分认识。

清光绪二十六年（1900）初，义和团传入涿州境，在双柳树村首先设坛，很快城乡遍设。5月12日，涞水县高洛村义和团民因不堪外国教会势力压迫，传帖附近的新城（今高碑店市）、涿州、易州（今易县）、定兴、安肃（今保定徐水）等地，并集中团民数百人，向驻在本村的教会武装发起进攻，焚毁教堂房屋，教民死伤20余人。直隶总督裕禄派副将杨福同率练军至涞水县镇压。5月17日，杨福同所率马队在高洛村杀义和团民20余人，俘虏9人。5月22日，涿州大批义和团民进入涞水县，埋伏于石亭村南，袭击了杨福同的马队。激战中，杨福同被长矛刺伤落马而死，义和团民死伤五六十人。涞水、涿州一带的义和团为抵抗清军进攻，相继焚烧捣毁了高碑店、涿州、琉璃河、长辛店的火车站和铁路。5月27日，两三万义和团民众占据了涿州城，把这里作为京畿义和团运动的活动中心。

6月4日、6月6日，军机大臣、刑部尚书兼顺天府尹赵舒翘和军机大臣、吏部尚书刚毅先后到涿州视察招抚义和团，返京后向慈禧太后上奏说义和团可用，于是慈禧对外宣战。之后慈禧玩弄两面派策略，一面假意支持义和团，让他们攻打使馆区，一面暗中保护使馆，多方限制义和团的活动，以便积极谋求与帝国主义妥协。

京津地区的义和团运动，斗争矛头直指帝国主义侵略势力。为镇压义和团的反帝爱国运动，英、美、俄、日、法、德、意、奥等八国联军的2000多人，由英国海军司令西摩尔率领，从天津坐火车向北京驶进，沿途遇到了义和团的奋勇抵抗。6月18日，八国联军在廊坊被义和团围困，经过激烈战斗，八国联军死伤多人，最后只得狼狈地逃回天津。

与此同时，集结在大沽口外的各国舰队夺取了大沽炮台，使得天津门户洞开。八国联军迅速登陆，随后攻占天津。慈禧急忙派人向列强求和，八国联军不予理睬，沿运河向北京进犯。8月15日，八国联军攻占北京，慈禧携光绪帝逃往山西、陕西一带。

八国联军在北京城进行了惨绝人寰的屠杀和抢劫，使得整个北京城遍地尸首，白骨纵横，城破垣残，满目荒凉。9月初，清政府颁发“剿拳令”，宣告对义和团要斩尽杀绝，涿州义和团民随即被清军缉捕。10月，法军占领涿州，涿州义和团众又遭“法国兵之痛剿”。

1901年9月7日，英、美、俄、德、日、奥、法、意、西、荷、比等11个国家的代表，与清政府代表奕劻、李鸿章在北京签订了《辛丑条约》。《辛丑条约》主要包括：赔款白银四亿五千万两，分三十九年还清，本息共计九亿八千多万两；拆除大沽炮台，北京设使馆区，使馆区及北京到山海关铁路沿线由外国驻军；永远禁止中国人民成立或加入具有反帝性质的各种组织，违者处死；改总理各国事务衙门为外务部，“班列六部之首”等内容。

其实，在《辛丑条约》正式签订之

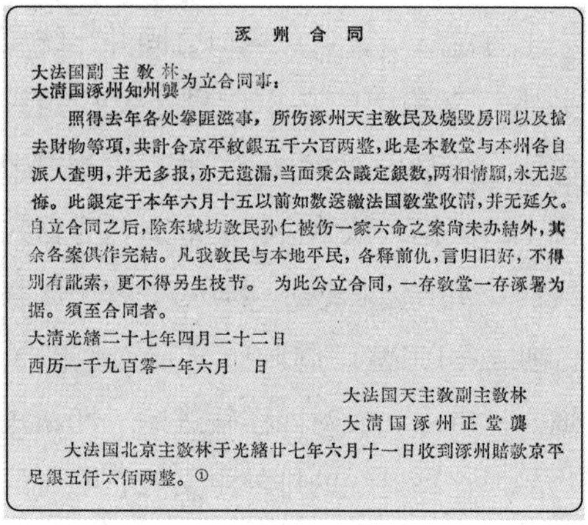
涿州合同

大法国副主教林
大清国涿州知州龚为立合同事：

照得去年各处拳匪滋事，所伤涿州天主教民及烧毁房间以及搶去財物等項，共計合京平紋銀五千六百两整，此是本教堂与本州各自派人查明，并无多报，亦无遺漏，当面秉公議定銀数，两相情願，永无返悔。此銀定于本年六月十五以前如数送繳法国教堂收清，并无延欠。自立合同之后，除东城坊教民孙仁被伤一家六命之案尚未办結外，其余各案俱作完結。凡我教民与本地平民，各释前仇，言归旧好，不得别有訛索，更不得另生枝节。为此公立合同，一存教堂一存涿署为据。須至合同者。

大清光緒二十七年四月二十二日
西历一千九百零一年六月　日

大法国天主教副主教林
大清国涿州正堂龚

大法国北京主教林于光緒廿七年六月十一日收到涿州賠款京平足銀五仟六佰两整。①

《涿州合同》

前，有些州县已经被勒索了数量不等的赔偿金。

光绪二十七年四月二十二日（1901年6月8日），涿州知州龚荫培与法国副主教签订了赔偿对方损失的《涿州合同》，涿州赔偿法国天主教京平纹银五千六百两整。

光绪二十七年四月二十五日（1901年6月11日），固安县知县与法国教会司铎签订合同，赔偿法方京平纹银四万一千两。

光绪二十七年四月（1901年6月），东安县知县与法国副主教签订了关于赔偿法方京平纹银的合同。

易州境内的安庄席教士，因教民被杀勒索赔款三十万两，易州知州“能竭力磋磨，仅以二千两议结”。此事在光绪二十八年（1902）五月的京报上披露，使得北京西什库天主教堂主教樊国梁致函大清外务部总理大臣奕劻，要求辟谣，惩治易州知州。

1934年编纂的《涿县志》，竟然站在外国侵略者的立场上说：

二十六年拳匪肇亂涿縣以雙柳樹村爲導火線該村首先設壇未幾即蔓延全境拆毀鐵路焚燒教堂嗣清廷派大學士剛毅尚書趙舒翹來涿視察匪特不令解散反暗囑拳匪勤加練習從此拳匪益肆囂張結果聯軍入京兩宮西狩而涿縣拳匪先被徐軍門之緝捕後被法國兵之痛剿全縣人民無辜受累者誠不可以數計矣二十七年兩宮回鑾路經涿縣凡地在鐵路兩旁二里以內者概免是年錢糧已輸

河北省涿縣志　第二編　事迹　第二卷　正紀　一三一　北平京城印書局承印

《涿县志》

二十六年，拳匪肇乱，涿县以双柳树村为导火线。该村首先设坛，未几即蔓延全境。拆毁铁路，焚烧教堂。嗣清廷派大学士刚毅、尚书赵舒翘来涿视察，匪特不令解散，反暗嘱拳匪勤加练习，从此拳匪益肆嚣张。结果联军入京，两宫西狩。而涿县拳匪先被徐军门之缉捕，后被法国兵之痛剿。全县人民无辜受累者诚不可以数计矣。二十七年，两宫回銮，路经涿县。凡地在铁路两旁二里以内者，概免是年钱粮，已输在官者，抵次年正赋。

第四十章　民国时期涿县建制

清宣统三年八月十九日（1911年10月10日），武昌起义爆发，各省纷纷响应，宣布独立。十一月十一日（12月30日），经17省到会代表正式选举，每省一票，孙中山以16票当选为中华民国临时大总统。

1912年元旦，孙中山在南京就任临时大总统，建立中华民国，改用公元纪年，以公元1912年为民国元年。

2月12日（清宣统三年十二月二十五日），隆裕太后率宣统皇帝下退位诏书，清朝终结。

2月13日，孙中山向南京临时参议院辞职，举荐袁世凯。15日，临时参议院会议选举袁世凯为临时大总统。

4月，临时政府由南京迁到北京，南北统一，民国政权被北洋军阀篡夺。

民国二年（1913）2月，废州改县，涿州改名涿县，仍属顺天府。

民国三年（1914）10月，顺天府改为京兆特别区域（辖大兴、宛平、房山、良乡、昌平、平谷、密云、怀柔、

京兆特别区域

治大兴县、宛平县。清顺天府，民国初元因之，领5州、19县。民国2年（1913年）2月废州改县，府仍存，所领为24县。3年（1914年）5月，以文安、大城、保定、宁河4县划属渤海道，凡领20县。3年10月府废，改置京兆特别区域，仍领20县。其中，大兴、宛平、房山、良乡、昌平、平谷、密云、怀柔、顺义、通等10县，今属北京市；蓟、宝坻、武清3县今属天津市；余7县在今河北省。

涿　县　原为涿州，属顺天府。民国2年2月废州改县，仍属顺天府，3年10月属京兆特别区域。治今涿州市。

三河县　原属顺天府，民国3年10月属京兆特别区域。治今三河县泃阳镇。

香河县　原属顺天府，民国3年10月属京兆特别区域。治今香河县淑阳镇。

安次县　原为东安县，属顺天府。民国3年1月，因与湖南、广东、四川三省之东安县名相重，改称安次县。3年10月属京兆特别区域。治今廊坊市安次区东南。

永清县、原属顺天府，民国3年10月属京兆特别区域。治今永清县永清镇。

固安县　原属顺天府，民国3年10月属京兆特别区域。治今固安县固安镇。

霸　县　原为霸州，属顺天府，民国2年2月废州改县，仍属顺天府，3年10月属京兆特别区。治今霸县。

《河北省志·建置志》

顺义、通县、蓟县、宝坻、武清、涿县、三河、香河、安次、永清、固安、霸县等20个县)，涿县属京兆特别区域。

民国十七年（1928）6月，奉系军阀张作霖退出北京，阎锡山掌控京津地区。国民政府发令：直隶省改名河北省；(撤销京兆区）京兆区各县并入河北省；北京改名北平；北平、天津为特别市。涿县自此属于河北省。

民国十八年（1929)，涿县山区三坡地区划为第六区，辖24个村庄，区公所设在桑园涧村。

民国二十六年（1937）3月，河北省政府将全省划分为17个行政督察区，其中第二行政督察区专署驻涿县，辖9县（涿县、房山、良乡、涞水、易县、涞源、定兴、容城、新城)。

1937年7月底，北平和天津沦陷。9月18日，涿县城被日军占领。9月24日，保定陷落，民国涿县政府、民国河北省政府先后成为流亡政府。

1941年，民国河北省政府在洛阳曾奉令规划行政建置，将全省划分为18个行政督察区。1942年、1944年又两次公布河北省为18个行政督察区，其中第八行政督察区专署驻涿县。

1945年11月，民国河北省政府将18个行政督察区调整为14个，第六行政督察区专署驻涿县。

第二行政督察区

专署驻涿县，辖9县。其中房山、良乡2县今属北京市，余7县属今河北省。

涿　县　原属京兆特别区，民国17年6月划归河北省，直隶于河北省，26年3月属河北省第二行政督察区。治今涿州市。

涞水县　原属保定道，民国17年6月直隶于河北省，26年3月属河北省第二行政督察区。治今涞水县涞水镇。

易　县　原属保定道，民国17年6月直隶于河北省，26年3月属河北省第二行政督察区。治今易县易州镇。

涞源县　原属保定道，民国17年6月直隶于河北省，26年3月属河北省第二行政督察区。治今涞源县涞源镇。

定兴县　原属保定道，民国17年6月直隶于河北省，26年3月属河北省第二行政督察区。治今定兴县定兴镇。

容城县　原属保定道，民国17年6月

《河北省志·建置志》

第八行政督察区

专署驻涿县。辖8县，其中宛平、房山、良乡3县今属北京市，余5县属今河北省。

涿　县　原属河北省第二行政督察区，民国30年属第八行政督察区。

定兴县　原属河北省第二行政督察区，民国30年属第八行政督察区。

易　县　原属河北省第二行政督察区，民国30年属第八行政督察区。

涞水县　原属河北省第二行政督察区，民国30年属第八行政督察区。

涞源县　原属河北省第二行政督察区，民国30年属第八行政督察区。

《河北省志·建置志》

抗日战争时期，民国涿县政府流亡，日本侵略者在涿县建立了伪政府。1937年11月，日军控制下的傀儡政权——伪涿县政府成立，杨开明任县长，日本人丰岸一佐美担任县政府顾问官。伪涿县政府设立民政、财政、警务三科，同时成立了伪警察大队，杨开明兼任队长。

1938年1月，在日本侵略者的策划下，伪河北省公署在天津成立。2月，伪河北省公署任命了49个县长，涿县伪县长杨开明名列其中。4月，伪河北省公署秘字第327号令："县政府均改称县公署，县长改称县知事。"

1938年4月至1941年，涿县伪政权的名称是县公署，主官称县知事；1941年至1945年8月，涿县伪政权的名称恢复为县政府，主官称县长。

涿县伪政权的主官先后有三人：

杨开明（1937年11月至1943年2月）；

王锡宠（1943年2月至1944年12月）；

徐树繁（1944年12月至1945年8月）。

涿县伪政权归属：

1938年1月至1938年6月，隶属伪河北省公署；

1938年7月至1938年8月，隶属伪河北省津海道；

1938年8月至1939年8月，伪河北省公署直辖；

1939年8月至1940年4月，隶属伪河北省津海道；

1940年4月至1944年12月，隶属伪河北省燕京道；

1944年12月至1945年8月，隶属伪华北政务委员会第一直辖行政区。

日伪政权占领的只是铁路和主干公路沿线及其附近城镇，对较远的农村地区，特别是深山地区则力所不及。因此，日伪的行政建置名称与其实际控制区有很大差距。1945年9月2日，随着日本侵略军在投降书上签字，日伪的省、道、县各级政权消亡。

1937年10月，八路军来到山西、河北、察哈尔三省边界地区，发动民众，

第六行政督察区

专署驻涿县。民国34年（1945年）11月，以原第七、第八行政督察区的各一部分区域设置，共辖10县。

涿　县　原属河北省第八行政督察区，民国34年11月属第六行政督察区。

固安县　原属河北省第七行政督察区，民国34年11月属第六行政督察区。

永清县　原属河北省第七行政督察区，民国34年11月属第六行政督察区。

霸　县　原属河北省第七行政督察区，民国34年11月属第六行政督察区。

新城县　原属河北省第七行政督察区，民国34年11月属第六行政督察区。

定兴县　原属河北省第八行政督察区，民国34年11月属第六行政督察区。

易　县　原属河北省第八行政督察区，民国34年11月属第六行政督察区。

涞水县　原属河北省第八行政督察区，民国34年11月属第六行政督察区。

涞源县　原属河北省第八行政督察区，民国34年11月属第六行政督察区。

新镇县　原属河北省第七行政督察区，民国34年11月属第六行政督察区。

《河北省志·建置志》

组织抗日游击战，创建了以阜平为中心的晋察冀边区抗日根据地。1938年1月，八路军在阜平组建晋察冀边区行政委员会，得到当时国民政府的正式批准，相当于省级政府。

晋察冀军区邓华支队挺进北平西部山区（简称平西），开辟了以涿县六区（三坡地区）为中心的抗日根据地，并于1938年3月28日组建起中共房（山）涞（水）涿（县）县工作委员会、房涞涿县抗日政府。房涞涿县工委、县政府先后驻马水、桑园涧、紫石口等村。11月，房涞涿县改称涞涿县，属平西专区领导。1940年9月，山区涞涿县改称涞水县。

1939年1月，八路军平西涞涿县政治工作团在马踏营村建立区公所，这是涿县平原境内第一个抗日民主政权。6月，晋察冀军区第四纵队第十一支队在涞水县郭各庄村建立平西专署涞涿县办事处，所辖区域为涞水县山外北部、涿县铁路以西和房山县十渡一带。

1940年6月，建立中共涞涿县委员会，建立中国共产党领导的抗日民族统一战线内各阶级联合的民主政权——涞涿县抗日民主政府（山前）。涞涿县委、县政府先后驻郭各庄村、龙安村。1941年6月，涞涿县和房良县合并为房涞涿县。1944年10月，房涞涿县分设，涿县铁路以西和涞水县山外北部，称涿县。涿县抗日民主政府驻悟空寺、黄安村等地。

1939年10月，冀中十分区派出干部，到涿县、固安、新城三县边界地区建立中共涿县工委和涿县抗日民主政府，开辟抗日根据地，以新城县平景村为依托，逐步向涿县境内发展。由于形势残酷，几经反复，到1940年7月才初步打开局面。

1942年5月至1944年10月，冀中十分区把涿县路东部分地区划属容定新雄涿第一联合县。1944年10月，改设新涿县。

1941年10月至1943年10月，冀中十分区把涿县路东部分地区划属涿固新雄霸第二联合县。

1943年10月，在北平以南涉及“大、宛、安、永、固、涿、良”7个县的区域设立八路军抗战办事处，简称七字工委。1944年3月，改名为平南办事处。10月，建立平南县抗日政府。1945年3月，平南县撤销，分设大兴县和涿良宛县抗日民主政府，仍属冀中十分区。

1945年9月，日本侵略者投降。涿县城、松林店、永乐及铁路沿线转为国民党军队控制。11月，国民党派“接收大员”崔世昌从重庆飞抵涿县，就任河北省第六行政督察区专员，专员公署驻涿县城，辖10县（涿县、固安、永清、霸县、新城、定兴、易县、涞水、涞源、新镇)。在县城恢复民国涿县政府，国民党涿县党部书记长刘恩勋兼任民国涿县县长。

1946年1月，撤销新涿县、涿良宛县，改设涿县民主政府。1947年10月，涿县民主政府与良宛县合并恢复为涿良宛县民主政府。

1947年1月，路西涿县与涞水县平原合并建立涞涿县民主政府。

1948年12月5日，为配合平津战役，中国人民解放军华北军区第七纵队第二十旅抵达涿县城以南的松林店、包子铺一带。前哨部队向涿县城南关开炮示警。6日夜，涿县城内的国民党军政人员北逃，民国涿县政府终结。

12月7日上午，涿县全境解放，涞涿县民主政府进入涿县城。

取消战时行政区划和名称，原涿良宛县和涞涿县机构合并，建立涿县人民政府。

1949年1月15日，恢复设置察哈尔省，涿县隶属察哈尔省平西专区。

1949年8月1日，河北省人民政府在保定市成立，涿县隶属河北省保定专区。

1949年10月1日，中华人民共和国成立，涿县仍隶属河北省保定专区。

第四十一章　傅作义困守涿州城

傅作义守涿州是民国时期一场著名战役。当时的涿州并不是晋奉战争的前线，更不是主要战场，可是比晋奉双方主力部队的正面战场还要激烈得多、残酷得多。涿州之战震惊了海内外，引起了社会各界的普遍关注。

南京国民政府给在涿州守城的傅作义的“嘉勉电”说：

三晋军兴，九边声震，主帅以智勇名，将士以坚强胜。……涿州固守，经月余旬，弥见声威，立功殊伟……。涿州屏藩三晋，锁钥九门，形胜之区，兵家所重。傅师长力撑大局，固守斯城，……众志成城，自有金汤之固。敌不得逞，民有所归，弥著功勋，实深嘉慰。

南京国民政府代表称颂傅作义说：

傅师长神勇无比，各将士忠义绝伦，国内报章以至海外人士，无不惊服，传颂不置。弹丸涿邑，将因傅作义伟大之战功，而为战史上最著之名城矣。

清末遗老、社会著名人士樊增祥老人赋诗纪述此事：

新收涿鹿七千人，百日燕南立大勋。
十六年来千百战，英雄吾爱傅将军。

中华民国成立后，军阀连年混战，国内烽烟四起，民不聊生，所谓“十六年来千百战”确非夸张之词。在那数之不尽的内战中，傅作义的涿州守城之战，是我国近代战争史上城市攻防战中最为突出的一例。

发生晋奉涿州之战的1927年，是我国近代史上风云多变的一年。盘踞在山西的军阀阎锡山，改变了原来与奉系军阀张作霖联合的态度，向南京国民政府靠拢，就任国民革命军第三集团军总司令，于9月间誓师“北伐”驻守北京的张作霖“安国军政府”。他派4个军的主力部队，出井陉、获鹿、元氏、平山，沿京汉铁路北进。派2个军的主力部队，出大同、天镇、阳高，沿京绥铁路东进，计划最后于京、津会师。

傅作义的第四师被阎锡山作为别动队，执行切断京汉、京绥两铁路间奉军联络的任务，以配合晋军主力作战，择机进据京、津。

涿州居北京、保定之间，距天津约150公里，为京津保三角地带之要冲，北京之锁钥。当时张作霖坐镇北京，为确保京汉路之安全，把他的前敌指挥中枢设在了保定，并派他的儿子、少帅张学良统驭。又派其嫡系十五师师长张作相率一个师的兵力，来京、保间战略重镇——涿州据守。

9月下旬，阎锡山亲率晋军4个主力军，由山西东出娘子关，以迅猛之势推进至定州，奉军未及迎击，连失要地。万不得已，10月初，张作霖把驻守涿州的张作相部调往保南参战，其防务则由张学良的卫队旅王以哲部接替。

10月11日，来接防的王以哲部在涿州火车站下车，由南门进城，涿州商会会长朱德恒设宴为他们接风洗尘。此时，有一支队伍竟从北门而入，穿过控扼涿州中心的钟鼓楼南进，在接近由南门北行入城的奉军时，突然举枪射击，奉军士兵猝不及防，走在前面的死伤大半，后面的惊慌逃散，城内枪声四起。在朱德恒家宴饮的王以哲等人仓皇而出，见城中已乱，号令难施，只得避到城东南角的天主堂，涿州古城陷入一场乱战之中。

这支由北门而进的队伍乃是晋军傅作义第四师的先遣支队，正巧赶上了奉军换防之机，又似天降奇兵，在奉军及涿州百姓毫无觉察的情况下顺利进入了涿州城。他们从蔚县、九宫口、大河南沿拒马河穿过荒无人烟的深山，日夜兼程，经张坊镇东来，直抵涿州北门，适值北门无奉军防守，先遣队得以长驱直入。进驻涿州的奉军王以哲部的士兵，戴黄色臂章，而傅作义第四师士兵所戴臂章，是单日黄、双日红，这天恰好是单日，所以奉军见迎面而来的士兵也是黄臂章，以为是同部，所以毫无防备，被打了个措手不及。

傍晚，据守在城内天主堂的奉军在王以哲的指挥下发起攻击，占据南门城楼，进至南大街，筑起工事。黎明前，城外的奉军炮击北关，并猛攻城东南、西南两角，同时城内的奉军向北推进。眼看晋军难于立足，先遣队队长袁庆曾组织起突击队，猱行屋脊，居高临下，破坏了奉军的工事和火力网，逼奉军退出城外。晋军先遣队虽立足未稳，却并不被动守城，而是主动出击，破坏了涿州到永乐间的铁路，与随后进城的晋军左、右纵队协同作战，俘虏了奉军一连的士兵，并缴获了迫击炮、机关枪、步枪等武器弹药。14日黎明，傅作义率第四师司令部人马进入涿州城。

傅作义部乘虚进据涿州时，奉军的大部分兵力都在京汉线保定以南和京绥线张家口以东迎击阎锡山的晋军主力。晋军谋定后动，来势很猛。奉军初战失利，经过整顿，先后将晋军南、北两路分别击破，失地复得。阎锡山各主力军纷纷撤离京汉、京绥两铁路线，退回山西。而晋军第四师虽深入奉军腹地，占据了涿州，但失去了外援，孤军守城，无异于置身死地。更何况涿州扼北京之吭而拊保定之背，对于奉军至关重要，势在必夺，决不会甘心失去。于是，双方对涿州的攻守战便激烈地展开了。

10月14日黎明，傅作义进城后，立即绕城墙巡察，并召开会议，研究部署守城方略。把守城士兵分成两大战线，一是卫戍，由旅长白濡青任司令；一是城防，由团长袁庆曾任司令。傅作义提出：兵民相处最难，客兵初至尤其难，对部队必须实行严格的法纪约束。他命令卫戍、城防分兵各司其职，士兵立即构筑工事，炮兵布置阵地。第四师司令部布告涿州民众，严申纪律。城守布置刚刚停当，奉军飞机便飞临涿州。傅作义命令严加戒备，奉军攻城时应战，引退时修筑工事，战虽急，工不可缓。他还讲解守城战斗之规律，亲授士兵守城侧射之法。

这日夜半，奉军王以哲部调集炮兵，选定城东北角为攻击点，在炮火的掩护下，爬城强攻。城上的晋军沉着应战，奉军死伤颇多。晋军乘机冲出东门，袭击奉军后方，奉军被迫撤退至城东1.5公里处的清凉寺。

张学良得知傅作义占领涿州城的消息后，立即增调奉军第十五师黄师岳部、第二十三师安锡嘏部、炮兵第六旅乔芳部及工兵司令柏桂林部等共三四万人参加围攻涿州之战。

15日黎明，奉军发起第一次总攻，使用大炮、小炮100多门猛烈轰城，飞机在空中助战，冲锋士兵像潮水般汹涌而上，炮声声闻百里，战况极为激烈。

傅作义指挥守城士兵利用战斗间隙，在城上每隔20米设一土堆，以便安置机关枪为侧防。凡城墙之突出部位及瓮圈内，亦多设侧防。城上设交通沟，垛口附近多置装满砖瓦碎石的布袋，以备不时之需。出于对城内居民安全的考虑，派工兵指导居民挖掘藏身地窖，并责成警察分片监督，加紧进行，保证牢固。

16日黎明，奉军发起第二次总攻，这次选择城东南角作为突破点。总攻之前，奉军工兵已连夜在城根儿铺设了轻便铁路。总攻开始后，奉军士兵把铁斗车反扣作为装甲，在炮火的掩护下，冒着城上密集的枪弹，运送大批炸药埋放在城根儿，计划炸毁城墙后，立即发起大规模冲锋。可炸药轰然一响后才发现，仅炸塌城角半壁。因城墙太厚，部分炸药都没引爆，所以未能轰开豁口。

奉军准备攻城而集结待发的士兵无法登城，反而遭到晋军枪炮的集中射击。奉军急忙调来加农炮两门，从离城1.5公里的西河村轰击城内的双塔。一发炮弹击中南塔塔顶东南角，一发炮弹在炮膛内爆炸。传说涿州双塔常有灵异，奉军官兵以为触犯了神灵，便不敢再轰。所以虽然这次战事奉军万炮齐发，城内繁华街市成为焦土，可双塔却侥幸保存了下来。

18日，傅作义命令两个步兵营分别从东、西门主动出击，突袭奉军，旗开得胜。伤奉军旅长1人，击毙奉军团长1人，俘虏奉军170余人，夺山炮5门、步枪200余支。

接着，奉军又一次发起“空、炮、步、骑”的全面攻击，但是仍无进展。于是奉军决定改变战术，从保定调来技术部队，又从门头沟煤矿调来数百名矿工，在城外多处同时向城内挖掘地道，企图从地下攻入城中，从而组织第四次总攻。

傅作义从俘虏口中得知情报后，立即召开会议，研究应对之策。晋军在城墙内向城外挖直沟，再在城外围绕城墙挖掘横壕。这样就使奉军所挖的地道暴露在了城墙之外。27日，奉军的第四次总攻再次宣告失败。

半月以来激战不息，守城晋军任战之兵已不足两千，弹药只减无补。为固守待援，傅作义下令重新调配兵力，增加掩蔽部，自制炸药与地雷。

30日黎明，奉军发起第五次总攻。此次战斗更为激烈，奉军用炮火在城东北角轰开了一个大洞。在坦克车的掩护下，奉军以人海战术波浪式争城，战斗持续了一天一夜。奉军攻城不下，又在城外挖掘交通壕。晋军从城上集中火力射击挖壕的奉军，战斗又延续了一天，双方伤亡都很惨重。

11月7日，奉军以猛烈炮火及燃烧弹攻城，步兵分数路爬城。由于晋军构筑了城腰工事，上能防轰城炮火，下可以安全掩蔽，一待奉军临近爬城，就集中反攻，所以这次晋军伤亡较小。

傅作义部坚持守城已达40多天，其间多次用无线电发报机向晋军总司令阎锡山报告战况，请求派兵增援，但增援部队却一直没有消息。

奉军方面督战的万福麟因多次攻城不克，受到张作霖呵责。11月28日，奉军运来500发毒瓦斯炮弹，全数射进城内，随后指挥步兵开始攻城。奉军满以为这回可以如入无人之境了，谁知兵临城下之时，城上依然枪炮齐发，奉军攻势顿挫。原来守城晋军早有防备，而且500发毒弹已经接近失效，威力并没有想象中的那么大。至此，奉军的第七次总攻又告失败。

奉军攻城乏术，智穷力竭，张作霖只好下令说："不用打啦，把城外四周挖上壕沟，架上铁丝网，傅作义不投降就把他们饿死在城里!"自此，城内晋军坚守待援，城外奉军围而不打，双方进入僵持状态。

晋军初入城时，傅作义就责令军需长联络县长等人组织商民维持会，对城内军民全部实行计口授粮。无奈双方战事持久不罢，存粮殆尽，粮源断绝。后把造酒所存的杂粮和糕点铺的存粮全部征收以供食用，不日又尽。最后只得食酒糟、树皮。晋军9月间离晋，10月入涿，当时穿的都是单衣，现在已是隆冬，此时的守城之兵可谓饥寒交迫。

12月10日起，中国红十字会会长、前国务总理熊希龄，前国务总理王士珍，前清史馆总裁赵尔巽，前国务总理孙宝琦，以及涿州旅京同乡会等许多机构或个人，先后派代表入城进行调处、慰问。张作霖手下的高级参谋于国翰，原是保定军官学校教官，与傅作义有师生之情，被张作霖派来向傅作义投书劝降。傅作义回信说：老师教授我们的战术中，学生并未学到投降这一项，故不敢从命。

城中的晋军士兵因食酒糟日久，大都病倒。商民百姓，病饿而死者日多，街巷号哭之声日夜不绝。12月14日，城中妇孺百余人，环绕第四师司令部伏地泣告，请速罢战。晋军处于奉军的重重围困之中，内无粮草，外无援兵，士兵茬弱，难以任战，百姓泣号，尽濒绝境。而调处之人，上自仕宦名流，下迄同乡故旧，往返折冲，络绎不绝，傅作义进退维谷。下级官兵要求师长限定固守日期，傅作义许诺再守15日。

12月29日，晋军旅参谋长朱锡章出城赴奉军司令部与万福麟、邹作华等人和谈，双方进行了3次谈判，均未能达成协议。

1928年1月5日黎明，傅作义亲赴奉军议和，由奉军师长万福麟陪行到保定谒见了张学良。张学良见到傅作义后，首先表示了慰问，傅作义当即说："作义此来，有个要求向总指挥提出，涿州城中，已经有两天没有一点儿吃的了。"张学良不等傅作义说完，立即让万福麟传令前方，马上给涿州城内军民三天的食物，傅作义表示感谢。张学良说："两家

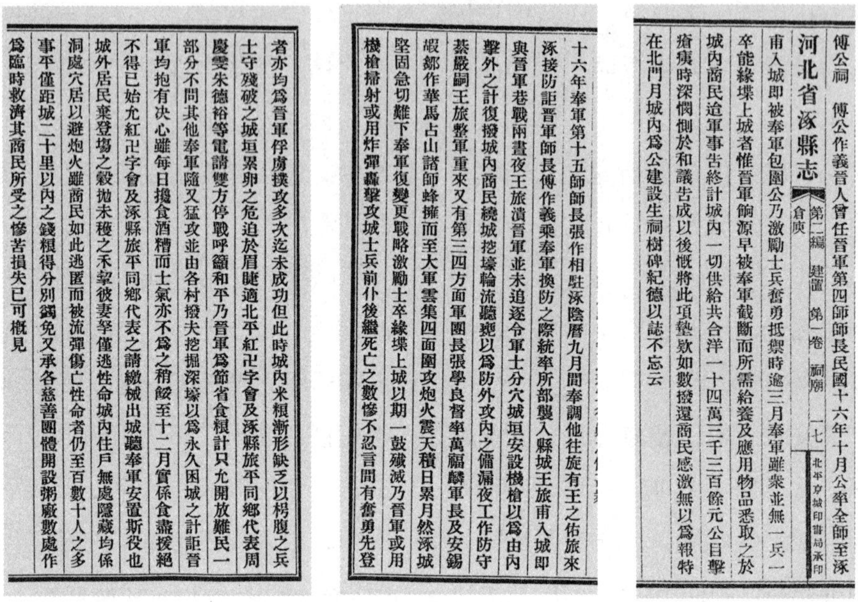

傅公祠　傅公作義晉人曾任晉軍第四師師長民國十六年十月公率全師至涿
河北省涿縣志　第二編　建置　第一卷　祠廟　一七　倉庚　北平京城印書局承印
甫入城即被奉軍包圍公乃激勵士兵奮勇抵禦時逾三月奉軍雖衆並無一兵一
卒能緣堞上城者惟晉軍餉源早被奉軍截斷而所需給養及應用物品悉取之於
城內商民迨軍事告終計城內一切供給共合洋一十四萬三千三百餘元公目擊
瘡痍時深惻惻於和議告成以後慨將此項墊欵如數撥還商民感激無以爲報特
在北門月城內爲公建設生祠樹碑紀德以誌不忘云

十六年奉軍第十五師師長張作相駐涿陰曆九月間奉調他往旋有王之佑旅來
涿接防詎晉軍師長傅作義乘奉軍換防之際統率所部襲入縣城王旅甫入城即
與晉軍巷戰兩晝夜王旅潰晉軍並未追逐令軍士分穴城垣安設機槍以爲由內
擊外之計復撥城內商民繞城挖壕輪流聽差以爲防外攻內之備漏夜工作防守
甚嚴嗣王旅整軍重來又有第三四方面軍團長張學良督率萬福麟軍長及安錫
嘏鄒作華馬占山諸師蜂擁而至大軍雲集四面圍攻炮火震天積日累月然涿城
堅固急切難下奉軍復變更戰略激勵士卒緣堞上城以期一鼓殲滅乃晉軍或用
機槍掃射或用炸彈轟擊攻城士兵前仆後繼死亡之數慘不忍言間有奮勇先登

者亦均爲晉軍俘虜撲攻多次迄未成功但此時城內米糧漸形缺乏以枵腹之兵
士守殘破之城垣累卵之危迫於眉睫適北平紅卍字會及涿縣旅平同鄉代表周
慶雯朱德裕等電請雙方停戰呼籲和平乃晉軍爲節省食糧計只允開放難民一
部分不問其他奉軍隨又猛攻並由各村撥夫挖掘深壕以爲永久困城之計詎晉
軍均抱有決心雖每日攙食酒糟而士氣亦不爲之稍餒至十二月實係食盡援絕
不得已始允紅卍字會及涿縣旅平同鄉代表之請繳械出城聽奉軍安置斯役也
城外居民棄登場之穀拋未穫之禾挈彼妻孥僅逃性命城內住戶無處隱藏均係
洞處穴居以避炮火雖商民如此逃匿而被流彈傷亡性命者仍至百數十人之多
事平僅距城二十里以內之錢糧得分別蠲免又承各慈善團體開設粥廠數處作
爲臨時救濟其商民所受之慘苦損失已可概見

《涿县志》

本是一家，同为国事，此事不必介怀。你远来劳苦，先到宾馆休息吧!”傅作义由此留在保定，实际上就是被软禁了起来。在保定，傅作义接连发表了两篇《通告全国电文》，当时国内各报均有登载。

1月12日，晋军第四师撤出涿州城。

涿州之战，虽以傅作义最后向奉军妥协而告终，然而从晋奉之战的整个局势来看，奉军也并非是胜利者。涿州本是奉军腹地，被傅部奇兵夺占后，奉军以几个师的兵力，将涿州城重重围困，出动飞机、坦克，使用重炮及至燃烧弹、毒气弹，从空中、地面到地道，大规模猛烈攻城而不下。而晋军师长傅作义竟在一无供给、二无援军的情况下，以不满万人之一师牵制了奉军5万余众的数师之兵力，而且长达3个月之久，不但显示了他超群的军事智谋与胆略，而且对于加速北洋军阀政府的垮台，有着不可低估的意义。

涿州守城3个月，使傅作义“一举成名天下闻”。人们提起傅作义，首先想到的就是他固守涿州，而讲到涿州，人们又总爱说傅作义守城。作为傅作义成名地的涿州，曾有一处傅作义生祠，即傅公祠，如今这个祠堂连瓦砾场也难寻踪迹了。但是“一将功成万骨枯”，傅作义守城对于涿州来说，是永远难以忘记的，因为这场兵燹之灾，给古城人民造成的牺牲也是十分惨烈的。

第四十二章　早期党员播撒火种

《涿州历史名人传略》中记述了两位中共早期党员，一位是张廷瑞，一位是魏颂尧。

1923年初，中共北京地方委员会在通县发展的第一个共产党员就是魏颂尧，他时任通县师范附小教师。从此，魏颂尧开始引导并发展通县、涿县、房山、固安等地的青年学生走上革命道路。1923年6月，张廷瑞在保定加入中国共产党，不久接任保定党小组组长，成为中共保定党组织早期领导人之一。

1927年4月12日，蒋介石在上海发动反革命政变，捕杀大批共产党人和革命群众。4月28日，李大钊等共产党人在北京壮烈牺牲。7月15日，汪精卫在武汉叛变革命，也疯狂屠杀共产党人和革命群众。第一次国共合作破裂，白色恐怖迫使中共党员的革命活动转入地下。因此，魏颂尧、张廷瑞先后回到家乡涿县，开展隐秘的革命活动。

魏颂尧

魏颂尧献身革命

魏颂尧，本名魏恩铸，自号嚣嚣（áo áo）子，人称魏特子。1899年12月出生于涿州西北乡尚庄村的一个地主家庭。1916年进入京兆师范学校上学，是革命先驱李大钊的积极追随者。魏颂尧发起组织了校内文学研究会，并担任会长。五四运动时，魏颂尧作为京兆师范演讲团团长，是最早到长辛店工人中进行演讲的学生领袖。1923年初，魏颂尧加入中国共产党。从此，他在学生中培养先进分子，并发展马乃庶、崔勋等人加入了中国共产党。1925年，魏颂尧参与领导顺义、通县的农民运动。1927年4月28日李大钊牺牲时，魏颂尧正被北洋军阀政府通缉，他秘密回到涿县。

1928年，涿县建起了农民协会。在农协会员大会上，魏颂尧以“农民苦”为主题，做了一次深情的演讲，造成很大影响，给听众留下了深刻印象，以至50多年后，当年的与会者再次聊起魏颂尧的演讲时，仍然感慨不已，说魏颂尧是自己崇拜的启蒙老师。魏颂尧当年多次进行公开演讲，并秘密联络青年学生，为涿县、房山、固安等地培养了多位共产党员。

1928年7月，魏颂尧利用国共合作时的关系，以国民党河北省党务公开委员会派遣的名义，与刘钟策、董翰芗一起回到家乡，当时他在县城南门城楼墙壁上写下了5个大字：建设新涿县。一年后，魏颂尧成为国民党涿县党部执行委员，并以县党部执委、宣传部部长的公开身份，联络社会各界，宣讲革命道理，创办《涿县旬刊》，破除封建迷信，传播科学与民主意识，做了大量思想启蒙工作。他既是德高望重的社会名流，也是地下中共涿县党组织领导人，在中共涿县党组织初创与早期的发展中发挥了重要作用。

20世纪20年代，民众文化水准偏低，城乡教育普遍落后。于是魏颂尧便大力倡导教育，提出建立涿县中学，这一建议得到了周宝华、熊吉梦等人的一致同意。魏颂尧拿出350元作为启动资金，周宝华拿出300元、熊吉梦拿出160元筹建中学，第一班招收了约30名学生，其中有宋化峰、王湘、张巨川、傅勇志、邓锡麟、张骞等。为了解决校舍问题，魏颂尧带领学生来到尚公街相公庙，他们推倒了庙里的泥胎，清理了场地，将古庙改造成了一所学校，并挂上了“涿县私立育才初级中学”的牌匾。就这样，涿州第一所中学于1929年7月成立了。次年，学校正式注册，董事长、校长均由魏颂尧一人担任。

魏颂尧既是校长也是教师，他主教“三民主义”和数学，向学生传授马克思主义和李大钊的思想。学生宋化峰兼任学校事务员，学生邓锡麟兼任校工。不久，王湘、傅勇志、邓锡麟、宋化峰等人在学校事务室油印了纪念“俄国十月革命胜利”的传单。夜间，他们到鼓楼大街、东大街等处散发、张贴。涿州第一个中共党组织建立在农村（魏颂尧协助张廷瑞在尚庄村创建的涿县特支），育才中学则是涿州城内的第一个根据地，宋化峰、王湘等人是魏颂尧培养出的优秀中共秘密党员。

1930年8月，魏颂尧调任涿县教育局督学。9月，张廷瑞因为领导永乐村雇农罢工遭到通缉，被迫离开涿县。自此直到1932年4月，中共涿县党组织的领导工作由魏颂尧负责。

1932年1月，魏颂尧接任涿县简易乡村师范学校校长，同时受聘于房山城内高等小学。3月，简师建立起涿县第一个共产主义青年团支部，茅耀林为书记，于振坛、蒋淳为委员。4月下旬，魏颂尧因“共党嫌疑”的罪名被逮捕，后被押解到天津。经过北平和天津的中共地下党组织营救，最后以“共党嫌疑证据不足”为由释放。1932年秋，魏颂尧以学校教员身份到房山城内高等小学任教，继续传播革命思想，宣传中国共产党的抗日主张，影响并引导赵然等进步青年走上了革命道路。

1933年夏，中共河北省委决定，派魏颂尧到固安县开展工作。他仍以教员身份在固安县立乡村师范学校任教，实际担任中共固安县党组织负责人。

1935年底，北平发生了“一二·九”学生运动。北平的中共党组织决定组建平津学生南下宣传团，派邓力群通知平、津两地的学生分头到固安县汇合。魏颂尧等地下党人因积极支持帮助宣讲团学生，与固安县政府发生冲突，遭到县政府抓捕，魏颂尧一家被迫转移到通县。

1936年，在通县期间，魏颂尧担任通县简易女子师范学校教员，继续从事中共地下党组织的活动。

1937年七七事变时，魏颂尧等人转移到野三坡。他和项晓岩等中共地下党员联络涿良房一带大大小小的民众杂牌武装，引导他们共同抗击日本侵略军。

1938年春，八路军邓华支队进入北平西部山区。魏颂尧协助八路军联络员包森，将房山五区自卫团改编为房涞涿抗日游击队。

不久，受中共河北省委指派，魏颂尧潜伏到日伪迁安县新民会，从事特别情报工作。在此期间，魏颂尧曾与日本间谍川岛芳子（金碧辉）斗智斗勇。两年后，魏颂尧因积劳成疾，不幸病逝，年仅41岁。

魏颂尧虽出生于地主家庭，但他义无反顾地牺牲小家报效国家，他的家国情怀感人至深。他坚定不移地秉持中国共产党的理念，投身于革命斗争，不管环境如何变化，既不激进而盲动，更不畏惧而颓丧，而是根据现实条件，运用灵活的斗争策略，坚持不懈地努力奋斗，表现出了他的思想境界和大智大勇。魏颂尧既是血性男儿，也是理性智者。他矢志不渝，献身革命，虽英年早逝，但精神永存，是一位永远被后人怀念的革命先辈。

张廷瑞创建“特支”

张廷瑞

张廷瑞(1901—1940)，化名张乃东、张振东、张之达，他出生于涿州城北永乐村的一个地主家庭。1920年，张廷瑞考入保定育德中学。育德中学是保定地区传播马列主义最早之地，著名的留法勤工俭学预备班就设在这里。北方共产主义小组成员邓中夏受李大钊委派来到保定高等师范学校当教员，育德中学多次请他给师生演讲。1921年，在邓中夏的启发与引导下，张廷瑞被秘密发展为中国社会主义青年团团员。1922年2月，中国社会主义青年团保定地方执行委员会（对外称“社会问题研究会”）建立，张廷瑞为领导成员，分管调查。他根据上级指示，先后在保定铁路、保定六中、直隶女二师等单位发展团员，壮大革命力量。1923年6月，张廷瑞由团员转为中共党员。9月，中共保定小组组长王锡疆考入北京大学，党小组组长一职由张廷瑞接任。

1925年春，中共北方区委决定成立中共保定党支部，由史文彬（京汉铁路工人大罢工的领导人之一，当时在保定监狱中）任书记，张廷瑞任代理书记，负责党务工作。张廷瑞不仅在保定育德中学、直隶第二师范、直隶第二女子师范及完县西五里岗村发展了一批共产党员，并建立了党小组，还参与领导了直隶女二师反对校长燕士奇的斗争，保定电灯公司工人要求增加工资、减少劳动工时的斗争等活动。6月，张廷瑞到保定火车站担任总工会秘书，专门从事党务工作，领导了保定铁路工人进行反对拖欠工资的斗争。为了声援上海的五卅运动，张廷瑞组织领导工人罢工、商人罢市、学生上街游行示威，掀起了保定的爱国反帝浪潮。

1926年9月，因叛徒告密，发生了“石家花园惨案”，中共保定党组织遭到严重破坏，正在天津开会的张廷瑞也被捕入狱。凭借着坚定的革命信念和灵活的斗争策略，张廷瑞虽在监狱中经受了严酷的考验，但终因“查无实据”，敌人对他无可奈何。经过中共党组织的多方营救，张廷瑞最终被释放出狱。

1928年春，受中共党组织派遣，张

廷瑞回到涿县开展农村的建党工作。他与在国民党涿县党部担任执委的中共地下党员魏颂尧取得了联系，商定到魏颂尧的哥哥魏恩镇任校长的尚庄村小学当教员。张廷瑞白天教小学生读书，晚上开办成人平民学校，在普及文化知识的同时，传播革命道理。到1928年底，张廷瑞共培养发展了7名中共党员，并建立了涿县第一个党组织——中共涿县特别支部。同时，他还派人秘密到房山县曹章村发展党员，次年春，在房山县建立了党小组。

1930年春，涿县当局以“清查地亩”为名，在全县搞所谓的“重验契纸”，其真正目的是搜刮民财。张廷瑞领导尚庄村一带的农民进行了“反验契纸”斗争，斗争虽没有取得彻底胜利，但对全县产生了巨大影响。之后为了躲避警察的抓捕，张廷瑞离开了尚庄村，辗转回到了他的家乡永乐村。在乡亲的帮助下，张廷瑞隐居在西沟，继续坚持向群众宣传革命思想，培训积极分子，发展党的组织。

张廷瑞家庭富裕，家里雇有长工。为了发动群众进行革命，他首先革了自己家的命，帮助长工组织起来，要求提高劳动报酬、提高生活待遇。

张廷瑞在本村组建雇农工会，发展会员50多人。根据中共保署特委指示，张廷瑞主持议定了以增加工资为中心内容，开展经济斗争的十项纲领，并在本村张榜公布了雇工日价表，还组织了雇工罢工活动。后来，村长跑到县城告发张廷瑞“阴谋暴动，要砸官府”。不久，县长贺良弁骑着大马，带着警察，到永乐村进行武力镇压，7名雇工被捕，张廷瑞的母亲被逼跳井自尽。深夜，张廷瑞拜别了母亲的遗体，遗憾地离开了自己的家乡。

1930年10月，中共保属省委派张廷瑞到保南工作，担任中共石家庄中心市委副书记。他以牙粉工厂生意为掩护，在井陉、平山、灵寿、行唐、新乐等地开展工作。过了半年多，牙粉厂不幸被侦破，张廷瑞被捕，押送到北平陆军监狱。由于张廷瑞去石家庄时更改了名字，隐瞒了原来的履历和籍贯，所以这次被捕没有暴露身份，敌人对他毫无办法。张廷瑞在监狱中组织狱友有策略地开展争取生活权、争取读报权、争取娱乐权等活动，均获得了成功，他把监狱变成了学习革命理论、宣传革命主张的阵地。5年后，张廷瑞出狱回到永乐村。他一边在家养病，一边办起平民夜校，辅导50多个穷家子弟学习文化知识，同时传授革命道理。

1937年抗日战争全面爆发，根据上级指示，张廷瑞组织起涿县抗日救国会，并与从延安归来的中共地下党员于振坛一起组建了涿县抗日救国军。他们带领队伍在挟河桥截击日军汽车，在南营铁路奇袭日军轧道车，在冯村东抄日军巡逻队后路，在三步桥村边的公路袭击日军汽车运输队。涿县抗日救国军不仅打击了日本侵略者，遏制了“亡国论”的蔓延，还鼓舞了涿县民众反抗侵略的斗志。

活跃于房、涞、涿三县交界地区的抗日救国同盟军周文龙部，是自发的地方杂牌武装，成分复杂，纪律松懈，既反抗日军的侵略，又对老百姓欺压勒索。张廷瑞为了让周文龙部走上救国救民的正确道路，对周文龙部进行了引导、教育与改造，提高了周文龙部的政治文化素质和作战能力。1938年春，周文龙部被纳入平西八路军统一领导。

1938年底，中共党组织调张廷瑞到冀中军区，到大清河北，在刘秉彦三十二团做民运工作，深入敌占区宣传抗日统一战线政策，开辟抗日游击根据地。

1940年7月，中共冀中十地委派樊干担任中共涿县工委书记，张廷瑞担任县长，并兼任县大队队长，负责开辟涿县铁路以东地区。这里的斗争环境异常残酷，原来的地方武装头子王凤岗、白秀亭、胡嘎叭等人都投降了日军，他们各占一方，依仗日军势力“蚕食”抗日力量，残害抗日军民。中共冀中党组织从上一年开始曾3次派人开辟这一地区，结果不是被杀害，就是被赶走，均难以站住脚。

张廷瑞接受任务后，与樊干一起做了周密的谋划。他们选拔了16名干部，组成了一支精悍的便衣武装小分队，冒着大雨进入了涿县东代屯村一带。通过逐村逐户做思想工作，一点一点地建立起了牢固的关系户，用这种“钉钉子”的方法，逐步打开了局面，在平南日伪统治区的心腹之地插上了一把尖刀。

9月26日黎明，汉奸王凤岗带领300多伪军对张廷瑞、樊干等人进行了“铁壁合围”。武装小分队分成两组突围，樊干带领一组先冲出了包围圈。张廷瑞带领5名同志断后，他们刚冲出村子，秘书发现文件包落在了房间里，众人立即又冲回村子，找到文件包后，再次来到了大清河边。此时涉水过河是摆脱敌人的唯一选择，于是张廷瑞等人便跳进了大清河的激流中。敌人迅速围拢过来，张廷瑞等人进行了英勇反击，可双方力量过于悬殊。不久，子弹打光了，敌人发现难以活捉张廷瑞等人，便集中火力向他们射击。年仅39岁的张廷瑞和5名战友壮烈牺牲在了大清河中。

原冀中军区十分区司令员、新中国成立后曾任河北省省委书记、河北省人大常委会主任的刘秉彦在《张廷瑞传》的序言中写道：

张廷瑞同志的一生是革命的一生、战斗的一生。他为了崇高的共产主义理想，不怕坐牢，不怕杀头；不怕妻离子散，不怕家破人亡；家私不足惜，头颅也可抛。不管在任何恶劣的环境中，他以共产党人的革命坚定性，为建立新中国，贡献了自己的一切。

张廷瑞同志“生的伟大，死的光荣”！

第四十三章 民国涿县视察报告

民国二十三年（1934）《河北省建设公报》刊载了《视察涿县建设情形报告书》，全文如下。

（甲）人员服务情形

一、查该县县长冯舜生，人颇拘谨，对于建设事项，稍知梗概，详细必须询诸科长，方能具答。关于建设用款，须视地方士绅意向为依归，倘奉宪令，迫不得已之建设，方能勉为办理。若对地方不甚需要者，仅可敷衍而已。

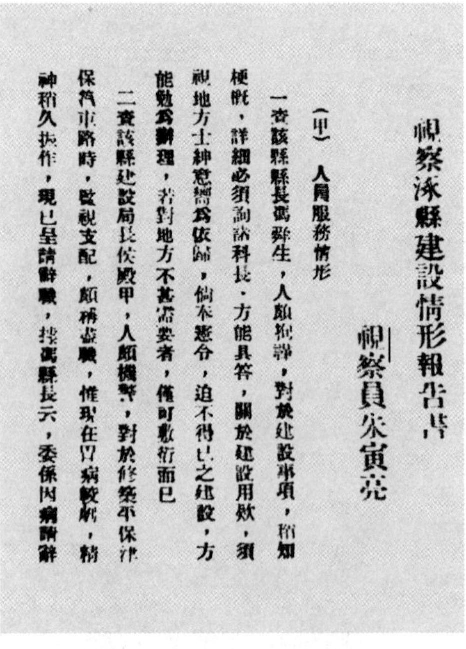

視察涿縣建設情形報告書

視察員宋寅亮

（甲）人員服務情形

一查該縣縣長馮舜生，人頗拘謹，對於建設事項，稍知梗概，詳細必須詢諸科長，方能具答，關於建設用欵，須視地方士紳意嚮爲依歸，倘奉憲令，迫不得已之建設，方能勉爲辦理，若對地方不甚需要者，僅可敷衍而已

二查該縣建設局長侯殿甲，人頗機警，對於修築平保津保汽車路時，監視支配，頗稱盡職，惟現在胃病較劇，精神稍久振作，現已呈請辭職，據馮縣長云，委係因病請辭

《视察涿县建设情形报告书》

二、查该县建设局长侯殿甲，人颇机警，对于修筑平保津保汽车路时，监视支配，颇称尽职。惟现在胃病较剧，精神稍欠振作，现已呈请辞职，据冯县长云，委系因病请辞，复因严省委视察报告上，有对该局长人地不宜之言，伊尤觉不快。据地方人称县长亦有不满于该局长之处。技术员萧承宗，系前农事试验场场长，对于积极建设，尚能襄助办理。事务员陶炳文，办理公务，尚知勉力去作。农事试验场场长臧国政，兼农会干事长、县党部干事，对于农场亦知经营，惟能力稍差。书记徐桂，少年活泼，缮写尚可。此该县建设人员，服务之大概情形也。

三、该县省长途电话分局长范展英，人颇平和，惟稍涉拘板，对于该县建设局、电话局从无来往，局长在城内关帝庙东厢，占房三间，尚称整洁。每月商电收入，颇受电报局影响，以电报局附设话机，代收商电，并且声音清晰，人皆乐往。工匠裴振彪出外查线，未得见面。

（乙）组织及经费

一、员额薪数。该县建设局为二等局，局长一员，技术员一人，事务员一人，书记一人，夫役一名。局长月支薪俸四十元，技术员月支薪水二十元，事务员月支薪水十八元，书记月支薪水十二元，夫役月支工资十六元，并未照章支领，现已拖欠两月余矣。此员额薪工数目之情形也。

二、经常费。系随粮带征附捐，及杂粮附捐，全年一千五百七十二元，薪俸支洋一千零八十元，夫役支洋一百九十二，办公支洋三百元。按照厅令规定，尚少二十四元，其减少之原因，以士绅等对于建设事项不甚重视，非若教育可调练子弟，公安能保卫地方之为要也。

三、建设费。系随粮带征附捐，及杂税附捐，洋车捐，全年六百三十元，农事试验场经费，支洋二百四十元，苗圃经费，支洋二百四十元，修理由城至车站之马路需款一百五十元。比较上年度增加苗圃经费二百四十元，无再增加之可能。以该县原有请准财厅立案自行车捐一项收入，专作建设费用，继因士绅等，以每车一辆，年须纳捐，一年未免繁重，理当取消，遂经财务会议议决，分呈民财各厅，取消此捐，当民厅王厅长时，指令内有宜重民意一语，士绅闻之，遂即取消。现又提出县政会议，拟恢复此捐，但被县党部出面干涉，倡言既经取消，焉能再能恢复。此组织及经费情形也。

（丙）已办事项

一、该县电话，于民国二十年二月成立，逐年继续架设，现在城内各机关，已能通话者，计十处。城外能通话者，五区区公所、公安分局、保卫团、高小学校，计九处。与邻县接线为固安县。总局设于东大街，院内宽敞，屋内清洁，话机系中国造，磁头铁线尚可，惟木杆稍径较细，经常费六百六十元，临时修理费六十六元，由财政局筹拨。及匣租费收纳，主任建设局长兼，管理员萧技术员兼，司机生二人，工匠一人，尚称尽职。

二、该县已修之县路，有涿挟、涿三、涿南、涿杨、涿次五线（附图）。涿挟、涿杨二线，即自良乡入境，经过挟河，穿过县城，至西南杨康村西，至涞水县界，系军委分会令修之平保汽车路。涿南、涿次二线，亦系军委分会令修之津保汽车路。查路面宽度，平保线系旧有御路，尚足一丈八尺，若涿南、涿次二线，路面宽度，不过就旧有大道修理平垫，宽者约一丈二三尺，窄者约八九尺不等。至路面现已被水冲沙压，及大车行轧，多处坎坷不平，汽车难以通行。

三、该县县城街道，自南关至北关之穿城大街，系前中央八十七师驻防该城时，修理平整，略成凸形。两旁均挖泄水沟。兹经现住炮七团，又行随时修垫，益觉平整。惟自南门至鼓楼，路面过窄，宽约丈许，窄约八九尺；自鼓楼至北门路面较宽，宽约一丈五六尺，窄约一丈二三尺不等。其余街道，宽约一丈二三尺者，一丈五六尺者不等，大半凸凹不平。城之东西有门而无关。

（丁）拟办事项

一、该县电话，拟于明年春季，由县城向西架设至东城坊，复由城向东北架设至张村，再由城北吝子头，续架至蓝家营，由城西南松林店续架至三家店。

二、拟将平保及津保两军用汽车路，路面划分为两半，一半走汽车，一半行大车，决计树立木牌，上面标明，并重新通令，各村村长，各区警团，时常巡视，负责保管，再将低洼之处，沙质过多地方，重新修垫，此与该县长磋商之结果也。

（戊）民情及一般经济状况

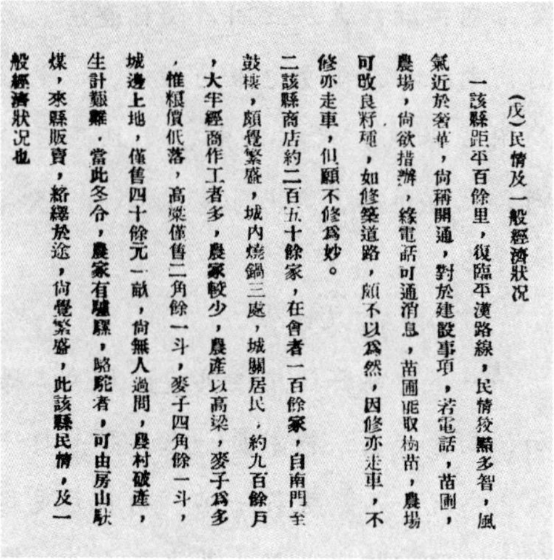

(戊)民情及一般經濟狀況

一該縣距平百餘里，復臨平漢路線，民情狡黠多智，風氣近於奢華，尙稱開通，對於建設事項，若電話，苗圃，農場，尙欲措辦，緣電話可通消息，苗圃能取樹苗，農場可改良籽種，如修築道路，頗不以爲然，因修亦走車，不修亦走車，但願不修爲妙。

二該縣商店約二百五十餘家，在會者一百餘家，自南門至鼓樓，頗覺繁盛，城內燒鍋三處，城關居民，約九百餘戶，大半經商作工者多，農家較少，農產以高粱，麥子爲多，惟糧價低落，高粱僅售二角餘一斗，麥子四角餘一斗，城邊上地，僅售四十餘元一畝，尙無人過問，農村破產，生計艱難，當此冬令，農家有驢騾，駱駝者，可由房山馱煤，來縣販賣，絡繹於途，尙覺繁盛，此該縣民情，及一般經濟狀況也

《视察涿县建设情形报告书》

一、该县距平百余里，复临平汉路线，民情狡黠多智，风气近于奢华，尚称开通。对于建设事项，若电话、苗圃、农场，尚欲措办，缘电话可通消息，苗圃能取树苗，农场可改良籽种。如修筑道路，颇不以为然，因修亦走车，不修亦走车，但愿不修为妙。

二、该县商店约二百五十余家。在会者一百余家。自南门至鼓楼，颇觉繁盛。城内烧锅三处。城关居民，约九百余户，大半经商作工者多，农家较少，农产以高梁、麦子为多，惟粮价低落，高梁仅售二角余一斗，麦子四角余一斗。城边上地，仅售四十余元一亩，尚无人过问。农村破产，生计艰难。当此冬令，农家有驴骡、骆驼者，可由房山驮煤，来县贩卖，络绎于途，尚觉繁盛。此该县民情，及一般经济状况也。

（己）改进意见

一、查平保军用汽车路，由该县城内穿过，实属危险。以街面过窄，大车相遇，都难错过，如何能走汽车？况行人如鲫，一旦汽车飙至，无处躲散，亟应由北门外绕西城根之闲地通过为妙。

二、查该县鼓楼南大街两旁，卖菜小贩过多，甚至将一切筐篚紧置道边，实属有碍交通，亟应筹划一菜市场，将一切菜贩，通令归菜市出售，不准置诸道边，既有归纳统系，又不妨碍交通。

三、查该县自行车捐，亟应恢复。每车每年只纳捐一元，并不为重，况已请准有案。各机关公用车不纳，亦未为不可。此捐津市早经实行，并非创举，况此捐每年可收二千元之谱，如以此捐修养道路，不无小补。此对该县建设改进之意见也。

第四十四章　涿州抗日阻击战

1937年7月底，卢沟桥抗战失败，29日北平（今北京）沦陷，30日，天津失守。日本为夺取平汉铁路控制权，扩大对中国的侵略，紧急从本土及朝鲜调兵，部署“涿州大包围战”。中国则集结12万军队投入涿州阻击战（亦称涿保会战），涿州成为华北抗战的最前线。

早在7月11日，日本首相近卫文麿在内阁紧急会议上已经决定，派关东军、朝鲜军向华北增派兵力，并延长日本西部各师团的退伍期限，以扩大侵华战争。并任命香月清司为日本华北驻屯军司令，替代患病的田代皖一郎。

同样是在7月11日这一天，中国政府首次在南京召开会议，会议由何应钦主持，主要研究备战问题，以及调动军队准备抗击日军。

7月12日，日军原驻朝鲜的第十师团（矶谷师团），以及由板垣征四郎统率的第五师团开始向天津集结。关东军酒井旅团和铃木旅团此时也已经越过长城古北口开始向北平郊区集结。就在同一天，中国军事委员会委员长蒋介石电示驻守平津的第二十九军军长宋哲元，以不屈服、不扩大之方针，就地抵抗日军，并命令中国军队集结保定，在永定河、沧（县）保（定）一线布防。

7月14日，日军从国内向中国抽调7个飞行大队、4个独立飞行中队，编成临时航空兵团，以德川好敏中将为兵团长，分别部署在山海关、锦州、大连等地。

7月16日，日本内阁五相会议决定增调10万人来华，共动员40万人，准备扩大侵华战争。

7月17日，蒋介石在庐山发表讲话，指出卢沟桥事变已到退让的最后关头，“我们希望和平，而不求苟安；准备应战，而决不求战。……如果战端一开，那就是地无分南北，年无分老幼，无论何人，皆有守土抗战之责任，皆应抱定牺牲一切之决心”。

7月26日，日军攻占廊坊。北平发生“广安门事件”，香月清司向宋哲元下达最后通牒，限28日正午以前将驻守北平的中国军队撤至永定河以西，并陆续撤退至保定以南。日方的无理要求被宋哲元拒绝。消息传到南京，国民党军事当局于27日上午召开会议，研究华北地区的防御计划，并做出以下部署：

我军应仍照原定计划在沧（县）保（定）、沧（县）石（家庄）二线上集中构成阵地，期在此线与敌做整齐的战斗；中央军已援助平津，期与敌在永定河地区作战之目的，先以主力集结于沧州、保定之线。第二十九军应固守北平、卢沟桥、长辛店、涿县之线，与保定方面保持确切联络；令孙连仲第二十六路军即向永定河地区前进，该路军之行动后归宋主任哲元指挥，所遗保定、任邱、河间、献县防地，已令万福麟第五十三军接防（随即改为“河间、献县另令曾万钟第三军接防”）；令万福麟部第五十三军即推进保定、任邱之线，接第二十六路防地，在该线构筑阵地。

7月27日，日军攻陷通州。28日拂晓，日军第二十师团、河边旅团、步兵第二联队，分别向北苑、黄寺、南苑的第二十九军发起猛烈攻击，并以飞机轮番轰炸北平四郊。第二十九军在副军长佟麟阁、第一三二师师长赵登禹的指挥下，奋勇杀敌，与日军浴血拼搏。佟麟阁、赵登禹以身殉国，壮烈牺牲。在南苑集训的大中学生1600余人，满怀对日仇恨，拼死苦战，伤亡枕藉，生还者不足300。北苑、黄寺一带的守军伤亡亦在千人以上。至此，北平沦陷，宋哲元连夜撤至保定。29日，日军占领北平。

7月29日，日军进攻天津。在日军飞机的狂轰滥炸下，第二十九军第三十八师与敌人拼死激战，虽击毙敌将校级军官两名，但终因伤亡甚重，被迫撤离。30日，日军占领天津。

随着平津的失陷，国民党军事当局为阻止日军吞并整个华北，重新划分了战区，调整了部署。华北地区编为第一战区，设保定行营（后移石家庄）。组建第一集团军和第二集团军，以津浦铁路北段为右地区，平汉铁路北段为左地区，由两个集团军分区防御。

第一集团军由第二十九军、第五十三军和冀北保安队，以及骑兵第四师、第九师组成，宋哲元任总司令，万福麟为副总司令。骑兵第九师和第五十三军守卫固安、永清一带，第二十九军守卫津浦铁路北段。

平汉铁路北段的第二集团军，由孙连仲的第二十六路军、第三军曾万钟部、第二十军团汤恩伯部第五十二军，还有檀自新的骑兵第十师、赵寿山的第十七师、裴昌会的第四十七师及独立炮兵第七团之一部组成，共8个步兵师、1个骑兵师、1个独立旅，总计12万人，刘峙任总司令，孙连仲为副总司令。平汉线前敌总指挥部驻涿州。

平汉铁路北起北平，南至汉口，是贯通华北、华中的大动脉。其北段的涿州、保定是军事要地。第二集团军在此设了3道防线：第一道防线是良乡、房山、涿州地区；第二道防线是易县、涞水、高碑店一线；第三道防线是由漕河上游的满城山区至保定、安新一线。

涿州阻击战主要是孙连仲的第二十六路军打的。这支部队的前身和第二十九军一样，都是冯玉祥的西北军旧部，军纪严明，有丰富的战斗经验。“效命疆场，保国为民”是西北军一贯的教育方针。总指挥孙连仲（1893—1990），保定雄县人，有民族气节，是力主抗战的爱国将领。七七事变爆发后，孙连仲奉命率部由河南信阳及确山等地急速北上，增援第二十九军。孙连仲将军曾说：“日寇侵占我东北四省（东三省加热河省），又逼近我北平，还想吞蚀我华北，我们是绝对不允许的。大家记着，报仇雪恨，乃是军人的天职。”当时，部队官兵斗志高昂，气壮山河，一致认为神圣使命，不可稍殆，保国卫民，寸土不让，誓与国土共存亡。

7月下旬，第二十六路军到达高碑店一线构筑阵地。7月底，第二十六路军奉令北进，其第二十七师冯安邦部进驻涿州，所部第七十九旅黄樵松部抵琉璃河、窦店一带。第八十旅阎廷俊部担任涿州城防，星夜赶筑工事。第三十一师池峰城部进驻房山，第三十师张金照部为后援，布防于周口店、石楼至顾册一线。独立第四十四旅驻涿县城南。

8月1日，日军乘孙连仲部立足未稳发起进攻，步兵、炮兵、坦克、飞机组成联合作战队形，向良乡、窦店阵地猛扑。孙连仲部立即投入战斗，与敌激战竟日，将敌击退。8月2日，日军又发动攻击，再次被孙连仲部击退。8月3日，孙连仲部击毁日军坦克1辆，击落飞机1架。当日午后，日军以装甲车10余辆、战车2辆为先导，载步兵数百人发起反攻，企图夺回日军阵亡士兵的尸体及被击毁的坦克、飞机残骸，可再次被孙部击退。8月5日，孙连仲部发动反攻，将日军逼至良乡以北的南岗洼。8月7日，日军在良乡一带挑起事端。11日，第二十六路军向良乡、坨里的日军实行局部进击，次日发生激战。此后，日军接连发动进攻，与孙连仲部形成拉锯态势。

七七事变爆发前后，日本特务到涿县境内加紧活动，制造谣言，恐吓民众，以动摇、瓦解中国军民的抗日决心。7月中旬，涿县城南乡民纷纷报告，汉奸褚明远等人在沙庄、西河一带的村庄进行蛊惑人心的宣传，煽动乡民糊制日本“膏药旗”，并招兵买马，成立所谓的“防共自治军”。涿县县长王作舟率部前往查处，抓获了为首者褚明远、郭致祥等人，因其叛国投敌罪恶昭彰，遂将褚、郭二犯处决。

7月底，随着第二十九军的南撤，涿县县长王作舟也随军撤走。第二十六路军军部抽调第二十七师副参谋长刘德扶（刘德福）担任河北省第二行政督察区专员兼涿县县长。刘德扶为了维持地方秩序，适应战时需要，配合军队行动，在涿县城乡推行保甲制度，派人下乡，限期10天完成区村保甲编制任务。各区村18岁至50岁的青壮年男子，全部被编为自卫队队员，保长分任中队长、小队长；各区公所成立自卫团，设专职团长和军事指挥机构；县政府成立军事教导总队，县长兼任队长。全县普遍开展军事训练，各村口、路口设立哨卡，严格盘查过往行人。守城部队在城内双塔及城门上配置防空武器，实行夜间灯火管制。这些措施有效地改变了当时农村一片散沙的局面，对凝聚民心、支援前线起到了很好的作用。

第二十六路军以3个师的兵力，在房山、良乡、琉璃河一带摆下梯子形防线，骑兵第十师在永定河西岸的窑上、北蔡、南蔡、陶营一带，与日军隔河对峙。涿县城乡的各界爱国同胞纷纷劳军，为第二十六路军的官兵烧水煮饭。青壮年自愿协助军队在良乡、房山、琉璃河一带构筑工事，挖交通壕，搬运给养、弹药。

8月20日，日军占领坨里。21日，日军第二十师团向良乡、房山一线发动攻击，对中国军队的阵地狂轰滥炸，以坦克车对中国军队全线阵地做正面不定型或间歇性冲锋，依仗其精兵利甲，横冲直撞，首当其冲的是第三十师和第三十一师的阵地。中国军队拼死杀敌，与日军激战三昼夜，终将进攻之敌击退。驻守良乡的第二十七师第七十九旅第一五七团是敌人攻击的重点目标，在众寡悬殊的情况下，部队退守良乡塔下，固守待援。在良乡战事吃紧之时，良乡监狱的犯人被全部释放，其中有原是军人的陈东来、周文龙等人。出狱后，陈、周二人召集100余人，自筹枪支弹药和大刀等武器向国民党军队投效，第七十九旅旅长黄樵松经向上级报告后将其编为第四游击大队，委任陈、周二人为正、副队长，并为他们补充了枪弹，命他们配合主力部队作战。21日夜，固守良乡塔下的第一五七团，选拔奋勇队百余人，由刘冠三率领，趁敌不备，突入城内袭击敌人，以大刀、手榴弹、手枪与敌人肉搏，砍杀敌军数十人。终因敌众我寡，仅刘冠三等9人负伤返回，其余皆牺牲于巷战中。次日，日军集中兵力猛攻良乡塔一带，守军予敌重创后放弃阵地。日军接连攻陷窦店、董家林一带，进至琉璃河北岸，之后猛攻河桥，企图占领桥头堡，守军第七十九旅张敏荣部立即予以还击。日军集中炮火猛轰，掩护步兵前进，战况激烈。第二十七师师长冯安邦闻讯，亲率特务营增援，双方展开激战，白刃肉搏，前仆后继，双方均伤亡惨重。独立第四十四旅及第三十五师王冠五部相继前来增援，遂对日军进行逆袭反攻，激战约两个小时，日军丢下战车2辆及尸体600余具退去。中国军队缴获日军榴弹炮4门、三八式步枪800余支及大量弹药物资。当夜大雨倾盆，琉璃河水猛涨，双方遂停止进攻。

胜利的喜讯传来，涿县城内商民自发地组织慰问活动，由商会会长为代表向驻军赠送毛巾、肥皂、香烟、脸盆、茶缸、点心等物，另有一批猪肉、羊肉用以劳军，沿平保公路涿州至琉璃河段遍设茶水站，并供应过往军队生活用品。第一区区长鲁连弼上街张贴标语布告，向民众讲解防空、防毒常识。旅平学友会的成员徐子延、高沛霖等人组织抗日讲演队，上街头、进农村巡回宣传。张玉铭等人在县城内编印《抗战简报》。不少村庄的青年主动向军队学习军事常识，并进行军事训练。县城内的军事教导队接纳主动前来报名者达300多人。涿县城乡民众的抗日情绪非常高涨，在村头巷尾、田边树荫，民众聊的全是抗日的话题。

与此同时，日军向平西房山一带发起猛攻，第三十一师池峰城部于大石河沿河布防，双方在南观至磁家务一线展开激战。日军集中火力攻入八十亩地村，守军以劣势武器大刀片、手榴弹与敌血战，日军被击退。在八十亩地、南观等地的恶战中，第三十一师乜子彬旅几乎伤亡殆尽，由第二十七师第八十旅阎廷俊部接防。过了3日，双方又展开激战，日军先是用密集的火炮猛攻，之后以空军作为掩护发动进攻。守军凭险固守，白刃肉搏，俟机逆袭。日军的进攻被阻，始终未能前进一步。此次守军伤亡逾千，之后又换第三十师张金照部布防。在前朱各庄、后朱各庄的争夺战中，战场上出现了很多可歌可泣的悲壮场面和感人事迹，如官兵前仆后继爬上日军的战车把手榴弹塞入战车中，士兵将步枪插进日军坦克的履带内阻止其前进，受伤倒地的士兵用集束手榴弹炸毁敌人战车底盘，乡民上前线为部队送饭送水时，有人拾起阵亡士兵的枪支向敌人射击等。双方在大石河防线对峙20余日，8月27日，日军攻占了良乡、房山一带。

8月18日，日军一部侵占榆垡（今属北京大兴）一带的村庄，与永定河西岸的中国守军隔河相峙。日军巡逻队在西麻各庄至十里铺的永定河大堤上，日夜往返巡逻。9月初，在长安城避难的河东辛庄村村民李万兴、刘瑞等20余人，在义全寺内成立了长安城义勇队，李、刘二人分任正、副队长，众人决定消灭日军的巡逻队，此事得到第二十六路军王副连长的支持。几日后，义勇队臂戴袖章，王副连长率领配有机枪的一个班的战士，一同来到永定河东岸，隐蔽在堤坡的土堆、树丛后。约下午3时，日军巡逻队30余人从北向南顺大堤走来。当巡逻队接近埋伏点时，义勇队和第二十六路军战士突然开枪射击，当场击毙击伤日军20余人。驻守在西麻各庄村和胡林村的日军听到枪声后赶忙前来增援。在激战中，王副连长和两名战士牺牲，义勇队亦有伤亡，队长李万兴，队员王兴德、魏傻子牺牲。第二十六路军的周营长听到枪声越来越密，不顾师部“只守不攻”的命令，率领全营出击，掩护义勇队返回长安城。

8月28日晚上，第二集团军总司令刘峙和副总司令孙连仲视察防务后，宿于涿县城内鼓楼前的盐店中。深夜1时，刘、孙二人感到宿此不便，便悄悄迁至城南庄头村的民房中。谁料早晨7时左右，即有3架日军飞机在涿县城上空盘旋，并向城内投放了十几枚重型炸弹，炸弹主要落在水门沟3枚、鼓楼前5枚、福音堂后院2枚、观音堂1枚、鼓楼前盐店2枚。水门沟街口炸死小贩及人力车夫各1人，伤4人，观音堂伤道士1人，盐店伤2人，福音堂后院的防空洞洞门被炸塌，洞内19人全部窒息而死。刘、孙二人因后半夜转移而逃过了一劫。后据民众报告，有一汉奸曾用小镜子向敌机指示目标。几天后，这个汉奸又在城中用暗号指示目标时，被守军捕获，审讯后被处死。从此，城关各户皆选择适当地点构建防空洞。之后敌机又来过几次空袭，一次是轰炸火车站，有几列火车皮被毁，伤数人；一次是沿城内大街向南投弹数枚，用机枪扫射居民，伤数人。守军在双塔上用机关枪密集地向敌机射击，有一架敌机被击中起火，仓皇逃窜，后坠于琉璃河村边焚毁。虽屡遭敌机空袭，但全城秩序不乱，城内消防水会配合驻军，扑灭因房屋中弹引起的大火数起。

日本侵略军的作战原则是“速战速决”，面对中国军民的顽强阻击，9月14日，日军的3个师团开始向中国守军发起总攻。土肥原的第十四师团、谷寿夫的第六师团在永定河左岸负责进攻固安一线；川岸的第二十师团在永定河右岸负责攻击房良涿一线。在此期间，第二十六路军进行了顽强抵抗。第五十三军负责永定河南岸防务，日军在飞机、大炮的掩护下强占固安县城的北渡口，守城的第五十三军第九十一师冯占海部顽强抵抗，战斗十分激烈，其中第五四五团一营一连的140多名士兵全部战死在固安北门。9月15日，日军攻陷固安县城。

日军占领固安县城后，又西陷宫村，企图从东茨村渡大清河西进。日军飞机在东茨村上空盘旋，并不断向下扫射，密密麻麻的子弹像雨点一样落在村民的院子里、房顶上。老百姓异常慌乱，携儿带女四处奔逃。约早晨六七点钟，日军进村，一个个凶神恶煞般端着刺刀，见人就挑，见鸡就抓，所过之处，一片狼藉。东茨村至少有21名无辜百姓被日军残杀。

日军要从东茨村渡过大清河进入涿县，没想到在岸边遇到了抵抗。大清河西岸的西茨村有渔民马才弟兄6人，他们以帆船运载为生，经常乘船去天津，内心充满了爱国情怀，对日军的入侵非常愤恨。听说日军已到河东，弟兄6人便抄起自家备用的步枪奔上了河堤。此时日军正在东茨村屠杀村民。马才独自一人上船解绳索，谁知一时解不开，情急之下，他用船上的铡刀将绳索砍断，急忙将船撑离渡口。来到河堤上的日军见状立即向船上射击，马才左臂受轻伤，见不能走脱，立即跳入水中，以船作为掩体游向西岸。岸上的几个弟兄为掩护他，向日军开了枪，马才潜水数里才爬上岸。日军见无法渡河，又知西岸已经设防有备，遂沿河南下。

9月16日，南下的日军与负责大清河防务的国民党军队交火，战斗持续了两个小时，最终守军撤退。日军先头部队架浮桥渡大清河，由望海庄村进入涿县县境，之后西行向松林店火车站方向推进。当日上午，日军在太和庄村、柳河营村制造了两起惨案。太和庄村（1982年更名为高村）在望海庄村西2.5公里处，日军进村后见人就杀，一个小小的村庄被无故残杀的男女老幼竟达28人之多。在柳河营村，有68人被日军杀害，另有260多间房屋被日军烧毁。

9月16日，西线日军占领房山县城。17日，琉璃河失陷。日军从房山、琉璃河分两路侵入涿县。第二十六路军某部向南撤退时，经过青岗村南胡良河上的大土桥时，为了给日军设置障碍，过桥后就把土桥拆毁了。附近某村有个保长，他为了迎接日军的到来，花重金雇请了十几名村民扛木料、运树枝、拉黄土，又把土桥搭建了起来。桥建好后，众人相继回村，保长和另一个人没走，他们想等“皇军”来了报告自己的“功劳”，于是就在桥边等候。时间不长，从北边来了一队日本兵，他们发现有两个中国人在桥边转悠，不问青红皂白就用步枪射击，两人被当场击毙。这两名汉奸还没来得及邀功请赏，就一命呜呼了。村里老百姓知道了这件事，都说他们活该，谁让他们忘了自己的祖宗。同日，冲进练庄村的日军制造了练庄惨案，有37名无辜百姓被日军杀害。

从固安入侵的日军沿西管头村南大道向西行进时，有一队日本兵闯进了西管头村，仅仅1个多小时，他们就杀害了西管头村28名村民。

9月17日下午，日军占领了松林店火车站。接着从松林店火车站分出两股队伍，一股向南，一股向西，追击撤退的中国军队。

向南进犯的日军在涿县与新城县交界的北泽畔村北，遇到了第二十六路军的辎重营。为了掩护军需转移，辎重营营长马逢乐率部奋勇反击，同日军展开激战。副营长兼一连连长魏栋云身先士卒，用手枪连毙数敌后，从容地拾起机枪射击，士兵们精神抖擞，奋力拼杀，日军伤亡颇众。魏栋云带领一部分人退进了高碑店火车站，日军随即追进了火车站。正巧这时有一列满载军用品的火车进站，魏栋云等人立即跳上机车，并叫司机倒退反驰，南去保定，这才甩掉了日军。日军闯进泽畔村后，见人就杀。在泽畔村的这场劫难中，有46名无辜百姓和20名国民党军队的伤病员惨遭杀害，另有200多间房屋被烧毁。

9月18日拂晓，日军闯进东阳屯村，他们把没有来得及逃走的村民都驱赶到陈振荣家的院子里。男人被日本兵用铁丝捆绑起双手，关进北房，后被刺刀扎死。女人和小孩都被关进西房，其中女人不分老幼全被日军奸淫。日军离村后，大街小巷都是村民的尸体。在这场惨案中，日本侵略者共杀害乡民98人。

1937年9月18日上午6时，第二十六路军总指挥孙连仲发自涿州的战况报告称：

1. 攻涿县东南之敌，晓夜增加至一联队以上，已进至南皋店石屯之线，松林店已被占领。涿北之敌晓晚已迫近大石桥附近，正激战中；2. 檀军自大清河与敌激战后，只余步骑兵数百人，现协同池师守涿县；3. 裴师受敌压迫，激战一昼夜，死伤约二千五六百名以上，其余无战斗力，晓日午后行动不明；4. 三十师在房山附近，与敌激战三昼夜，肉搏与混战数十次，死伤甚重，现只余数百人，晓晚在南北上洛张坊镇中间；5. 四十四旅吴团在房山西北山地激战两昼夜，死伤颇重，晓晚已到镇江营；6. 二十七师自琉璃河激战后颇有死伤，晓晚

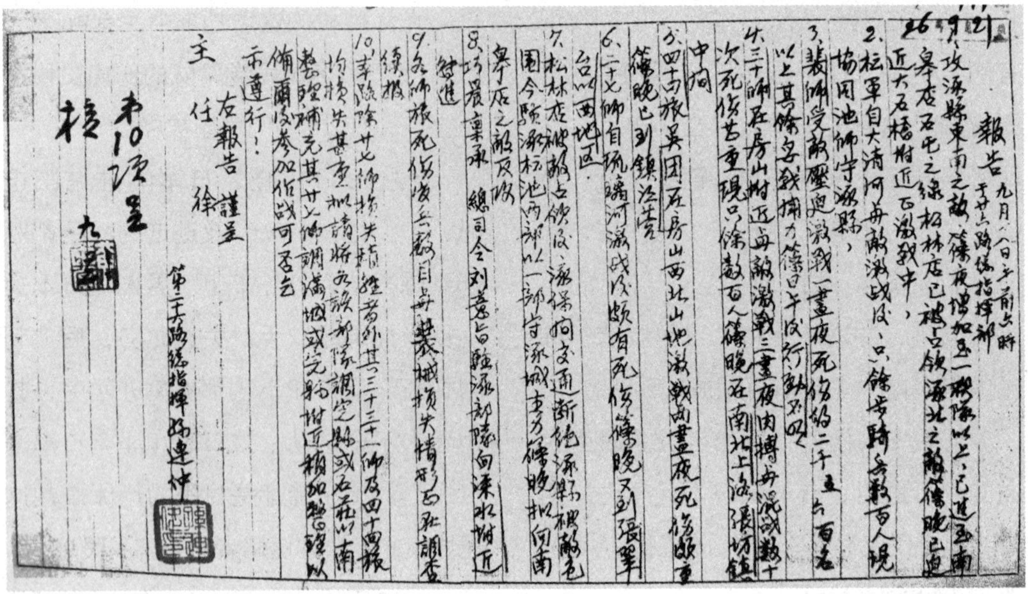

報告 九月十八日午前六時 于廿六路總指揮部

1. 攻涿縣東南之敵，昨夜增加步兵一聯隊以上，已進至南臯店石屯之線，松林店已被占領，涿北之敵昨晚已進近大石橋附近，正激戰中，

2. 敵軍自大清河與敵激戰後，只餘步騎兵數百人，現協同池師守涿縣，

3. 裴師受敵壓迫，激戰一晝夜，死傷約二千五六百名以上，其餘安然撤回，今日午後行動不明，

4. 三十一師在房山附近與敵激戰三晝夜，肉搏無數，激戰數十次，死傷甚重，現只餘數百人，昨晚在南北上海、張坊鎮

5. 四十四旅吳團在房山西北山地激戰兩晝夜，死傷嚴重，中間昨晚已到鎮江營

6. 二十七師自琉璃河激戰後，頗有死傷，昨晚又到張翠台以西地區

7. 松林店被敵占領後，涿保間交通斷絕，涿縣被敵包圍，今駐涿檀、池兩部，以一部守涿城，主力昨晚擬向南臯店之敵反攻

8. 巧晨稟承總司令劉意旨，駐涿部隊向淶水附近轉進

9. 各師旅死傷兵數目與裝械損失情形正在調查續報

10. 本路除廿七師損失稍輕者外，其三十、三十一師及四十四旅均損失甚重，擬請將各該部隊調定縣或石莊以南整理補充，其廿七師調滿城或完縣附近，稍加整理，以備爾後參加作戰，可否之處

示遵行！

右報告 謹呈

主任 徐

第二十六路總指揮 孫連仲

孙连仲战况报告

又到张翠台以西地区；7.松林店被敌占领后，涿保间交通断绝，涿县被敌包围，今驻涿檀、池两部，以一部守涿城，主力晓晚拟向南皋店之敌反攻；8.巧晨禀，承总司令刘意旨，驻涿部队向涞水附近转进；9.各师、旅死伤兵数目与装械损失情形正在调查续报；10.本路除廿七师损失稍轻者外，其三十、三十一师及四十四旅均损失甚重，拟请将各该部队调定县或石庄以南整理补充，其廿七师调满城或完县附近，稍加整理，以备尔后参加作战。

日军从固安县包抄松林店火车站后，第二十六路军腹背受敌，加之伤亡过重，无力再战，只得忍痛后撤，向涞水、易县方向转移。此次战役历时49天，守军虽伤亡惨重，却也给日军以重创。

1937年9月18日，涿县城沦陷。以刘德扶为县长的民国涿县政府随军南撤，成了流亡政府。第五区区长陈琳拒绝随县政府逃亡，他带领区公所自卫团的一班人坚守在横岐、宋营一带抗击日本侵略者。9月24日，日军攻陷保定。

国难当头，强敌压境，民族甚危，决不屈服。涿县城乡的共产党员，在张廷瑞、于振坛等人带领下，团结各界爱国志士，组建涿县抗日救国军，勇敢地投入了敌后抗日战争之中。

第四十五章 抗战英烈 永垂不朽

涿州地方的抗日战争，从七七事变到日本投降共进行了8年。8年间，先是由国民党军队在正面战场抗击日本侵略军，打了一场涿州阻击战。1937年9月18日，国民党军队败退南撤，民国涿县政府流亡，涿州被日本侵略军占领。涿州的仁人志士不甘心当亡国奴，中共地下党组织建立起抗日救国军，爱国志士成立抗日救国同盟军，对日本侵略者进行了英勇反击。特别是1938年初，八路军来到北平西部山区，创建起房涞涿县抗日民主政府，开展敌后抗日游击战，民众有了组织领导、有了正确思想的引导，抗战得以坚持并取得最终胜利。涿州的8年抗战，涌现出了张廷瑞、于振坛、陈琳、傅德才、李和、吕志、董秀丰等许多抗战英烈。从前文介绍的张廷瑞及本章介绍的陈琳、陈辉、肖炳林等抗战英雄的事迹，可以了解涿州抗战的历史概貌。

抗日烈士陈琳

陈琳

陈琳，原名陈之骏。1913年4月出生在涿县毛家屯的一个富户人家。1930年考入省立通州师范。1938年加入中国共产党。陈琳是平西抗日游击队的骨干，曾任涿县平原地区第一个基层抗日民主政权马踏营区公所区长，历任武工队队长、涞涿县教育科科长等职。1944年11月14日，陈琳在马踏营村被日伪军包围，壮烈牺牲。

1935年，陈琳参加了“一二·九”学生运动，随后组织同学回到涿县，深入城乡开展抗日救国宣传活动。1936年底，国共第二次合作，陈琳被任命为民国涿县第五区区长。1937年七七事变前后，为抗击日本侵略军，陈琳在区公所建立自卫团，开展军事训练，查处卖国投敌的汉奸。他组织民众为前线军队运送给养弹药，救护伤病员。9月18日，日军占领涿县城，政府官员纷纷随国民党军队南撤，民国涿县政府成了流亡政府。陈琳拒绝逃跑，他坚守岗位，利用五区仅有的武器装备，带领部分民众在横岐、宋营一带抗击日本侵略者。

1938年春，八路军北上抗日先遣支队在团长陈正湘、政委王道邦的率领下来到涿县西部边界，召集地方民众武装联手发动“破交打点”（破坏日军交通线，袭击日军据点）战役。由此，陈琳与八路军取得了联系。在开辟平西抗日根据地的斗争中，陈琳发挥了先锋骨干作用，并在此期间加入了中国共产党。1939年初，八路军在涿县平原地区建立起第一个基层抗日民主政权——马踏营区公所，陈琳被推举为区长。

1940年6月，涞涿县抗日民主政府成立，陈琳担任县政府教育科科长。他组织干部、战士和广大民众认真学习《抗日救国十大纲领》《论持久战》等论述，经常给文化水平较低的干部和战士做辅导，大家都称他为“陈老师”。

在抗日根据地最困难的1941年和1942年，陈琳在房涞涿一区担任区长。当时根据地严重缺粮，干部和群众普遍身患浮肿病。陈琳积极领导群众一边搞生产自救，开荒种地，一边抗击日伪军的“扫荡”，组织“坚壁清野”，粉碎日伪军的进攻。

日伪军为了抓捕陈琳，数次对他家进行包围搜查，对他的家属进行刑讯逼供。为了打败日本侵略者，陈琳早已将自己和全家老小的生死都置之度外。

1943年初秋的一个深夜，陈琳、陈辉等6位同志从马踏营村开完会到韩村住宿。由于汉奸告密，在他们到达韩村仅两三个小时后，凌晨4时，伪军数百人便将韩村包围。经过激烈的战斗，陈琳、陈辉等人突出重围，向北转移。当他们走到大马村西的一个瓜棚时，遇到了陈琳的岳父。老人家让他们在瓜地里隐藏起来，同时派人找来正在大马村住娘家的陈琳妻子，让这对久别的夫妻见了一面。妻子见到陈琳后说：“你抛弃家中老小干革命，什么时候是个头儿呀？”陈琳坚定地对她说：“没有国，哪有家呀！不把日本鬼子打跑，我是不能回家的！”

陈琳能文能武，智勇双全。他一手拿枪、一手拿笔，在平西房涞涿地区的抗战中做出了突出贡献。

1943年，全国抗战进入战略反攻阶段，晋察冀中央分局指示：采取各种形式对伪军展开政治攻势。陈琳根据伪军政人员的不同情况，有针对性地给伪军写劝降信，他常用的几句话是：“两条道路，光明与黑暗，生存与死亡，何去何从，请三思而后行。”陈琳发出的劝降信，在伪军内部引起了很大反响。当时伪军中流传着一句口头语：“不怕枪，不怕炮，就怕八路给挂号。”因此，有的人离开了伪政府，有的人投奔了八路军，有的人逃跑回了家，有的人则是主动与抗日组织建立关系，要求戴罪立功。

1944年初的一天，陈琳带着区抗联主任张文雅、区武工队队长阎占江、区武工队班长李殿如和战士李增武、张福林来到宁村，在一刘姓村民家中召集保甲长开会。会后已是深夜，陈琳一行人离开刘家，到村北米永和家歇宿。到米永和家后陈琳不顾一天的疲劳，到院子四周观察了地形，这是他几年来打游击养成的习惯。米永和家是村边上坐西朝东的三合院，街门外是一条通往宁村大街的南北胡同，二门外的空院北面是一道篱笆墙，篱笆墙外便是开阔的庄稼地。看完地形，陈琳等人才回到西屋正房安歇。第二天午后，哨兵李增武跑来报告，村外发现伪军。下午3时许，宁村大街响起枪声，接着砸门声、狗叫声响成一片。房东米永和从北屋跑出来说：“我出去看看动静，你们可千万别动手！”房东走了很久，一直不见回来。陈琳身上披着房东的大棉袄，手里紧握着一支短枪，他沉着地命令大家做好战斗准备。

原来，昨夜陈琳等人在刘家开完会后，今天一大早就有人进县城报信，说八路军的区长在宁村开会，昨晚住在刘家。午后，伪警备大队队长曾宪章和日本翻译官带着300多名伪军直奔宁村而来。进村后，曾宪章派两个中队把守住东、西街口，另派一个中队直扑刘家抓人。伪军在刘家翻找了半天，却不见八路军的人影。这时，又有人告密说八路军在米永和家，100多名伪军像一群疯狗似的扑向米永和家，并把机枪架在了大门外的粪堆上。一开始，曾宪章站在大门外鸣枪，想引诱八路军突围。过了一会儿，见院内没有动静，曾宪章就让伪军对院内喊话。

这时，陈琳等人正在房内等待时机。陈琳手握短枪，透过门缝观察着伪军的动静，阎占江、李殿如则是荷枪实弹守护在房门两侧，李增武、张福林把枪口架在窗台上，随时准备开火。大个子张文雅手里举着手榴弹，双眼紧紧地盯着窗外。曾宪章见院子里没有动静，便带了两个护兵闯进大门，企图亲手抓住八路军的区长，也好回城请功。当他走近二门门楼时，见院内仍然无声无息，于是犹豫了起来。为了保命，曾宪章迅速返身走出了大门，然后高声发号施令：“弟兄们冲进去，抓住活的有赏！”

曾宪章见伪军们不敢妄动，便带着护兵离开米家大门，绕到空院北面的篱笆旁，让护兵推开篱笆，之后带头钻进了二门外的空院。这时，陈琳在正房里大喊一声："不要命的就冲进来吧！"话音未落，几颗手榴弹同时从正房里飞了出来，一齐在二门外炸响。顿时，烟尘四起。伪军们被突如其来的喊声和手榴弹的爆炸声吓得四散逃命。曾宪章的屁股被炸出了一道血口子，脑袋上戴的大盖帽也被炸飞了，他赶忙转身钻出了篱笆墙，向村北撤退。

陈琳带领武工队队员，借着手榴弹爆炸腾起的烟雾，跳过院墙，冲出了包围圈。不料，冤家路窄，阎占江发现曾宪章正在水沟边瑟瑟发抖。于是他一个箭步冲过去，双手端着刺刀猛刺，只听曾宪章"哎呀"一声，便一命呜呼了。阎占江顾不上拔出刺刀，伸手夺过曾宪章的手枪，对着这个十恶不赦的铁杆汉奸连开两枪，曾宪章的脑袋开了花，暴尸在村外的水沟中。

伪军们听到村外枪响，也都追到了村外。武工队队员以水沟做掩护，与敌人周旋。阎占江举枪瞄准了日本翻译官，随后扣动扳机，将其打死。伪军们见队长和翻译官都被打死了，便纷纷回到村里。同时，陈琳带领众人踏着庄稼地向北转移。事后张文雅风趣地说："咱们陈区长今天是'明修栈道、暗度陈仓'，巧用挑帘战……"没等张文雅说完，陈琳接着说："我看是武工队队长智勇杀敌，枪挑曾宪章……"

伪警备大队队长曾宪章的死，为涿县百姓除掉了一大祸害，也在伪军中产生了极大震动，从此伪军再不敢轻易出据点祸害百姓了。

1944年11月中旬，驻涿县城的日军顾问官后泽调集了房山、涞水、新城、涿县的日伪军，共计2000余人，兵分5路，围攻涿县五区根据地孙庄、横岐、东城坊、西城坊、马踏营一带的村庄。

11月14日清晨，陈琳在横岐村接到情报，立即通知所有区干部和区小队到南横岐村的戏台前集合。十几分钟后，全体区干部和区小队共27人来到戏台前。陈琳做了简短的动员，之后便立即带队向孙庄村转移。孙庄村是五区的中心，群众基础较好，附近各村都有地道，必要时可以化整为零，分散隐蔽，与日伪军进行地道战。陈琳等人刚刚来到孙庄村北，迎面就碰见了六区区长崔光和县委城联部干事袁玉德。他们告诉陈琳，敌人已经占领了孙庄村，此时孙庄村有不少群众正在向村外四散奔逃。陈琳当即决定，向东南方向的后铺村转移。

众人刚刚穿过枣林，就听到常村方向传来人喊马嘶和零落的枪声。陈琳和崔光两人都意识到有被日伪军包围的危险，当即号召大家要保持民族气节，一旦陷入重围，要不惜一切代价突围出去。随即让区小队队长王金带队北撤，穿过拒马河的干河床，到拒马河北岸的枣林中会合，陈琳、崔光和袁玉德等人负责断后掩护。

这时，已有很多百姓跟上了队伍。陈琳一边指挥部队撤退，一边组织群众各自分散隐藏，他逐渐与区小队拉开了距离。突然，日伪军的机枪子弹像雨点一般从东边打了过来。陈琳只顾叮嘱群众隐蔽，自己却被子弹击中倒地，崔光见状赶忙过来拉他，不幸也被日伪军的子弹击中，跌倒在地。袁玉德见两位区长都倒在了血泊之中，他两眼冒火，连声高喊："乡亲们，快进枣林！"这时，区小队离枣林还有几步远，也遭到了涞水方向日伪军的攻击。战士们立即卧倒，以堤岸、土坎、树丛为掩护，应对日伪军的围攻。很快，东边和北边的日伪军都压了过来。区小队队长王金身上多处负伤，可他仍然坚持战斗。区抗联主任张文雅被十几个日伪军包围，在左腿、右手都已负伤的情况下，他左手持枪，对准自己的头部饮弹殉国。袁玉德一直冲杀在前，胸部连中数弹，最终也倒在了血泊之中。张福林头部中弹后，身上突然起火，被烧得形体难辨。赵玉恩牺牲后，双手仍紧紧地握住机枪。

在马踏营河套遭遇战中，29名抗日将士与2000多名日伪军交战，英勇拼搏了3个多小时后，终因寡不敌众，郭凯等12人被捕，崔光等4人负重伤，被群众救回，陈琳、张文雅、袁玉德等13人壮烈牺牲。

1944年11月20日，中共涿县县委在宋各庄村为陈琳等烈士举行了有400多名群众参加的追悼大会。涿县武工队政委陈辉在大会上朗读了祭诗："英雄非无泪，不洒敌人前。男儿七尺躯，愿为祖国捐。英雄抛碧血，化为红杜鹃。丈夫一死耳，羞杀狗汉奸。"涿县县委书记陈洪新说："陈琳和他的战友们是为抗击日寇而死的，他们的死比泰山还要重。他们是人民的好儿子，将永远活在人民的心中。"会议号召全县人民向抗日英雄陈琳等烈士学习，学习他们矢志抗敌、忠心报国、舍家纾难、不怕牺牲的革命精神。

抗日烈士　英雄诗人陈辉

光明日报社原副总编辑何辛，陕西省华县人，他和抗日英雄陈辉虽不是同乡，却是同龄，抗战初期，他俩是中国人民抗日军政大学的同班同学。不久，两人先后来到平西，何辛到平西黎明报社当编辑。他在回忆陈辉的文章中写道：

陈辉

陈辉烈士虽然离开我们半个多世纪了，但他那又瘦又小的个子，黝黑的脸膛，高高的鼻梁，睿智而深邃的眼神，冥思凝想的神态，会时常出现在我的眼前。由于他的牺牲我才侥幸地活了下来，这使我怎么也忘不了他，至今仍然深深地怀念着他。

短暂的一生，辉煌的诗篇

陈辉原名吴盛辉，1920年出生于湖南常德县的一个商人家庭。1937年加入中国共产党，1938年到革命圣地延安，1939年毕业于晋察冀边区抗大二分校，历任晋察冀通讯社记者，平西地区涞涿县青救会主任、区委书记、县武工队政委等职。1945年2月8日，陈辉不幸遇难，年仅24岁。他短暂的一生，却给我们留下许多辉煌不朽的诗篇。

1938年，我和陈辉同在延安抗大五大队学习，我和另一位同志编辑民先队墙报时就发表过陈辉的诗。后来到了炮火连天的敌后战场，他写了不少街头诗。他把诗写在乡村的墙上，或刻写在蜡纸上油印出来，撒在战斗的阵地上，粗略统计，他的诗歌作品至少有一万余行。新中国成立后，有关单位相继搜集了他的诗作。1958年，作家出版社出版了他的诗集《十月的歌》；1959年，中国青年出版社出版《革命烈士诗抄》时，选入他的《献诗——为伊甸园而歌》等作品；作家魏巍主编的《晋察冀诗抄》中选入了他的十几首诗作。1981年，日本九州大学语言学家上尾龙介把陈辉的诗集《十月的歌》译成日文，传到了国外。

解放后，我访问陈辉战斗过的涞涿地区，不少老人仍然记得他是个“能文能武的神八路”，有些青年人还会背诵他的一些激人奋进的诗句。凡是到他墓地凭吊的人，大都要默记刻在墓碑上的那首诗：“英雄非无泪，不洒敌人前。男儿七尺躯，愿为祖国捐。英雄抛碧血，化为红杜鹃。丈夫一死耳，羞杀狗汉奸。”这首诗是陈辉在追悼战友陈琳时朗诵的，表达了英烈们的崇高思想和英雄气概。

诗人必须是战士

魏巍在《陈辉传记》的序中这样写道：“陈辉不愧是一个英雄的诗人和诗人

中的英雄，是我们那个时代知识青年的典型。”陈辉自白：“我是劳动人民的儿子，为着人民的利益，我将时刻为他们去战死，把自己投入到战火最响亮的地方去。”陈辉始终把诗和枪都看作革命的武器，一手拿枪，一手拿笔。1938年冬天，我们都在延安抗大学习，响应党的号召，自愿奔赴抗日战争的最前线——晋察冀边区。翌年5月，陈辉在抗大二分校毕业后，被分配到晋察冀通讯社当记者。在采访过程中，他目睹了日寇“三光”政策的暴行，使他再也不能满足于只用笔来刺伤敌人，他决心到前线去和敌人战斗。经他再三请求，晋察冀通讯社领导才批准他到敌我斗争残酷的平西涞涿联合县工作。

1942年秋天，我从华北联大文学系结束学习，中共北岳区党委分配我到涞涿武工队工作。我兴致勃勃跋涉几百华里，来到平西地委机关驻地河东村。地委组织部部长却通知我：“地委要办个报纸，决定把你留下，武工队由陈辉去搞。”我一听就急了，要求不要改变我的工作分配。接着，陈辉也从县里来到了地委机关。我们自抗大分别后已有四年没见面了，可两人顾不上畅叙过去的友谊，就争吵了起来，都争着去武工队，谁也不肯让步，都找理由为自己辩护。我说：“你当过记者，又是诗人，应当去办报，去写诗。”他说：“诗人必须是战士，不当战士，哪能写出好诗！你这联大文学系是怎么上的？”

智勇双全的民族英雄

从1942年冬天陈辉去武工队到1945年2月他遇难牺牲，我们曾见过几次面。一次在冬天见到他，他仍穿着那件又旧又破的大棉袄，腰里系着布带，头上扣着毡帽头，脚穿露着脚趾的布鞋，一张又黑又瘦的干巴脸，乍看就像当地的小羊倌。但是他那睿智有神的眼睛，闪烁着坚毅、明亮、自信的光芒，使我感到他已经成为一个名副其实的钢铁战士。

涞涿地区的斗争极为残酷，到那里工作可谓是九死一生。陈辉去之前，接连有五任区委书记牺牲。陈辉说，我甘愿做第六个。至今涞涿地区还流传着许多陈辉和武工队神奇的战斗故事。

陈辉在县青救会工作的时候，常常深入敌占区走东家串西家，和群众结下了“鱼水情”。秋天，陈辉肩负反抢粮的任务，他扮作割谷子的农民，来到韩村地下党员孙玉昆的家中。孙大妈刚端来白薯粥让他吃，一群鬼子就闯进了院子。老人急中生智，忙把他摁到炕上，拉过被子给他盖上，又往地上撒了碗粥。孙大妈面对顶着胸口的刺刀冷静地说：“我儿子染上鼠疫啦！”鬼子一听吓得拔脚就走，陈辉就是这样虎口脱险。

1943年冬天，区里决定召开上层人士参加的绅士会。会期临近，身在涿州城里的两个重要人物却还未通知到。陈辉决定自己去县城一趟，区长陈琳说："这太危险！"陈辉谢绝劝阻，穿上日本鬼子的军装，跨上战马，带上通讯员，巧妙地骗过了城门口两排严密警戒的日伪军，闯进城里，通知两位绅士如期到会。他在城中逗留时，还写下以"神八路"署名的《双塔诗》："双塔昂首迎我来，浮云漫漫映日开。千年古色凝如铁，一身诗意铸琼台。涿郡胜状留人叹，张侯豪志潜胸怀。今朝仰拜晴斓面，明日红旗荡尘埃。"

次日，《双塔诗》贴上了涿州的城门楼，人们纷纷传说，这是"双手能打枪、双手能写梅花篆字"的陈辉进城写的，伪县长王西宠听到报告，气得大叫："我要活捉陈辉！"

很快，王西宠挂帅，指挥七百多日伪军出了城，他挥舞着洋刀说："都说陈辉是神八路，我就要会会这个神八路！"没想到，他们被陈辉的武工队配合县大队打得溃不成军，把他吓得滚下马来，扔下十几具尸体和几十辆大车，连跑丢的靴子都顾不上拣，就狼狈地逃回了城里。

王西宠恼羞成怒，决心活捉陈辉。武工队手枪班班长张大个子牺牲了，尸体被敌人放在松林店伪警察署驻地文殊寺内。王西宠想演用死人捉活人的戏码，他对特务队队长孙元培许愿："捉住陈辉，保你薪增五等、官升三级。"同时，王西宠扬言要将张大个子暴尸三日，再碎尸喂狼狗。王西宠在文殊寺四周设下伏兵，妄图诱武工队上钩。陈辉识破了敌人诡计，将计就计，三日后突然佯攻松林店火车站，吸引文殊寺的敌军增援，武工队乘机夺回了战友的遗体。

1944年夏天，陈辉带领武工队到平汉铁路东开展工作，十天中连续五次被敌人包围。一天深夜，陈辉指挥突围后，发现丢了一个战士，他冒着枪林弹雨两次进村才救出了这个战士。陈辉胳膊负伤，鲜血染红了小褂，他忍痛主持会议，研究为什么十天五次被围。经过分析终于找到了原因，原来敌人以一千元大洋悬赏陈辉的人头，有个绰号叫"花姑娘"的女特务，把武工队的行踪报告给了敌人。当天夜里，陈辉带着三个战士闯进了"花姑娘"的家，把这个正在和鬼子睡觉的败类处死于村外的树林里。

他把全部的爱倾注给祖国

陈辉是一个心地善良，感情丰富深沉，具有中华民族优秀品德的青年诗人。他热爱亲爱的妈妈和骨肉姐妹，热爱养育他的江南故土，更热爱伟大的祖国。

陈辉到了延安，在第一首诗里就抒发了对妈妈的怀念。后来当他得知两个姐姐也离开了妈妈，一个到医院，一个到战地服务团，他便更加思念孤苦伶仃的妈妈。夜深人静，病卧在小山村里的陈辉，想到妈妈正“在黑夜里惦念炮火中的儿子”，他写道：“母亲啊，当你想起你的儿女的时候，哪怕是一个寂寞的夜晚，你不应当寂寞。哪怕是想起你一生的不幸呀，你要笑，笑得很香很甜……”陈辉在这一首几百行的长诗中，记述了母亲的悲惨遭遇，表达了对母亲深沉的思念。

陈辉的诗歌里，以火热的感情歌颂了在战火中凝结的爱情。他在《夏娃和亚当》的诗里，讲述了一个动人的爱情故事：一位年轻的区长，突然被敌人包围在村庄，他沉着地跳过一家院墙，院里只有一个女郎，她匆忙让区长躺在炕上，把红棉被盖在他身上，她自己就在炕沿上坐下。敌人闯了进来，恐怖的死亡魔爪触到了女郎的心坎上：“死吧，死在一块，也不出卖我的区长。”狞笑的敌人，用刺刀扎在区长的棉被上，女郎颤声回答：“他是我的丈夫，他在发疟子。”敌人依然狞笑着：“如果是你丈夫，你就吻一吻他吧！”女郎含羞地俯下身子，把那火热红润的嘴唇贴在了区长的嘴上……诗人情不自禁地赞美：“我把最大的祝福与崇敬给予你，我的新的伊甸园里的夏娃和亚当。从你那含羞的短短一吻里，我看见了那最美丽的最崇高的红色的爱情的炽热的火光。”

其实，陈辉却把自己的爱情深深地埋在了心底。他到平西以后，有人给他介绍女朋友，被他婉言谢绝，他说：“现在不是谈恋爱的时候。”年轻的县委女通讯干事爱陈辉的诗，也爱诗的作者。她冒着严寒和危险来到陈辉隐蔽的地堡里看他，深情地打量着他那干瘦的脸、破毡帽头、旧大袄、露着脚趾的鞋，说：“你多像拒马河放牛的。”随即把她纤手缝制的袜子、精心刺绣的书包、捎来防寒的新棉袄以及他渴望的书刊等，捧到陈辉面前。她想说服陈辉把已经穿了三年，补丁摞补丁，袖口飞着棉絮的旧棉袄脱下来，换上新棉袄。陈辉却把新棉袄往女通讯员干事的怀里一塞，女通讯员干事死活不收。两个人正你推我让之际，鬼子进了村。女通讯干事换了装，往自己脸上抹些锅黑，去烧火做饭，陈辉则钻进地堡。战友嬉笑着对陈辉说：“这姑娘对你不错！”陈辉沉默片刻说：“爱情是神圣的、高尚的，与时代同步，但在抗战胜利前，我不会投入热恋，更不会结婚。”

1944年冬天，抗战正处于黎明前的黑暗时期，敌人做灭亡前的垂死挣扎，因而也空前地疯狂与凶残。驻涿州的敌人集中两千多兵力，围剿活跃在平汉路两侧的八路军武工队。五区区长陈琳等13人英勇牺牲，六区区长崔光等负伤。日寇驻涿州司令长官中佐，约请伪县长王西宠等官员庆祝这“辉煌的胜利”。忽闻陈辉又回到路东，他气急败坏，命令日军特务荒古川去斩陈辉的人头。荒古川把这个任务连同二百块大洋和一大包烟土交给了特务高庆。高庆找到因吃不了八路的苦，而借故躲在家中的陈辉部下周永旺。此人经不起威胁和利诱，便充当了追踪陈辉的警犬。

1945年2月8日，当东方天空染上鱼肚白的时候，陈辉和通讯员王厚祥住的韩村堡垒户王德成家的小院，已被一百多名日伪军团团包围。陈辉是深夜来到这里的，住在了西屋。陈辉病了，上吐下泻，因而没有转移。王德成的妈妈为他做了碗面条，打了两个荷包蛋，端到他面前，碗里的香油散发着诱人的香味。陈辉刚端起热气腾腾的饭碗，无耻的叛徒就领着特务魏庆林、张杰英破门而入，枪口对着陈辉说道：“你跑不了了！”沉着机智的陈辉趁着放饭碗的一瞬间，顺手抓住身边的手枪，“叭”一声，打中了魏庆林的手腕，两个特务慌忙地退出了院子。这时敌人已把小院包围得水泄不通，墙头上、房顶上，爬满了张牙舞爪的豺狼。陈辉和小王坚守在屋里抵抗。敌人进不了屋，便把手榴弹从窗户扔进来，陈辉和小王都受了伤。他们决心冲出去，陈辉扔出两颗手榴弹，在烟雾的掩护下，二人分别转移到北屋的两个耳房里，继续战斗。敌人扒开房顶，把点着火的秫秸捆扔进屋里，房子烧着了，陈辉的棉衣、头发、眉毛也烧着了。陈辉的手枪里仅有的七颗子弹打光了，在他们最后从门里往外冲的时候，被堵在门外的特务环腰抱住。这时，陈辉拉响了最后一颗手榴弹，倒在了血泊里。

陈辉曾说：“一个战士，把子弹打完了，就把血灌进枪膛里；枪断了，就用刺刀、手榴弹；手榴弹爆炸了，就用手、牙齿……敌人不能活捉我，当他们捉住我的时候，也正是我把生命最后交给土地的时候。”正像陈辉所说，他和敌人拼搏到流尽最后一滴血，把年轻的生命奉献给了伟大的祖国。

抗日英雄肖炳林

肖炳林是一位经历了涿州8年抗战全过程的抗日英雄。他从自发的“要打鬼子，保家卫国”，经历了残酷环境的磨炼与考验，成长为自觉的共产主义战士。他秉持家国情怀，勇于抗击外侮，不怕牺牲，英勇顽强，出生入死，屡立战功。他的经历，反映了涿州8年抗战的曲折与复杂，具有典型性，更有代表性。

肖炳林，1907年7月出生在涿州北泽畔村的一个普通农户家庭。他从小就很有个性，勤奋好学，尊长爱幼，为人正直，疾恶如仇，自幼喜欢练习拳脚，好打抱不平，颇受乡亲们的称赞。

肖炳林

1931年九一八事变后，东北沦陷，大批流亡学生逃到关内。一天，东北学生在涿县做抗日救亡的演讲，控诉日本侵略者的暴行，学生们声泪俱下，悲痛欲绝，这激起了肖炳林的民族义愤，他毅然投军，成为第二十九军的一名战士，曾在丰台、大井、小井、卢沟桥一带驻防。

1937年七七事变，卢沟桥抗战爆发，肖炳林与战友们同仇敌忾，奋勇杀敌。7月底，第二十九军奉命南撤，肖炳林回到了家乡涿县。就在这时，第二十六路军进驻涿县，新任县长刘德扶要求各区村18岁至50岁的青壮年男子全部编入自卫队，开展军事训练。搞军事训练肖炳林是内行，于是他把全部精力投入到了附近区村自卫队的训练中。

1937年9月18日，涿县城沦陷。第二十六路军撤走，日本侵略军石黑联队在北泽畔村残暴地屠杀了20多名中国军队的伤病员和46名无辜百姓。复仇的怒火在肖炳林胸中燃烧，为了反抗日本侵略军，他加入了韩德义的农民自卫团。

韩德义（1908—1939），涿县上念头村人。早年曾在东北军当兵，升至连长。回家后在展台村开了一家“兴中华”布铺，经销布匹。七七事变后，涿县城和铁路沿线被日本侵略军控制，中国军队南撤，民国涿县政府流亡，涿县民间建起了许多支自卫武装。展台村附近各村的头面人物看中了韩德义是当兵出身，委托他组织起涿县第四区联乡自卫团，韩德义为团长，下辖4个连，管辖范围为周边20多个村庄。团部先设在展台村，后迁至马踏营村。肖炳林的加入，使自卫团有了正规的军事训练。

1938年春，八路军北上抗日先遣支队陈正湘团长、王道邦政委来到涞水县石亭一带，在板城村召开房（山）涞（水）涿（州）地方武装“各路诸侯会议”，制定了“破交打点”行动协议。根据协议，韩德义率部攻打被日军占领的松林店，肖炳林也参加了战斗。战斗胜利后，韩德义的队伍扩充到了300多人。作为军训副官的肖炳林，训练任务不断增加。日军因战线过长，导致兵力不足，无力消灭处于边远乡村的民间武装，只得默许了韩德义武装力量的存在。

1939年春，八路军邓华支队涞涿县政治工作团委派干部到横岐村、马踏营村收编韩德义的自卫团。韩德义同意改编，派其弟韩德启去涞水宋各庄村面见邓华司令员。韩部被编为房涞涿游击二大队，韩德义为大队长。5月，韩德义的随从副官赵作舟，暗中与驻长沟的伪军队长孔宪江勾结，在马踏营村开枪打死了韩德义，并造谣说：“八路军把韩司令打死了，赶快逃跑吧！”赵作舟带领队伍离开马踏营村向东逃窜，企图投降日军。韩德启听说哥哥被杀，直奔横岐村向八路军第十一支队司令员邓华报告，邓华司令员当即派骑兵营营长姚国君带队追赶，在东城坊村河套将赵作舟等人包围，并当场揭穿了赵作舟的谎言，逮捕了赵作舟，把部队拉回马踏营驻地进行整训。这件事深深地刺激了肖炳林，他意识到，不能再只埋头搞军事训练，不但要知道怎么打仗，更要认准为谁打仗，宁可为祖国牺牲，决不能稀里糊涂地被坏人引到投敌卖国的邪路上去。

整训后，韩德义的自卫团被编入平西挺进军房涞涿支队。房涞涿支队下设3个大队，肖炳林担任第二大队的大队长，徐树平担任二大队指导员。从此，肖炳林不仅注重军事训练，更重视部队的思想政治工作，与党组织派来的指导员、政委一直保持着相互支持的友好关系。

涞涿县的抗日军民经过两年多的共同努力，在拒马河畔创建了一块较为稳固的根据地。1940年6月，涞涿县抗日民主政府成立，各项抗日工作都搞得轰轰烈烈、扎扎实实，这段时间被称为涞涿地区抗战时期的黄金时代。

1940年秋，日军纠集重兵，对涞涿根据地进行了残酷的“大扫荡”。此时的房涞涿支队已经改名为涞涿县大队，县大队有3个中队，其中有两个中队被日军摧垮了，第三中队队长刘新民和第一中队队长张庆云分别带队叛变投敌。肖炳林领导的第二中队也有人经不起严酷环境的考验，悄悄地溜走。有人来劝肖炳林：“肖队长，咱们也投降日本吧！你看人家张庆云被封为搜索大队长，刘新民也……”肖炳林愤怒地把手枪往土炕上一摔，说：“你们这些孬种，中国人不抗日，反要去给日本人当狗，真是无耻！给我滚!”

疾风知劲草，烈火炼真金。在县大队遭到重大挫折的严峻考验面前，肖炳林表现出了一个抗日将士坚定的革命意志。不久，肖炳林光荣地加入了中国共产党。

1941年春，中共涞涿县委根据上级指示，对县大队进行整编重建，由徐树平担任大队长，肖炳林担任副大队长。6月，涞涿县与房良县合并，成立房涞涿县，大队长徐树平被调走，肖炳林升任房涞涿县大队长。从此，肖炳林带领县大队主动出击，在涞涿平原的青纱帐里，在拒马河畔的丛林中，夜袭日伪岗哨，突击日伪据点，肖炳林表现出了一个指挥员应有的出众胆略和决胜才能。抗日根据地军民送给肖炳林一个绰号，叫作“肖大胆儿”。就连当年在伪警备队当过队长的王治仁后来回忆说：“当年在日伪军中，一提起神八路的肖团长，大伙就鸦雀无声，真是让人胆寒。”

1941年8月的一天深夜，肖炳林带领一个连从涞水县悟空寺出发，长途跋涉40多公里，夜袭驻涿县北关的日伪特务队。听说是八路军的肖团长来了，伪军吓得四散奔逃，特务队队长王兰亭藏在娘娘庙的供桌底下，第二天吃早饭时还不敢出来。县大队夜袭日伪特务队，不仅缴获了一批武器弹药，补充了自己的装备，同时还震慑了日伪军。八路军肖团长夜袭北关娘娘庙的事，很快就在日伪军内部传开了，他们都非常担心自己与肖团长碰上。驻松林店的伪军说：“小心没大错，谁知道什么时候来打咱们哪!”从此，伪军在夜间站岗时，往往只是把枪支立在哨位上，人却躲到一旁。

日本侵略者把肖炳林的父母、妻子等一家8口人抓到涿县城，派人进山找到肖炳林进行劝降。劝降的人对肖炳林说：“你是个孝子，就算不为别的，也该为你的父母着想啊！”肖炳林拔出手枪，厉声说道：“快滚！再说我就枪毙你！”战友们纷纷请战，要求攻打涿县城，把肖炳林的亲人们救出来。可肖炳林坚定地说：“人是要救的，可现在不是时候。日本鬼子抓住我的父母，就是要引诱咱们去攻打县城，咱们不能上那个当！”

1941年秋，日军再次纠集重兵，对房涞涿根据地进行了为期3个月的大规模“扫荡”，日军到处烧杀抢掠，搞所谓的“强化治安运动”，实行“三光”政策，用刺刀和皮鞭驱赶乡民，在房涞涿边界挖了一条又一条的封锁沟，垒起一道又一道的封锁墙，拉起一张又一张的铁丝网，筑起一座又一座的炮楼，对平西根据地进行严密封锁，涞涿平原到处充满了白色恐怖。

1942年春，平西房涞涿抗日根据地

进入最艰苦的时期，军民缺吃少穿，有时一天只能吃一顿稀粥，到四五月份时，还只能穿着棉衣。在抗日浪潮裹挟下参加革命队伍的不坚定分子，有的退却不干了，有的逃跑了，更有甚者直接叛变投敌，带领日伪特务挨村搜捕抗日干部。3月，中共房涞涿县委在平峪村召开扩干会议，决定把拳头打出去，深入敌占区，到敌人后方开展抗日游击战。县委派县大队长肖炳林和县政府实业科科长董一欧等熟悉当地情况的干部，分两路进入涿县，了解敌情，恢复关系。群众见到肖炳林等人，纷纷哭诉日伪军的残暴罪行。

肖炳林有一个亲戚叫刘光汉，在抗战初期参加了抗日队伍，在开创涞涿根据地时表现得积极勇敢，当上了两面政权的村长。怎知他后来被日军的“大扫荡”吓破了胆，竟叛变投敌，为虎作伥，欺凌百姓。肖炳林知道后非常气愤，决定要处决这个汉奸。一天，肖炳林带着两名战士闯进了刘光汉的家里，刘光汉见到肖炳林非常热情，又递烟又递茶，还殷勤地表示要出去买酒，肖炳林说：“行了，咱们有什么吃什么，你哪儿也甭去，咱们好好聊聊。”吃完饭，肖炳林说：“刘光汉，群众反映你的小日子过得不错呀！”这句冰冷的话，使刘光汉顿时胆战心惊，他忙说：“我……我……我可没干什么坏事，咱们还是亲戚呢，你就饶了我吧！”肖炳林坚定地说：“你干的坏事还少呀！拉出去！”两名战士在青纱帐里处决了这个汉奸，为当地百姓除掉了一大祸害。

1942年11月，中共房涞涿县委决定，由肖炳林与董一欧、陈辉、段诚、刘民等人组成县武装工作委员会。肖炳林担任武工队队长，带领20多名骨干队员，挺进敌后，在涞涿平原的马踏营村、东城坊村、西城坊村、韩村一带发动群众，开展敌后抗日游击战。他们带领群众开展地道战、地雷战、麻雀战、挑帘战和破交战等，打得日伪军晕头转向。同时，武装工作委员会还团结各种抗日力量，不断壮大抗日民族统一战线，普遍恢复建立起区、村抗日民主政权，抗日局面持续向好。日伪军不敢轻易出来残害百姓，只得整日龟缩在炮楼和据点内，有的伪军头目还主动找到武工队拉关系，表示愿意为武工队提供情报。

1944年春夏，涞涿平原的小麦长势良好，一派丰收景象。由于长期的战争消耗，敌人的粮荒日益严重。加之在共产党八路军的局部反攻之下，敌占区不断缩小，有的两面政权已经变成了抗日政权，这就使得日伪军在粮食供应上更加困难，因此日伪军妄图在麦收时强征小麦。为了保护老百姓的劳动果实，肖炳林带领武工队开展了护麦斗争。

6月26日，驻涿县城的敌人纠集了日军200多人，伪军500多人，动用了汽车10余辆和马车几十辆，由伪县长王锡宠和伪警备联队队长裴宏远率领，到小马村、东城坊村、西城坊村一带抢掠小麦。房涞涿县大队副政委鲁鸣带领一个连和部分民兵沿途袭扰敌人，引诱敌人长驱西进。结果敌人离县城越来越远，只得夜宿孙庄据点。县大队长肖炳林带领两个连，分别埋伏在前铺村、后铺村、东古邱村、西古邱村一带。第二天，伪县长王锡庞带队回县城，途经后铺村时，进入了县大队的埋伏圈。县大队迎面痛击，敌人转向前铺村，企图利用村庄作为隐蔽与县大队周旋，可他们万没料到该村也是县大队的伏击点。区小队和民兵一齐参战，敌人遭到两面夹击，阵脚大乱，伪县长王锡宠从马背上摔了下来，把马靴也跑丢了，狼狈地逃向了岐沟据点。这次伏击战，共打死打伤日伪军70多人，缴获步枪60多支，截获大车20多辆，成功粉碎了日伪军的抢麦阴谋。

护麦斗争的胜利，极大地鼓舞了涞涿军民的抗战热情。中共房涞涿县委决定，利用青纱帐，突破日伪封锁线，拔掉义安、孙庄、横岐、岐沟、常村等地的日伪军据点，使游击区与巩固区连成一片。

7月初的一个夜晚，肖炳林带领县大队两个连来到义安据点外，在据点中的内应——赵义的帮助下，众人成功找到了据点与村庄相通的地道。肖炳林命令部队包围据点，自己则亲自带领30多名战士顺着地道钻进了据点，10多名伪军还在睡梦中就当了俘虏。伪军中队长李东山听到动静，急忙向室外跑，可刚一出门，就被肖炳林揪住了脖领子。李东山不耐烦地说：“别闹了，有情况！”“什么有情况，快把枪放下！”肖炳林说着，便把枪口顶在了李东山的腰上。李东山一听不对劲，急忙掏枪企图顽抗，肖炳林一枪结果了这个铁杆汉奸的性命。

夜袭义安据点几天后，肖炳林指挥部队东进，包围了孙庄据点，驻守据点的是叛徒张庆云一伙，名为搜索大队。

7月12日早晨，肖炳林派警卫员装扮成卖菜的百姓，到据点给伪军送菜。据点里的内应——伪军排长崔景瑞放下吊桥，打开据点大门，隐蔽在青纱帐里的县大队战士一拥而上，攻入了据点，正在吃早饭的60多名伪军还没来得及弄清是怎么回事，就乖乖地当了俘虏。肖炳林的部队一枪未放就结束了战斗，成功拔掉了孙庄据点。在姘妇家过夜未归的张庆云，听说肖炳林端了他的据点，大惊失色，他觉得没了活路，随即畏罪自杀。

7月15日，正值伏天，闷热的天气笼

罩着拒马河畔。肖炳林带领县大队的战士们潜伏在横岐据点外的青纱帐里，并派人割断了伪军的电话线。3名侦察员各挑着一担西瓜，谎称是给伪军送西瓜的，在伪保公所杂务员田祥（中共地下党员）的带领下，3人来到据点门口。在据点里做内应的田济永密切配合，他打开据点大门，放下吊桥，侦察员们顺利进入据点。正在打麻将的伪军中队长周小平、副中队长张维祯和小队长李申，听说有人来送西瓜，先后从屋里走出来吃西瓜。突然，侦察员常庆拔出手枪，大喊一声："不准动!"与此同时，肖炳林带领县大队的战士们也已经进入了据点，周小平等人一惊，赶忙把西瓜扔在地上，乖乖地举起了双手，100多名伪军全部当了俘虏。

在连克义安、孙庄、横岐据点之后，岐沟据点的伪军吓得慌了神。不久，伪军竟扔下据点逃跑了。常村的据点则是被陈琳利用调虎离山计给放火烧毁了。自此，涞涿抗日根据地的平原与山区连成了一片。

1945年8月15日，日本宣布无条件投降。肖炳林和家乡的父老乡亲们一起分享着胜利的喜悦。可是不久，国民党反动派背信弃义，撕毁了国共两党的和谈协定，发动了全面内战。国民党军队进攻涞涿根据地。肖炳林继续带领县大队转战拒马河畔，迎击来犯之敌。肖炳林曾说："国民党反动派不让我们过安生日子，我们就要紧握手中枪，誓死捍卫我们的胜利果实，直到把反动派消灭干净!"

1949年，肖炳林调任察哈尔省军政学校副校长。新中国成立后，肖炳林在华北军区工作。1960年，他转业到中国科学院。1964年离休。1981年2月病逝，享年75岁。

抗日英雄肖炳林在国家危亡之际，挺身而出，浴血抗争，坚决反击来犯之敌。面对日本侵略者残酷的"大扫荡"，他意志坚定、英勇不屈。在对日军的反攻中，他身先士卒、勇猛顽强，做出了不可磨灭的贡献。肖炳林与张廷瑞、陈琳、陈辉等抗战英烈，永垂不朽。

第四十六章　涿县人民政府沿革

人民政府，是人民当家做主的本质体现。涿县人民政府，是由抗日战争时期形成的涞涿县抗日民主政府、涿良宛县抗日民主政府合并发展而来的。

七七事变后，民国涿县政府撤离涿县，成为流亡政府。日本侵略者占领了涿县城和平汉铁路沿线的村镇，建立了日伪县政府。八路军挺进敌占区侧翼，开辟抗日根据地，先后建立起房涞涿、涞涿、新涿、平南、涿良宛等联合县抗日民主政府。

1940年，抗日根据地开展了民主选举运动，民主选举村干部，自下而上选举了区代表和区长、县议长和县长、晋察冀边区参议长和边区政府主任委员。抗日根据地的政权建设实行“三三制”原则，即代表工人农民的共产党员占三分之一，代表小资产阶级的进步分子占三分之一，代表中等资产阶级、开明绅士的中间分子占三分之一。这个政权是中国共产党领导的抗日民族统一战线内各阶级联合的民主政权。

1945年9月，日本侵略者投降。11月，国民政府在涿县城设立河北省第六行政督察区专员公署，辖涿县、固安、永清、霸县、新城、定兴、易县、涞水、涞源、新镇等10个县，并恢复了民国涿县政府。当时涿县城、铁路沿线，以及几处据点属于民国政府，广大农村地区则属于民主政府。铁路以西的涞涿县民主政府驻孙庄村，铁路以东的涿良宛县民主政府驻刁窝村。

1948年12月7日，涿县解放，涞涿县民主政府进入涿县城。取消战时行政区划和名称，原涿良宛县和涞涿县机构合并，建立涿县人民政府。1949年1月15日，恢复设置了察哈尔省，涿县隶属察哈尔省平西专区。1949年8月1日，河北省人民政府在保定市成立，涿县隶属河北省保定专区。

新中国成立后，涿县的人民政权接连召开了两届共8次各界人民代表会议。尔后，从1954年6月起，实行人民代表大会制度。

涿县第一届各界人民代表会议于1950年3月召开，出席大会的代表共198人。会上根据中央人民政府委员会第四次会议通过的《县级各界人民代表会议组织通则》和中共中央华北局的决定，在全县392个行政村中，通过选举建立健全了村政权，同时建立了6个区公所。大会还选举产生了涿县各界人民代表会议常务委员11人，其中县长1人、副县长1人。此后，各界人民代表会议主要是听取并审议《涿县人民政府工作报告》，对各项计划或事项做出决议。

涿县第一届人民代表大会第一次会议于1954年6月召开，出席大会的代表共212人，大会审议了《涿县人民政府工作报告》，并做出了相应决议。

1955年1月，涿县第一届人民代表大会第三次会议根据1954年《中华人民共和国宪法》的相关规定，决定将涿县人民政府改为涿县人民委员会。

1958年10月，新城县、雄县和涞水县的4个乡并入涿县，习惯称为大涿县，涿县的领导机关迁至新城县高碑店。

1958年是全国行政区划撤并频繁的一年。1958年3月，与涿县同属河北省的通县、大兴、良乡、房山、顺义等5个县划归北京市，而涿县这个历史上一直属于北京（明清时期属顺天府、民国初期属京兆特区）的州县却留在了河北省。

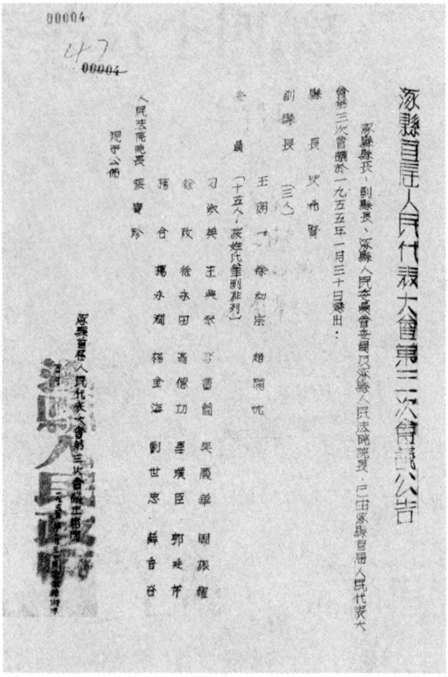
00004
47
00004
涿縣首屆人民代表大會第三次會議公告
涿縣縣長、副縣長、涿縣人民委員會委員及涿縣人民法院院長，已由涿縣首屆人民代表大會第三次會議於一九五五年一月三十日選出：
縣長 史希賢
副縣長（三人） 王朗丁 徐幼宗 趙開忱
委員（十五人，按姓氏筆劃排列）
刁淑英 王典祭 李書館 吳鳳華 周振權
徐政 徐永田 高德功 崔殿臣 郭廷芳
楊合 楊永潤 楊金海 劉世忠 薛會谷
人民法院院長 張寶珍
現予公佈
涿縣首屆人民代表大會第三次會議主席團

《涿县首届人民代表大会第三次会议公告》

涿县、新城、雄县、涞水等4个县合并后的涿县，共有201 186户，人口90多万，耕地253万亩，22个人民公社和1个国营农场，1192个生产大队（村）。

22个人民公社是：涿州城关、百尺竿、豆庄、林屯、码头、孙庄、新城城关、高碑店、方官、辛立庄、泗庄、十里铺、张六庄、涞水城关、义安、永阳、石亭、雄州城关、大步村、昝岗、板东、大营。人民公社实行“政（乡政府）社（公社）合一”“工、农、商、学（文化教育）、兵（民兵）五位一体”“农、林、牧、副、渔统一经营”的组织模式。“县—人民公社—生产大队—生产队”管理体

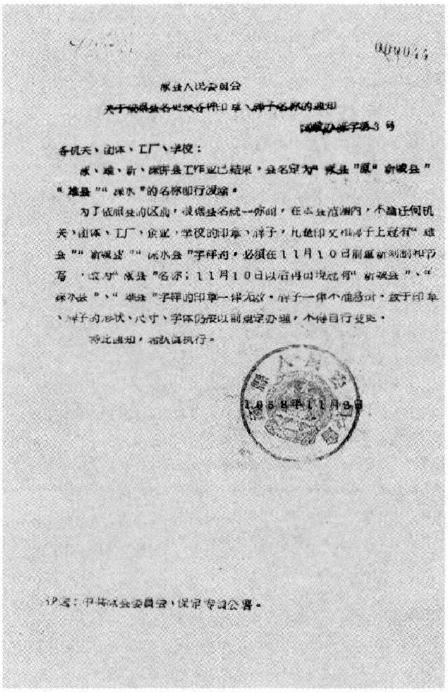

涿县人民委员会

关于按照县名更换各种印章、牌子名称的通知

[illegible]3号

各机关、团体、工厂、学校：

涿、雄、新、涞四县工作业已结束，县名定为"涿县"原"新城县""雄县""涞水"的名称即行[illegible]。

为了依照县的区划，根据县名统一称呼，在本县范围内，不论任何机关、团体、工厂、企业、学校的印章、牌子，凡是印文和牌子上冠有"雄县""新城县""涞水县"字样的，必须在11月10日前重新刻制和书写，改为"涿县"名称；11月10日以后再出现冠有"新城县"、"涞水县"、"雄县"字样的印章一律无效，牌子一律不准悬挂。至于印章、牌子的形状、尺寸、字体仍按以前规定办理，不得自行变更。

特此通知，希认真执行。

1958年11月8日

抄送：中共涿县委员会、保定专区公署。

《涿县人民委员会关于按照县名更换各种印章、牌子名称的通知》

制一直延续到1983年。

1961年5月，大涿县分为涿县、雄县（辖原雄县和新城县的一部分）。12月，析涿县和雄县复置新城县，新城县领导机关驻高碑店，涿县领导机关迁回涿州镇。1962年3月，涿县、新城县、雄县、涞水县恢复原辖区建制。

1962年3月后，涿县行政区划调整为20个人民公社（城关、下胡良、东仙坡、百尺竿、塔上、兰营、刁窝、高官庄、潘各庄、石家务、柳河营、码头、向阳、义和庄、里渠、林屯、南马村、孙庄、南皋店、松林店）、394个生产大队和1个国营农场。

1963年1月，涿县国营农场划为2个公社和1个国营农场，即东城坊公社、边各庄公社和涿县国营农场。自此，全县有22个人民公社和405个生产大队。

1983年10月，根据国务院指示精神，涿县撤销人民公社，恢复乡（镇）建制，取消生产大队称呼，恢复行政村。

涿县人民代表大会分别于1956年、1958年、1961年、1963年召开了第二届、第三届、第四届、第五届会议。从1963年至1981年12月，没有召开过涿县人民代表大会。"文化大革命"期间，1967年1月24日，涿县人民委员会被"涿县工农兵革命造反大军"夺权。

1969年9月13日，在中国人民解放军"三支两军"（支左、支农、支工、军管、军训）部队的主持下，涿县革命委员会成立，行使全县党政财文各种领导职权。根据1975年《中华人民共和国宪法》的相关规定，涿县革命委员会成立大会即作为涿县历史上的第六届人民代表大会。

涿县第七届人民代表大会于1981年12月26日至30日举行，出席大会的代表共353人。大会听取和审议了涿县革命委员会工作报告，审议批准了财政预决算报告，通过了人民法院和人民检察院的工作报告。

大会在彻底否定"文化大革命"的

基础上，确定了全县1982年的工作任务，要求全县人民认真贯彻落实中共十一届三中全会以来的路线、方针、政策，坚持四项基本原则，调动一切积极因素，加强政权建设，把国民经济和精神文明建设搞上去，为实现四个现代化而努力奋斗。

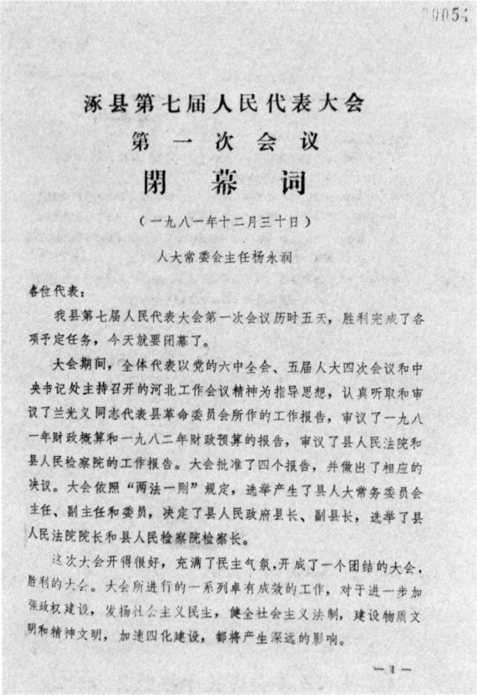

00053

涿县第七届人民代表大会

第一次会议

闭幕词

（一九八一年十二月三十日）

人大常委会主任杨永润

各位代表：

我县第七届人民代表大会第一次会议历时五天，胜利完成了各项予定任务，今天就要闭幕了。

大会期间，全体代表以党的六中全会、五届人大四次会议和中央书记处主持召开的河北工作会议精神为指导思想，认真听取和审议了兰光义同志代表县革命委员会所作的工作报告，审议了一九八一年财政概算和一九八二年财政预算的报告，审议了县人民法院和县人民检察院的工作报告。大会批准了四个报告，并做出了相应的决议。大会依照“两法一则”规定，选举产生了县人大常务委员会主任、副主任和委员，决定了县人民政府县长、副县长，选举了县人民法院院长和县人民检察院检察长。

这次大会开得很好，充满了民主气氛，开成了一个团结的大会，胜利的大会。大会所进行的一系列卓有成效的工作，对于进一步加强政权建设，发扬社会主义民主，健全社会主义法制，建设物质文明和精神文明，加速四化建设，都将产生深远的影响。

—1—

《涿县第七届人民代表大会第一次会议闭幕词》

涿县第七届人民代表大会第一次会议，选举产生了涿县第七届人民代表大会常务委员会主任1人、副主任5人、常务委员8人，设立人民代表大会常务委员会作为涿县地方国家权力机关的常设机构（简称县人大常委会）。

会议决定，改涿县革命委员会为涿县人民政府。大会选举产生了县长1人、副县长6人，县人民法院院长和人民检察院检察长各1人。

1986年9月24日，国务院批复河北省人民政府：“同意撤销涿县，设立涿州市（县级），以原涿县的行政区域为涿州市的行政区域。”10月18日，河北省人民政府根据国务院的批复，发出《关于设立涿州市的通知》。11月15日，经河北省人大常委会同意，涿县第八届人民代表大会第四次会议决定：涿县人大常委会改名为涿州市人大常委会，涿县人民政府改名为涿州市人民政府，涿县人民法院改名为涿州市人民法院，涿县人民检察院改名为涿州市人民检察院。12月15日，举行了涿州市成立庆典，宣告涿州市正式成立。

第四十七章　涿州建市开新篇

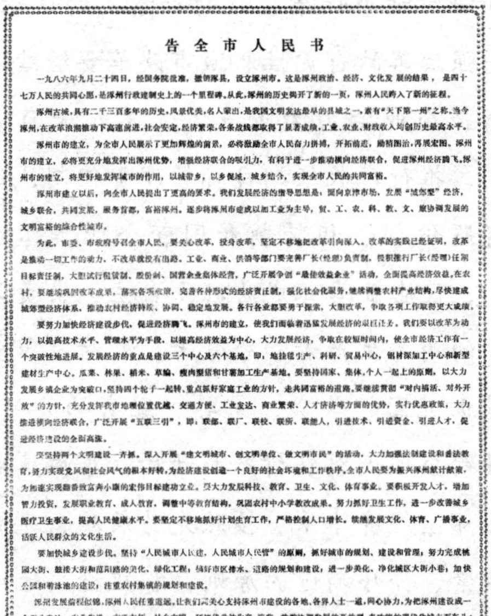

告全市人民书

一九八六年九月二十四日，经国务院批准，撤销涿县，设立涿州市。这是涿州政治、经济、文化发展的结果，是四十七万人民的共同心愿，是涿州行政建制史上的一个里程碑。从此，涿州的历史揭开了新的一页，涿州人民跨入了新的征程。

涿州古城，具有二千三百多年的历史，风景优美，名人辈出，是我国文明发达最早的县城之一，素有"天下第一州"之称。当今涿州，在改革浪潮推动下高速前进，社会安定，经济繁荣，各条战线都取得了显著成绩，工业、农业、财政收入均创历史最高水平。

涿州市的建立，为全市人民展示了更加辉煌的前景，必将激励全市人民奋力拼搏，开拓前进，励精图治，再展宏图。涿州市的建立，必将更充分地发挥出涿州优势，增强经济联合的吸引力，有利于进一步推动横向经济联合，促进涿州经济腾飞。涿州市的建立，将更好地发挥城市的作用，以城带乡，以乡促城，城乡结合，实现全市人民的共同富裕。

涿州市建立以后，向全市人民提出了更高的要求。我们发展经济的指导思想是：面向京津市场，发展"城郊型"经济，城乡联合，共同发展，服务首都，富裕涿州。逐步将涿州市建成以加工业为主导，贸、工、农、科、教、文、旅协调发展的文明富裕的综合性城市。

为此，市委、市政府号召全市人民，要关心改革，投身改革，坚定不移地把改革引向深入。改革的实践已经证明，改革是推动一切工作的动力，不改革就没有出路。工业、商业、供销等部门要完善厂长（经理）负责制，积极推行厂长（经理）任期目标责任制，大胆试行租赁制、股份制、国营企业集体经营，广泛开展争创"最佳效益企业"活动，全面提高经济效益。在农村，要继续巩固改革成果，落实各项政策，完善各种形式的经济责任制，强化社会化服务，继续调整农村产业结构，尽快建成城郊型经济体系，推动农村经济持续、协调、稳定地发展。各行各业都要勇于探索，大胆改革，争取各项工作取得更大成绩。

要努力加快经济建设步伐，促进经济腾飞。涿州市的建立，使我们面临着迅猛发展经济的艰巨任务。我们要以改革为动力，以提高技术水平、管理水平为手段，以提高经济效益为中心，大力发展经济，争取在较短时间内，使全市经济工作有一个突破性地进展。发展经济的重点是建设三个中心及六个基地，即：地挂毯生产、科研、贸易中心，铝材深加工中心和新型建材生产中心。瓜菜、林果、稻米、草编、瘦肉型猪和甘薯加工生产基地。要坚持国家、集体、个人一起上的原则，以大力发展乡镇企业为突破口，坚持四个轮子一起转，重点抓好家庭工业的方针，走共同富裕的道路。要继续贯彻"对内搞活、对外开放"的方针，充分发挥我市地理位置优越、交通方便、工业发达、商业繁荣、人才济济等方面的优势，实行优惠政策，大力推进横向经济联合，广泛开展"五联三引"，即：联部、联厂、联校、联所、联能人，引进技术、引进资金、引进人才，促进经济建设的全面高涨。

要坚持两个文明建设一齐抓。深入开展"建文明城市、创文明单位、做文明市民"的活动，大力加强法制建设和普法教育，努力实现党风和社会风气的根本好转，为经济建设创造一个良好的社会环境和工作秩序。全市人民要为振兴涿州献计献策，为加速实现翻番致富奔小康的宏伟目标建功立业。要大力发展科技、教育、卫生、文化、体育事业。要积极开发人才，增加智力投资，发展职业教育、成人教育，调整中等教育结构，巩固农村中小学教改成果。努力抓好卫生工作，进一步改善城乡医疗卫生事业，提高人民健康水平。要坚定不移地抓好计划生育工作，严格控制人口增长。继续发展文化、体育、广播事业，活跃人民群众的文化生活。

要加快城乡建设步伐。坚持"人民城市人民建，人民城市人民管"的原则，抓好城市的规划、建设和管理；努力完成桃园大街、鼓楼大街和范阳路的美化、绿化工程；搞好市区排水、道路的规划和建设，进一步美化、净化城区大街小巷；加快公园和游泳池的建设；注重农村集镇的规划和建设。

涿州发展前程似锦，涿州人民任重道远。让我们同关心支持涿州市建设的各地、各界人士一道，同心协力，为把涿州建设成一个工业发达、农业先进、交通方便、社会文明、环境优美的生产、消费、旅游协调发展的开放型、多功能的现代化城市而奋斗！

中共涿州市委员会

涿州市人民政府

一九八六年十二月十五日

《告全市人民书》

庆祝涿州市成立大会上首任市委书记的讲话

各位领导、来宾、同志们：

1986年9月24日，国务院批准省政府《关于设立涿州市的请示》，同意撤销涿县，设立涿州市。经省人大同意，涿县八届人大第四次代表大会做出了县人大、县政府更改名称的决定。今天，我们全市工、农、商、学、兵各界代表和党政机关干部1000多人隆重集会，欢聚一堂，热烈庆祝涿州市的成立。在这军民欢庆的时刻，我代表中共涿州市委员会、涿州市人民政府向前来参加建市庆祝活动的中央及省地各级领导，各兄弟市县的领导，各位来宾和同志们表示热烈欢迎和衷心感谢！向全市人民表示亲切的问候！

同志们，涿州地处京畿，北邻首都，西倚太行，东接廊坊，南连保定，是京南进京之咽喉，战略地位十分重要。自建制迄今已有2300多年的历史，素有"天下第一州"之称，久享"物阜民丰，人杰地灵"之誉。涿州市的成立是涿州发展史上又一个新的里程碑，涿州的发展自此揭开了新的一页。

涿州市的成立是涿州政治、经济、文化发展的必然结果。在近代和当代的历史进程中，众多有志之士在这块土地上前仆后继，英勇奋斗，自力更生，艰苦创业，谱写了许许多多的光辉篇章。党的十一届三中全会以来，涿州人民在党的领导下，认真贯彻执行对外开放、对内搞活的政策，在新的征程上，团结一致，锐意改革，脚踏实地，开拓前进，政治、经济、科技、文化、教育、卫生等各条战线都发生了显著变化，特别是经济工作，三年迈了三大步，工农业总产值平均每年递增22%，财政收入三年增长了1400多万元，翻了近一番，两个文明建设取得了新的进展。

涿州市的成立，不仅为全市人民展示了辉煌灿烂的前景，同时也为全市人民提出了新的奋斗目标，这就要求我们必须把两个文明建设推向新的阶段，使我们的各项工作又有一个新的突破。我们的设想是：经济工作要再展宏图，到1990年全市工农业总产值要突破10亿元；精神文明建设要跨入全省先进行列，达到文明市标准；城市发展要逐步把涿州市建设成一个以加工业为主导，贸、工、农、科、教、文、旅协调发展，经济繁荣、文化发达、环境优美、文明富裕的新型综合性城市，成为依托京津唐等大中城市，辐射乡村的经济区域。一个文明富庶的涿州市将成为华北平原上一颗令人瞩目的新星，历史悠久、闻名于世的“天下第一州”将更加繁荣昌盛。

为了实现上述宏伟蓝图，我们必须做好以下几项工作：

一、坚定不移地继续把改革引向深入。改革是推动一切工作的动力。我们要把改革放在各项工作之首，继续探索创新。要坚定改革信心，在不断改革中加深对改革性质、目的和意义的认识，增强改革的自觉性。城市改革要继续以增强企业活力为重点，完善厂长负责制，推行厂长任期目标管理责任制，试行股份制、租赁制和国营企业集体经营，使企业真正成为独立自主、自负盈亏的商品生产者和经营者。农村改革要贯彻巩固、落实、完善、配套的方针，继续合理调整农村产业结构，尽快建成城郊型经济体系。按照先易后难、先简后繁、循序渐进的原则，积极稳妥地进行政治体制改革，逐步克服权力集中、机构臃肿、官僚主义等弊端，适应经济的发展。

二、坚定不移地抓好经济工作，增强经济实力。涿州市的成立向我们提出了新课题，在经济工作中，指导思想要由农业型向商品经济型转变，要以城市为中心，以工业为重点，尽快学会建设城市，管理城市。城市是商品经济发展的产物，撤县建市的目的就是为了适应和促进经济的迅速发展。要充分认识我们面临的发展经济的艰巨任务，坚信依靠全市人民的共同奋斗，依靠综合改革的成功经验，依靠涿州市的地理、资源、人才等优势，依靠安定团结的政治局面和比较雄厚的经济基础，迅速发展经济的任务一定能够实现。当前高速度发展经济的根本措施就是要继续贯彻执行对内搞活经济、对外实行开放的政策，发展开放型、外向型经济，大力推进与外地尤其是京津唐的横向经济联合与协作，要把乡镇企业作为战略重点来抓。坚持国家、集体、个体一齐上的原则，放手发展个体经济。要大力搞活农村商品流通，除发挥国合商业的主渠道作用外，要大力抓好专业市场建设，不断壮大农民购销队伍，促进商品经济发展，保持农民收入不断增长。我们要继续走“吸热辐射之路”“西河之路”和“联营之路”，逐步把涿州市建设成地毯生产贸易中心、铝材深加工中心和新型建材中心，建设好为京津唐等大中城市直接服务的蔬菜、林果、草编、瘦肉型猪和甘薯加工五大基地。

三、坚定不移地把精神文明建设提高到一个新高度，党的十二届六中全会通过的《中共中央关于社会主义精神文明建设指导方针的决议》阐明了社会主义精神文明建设的战略地位、根本任务和指导方针，指明了精神文明建设的方向和目标。当前摆在我们面前的一个突出任务就是学习贯彻《决议》。学习《决议》，要从社会主义现代化建设总体布局的高度，切实解决对精神文明建设重要性的认识问题，提高两个文明建设一齐抓的自觉性，把两个文明一体化的要求贯彻到一切实际工作中去。要以《决议》为指导，加强思想道德建设，抓住提高公民素质这个根本任务，培养“四有”新人。要加强社会主义民主、法制和纪律的教育，普及提高科学文化教育事业，努力实现党风和社会风气的根本好转。端正党风一要坚决、二要持久，继续发展全党抓党风的局面，严肃查处以权谋私等不正之风。扭转社会风气，要从树立职业道德入手，各行业、各单位都要制定职业道德规范条例。要搞好计划生育工作，有效地控制人口增长。

四、坚定不移地建设一支党性强、作风硬、有才干的干部队伍。全体党员和广大干部要按照耀邦同志的要求，努力学会正确处理党内矛盾与创造性工作两大本事，这是我们的工作一年比一年强的关键。要在干部队伍中抓好岗位责任制和目标管理责任制的严格执行。要严格干部的考核和群众评议制度，按照干部的德能勤绩确定对干部的任用和奖惩，不断把那些积极改革、作风端正，能够开创工作新局面的干部选拔进领导班子，真正做到能者上，庸者下。广大干部要加强马克思主义基本理论的学习，不断提高自身素质。要努力恢复和发扬党的实事求是、密切联系群众与批评和自我批评的优良传统和作风，要从自身做起，牢固树立领导就是服务的思想，由行政型转变为服务型。继续坚持干部分批下乡下厂制度，不断提高实践才能。

五、坚定不移地搞好城市建设。我们要按照城市性质和总体规划，坚持人民城市人民建的原则，把改造旧城和发展新区结合起来，积极搞好城市建设，改善全市人民的生产生活条件，有计划地恢复名胜古迹，逐步发展旅游业。尽快把涿州市建设成环境优美、秩序井然、生活方便的新型城市。

同志们，涿州市的建立，使我们的工作踏上了新的征程，揭开了历史的新篇章，前程似锦，任重道远。让我们紧密团结起来，创新务实，团结奋进，努力工作，力争各项工作的新突破，为建设文明富裕的涿州市励精图治，建功立业，再展宏图。

庆祝涿州市成立大会上首任市长的讲话

各位领导、各位来宾、同志们：

今天，我们欢聚一堂，隆重集会，热烈庆祝涿州市的成立。在此，我代表市政府向为成立涿州市、振兴涿州经济做出贡献的各级党政领导和同志们表示衷心的感谢，向光临我市的各位领导和来宾同志们表示热烈的欢迎，向为设立涿州市做出显著成绩的驻涿各部队，各中直、地直单位和全市47万人民表示亲切的慰问！

涿州市成立大会

涿州是个历史悠久的古城，素以“十八省通衢”“两千年旧郡”闻名于世，又因“近在畿辅，为京师西南孔道，当天下之冲要”，及“商旅辐辏，货物云集”而得“天下第一州”之美称。

如今的涿州，在党的正确领导下，政治、经济、文化等各方面都发生了巨大变化。尤其是近几年来，在党的对外开放、对内搞活的方针指引下，全市各条战线进行大胆改革，经济迅速发展，三年迈了三大步，今年全市工农业总产值预计比综合体制改革前的1983年增长

81.4%，财政总收入可突破3000万元，比1983年增长91.8%，乡镇企业总收入预计到年底可完成2.6亿元，比去年翻一番。随着党中央农村经济政策的贯彻落实，全市农村欣欣向荣，一个农林牧副渔全面发展、农工商综合经营的新的城郊型经济体系已经初步形成。工农业生产在经济体制改革的推动下，走上了持续稳步健康发展的轨道，市属工业提前两个月完成了全年产值利润计划。工农业的发展，人民生活水平的提高，带来了市场的繁荣兴旺，新的商业大街正在形成，商业网点不断增加。城市建设面貌一新，鼓楼大街显示了民族风格，桃园大街日趋繁华，范阳路展现了现代化城市的雄姿。现在，一个经济发达、市场繁荣且具有独特风姿的小城市已初步形成。国务院批准设市，顺应了经济发展的要求，符合全市人民的心愿，成为涿州行政建制史上的一个里程碑。设立涿州市，给涿州的发展带来了广阔的前景。同时，也给全市人民提出了更高的标准、更高的要求。我们一定要继续坚持改革、创新务实、团结奋进，在涿州大地上继续谱写新的历史篇章。

按照党的十二大提出的战略目标和我市的发展规划，到1990年，全市工农业总产值要突破10亿元，国民总收入要达到7亿元，逐步把涿州建成一个工业发达、农业先进、交通方便、社会文明、环境优美，既展示古老风姿，又充满生机和活力的新型城市。

要实现这一目标，促进涿州经济的腾飞，就要充分发挥和利用我市的优势，创造性地进行工作，扬长避短，开拓前进。

首先，我市的地理位置十分优越，且交通便利，四通八达。“服务首都、富裕涿州”是我们的一个重要指导思想，充分发挥这一优势，涿州一定会变得更加繁荣兴旺。

其次，有传统技艺优势，劳力资源丰富。我市具有织毯、建筑、经商的传统和技艺，党的十一届三中全会以后，这些传统技艺得到迅速恢复和发展。我市生产的金丝挂毯，曾3次荣获国家百花奖、金杯奖，有的产品被列为国家珍品。我市生产的东方毯获外贸部优质产品证书，地毯、挂毯产品畅销国际市场。一个全国地挂毯的生产、科研和贸易中心将在我市建成。我市建筑公司承建的24层石景山饭店主体工程的竣工，标志着我市建筑业发展到了一个新水平。还有一支庞大的运销经商队伍，既活跃了北京市场，又方便了人民生活。

第三，驻我市中直单位、部队很多，各类人才济济。他们作为我市经济发展的“智囊库”“顾问团”和生力军，对涿州的发展起到了极大的促进作用。

第四，我市人际关系丰富。涿州自古人杰地灵，涿州人遍布全国各地，支持和鼓励这些同志为家乡做出自己的贡献，是一种特殊的优势。

发挥这些优势，进一步推动横向经济联合，是促进涿州经济发展的重要手段。为此，我们竭诚欢迎全国各地的部门、企业，欢迎港澳台胞、海外友人来涿州市投资建厂，引进设备和人才。我市政府已经制定了15条优惠政策，提出了10条联合意向，决心为联合的部门企业和个人提供最佳服务，创造最佳环境，借助外部条件，加快我市经济发展的步伐。

我们还将加紧城市建设，搞好城市规划和管理。用科学的态度、现代的标准来建设涿州、管理涿州。要逐步建立健全城市管理的规章制度，加强以法治城，综合治理。坚持“人民城市人民建、建设城市为人民”的原则，积极动员各方资金，搞好市区的美化、绿化、净化，建设急需的公共福利事业，提供更多的科技、文化、娱乐场所，逐步解决干部职工的住宅困难，以满足人民群众日益增长的物质和文化生活的需要。尽快使涿州市成为经济繁荣、文化发达、功能齐全、布局合理、道路畅通、设施完备、生活方便、环境优美的文明城市。

各位领导、各位来宾、同志们！

我们涿州，新市初建，百业方兴，展望来未，前程似锦。让我们同心协力，为振兴涿州，为建设繁荣昌盛、文明富裕的涿州市，共同努力奋斗。

主要参考资料

1.《史记》，［西汉］司马迁撰，中华书局，1982年11月版。
2.《汉书》，［东汉］班固撰，中华书局，1962年6月版。
3.《后汉书》，［宋］范晔撰，中华书局，1965年5月版。
4.《三国志》，［晋］陈寿撰，中华书局，1959年12月版。
5.《晋书》，［唐］房玄龄等撰，中华书局，1974年11月版。
6.《魏书》，［北齐］魏收撰，中华书局，1974年6月版。
7.《北齐书》，［唐］李百药撰，中华书局，1972年11月版。
8.《周书》，［唐］令狐德棻等撰，中华书局，1971年11月版。
9.《北史》，［唐］李延寿撰，中华书局，1974年10月版。
10.《宋书》，［梁］沈约撰，中华书局，1974年10月版。
11.《南齐书》，［梁］萧子显，中华书局，1972年1月版。
12.《梁书》，［唐］姚思廉撰，中华书局，1973年5月版。
13.《陈书》，［唐］姚思廉撰，中华书局，1972年3月版。
14.《南史》，［唐］李延寿撰，中华书局，1975年6月版。
15.《隋书》，［唐］魏徵撰，中华书局，1973年8月版。
16.《旧唐书》，［后晋］刘昫等撰，中华书局，1975年5月版。
17.《新唐书》，［宋］欧阳修、宋祁等撰，中华书局，1975年2月版。
18.《旧五代史》，［宋］薛居正等撰，中华书局，1976年5月版。
19.《新五代史》，［宋］欧阳修撰，中华书局，1974年12月版。
20.《辽史》，［元］脱脱等撰，中华书局，1974年10月版。
21.《宋史》，［元］脱脱等撰，中华书局，1977年11月版
22.《金史》，［元］脱脱等撰，中华书局，1975年7月版。

23.《元史》，［明］宋濂等撰，中华书局，1976年4月版。

24.《明史》，［清］张廷玉等撰，中华书局，1974年4月版。

25.《清史稿》，赵尔巽等撰，中华书局，1977年8月版。

26.《韩非子》，高华平、王齐洲、张三夕译注，中华书局，2010年6月版。

27.《说文解字》，［东汉］许慎撰，中华书局，1963年12月版。

28.《说文解字段注》，成都古籍书店影印，1981年9月版。

29.《华阳国志》，［晋］常璩撰，任乃强校注，上海古籍出版社，1987年10月版。

30.《水经注校》，王国维校，上海人民出版社，1984年5月版。

31.《水经注疏》，［北魏］郦道元注，杨守敬、熊会贞疏，江苏古籍出版社，1989年6月版。

32.《天府广记》，［清］孙承泽纂，北京古籍出版社，1982年1月版。

33.《帝京景物略》，［明］刘侗、于奕正著，北京古籍出版社，1982年4月版。

34.《日下旧闻考》，［清］于敏中等编纂，北京古籍出版社，1983年5月版。

35.《畿辅通志》（雍正版），［清］唐执玉、李卫监修，田易等纂。

36.《光绪顺天府志》，［清］周家楣、缪荃孙等编纂，北京古籍出版社，1987年12月版。

37.《极简中国史》，吕思勉著，北京燕山出版社，2018年7月版。

38.《刘敦桢文集》，刘敦桢著，中国建筑工业出版社，1982年11月版。

39.《中国通史》（修订本），白寿彝主编，上海人民出版社，2004年7月版。

40.《中国历史大辞典》，《中国历史大辞典》编纂委员会编，上海辞书出版社，2000年3月版。

41.《中国人名大辞典·历史人物卷》，廖盖隆、罗竹风、范源主编，上海辞书出版社，1990年2月版。

42.《北京历史纪年》，北京市社会科学研究所、《北京历史纪年》编写组编，北京出版社，1984年1月版。

43.《傅作义生平》，中国人民政治协商会议全国委员会、文史资料研究委员会编，文史资料出版社，1985年6月版。

44.《河北古代历史编年》，河北省社会科学院地方史编写组编，河北教育出版社，1988年3月版。

45.《河北省志·大事记》，河北省地方志编纂委员会编，河北大学出版社，1992年12月版。

46.《河北省志·建置志》，河北省地方志编纂委员会编，河北人民出版社，1993年2月版。

47.《保定人物志》，《保定人物志》编辑委员会编，中央文献出版社，2011年4月版。

48.《1928—1949河北省大事记》，河北省国家档案馆编，河北人民出版社，2012年9月版。

49.《保定读本》，《保定读本》编辑委员会编，中国文史出版社，2013年4月版。

50.明修《涿州志》，涿州博物馆2018年影印。

51.清康熙十六年（1677）版《涿州志》。

52.清乾隆三十年（1765）版《涿州志》。

53.清同治十一年（1872年）版《涿州续志》。

54.清光绪元年（1875）版《涿州续志》。

55.民国二十五年（1936）版《涿县志》。

56.《涿州志》，涿州市地方志编纂委员会编，方志出版社，1997年5月版。

57.《陈辉传记》，宋俊然编著，中国民间文艺出版社，1989年10月版。

58.《张廷瑞传》，宋俊然编著，河北人民出版社，1991年4月版。

59.《平西烽火》，隗合甫主编，国防大学出版社，2000年6月版。

60.《平西记忆》，中国人民政治协商会议、北京市房山区委员会学习文史委员会编，中国文史出版社，2019年12月版。

61.《涿州人民革命史·新民主主义革命时期》，中共涿州市委党史研究室著，河北人民出版社，1993年6月版。

62.《涿州文物志》，杨卫东、黄涿生主编，北京燕山出版社，2005年10月版。

63.《涿州贞石录》，杨卫东、黄涿生主编，北京燕山出版社，2005年10月版。

64.《古涿州佛教刻石》，杨卫东著，河北教育出版社，2007年5月版。

65.《涿州史迹图志》，康术营主编，北京燕山出版社，2011年7月版。

66.《燕南觅古集》，杨卫东著，北京燕山出版社，2017年7月版。

67.《涿州风物与名人》，桂郁著，中国档案出版社，1996年12月版。

68.《兰台余韵》，桂郁著，中国档案出版社，2001年4月版。

69.《赵匡胤里籍辨》，刘桂郁编著，中国档案出版社，2006年11月版。

70.《涿州历史人名辞典》，刘桂郁编撰，中国档案出版社，2014年5月版。

71.《涿州历史名人传略》，刘桂郁主编，北京燕山出版社，2016年3月版。

72.《鸣泽悟语》，涿州市历史文化研究所编印，2015年3月。

73.《涿州抗战史》，宋俊然、赵海声主编，1995年7月。

74.《涿县文史资料》（第一辑），政协涿县文史资料委员会编印，1986年6月。

75.《涿州文史资料》（第二辑），政协涿州市文史资料委员会编印，1988年5月。

76.《涿州人物录》（文史资料第三辑），政协涿州市文史资料委员会编印，1989年10月。

77.《涿州文史资料》（第四辑、第五辑合订本），政协涿州市文史资料委员会编印，1997年7月。

78.《涿州文史资料》（第六辑），政协涿州市文史资料委员会编印，2002年10月。

79.《文史资料》（合订本），政协涿州市文史资料委员会编印，2016年12月。